사회적 가치 지향의 내비게이션 경영

기부의 과학적 관리

"이 저서는 2021년 대한민국 교육부와 한국연구재단의 지원을
받아 수행된 연구임(NRF 2021S1A6A4052661)"

사회적 가치 지향의 내비게이션 경영

기부의 과학적 관리

육근효 지음

- 목 차 -

Chapter 4   자선단체 경영에 제약이론 적용

PART II 기부의 과학적 관리

Chapter 5   기부의 과학적 관리시스템

Chapter 6   기부 동기와 기부 행위

PART III 첨단과학기술과 기부의 과학적 관리

> "주는 것은 받는 것보다 복이 있다."   - 성경 -
>
> "세상에서 가장 행복한 사람들은 남을 행복하게 하는 데 헌신하는 사람들이다."
>
>   - 알베르트 슈바이처 -
>
> "돈을 기부하는 것은 쉬운 일이며 모든 인간에게 내재한 힘이다. 그러나 그것을 누
> 구에게 줄 것이며, 얼마나, 언제, 그리고 어떠한 목적으로 어떻게 줄 것인가를 결
> 정하는 것은 모든 인간에게 결코 쉬운 일은 아니다."   - 아리스토텔레스 -
>
> "자선활동은 단순히 감정에 의존해서는 안 된다. 효과적인 자선활동을 위해서는
> 계획과 전략이 필요하다."   - 앤드루 카네기 -

　기부에 관한 이와 같은 격언이나 명언 중에서 특히 아리스토텔레스와 카네기의 말씀은 기부 활동에서 효율성과 효과성을 모두 고려해야 함을 보여준다. 올바른 목표를 설정하고(효율성), 자원을 효율적으로 활용하여 목표를 달성하는 것(효과성) 모두 중요하다. 이 책의 제목인 『기부의 과학적 관리』는 이 두 가지 요소의 균형을 추구하는 것이다.

　비영리조직은 그 특성상 기부금, 후원금 등 제한된 자원으로 운영되어 재정적 어려움을 겪으며, 기부금 확보 경쟁이 심하고, 운영 자금으로 활용하기 어려운 경우도 많다. 또한 낮은 임금과 열악한 근무 환경으로 인재 확보 및 유지에

도 어려움을 겪는다. 이러한 제한된 인적, 물적 자원으로 운영되는 문제점들을 해결하기 위해 비영리조직은 다양한 자원을 효율적으로 활용하고, 투명하고 책임감 있는 운영을 통해 지속 가능성을 확보하는 것이 무엇보다 중요하다. 체계적이고 과학적인 접근은 이러한 목표를 달성하는 데 필수적인 요소가 된다.

기부의 과학적 접근에 관한 지금까지의 연구는 주로 기부금 모금과 조성, 운영을 위한 기법에 집중되었으며 사람들이 왜 기부하고, 어떤 기부에 더 관심을 두는지에 대한 연구는 아직 부족하다. 특히 어떻게 하면 더 많은 사람이 기꺼이 기부할 수 있을지에 대한 연구는 더욱더 필요하다. 나아가 비영리조직이 사회적 가치를 창출하고 성장하려면 「기부의 과학적 관리」가 필수이다. 단순한 기부금 관리를 넘어, 데이터 기반의 의사결정과 체계적인 전략 실행을 통해 조직 전체가 공동의 목표를 향해 나아가는 시스템이 필요하다는 것이다. 즉, '감'이나 '열정'에 의존하는 것이 아닌, 전략적인 '내비게이션'을 활용하여 사회적 가치를 극대화하는 혁신적인 관리시스템이 중요함을 뜻한다.

이 책은 크게 세 부분으로 나뉘어 비영리조직 경영과 과학적 기부 관리에 대한 포괄적인 내용을 다룬다. PART Ⅰ에서는 비영리조직 경영의 기본 원리를 설명하고, 자선단체를 중심으로 ESG 경영 도입, 회복탄력성 강화, 제약이론 적용 등을 통한 효율적인 경영 전략을 제시한다. PART Ⅱ에서는 기부의 과학적 관리 시스템 구축을 통해 기부금 모집을 효율화하는 방안을 제시한다. 기부 행동에 영향을 미치는 다양한 요인을 분석하고, 시대 변화에 맞춘 기금모금 전략을 소개한다. PART Ⅲ에서는 첨단과학 기술을 활용하여 기부 관리 시스템을 고도화하는 방안을 제시한다. 디지털 전환, 가상화폐 기부, 인공지능(AI) 활용 등을 통해 미래 지향적인 기부 시스템 구축을 위한 전략을 모색한다.

이 책은 팬데믹 이후 급변하는 비영리 환경에 발맞춰 최신 동향을 꼼꼼하게 반영했다. 특히 기술 발전과 사회적 형평성에 대한 높아진 관심을 고려하여 조직 운영에 필수적인 정보들을 업데이트했다. 무엇보다 중요한 변화는 바로 DEI(다양성, 형평성, 포용성)에 대한 강조이다. 비영리조직에서 이 세 가지가 왜 중요하고 어떻게 실현할 수 있는지, 관련 내용을 대폭 확대하여 담았다. 또한 이론적인 내용에만 그치지 않고, 실제 비영리조직 운영에 바로 적용할 수 있는 실용적인 도구들을 풍부하게 제공한다. 운영 팁, 체크리스트, 다양한 사례 연구는 물론이고, 현장에서 꼭 필요한 정보들을 쉽고 명확하게 제시하여 실질적인 도움을 드리고자 했다.

이 책은 연구, 이론, 실무 문헌을 최신 사례와 이용할 수 있는 최신 데이터를 균형 있게 조화시켜 비영리조직의 리더, 관리자, 직원, 자원봉사자, 정부 기관 그리고 비영리 분야에 관심 있는 연구자와 학생들에게 귀중한 자료가 될 것이다. 비영리조직의 사명을 달성하고 사회에 긍정적인 영향을 미치고자 하는 모든 사람에게 이 책을 추천한다.

이 책을 만드는 과정에서 많은 분의 도움을 받았다. 먼저 공저를 통해 이 책의 틀 구성에 도움이 된 한국공익법인협회 김덕산 이사장, 부산외대 경영학부 최미화 교수, Akron대학의 김일운 교수 등에게 감사드린다. 그리고 본서가 태어나도록 연구비 지원을 해 준 한국연구재단과 자료를 지원해 준 (재)한국가이드스타 관계자께도 심심한 사의를 표하고 싶다. 이 외에 해외 문헌의 검색과 필요한 자료를 제공해 준 후쿠오카대학의 타사카(田坂公) 교수와 요코하마시립대학의 국중호 교수 등에게도 고마움을 표한다. 또한 이 책을 출판할 수 있도록 여건을 제공해 준 한국학술정보(주)의 관계자에게도 감사를 표하고자 한다. 끝으로 부모님과 가족, 특히 삶의 원동력이 된 선재, 선우, 연재, 지우에게 사랑한다는 말을 전하고 싶다.

2025년 입춘의 금정산에서

저자 씀

PART I

비영리조직 경영의 이해

문제를 처음 만들 때 사용한 것과 같은 사고방식으로는
그 문제를 해결할 수 없다.

- 알베르트 아인슈타인 -

Chapter 1

비영리조직 경영의 이해

1.1. 비영리조직의 전문적 경영

비영리조직의 시대적 변화

비영리(nonprofit) 부문은 서로 다른 특성, 구조, 목적을 가진 놀랍도록 다양한 조직 형태를 포함한다. 비영리 부문은 워낙 폭넓고 구조도 복잡해 혼란스러울 수 있으며, 사람들이 이해하는 방식도 다르고 해당 부문을 식별하는 데 사용되는 용어도 여러 가지가 존재한다. 우리는 비영리 부문을 전체적으로 살펴보고 그 구조, 경계, 특성을 이해하는 데 도움이 되는 기본 개념과 정의를 확립하고자 한다.

비영리, 영리, 정부 간의 경계가 점차 모호해지고 있다. 특히, 비영리단체는 정부 보조금에 대한 의존도가 높아지면서 정부와의 관계가 더욱 긴밀해지고 있다. 자선 비영리단체 수익의 상당 부분이 정부 지원금에서 나오는 현실은 이러한 경향을 잘 보여준다(Independent Sector, 2016a). 이는 비영리단체가 단순히 자원봉사와 기부에 의존하는 전통적인 모델에서 벗어나, 정부 정책을 시행하는 하나의 주체로 변화하고 있음을 의미한다. 실제로 미국의 대형 정부 서비스 컨설팅 회사인 막시무스(MAXIMUS)는 조직의 사명(미션)을 "정부 지원(정부), 인류에 봉사(비영리), 성과 개선(기업)"과 같은 세 가지 영역을 동시에 아우르는 것이라고 명시한다.

비영리조직의 정의를 명확히 하기 위해서는 먼저 영리 조직과의 차이점을 이해하는 것이 중요하다. 영리 조직은 이윤 창출을 목적으로 하여, 발생한 이익을 주주들에게 배당하거나 기업 가치 상승을 통해 주주들의 부(富)를 증대시키는 데 사용한다. 반면 비영리조직은 이윤 추구를 목적으로 하지 않으며 발생한 수익을 조직 구성원에게 분배하지 않는다. 일반적으로 비영리조직은 수익을 창출하지 못한다고 오해하는 경우가 많지만, 이는 사실과 다르다. 비영리조직도 다양한 활동을 통해 수익을 창출할 수 있으며, 실제로 많은 비영리조직이 수익을 올리고 있다. 다만, 비영리조직의 수익은 개인의 이익을 위해 사용되지 않고, 조직의 목표 달성을 위한 프로그램 개발이나 서비스 제공에 재투자되어야 한다.

비영리조직을 나타내는 다채로운 표현들이 존재하지만 가장 일반적인 용어는 "비영리단체"라고 할 수 있다. 사실 여러 시각과 이해를 반영하는 다양한 용어가 사용되고 있는데, 이는 비영리단체가 가진 본질과 역할에 관한 여러 가지 관점과 해석이 있기 때문이다. 각 표현이 담고 있는 의미를 자세히 살펴보면 비영리단체에 대한 이해를 넓힐 수 있다.

먼저 자선단체라는 용어가 때때로 사용되지만, 비영리 부문과 동의어가 아니다. 세법에 따라 비영리 자격을 갖추었지만, 어떠한 형태의 자선 지원도 추구하지도 받지도 않는 조직이 있기 때문이다.[1] 일부에서는 자원봉사 부문(voluntary sector)이라는 용어를 사용한다. 그러나 이 용어는 많은 비영리단체에서 유급 직원이 자원봉사자보다 훨씬 많다는 현실을 반영하지 않는다. 비영리에 관련된 또 다른 용어로 시민사회 부문(civil society sector)이 있다(Salamon, 2012a). 이러한 조직은 "시민 기반을 강조"한다는 점에서 자발적(자원봉사) 부문과 유사하지만, 대부분 회원으로만 구성된 협회 형태가 아니며 주로 대규모 유급 직원을 고용한다. 어떤 사람들은 사회적 목표를 가지고 있지만 수익 창출에 상업적 원칙을 사용하는 비영리단체를 포괄하기 위해 사회적 기업이라는 용어를 채택했다(Social Enterprise Alliance, 2017). 사회적 기업과 비영리단체는 모두 사회적 가치를 추구하지만, 비영리단체의 주된 임무는 개인의 풍요로움보다는 사회적 목적과 관련이 있다. 따라서 사회적 기업은 구성원들에게 경제적 성과(이익)를 배분하지만, 비영리단체는 배분하지 않는다.

제3 섹터라는 용어는 일반적으로 공공 부문인 제1 섹터와 민간 부문인 제2 섹터의 어디에도 속하지 않는 제3의 조직유형을 의미하며, 사회 문제 해결을 위해 설립된 비영리단체나 사회적 기업, 시민사회와 연관된 조직들을 의미한다.[2] 이 조직들은 요즘 경쟁이 심해지고 정부 지원금도 줄어들어서 어려운 상황에 부닥치고 있다(Faulkner 등, 2023). 따라서 정부 지원금 대신, 기업이나 개인으로부터 받는 후원금, 기부금 등 대체 자금을 마련하기 위해 다른 기관들과 협력해서 더 많은 일을 하려고 노력하고 있다(Song, 2022).

제4 섹터는 민간 부문의 시장 기반 접근 방식과 공공 및 비영리 부문의 사회

---

1   예를 들어 이는 전적으로 회비를 통해 자금을 조달하는 회원 조직과 수익이 전적으로 정부로부터 받은 보조금 및 계약으로 구성되는 비영리조직의 경우에 해당한다.

2   자선단체(charities), 자원봉사 단체(voluntary), 사회적 기업(social enterprises) 등을 포함한다.

및 환경적 목표를 결합한 새로운 경제 부문이다. 이것은 "이익 추구" 부문, "사회적 기업" 부문, "사회적 경제" 부문 또는 "혼합 가치" 부문으로도 알려져 있다. 제4 섹터는 미션 중심 기업, 사회적 기업, 지속 가능 기업, 협동조합, 신앙(종교) 기반 기업 등 다양한 조직 모델을 포괄한다. 이 제4 섹터는 아직 초기 단계에 있지만 앞으로 상당 기간 중요한 변화와 혁신을 주도할 잠재력이 있다.

제4 섹터는 사회의 새로운 유망 분야로서, 이익 창출과 사회적 영향력을 동시에 추구하는 이중 목적을 가지고 있으며, 부문 간 협력과 하이브리드 조직 등 다양한 전략을 활용한다. 제4 섹터는 〈그림 1〉에서와 같이 기존의 공공, 민간(기업) 및 전통적인 비영리 부문이 교차되는 지점에서 발생하며, 사회적 목적을 추구하면서 이익을 창출하는 것을 특징으로 한다(Ferreira 등, 2024). 〈그림 1〉은 새로 부상한 제4 섹터와 공공, 민간(기업) 및 전통적인 비영리 부문의 관계를 보여준다.

〈그림 1〉 제4 섹터(부문)는 민간, 공공, 비영리 부문의 특징을 모두 융합

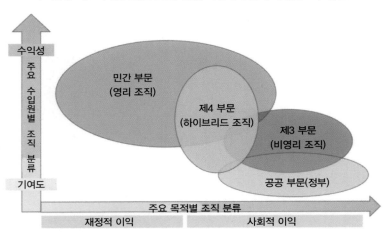

출처: Sanchez-Hernandez 등 (2021a), Ferreira 등 (2024) 일부 수정

제3 섹터와 제4 섹터는 그 목적, 조직 구조, 그리고 이윤 추구와 사회적 영향에 대한 관점에서 근본적으로 다르다. 제3 섹터는 비영리 섹터로도 알려져 있으며, 주로 사회적, 환경적 또는 문화적 필요를 충족시키기 위해 운영되는 조직을 포함한다. 이러한 조직들은 자선단체, 비정부기구(NGO), 커뮤니티 단체 등을 포함하며, 일반적으로 기부금, 보조금, 자원봉사 활동에 의존하여 운영된다. 제3 섹터는 정부와 기업이 해결하지 못하는 사회적 문제를 다루고 사회 변화를 촉진하는 데 중요한 역할을 한다.

제4 섹터는 전통적인 영리와 비영리 부문 사이의 틈을 연결하는 새로운 패러다임을 나타낸다. 사회적 기업 또는 임팩트 기업으로 불릴 수 있는 제4 섹터 조직들은 사회적 또는 환경적 문제를 해결하면서 동시에 수익을 창출하는 것을 목표로 한다. 이들은 재정적 지속 가능성과 긍정적인 사회적 영향력 모두를 강조하는 하이브리드 모델하에서 운영된다. 제4 섹터는 혼합 가치 조직, 시민/도시 기업, 공익법인, 종교적 기업, 사회적 목적 기업, 협동조합 등 다양한 형태의 조직을 포함하며, 모두 인간, 지구(환경), 경제(이익)의 세 가지 기둥을 우선시한다(Ferreira 등, 2024).

제4 섹터는 사회의 새로운 유망 분야로서, 이익 창출과 사회적 영향력을 동시에 추구하는 이중 목적을 가지고 있으며, 부문 간 협력과 하이브리드 조직 등 다양한 전략을 활용한다. 여기서 하이브리드 조직과 제4 섹터에 대해 구체적으로 비교해 보자.

하이브리드 조직은 임무, 구조 또는 자금 조달에 있어서 공공, 민간, 비영리 등 다양한 부문의 측면을 결합하는 조직이다. 그들은 종종 사회적 또는 환경적 목표에 따라 동기를 부여 받지만, 상업적 수익이나 시장 메커니즘에 의존하여 운영을 유지하거나 확장하기도 한다(Worth, 2022). 제4 섹터는 보다 지속 가능하고 포용적이며 윤리적인 비즈니스 수행 방식에 대한 수요 증가와 21세기의 복잡한 과제를 해결하기 위한 전통적인 제3 섹터의 한계와 실패에 대한 인식에 의해 주도된다. 요약하면 하이브리드 조직은 다양한 부문의 측면을 결합한 조직인 반면, 제4 섹터는 민간 부문의 시장 기반 접근 방식과 공공 및 비영리 부문의 사회 및 환경적 목표를 결합한 새로운 조직 형태이다.

제4 섹터는 공공, 민간, 비영리 세 부문의 요소들을 결합한 새로운 형태의 조직이다. 특히 전문가들은 제4 섹터를 비즈니스 관점에서 바라보는 경향이 강하며, 이러한 비즈니스적 접근이 제4 섹터의 주요 특징이다. 하지만 제4 섹터의 목적은 단순히 이윤 추구가 아니라 사회적 가치 창출이다. 공공 부문은 이러한 제4 섹터의 활동을 법적으로 지원하는 정책을 만드는 데 주요한 역할을 해야 한다.

1.2. 비영리조직의 전문적 경영의 필요성

버나드(Barnard, C. I.)에 따르면 인간이 개인으로서 달성할 수 없는 것을 다른 사람들과의 협동으로 달성하려고 할 때 조직이 생긴다고 하였다. 그리고 이질적인 사람들의 노력을 조직의 효율적인 목표 달성을 위해 조정할 필요성이 생겼을 때 작업 활동과는 독립된 고유의 경영관리라는 활동이 창출된다. 따라서 경영관리와 조직은 표리일체의 관계에 있으며 조직이 있으면 반드시 경영관리가 필요하다.

드락커(Drucker, 1990)는 경영관리는 영리와 비영리에 국한되지 않고 모든 종류의 조직에 필요하지만, 비영리조직은 고유한 특징을 갖는 경영관리가 적용되어야 한다고 주장했다. 비영리조직에는 기업처럼 이익이라는 명확한 평가 기준이 존재하지 않으며 다양한 이해관계자가 존재하고 각각 거부권을 갖고 있으며 자원봉사자가 주력이지만 비영리의 미션은 사회 정의이며 절대 선(善)을 추구한다는 특유의 문제를 안고 있기 때문이다.

비영리조직은 서비스 이용자, 기부자, 자원봉사자 등이 서로 겹치기도 하지만 다른 경우도 많아 기업에 비해 이해관계자와 그 요구가 다양해진다. 경제적 성과가 목적이 아니므로 자원봉사자에게는 보수에 의한 인센티브 대신에 일의 보람에 의한 자기실현이나 커뮤니티에 의한 유대의 제공이 인센티브가 된다.

한편 비영리조직의 활동에 참여하는 사람은 사회에의 공헌에 의한 만족을 강하게 의식하고 있으므로 부적절한 경영관리 때문에 만족을 얻을 수 없을 때의 욕구 불만이나 소외감은 한층 커진다. 비영리조직이야말로 명확한 큰 목적(미션)과 구체적인 목표에 의한 경영과 리더십이 불가결하다. 사람은 미션을 공유함으로써 동기부여를 받고 일을 통해 성장하기 때문이다.

실제 비영리조직의 경우 영리 조직에 비해 낮은 임금과 복리후생을 제공하기 때문에 인력난을 겪는 경우가 많다. 또한, 비영리조직의 특성상 높은 사명감과 희생정신이 요구되기 때문에 지속 가능한 인력 확보가 어려운 측면도 있다. 비영리조직의 활동은 사회에 기여하는 가치가 있지만, 아직까지는 사회적 인식이 부족한 편이다. 이러한 인식의 부족으로 인해 비영리조직의 활동이 제대로 평가받지 못하고, 지원도 충분하지 않은 경우가 많다. 비영리조직들은 '활동적 타성(Active Inertia)'이라는 문제로 인해 신뢰와 전문성에 대한 위기를 겪고 있다. 이는 시장의 변화를 수용하지 않고 과거의 성공 발자취와 방식을 그대로 답습하는 문제로, 사업이 안정기에 들어간 다수의 비영리조직이 다양한 사회적 요구에 적극적으로 부응하지 못하고 있다. 또한 한정된 기부 자원을 놓고 비영리조직들이 서로 경쟁하면서 후원금이나 보조금 등의 자원이 중복되어 사용되고 있으며, 이에 따라 비효율적인 자원 사용을 야기하고 있다(Luther, 2024).

무엇보다 비영리조직의 가장 큰 어려움은 재정난이다. 비영리조직은 정부나 기업의 지원에 의존하는 경우가 많고, 이러한 지원이 줄어들거나 중단될 때 재정난에 직면하게 된다. 또한, 최근에는 경기 침체로 인해 개인 기부도 줄어들고 있어 재정난이 더욱 심화하고 있다(우파루파, 2023).

비영리조직의 주요 재원은 기부금과 정부의 보조금, 이용료와 프로젝트 사업비 등 기타 수익이다. 2022년 (재)한국가이드스타 공시를 보면 공익법인의 재원 중 기부금 비율은 10.3%에 불과하다. 2022 Doing Good Index에서는 아시아 16개국 중 한국이 개인 기부에 대한 소득공제율(15%)과 인정되는 기부금의 한도가 가장 낮은 수준(30%)임을 보여준다.[3] 이는 기부를 독려할 정책적 요인이 부족함을 뜻한다(육근효·김덕산, 2022). 모금액 규모에 따라 관리운영비로 충당할 수 있는 비율도 기부금품법에 따라 최대 15%로 제한돼 있다. 연간 기부금 수익 10억 원 미만의 소형 비영리조직은 인건비 책정이 어려운 실정이다. 정부의 위탁 사업을 맡은 경우에도 지원되는 보조금 외에 인건비로 사용할 수 있는 재원은 매우 제약돼 있다.

이 외에 비영리조직의 역량과 지속 가능성을 강조하며 전문적인 경영이 필요한 이유를 살펴보면 "벤처 자선가" 및 대규모 재단의 부상, 비영리 부문의 성장과 중요성으로 나눌 수 있다.

- "벤처 자선가" 및 대규모 재단의 부상: 일부 부유한 개인은 특정 사회 문제를 해결하기 위해 비영리단체를 활용하여 해당 부문의 영향력과 중요성을 높이고 있다. 이는 책임에 대한 기대를 높이고 전문적인 관리의 필요성을 높인다.
- 비영리 부문의 성장과 중요성: 폭발적인 성장과 증가한 대중의 관심으로 인해 비영리단체는 사회의 필수적인 부분이 되었으며, 막대한 부(富), 정부의 권한 위임, 자원봉사에 대한 세계적인 관심에 힘입어 상당한 자원을 통제하고 많은

---

3 싱가포르는 개인이나 법인 기부에 대해 250% 공제세율을 적용하고 제한이 없으며, 소득을 초과하는 공제 금액은 최대 5년까지 이월할 수 있어 여전히 독보적인 위치를 차지하고 있다.

인력을 고용하고 있다. 이에 따라 비영리에 대한 조사가 강화되고 가시성과 책임이 증가함에 따라 책임감과 전문적인 관리가 필요하게 되었다.

이상과 같은 비영리 경영에 영향을 미치는 요인에 대한 해결 방안을 마련하기 위해서는 자금원의 다변화, 재정 계획의 중요성 인식, 서비스 제공의 효율성 제고 등이 필요하다. 구체적으로 살펴보면 다음과 같다.

첫째, 비영리단체는 단일한 기금모금 전략에 의존할 경우, 경제 침체나 기부자의 관심 감소 등으로 인해 재정 위기에 직면할 수 있다. 기부, 후원, 정부 지원 외에도 다양한 이해관계자 및 커뮤니티와의 협력을 강화하여 자금원을 다변화하고 지원을 확보해야 한다. 예를 들어, 수익 사업을 운영하거나 상품이나 서비스를 판매하거나 전문 서비스를 제공할 수 있다.

둘째, 비영리조직은 재정 계획의 중요성을 인식하고, 장기적인 재정 목표를 설정하고 이를 달성하기 위한 계획을 수립해야 한다. 또한 재무 계획 이외에도 예산 관리, 위험 관리 등을 강화하여 자금 부족에 대비해야 한다. 예를 들어, 경기 침체나 기타 경제적 요인으로 인한 자금 부족에 대비하여 재무 비상 계획을 수립할 수 있다.

셋째, 비영리조직은 서비스 제공의 효율성을 제고하여 재원을 절감해야 한다. 이를 위해서는 조직의 운영 방식을 개선하고, 자원 활용을 최적화하는 노력이 필요하다. 그리고 재무 관리, 인사 관리, 마케팅 관리 등 조직 운영의 모든 측면에서 효율성을 높여야 한다.

1.3. 비영리조직 경영의 혁신과 회복탄력성

비영리조직이라고 해서 변화를 피할 수는 없다. 사회 환경은 변화하기 때문에 변화에 대응하지 못하는 조직은 살아남을 수 없기 때문이다. 더욱이 조직이 사람과 자금(자원)을 끌어들이기 위해서는 성장(여기서 성장이란 비대화나 팽창이 아니라 질적인 변화를 요구하는 것을 말한다)이 필요하다. 이 경우 오래된 사업을 폐기하고 새로운 사업으로 자원을 옮겨야 한다. 그렇지 않으면 조직은 경직되어 버린다. 경직화야말로 조직에 가장 큰 위기이다. 변화를 위협으로 보고 회피하려고 하기 때문이다. 경직화된 조직은 자기도취에 빠지고 과거의 영광을 지키기 위해 소중한 자원이 비효율적으로 낭비된다. 위기에 대처하기 위해서는 변화를 기회로 삼아 혁신에 이용하는 것이 중요하다.

비영리조직 경영의 혁신

최근 수십 년간 비영리조직의 경영 혁신은 자금 조달 패턴의 변화로 인한 경쟁 도입, 조직 자체의 혁신, 설명책임(Accountability)에[4] 대한 요구 증가 등 여러 요인에 의해 영향을 받아왔다.

첫째, 자금 조달 패턴의 변화를 보자. 정부 기관이 비영리조직에 사회 복지 서비스 제공을 아웃소싱하는 경우가 늘어났고, 개인에게 직접 바우처 형태의 지원 등에 의해 정부 자금 지원이 감소함으로써 비영리단체는 사업과 계약을 놓고 서로 경쟁해야 하며 때에 따라서는 영리 기업과 경쟁하게 되었다. 이런 경쟁으로 인해 비영리단체는 더 나은 관리를 받거나 생존을 위험에 빠뜨리게 되었다.

둘째, 비영리조직이 제공하는 프로그램과 서비스보다는 조직 자체의 혁신에

---

4 조직의 설명책임은 단순히 개인의 책임감을 넘어, 조직 문화 전반에 걸쳐 투명성, 정직성, 그리고 책임 의식을 강화하는 것을 의미한다. 이를 통해 조직은 더욱 신뢰받고 지속 가능한 성장을 이루어낼 수 있다.

더 초점을 맞추는 생각의 변화가 나타났다. 지금까지 많은 비영리단체들은 기부자들의 기대에 부응하기 위해 프로그램 운영에 집중하고, 조직 운영에 필요한 간접비는 최소화하는 경향을 보여왔다. 하지만 이러한 방식은 장기적으로 조직의 효율성을 떨어뜨리고, 기부자들이 원하는 성과를 달성하는 데 어려움을 겪게 했다(Gregory & Howard, 2009).[5]

셋째, 최근 비영리단체에 대한 설명책임 요구가 높아지면서, 단체는 자신이 관리하는 자산과 성과에 대한 책임을 더욱 엄격하게 요구받고 있다. 이는 정부, 기업 등 다양한 조직에서 설명책임이 강조되는 사회적 분위기를 반영하며, 비영리단체의 투명성과 책임성 확보를 위한 노력이 더욱 중요해졌음을 의미한다.

비영리조직의 경영 혁신은 이상과 같은 다양한 요인에 의해 더 이상 미룰 수 없는 필수 과제가 되었다. 비영리 경영에 대한 최신 혁신 사례를 크게 참여형 혁신, 가상 참여, 대체 인력 옵션, 그리고 비영리 간의 통합으로 나누어 살펴보면 다음과 같다.

첫째, 참여형 혁신의 대표적인 사례로 비영리 커뮤니티의 변화를 들 수 있다. 이러한 변화는 정치, 예술, 문화 등 다양한 분야에서 나타나는 '참여형' 트렌드와 밀접한 관련이 있으며, 사회 전반에 걸쳐 시민들의 적극적인 참여를 이끌어내고 있다(Saxton & Wang, 2014).

---

5 Gregory & Howard(2009)는 저서 『The Nonprofit Starvation Cycle』에서 비영리의 기아 주기(hungry cycle)를 "비영리조직이 자금 부족으로 인해 발생하는 부정적인 결과를 경험하는 일련의 사건"으로 정의한다. 이 주기는 자금 부족 → 비용 절감 → 서비스 질 저하 → 기부금 감소와 같은 단계로 구성된다. 먼저 비영리조직은 기부금, 정부 보조금, 수익금 등 다양한 방법으로 자금을 조달하는데 이러한 자금원이 불안정하거나 충분하지 않을 때 조직은 자금 부족에 직면하게 된다. 자금 부족에 직면한 조직은 직원 해고, 서비스 축소, 시설 감축 등의 비용을 절감하기 위해 노력한다. 비용 절감을 하면 서비스 질이 저하되고 이는 직원의 불만 증가, 고객 만족도 저하, 서비스 중단 등으로 이어진다. 서비스 질이 저하되면 기부금이 감소할 수 있다. 이는 또 다른 자금 부족으로 이어져 악순환을 반복하게 된다.

둘째, 가상 참여(Virtual Engagement) 사례이다. 비영리단체에서의 가상 참여에 관한 구체적인 사례는 다음과 같다(Glaros, 2020).

- 가상 아이디어 회의: 가장 가까운 기부자, 조언자 또는 자원봉사자 6-12명에게 연락하여 미래의 계획에 대한 견해와 아이디어를 요청하는 것이다.
- 의미 있는 연결 기회 제공: 지원자들에게 보드 멤버, 자원봉사자, 스태프, 프로그램 참가자(안전하고 적절한 경우) 및 기타 기부자들과 가상으로 연결할 기회를 제공한다.
- 가상 저녁 식사 파티: 주요 기부자들을 포함한 작은 그룹을 대상으로 가상 저녁 식사 파티를 개최한다.
- 펜팔 프로그램: 클라이언트와 이사회 멤버 사이의 펜팔 프로그램을 제공한다.
- 가상 리셉션: 졸업생들이 입학하는 학생들을 위한 가상 리셉션을 개최한다.

이러한 방법들은 비영리단체가 가상 환경에서 기부자들과의 관계를 유지하고 강화하는 데 도움이 될 수 있다. 이러한 활동들은 기부자들이 단순히 수동적으로 콘텐츠를 흡수하는 것이 아니라, 보다 적극적으로 참여하고 연결될 수 있는 기회를 제공한다. 이는 기부자들이 단체에 대한 애착을 느끼게 하고, 장기적으로는 기부 행동을 유도하는 데 도움이 된다. 비영리단체에서 가상 참여를 유도하는 방법을 살펴보면 다음과 같다:

- 일관된 커뮤니케이션 유지: 불확실한 시기에도 자원봉사자들과의 신뢰를 구축하고 유지하는 데 도움이 된다. 변화가 빈번한 이 시기에는 자원봉사자들과 주로 한 주에 한 번 정도 소통하는 것이 좋다.
- 자원봉사자의 의견 수렴: 자원봉사자들이 현재 어디에 있는지 파악하는 것이 중요하다. 그들의 가능성과 한계에 관해 물어본다(Boyarski, 2020).

- 보상 시스템 설정: 자원봉사자들의 헌신과 성과에 따라 보상을 제공하는 시스템을 마련한다.
- 자원봉사자 인식 이벤트 개최: 최고의 성과를 내는 자원봉사자들에게 상을 주는 자원봉사자 인식 이벤트를 개최한다.
- 자원봉사자 이야기 공유: 자원봉사자의 개인적인 이야기를 블로그나 디지털 채널에 게시한다.
- 소셜 미디어에서 개인 이야기 공유: 자원봉사자들이 소셜 미디어에서 자신의 개인적인 이야기를 공유하도록 권장한다.
- 소셜 미디어 게시물 재게시: 자원봉사자들이 당신의 소셜 미디어 게시물을 재게시하도록 권장한다(Pedraza, 2022).

가상 환경은 시간과 공간의 제약 없이 누구나 자원봉사에 참여할 수 있도록 하여, 자원봉사자들의 참여율을 높이고 단체의 서비스 범위를 확대하는 데 이바지했다. 특히 코로나19 팬데믹 시기에는 가상 환경이 비영리단체의 필수적인 도구로 자리매김하며, 자원봉사 활동의 지속가능성을 확보하는 데 중요한 임무를 수행했다. 앞으로는 증강현실, 가상현실, 게임화 등 다양한 기술을 활용한 가상 자원봉사 프로그램은 자원봉사 활동에 대한 참여자들의 흥미를 유발하고, 더욱 몰입감 있는 경험을 제공할 필요가 있다. 이를 통해 비영리단체는 미래 세대의 자원봉사 참여를 유도하고, 자원봉사 문화를 확산시키는 데 이바지할 수 있을 것이다(Bognanno, 2021).

셋째, 비영리조직 또한 변화하는 시대에 발맞춰 인력 운영 방식을 혁신하고 있다. 과거 정규직 중심의 고용 방식에서 벗어나, 계약직, 프리랜서 등 다양한 형태의 대체 인력을 활용하는 방식으로 전환하고 있다. 이는 기업뿐만 아니라 비영리조직에서도 유연한 인력 운영의 필요성이 증대되었음을 보여준다. 대체 인력 활용은 필요한 전문성을 신속하게 확보하고, 유연한 인력 운영을 통해 비용 절감을 가능하게 한다(Fuel50's Workforce Architecture team, 2022).

대체 인력은 기업의 유연한 인력 운영을 위한 필수적인 요소로 자리매김하고 있다. 새로운 프로젝트 수행, 계절적 수요 변동 등 다양한 상황에 효과적으로 대응할 수 있을 뿐만 아니라, 조직의 장기적인 성장을 위한 전략적 파트너로 활용될 수 있다. 하지만 대체 인력을 단순히 비용 절감 수단으로만 활용할 경우, 조직 문화에 대한 이해 부족이나 단기적인 성과 지향 등의 문제가 발생하여 오히려 조직에 부정적인 영향을 미칠 수 있다. 따라서 기업은 대체 인력을 체계적으로 관리하고, 조직의 목표 달성을 위해 긴밀하게 협력하는 방안을 모색해야 한다. 『맥킨지, 2022』의 보고서에서는 행정 지원부터 최고경영자에 이르기까지 다양한 직급에서 대체 인력 활용이 확대되고 있음을 보여준다.

넷째, 혁신 사례는 유사한 비영리단체 간의 통합이다. 교육 분야에서 비슷한 목표를 가진 비영리단체들의 통합이 새로운 트렌드로 자리 잡고 있다. 코로나 19 팬데믹 이후 변화하는 환경에 효과적으로 대응하기 위해 많은 단체가 규모의 경제를 실현하고 전문성을 강화하기 위해 통합을 선택하고 있다. 상호 보완적인 역량을 가진 두 단체가 하나로 합쳐짐으로써 더 큰 사회적 영향력을 발휘하고 지속 가능한 성장을 도모할 수 있을 것이다.

그러면 비영리 간의 인수 합병이 증가하는 이유는 무엇인가? 여기에는 전략적 의도와 실패 회피라는 두 가지 뚜렷한 이유가 있다. 먼저 전략적 의도에서 비영리기관들은 수익 증대와 비용 절감을 통한 성장을 위해 합병을 선택하는 경우가 많다. 미국 호스피스 시장에서 JourneyCare, Midwest, Horizon의 합병 사례는 이러한 전략을 잘 보여준다. 이들은 합병을 통해 규모의 경제를 실현하고 시장 점유율을 높여 영리 기업과의 경쟁에서 살아남고자 했다(Haider 등, 2017).

이 사례를 구체적으로 살펴보면 2015년, 일리노이주의 세 호스피스 단체인 JourneyCare, Midwest, Horizon은 서비스 확대를 위해 합병하여 새로운 JourneyCare를 출범시켰다. 이들은 현재 일리노이주에서 가장 큰 비영리 호스피스 기관으로, 매일 약 3,000명의 환자에게 가정 간호 및 5개의 입원 센터를 통해 서비스를 제공하고 있다. 합병을 통해 각 단체의 전문성을 결합하여 환자와 가족에게 더욱 포괄적인 완화 치료를 제공하고 있다(JourneyCare News, 2017).

두 번째 측면인 실패 회피는 덜 매력적일 수 있지만 나름대로 중요하다고 할 수 있다. 비영리단체들의 합병은 단순한 규모의 확대를 넘어, 서비스의 질을 높이고 지속가능성을 확보하는 데 중요한 역할을 한다. 미국의 'Big Brothers Big Sisters of Metropolitan Chicago'의 사례는 이를 잘 보여준다. 2005년에 일리노이주와 인디애나주의 청소년 멘토링 단체가 합쳐지면서, 제한된 자원으로는 어려웠던 양질의 멘토링 프로그램을 운영할 수 있게 되었고, 더 많은 아이에게 도움을 줄 수 있게 되었다. 이는 비영리단체들이 변화하는 환경에 효과적으로 대응하고 사회적 영향력을 확대하기 위한 하나의 전략으로 자리매김하고 있다.

이와 같이 자원 부족이나 재정난에 시달리는 비영리단체에 합병이나 인수는 위기 극복을 위한 하나의 해결책이 될 수 있다. 하지만 단순한 생존을 위한 선택이 아니라, 기존의 사명을 더욱 발전시키고 사회적 영향력을 확대하기 위한 전략적인 결정이 되어야 한다. 이사회는 단순히 규모를 키우는 것에 집중하기보다는, 합병을 통해 어떻게 더 효율적으로 자원을 활용하고 목표를 달성할 수 있을지 심도 있게 고민해야 한다(Donnelly, 2024).

이 외에도 사회적 모금 발자취(Social Fundraising Footprint), 인공지능(Artificial Intelligence) 개발, 가상화폐(Cryptocurrency) 모금 등의 경영 혁신 사례가 있다. 이 중에서 대표적으로 "Social Fundraising Footprint(사회적 모금 발자취)" 혁신 사례를 살펴본다.

"사회적 모금 발자취"는 사회적 모금 활동이 어떤 영향을 미치는지를 나타내는 개념이다. 즉, 온라인 기부 활동 이력서라고 생각하면 된다. 이것은 온라인에서 기부, 모금 활동을 하면서 남는 기록을 의미하는데, 단순히 기부 내용뿐 아니라, 소셜 미디어 공유, 댓글, 참여한 캠페인 등 온라인 기부 활동과 관련된 모든 것을 포함한다. 특히 비영리단체들이 자신들의 모금 활동이 사회에 미치는 긍정적 또는 부정적인 영향을 측정하고 보고하는 데 사용된다(Sustainalytics, 2023). 사회적 모금 발자취는 다음과 같은 요소들을 포함할 수 있다:

- 모금 활동의 범위와 규모: 모금 활동이 얼마나 많은 사람들에게 도달하는지, 얼마나 많은 자금을 모으는지 등을 나타낸다.
- 사회적 영향: 모금 활동이 사회의 어떤 부분에 영향을 미치는지, 그 영향이 얼마나 큰지를 나타낸다. 예를 들어, 모금 활동이 교육, 건강, 환경 보호 등의 분야에 어떤 변화를 불러왔는지를 측정할 수 있다.
- 지속가능성: 모금 활동이 얼마나 지속 가능한지, 즉 장기적으로 얼마나 많은 자원을 확보하고 유지할 수 있는지를 나타낸다(Weidema, 2018).

이들 정보는 비영리단체들이 기부자와의 신뢰를 구축하고, 효과적인 모금 활동을 위해 필수적인 요소이다. 기부자들은 자신들의 기부가 어떻게 사용되는지 알고 싶어 하며, 이는 더 많은 참여를 이끌어내는 중요한 동기가 된다. 사회적 모금 활동(Social Fundraising)은 참여형 모금 방식으로, 기부자들의 자발적인 참여를 유도하여 모금 목표를 달성하는 데 효과적이다. 특히 소셜 미디어를 활용한 홍보는 젊은 세대의 기부를 이끌어내고 기존 지지자들의 참여를 확대하는 데 큰 역할을 한다.

애틀랜타 주니어 리그의[6] '리틀 블랙 드레스 이니셔티브(LBDI: The Little Black Dress Initiative)'는 '사회적 모금 발자취'의 성공적인 사례이다. 이 캠페인은 참가자들이 직접 참여하고 소셜 미디어를 통해 확산하면서, 세대의 빈곤 문제에 대한 사회적 인식을 높이고 기금 마련에 크게 이바지했다. 이 캠페인에서는 참가자들이 연속적으로 5일 동안 하나의 검은 드레스(또는 의상)를 입고, 빈곤에 관련된 문제에 대해 대화를 나눈다(Donahue, 2022).

〈그림 2〉 The Little Black Dress Initiative의 캠페인 예시

출처: The Junior League of Winston-Salem에서 인용

다음은 '리틀 블랙 드레스 이니셔티브(LBDI)'의 일반적인 타임라인 및 활동에 대한 더 자세한 분석이다. LBDI의 캠페인에 관련된 일정표와 활동은 참여자들의 개별적인 필요와 목표에 따라 맞춤형으로 제공된다.

---

6   JLA(Junior League of Atlanta)는 미국 애틀랜타 지역사회에서 봉사 활동을 하는 여성들의 모임이다. 봉사 활동, 협업, 교육을 통해 여성 리더십을 발전시키고 지역사회에 의미 있는 영향력을 행사하는 것을 목표로 하고 있다.

- 준비 단계(캠페인 1~2개월 전): JLA(Junior League of Atlanta) 리더십 및 위원회 구성원은 목표, 대상 청중, 메시징, 기금 조달 전략을 포함한 캠페인 계획을 개발한다.
- 주의 집중 취하기(캠페인 주간 5일간): 캠페인 기간 중 연속으로 같은 검은색 드레스를 입고 다니면서 "내 드레스에 관해 물어봐 줘"라고 적힌 마크(배지)를 착용하여 사람들의 시선을 끌어내어 질문을 유도함으로써 세대 간 빈곤 문제에 대한 인식을 높이고 기금을 모금한다. 참가자나 자원봉사자는 캠페인 해시태그를 사용하여 소셜 미디어에서 경험과 이야기를 공유하고 다른 사람들에게 참여하도록 장려한다.
- 캠페인 이후 단계(캠페인 1~2개월 후): 캠페인의 성공 여부를 평가하고 참가자나 자원봉사자로부터 피드백을 수집한다. 또한 캠페인의 영향과 조달된 기금을 요약하는 최종 캠페인 보고서를 공유한다.
- 성과: "Junior League of Atlanta"는 2015년에 이 캠페인을 시작하였고, 그 이후로 $300,000 이상의 자금을 모아 이 단체의 사명(미션)을 지원하였다. 이 프로그램은 지역 여성 250명 이상을 옹호자로 참여시켰다.

1.4. 비영리조직 경영의 딜레마

윤리적 딜레마

비영리조직은 자신의 사명과 가치에 부합하는 방식으로 행동해야 한다. 하지만 때로는 윤리적인 결정을 내리기 어려운 상황에 직면할 수 있다. 예를 들어, 비영리조직이 자신의 사업을 위해 필요한 자금을 확보하기 위해 윤리적으로 문제가 있는 기업이나 개인으로부터 기부를 받는 경우는 딜레마를 야기할 수 있다(투명성국제한국, 2022).

- **기업의 이미지 악용(기부자 의도)**: 윤리적으로 문제가 있는 기업은 기부를 통해 자신의 이미지를 개선하려는 의도를 가질 수 있다. 이는 기업의 기부 행위가 진정한 사회적 책임 이행보다는 이미지 세탁에 치중되어 있음을 의미하며, 비영리단체의 명성과 가치에 부정적인 영향을 미칠 수 있다. 기업의 이러한 행위는 사회적 책임을 회피하는 수단으로 악용될 수 있으며, 대중에게 잘못된 인식을 심어줄 수 있다. 이럴 때, 비영리조직은 기부자의 의도를 신중하게 평가해야 한다.
- **사명 충실 vs. 자금 확보**: 비영리조직은 기부자의 의도와 관계없이 조직의 사명과 가치관에 충실해야 한다. 하지만 만약 기부가 조직의 가치관을 훼손하거나 사회에 부정적인 영향을 미칠 가능성이 있다면 기부를 거절해야 할 수도 있다.
- **기업의 부당한 영향력**: 기부금을 제공하는 기업은 비영리단체의 운영에 영향을 미치려는 의도를 가질 수 있다. 특정 프로그램이나 정책을 우선시하도록 압박하거나 비영리단체의 독립성을 침해할 수 있다.
- **장기적 vs. 단기적 이익**: 단기적으로는 기부를 통해 자금을 확보하여 필요한 사업을 진행하는 것이 중요할 수 있다. 하지만 장기적으로는 조직의 명성과 신뢰를 유지하는 것이 더 중요하며, 문제가 있는 기업이나 개인의 기부는 오히려 조직의 명성을 실추시킬 수 있다.
- **도덕적 책임**: 비영리단체는 윤리적으로 문제가 있는 기업과의 관계를 통해 사회에 부정적인 영향을 미칠 수 있다.

비영리단체는 윤리적으로 문제가 있는 기업이나 개인으로부터 기부를 받는 것을 신중하게 판단해야 한다. 기부금의 사용 용도, 기부자와의 관계 등을 명확하게 계약을 통해 규정하고 기업의 변화 노력, 대중의 반응 등을 고려하여 명확한 기준을 설정하고 투명하게 운영해야 한다. 또한, 기부자의 영향력이 조직의 운영이나 의사결정에 개입하는 것을 방지하는 조치를 마련해야 한다. 기부를 받는 것이 비영리단체의 핵심 가치와 목표를 달성하는 데 도움이 되는지도 세밀하게 검토해야 한다.

논란이 되는 기부자

비영리단체는 다양한 출처에서 자금을 조달해야 하는데, 이 중에는 논란의 여지가 있는 기부자들도 포함될 수 있다. 이러한 기부자들은 단체의 명성을 훼손하거나 임무 수행 능력을 방해할 수 있는 부정적인 영향을 미칠 수 있다. 일부 기부자는 단체의 가치관이나 사명과 상충하는 방식으로 돈을 벌거나 행동할 수 있다. 이럴 때 비영리단체는 논란의 여지가 있는 기부자를 신중하게 다루는 것이 중요하다.

다음은 논란의 여지가 있는 기부자를 다루는 데 도움이 되는 몇 가지 팁이다.

1) 기부자를 평가한다: 기부자를 받아들이기 전에 기부자의 배경과 명성을 조사하는 것이 중요하다. 기부자의 가치관과 단체의 가치관이 일치하는지, 기부자의 기부가 단체의 임무 수행 능력에 부정적인 영향을 미칠 수 있는지 등의 질문을 고려한다.

2) 기부자와의 관계를 명확하게 정의한다: 기부자를 받아들이기로 하면 기부자와의 관계를 명확하게 정의하는 것이 중요하다. 이는 기부 계약을 작성하고 기부자에게 기대되는 바를 명확히 설명하는 것을 의미한다.

3) 기부자와의 커뮤니케이션을 유지한다: 기부자와 정기적으로 소통하여 기부자의 우려 사항을 이해하고 기부자가 단체의 임무에 어떻게 기여하고 있는지 알려주는 것이 중요하다.

4) 기부자의 기부를 감독한다: 논란의 여지가 있는 기부자의 기부는 특히 신중하게 감독해야 한다. 이는 기부가 기부 계약에 따르고 단체의 정책과 절차를 준수하는지 확인하는 것을 의미한다.

5) 기부 수락 여부 결정: 비영리단체들은 기부를 받아들일 때 윤리적인 기준

을 따라야 한다. 대부분은 기부 조건 정책을 마련하여 단체의 사명과 가치에 맞지 않는 기부를 거절할 수 있다. 기부 수락 여부를 결정할 때는 다음과 같은 옵션이 있다(Harrington & Varma, 2020).

- 기부 거절: 기부자가 단체의 사명과 가치에 반하는 행동을 했고 주요 이해관계자들도 이에 동의한다면 기부를 거절해야 한다.
- 기부 반환: 기부를 받은 후에 기부자의 부정행위가 드러나는 경우 기부를 반환해야 한다. 하지만 이미 사용된 기금은 반환할 수 없다.
- 기부 유지: 기부자의 행위와 과거가 단체의 사명, 가치, 이해관계자에 문제가 없다면 기부를 유지할 수 있다. 이 경우 공개적인 설명을 통해 기부 수용 과정을 투명하게 밝혀야 한다.
- 기부 활용 방향 변경: 기부자의 행위로 인해 피해를 당한 사회 문제를 해결하는 데 기금을 활용할 수도 있다. 예를 들어, 값싼 약값을 엄청나게 올린 제약 회사가 비영리단체에 기부했다면, 그 기부금을 제약 회사의 약값 인상으로 인해 어려움을 겪는 사람들을 돕는 것도 윤리적인 선택이 될 수 있다.

6) 정책 및 절차를 구현한다: 논란의 여지가 있는 기부자를 다루는 데 도움이 되는 정책 및 절차를 구현하는 것이 중요하다. 이러한 정책에는 기부자 평가, 기부 계약, 기부 감독 및 기부 거절 또는 환급에 대한 절차가 포함되어야 한다.

논란의 여지가 있는 기부자를 다루기는 어려울 수 있지만, 위의 조언을 따르면 비영리단체가 단체의 명성을 보호하고 임무를 수행하는 데 필요한 자금을 조달할 수 있다.

NPO 경영의 운동성과 사업성 간의 딜레마

비영리조직(NPO)의 경영은 크게 사회 운동적 측면과 사업적 측면으로 나눌 수 있다. 먼저 사회 운동적 측면을 보면 비영리조직은 사회적 목표를 달성하기 위해 설립되며, 이를 위해 다양한 사회운동을 주도하게 된다. 이러한 사회운동은 비영리조직의 핵심 가치와 연결되며, 그들의 활동과 서비스를 통해 사회적 변화를 촉진하는 데 중요한 역할을 한다(Jeong, 2019). 예를 들어, 환경 보호, 교육 개선, 사회 정의 등을 위해 활동하는 비영리조직들이 있다. 이러한 사회 운동적 측면은 비영리조직의 핵심 임무를 이해하고, 그들이 추구하는 가치와 목표를 실현하는 데 필요한 전략과 행동을 결정하는 데 도움이 된다.

사회적 사명을 가지고 경영하고 있는 것은 비영리조직만이 아니다. 예를 들어 '교육'이라는 영역에서는 누구나 다양한 것을 배울 기회를 얻을 수 있고, 새로운 지식을 획득하여 지금까지 하지 못했던 일들을 할 수 있게 된다. 그런 상태를 지향한다는 것은 중요한 사회적 사명이다. 정부는 이 사회적 사명을 달성하기 위해 의무교육이라는 제도를 통해 교육받을 수 있도록 하고 있다.

기업도 기업 이념이나 비전에는, 「~를 통해서 사회에 공헌한다」「~한 인재를 육성한다」 등의 문구를 찾을 수 있다. 즉 기업도 일종의 사명을 내걸고 있는 셈이다. 이러한 행정이나 기업의 사회적 사명과 비영리조직의 사회적 사명은 무엇이 다를까?

예를 들어, 여러 이유로 학교에 갈 수 없는(가지 않는) 등교 거부 아이가 있다고 하자. 학교의 사회적 사명으로 보면 이들도 당연히 교육의 대상이며, 모든 학생에게 최대한 평등하고 공정한 교육 기회를 제공하기 위해 노력한다. 하지만 한정된 예산으로 인해, 상대적으로 소수인 등교 거부 학생들의 특수한 요구에까지 완벽하게 대응하기에는 어려움이 있을 수 있다.

한편 기업은 어떤가? 기업이 하는 교육은 보통 보습, 음악, 스포츠, 영어 학원처럼 시험이나 특별한 목적을 위해 능력을 키우는 경우가 많다. 그런데 최근 늘어나고 있는 등교 거부 학생들은 전문적인 교육 서비스가 필요하지만, 경제적인 어려움을 겪는 경우가 많아 기업으로서는 매력적인 고객층이 아닐 수 있다. 역으로 부유층이라면 일부 사람이 대상이라도 이익을 낼 수 있다면 기업의 대상이 된다.

이런 이유로 등교 거부 아동들의 학습지원을 하는 비영리조직이 등장하게 된다. 이들은 등교 거부라는 사회과제가 있다는 것을 세상에 알리고 이 과제의 당사자들(자녀, 부모, 학교 관계자 등)의 목소리를 대변하고 어떻게 해결해야 하는지 문제를 제기하며, 스스로 재원을 확보해 '교육'에 관한 사회적 사명을 다하고자 한다. 이것이 바로 행정이나 기업이 그 조직 원리의 특성상 대응할 수 없는 사회과제를 해결하고자 하는 비영리조직 경영의 사회 운동적인 측면이다.

비영리조직이 취급하는 사회과제의 특징은 그 「다양성」과 「신규성」에 있다 (松本마쯔모토, 2020). 첫 번째 「다양성」은 '사회적 과제가 사람에 따라 다양하다'라고 하는 것으로, 비영리조직은 각각의 상황에 기대어 각자의 요구를 충족시키려고 한다. 그러나 다양하다는 것은 그만큼 대상자 집단의 '덩어리(규모)'가 작아 대가를 치르더라도 '벌이(수익)'를 창출하기 어려워 사업으로서는 비효율적이다. 물론 '덩어리(규모)'가 작아 대가를 치르지 못하더라도 행정을 통한 지원이 가능하지만, 다양하다는 것은 니즈가 특수하므로 한정된 재원을 효율적으로 활용해 효과를 극대화하려는 행정의 평균적인 서비스로는 해결할 수 없을 가능성이 높다.

두 번째 「신규성」은 '과제가 새롭고 드물다'라는 것이며, 비영리조직은 사회과제 당사자의 대리로서 이의를 제기함으로써 아직 일반적으로 알려지지 않은 과제를 사회 문제화한다. 과제가 새롭다는 것은 기업의 측면에서는 그 과제의 이해관계자가 애매하거나 너무 넓어 고객을 설정하기 어렵고, 행정의 측면에서는 해결해야 할 과제로서 인식되고 있지 않거나 대응하는 제도가 없어서 움직이기 어렵다는 의미이기도 하다.

이와 같이 사회과제의 「다양성」이나 「신규성」에 대응하는 것은, 비즈니스라고 하는 관점에서 보면 운영의 비효율을 낳고 불확실성을 높인다. 이는 곧 경영의 대원칙인 수지 균형의 실현이 어려워진다는 의미이다. 기업에서는 수익성이 있는 고객만 대상으로 하면 사업은 효율화되지만 정말 그 사회과제로 어려움을 겪고 있는 사람들을 구할 수 없다. 행정에서도 보조금이나 조성금이 존재하는 테마에만 주력하면, 사업은 성립될지 모르지만, 아직 사회적으로 인지되지 않은 과제는 무시하게 된다. 비영리조직은 그러한 과제에 과감히 도전하며 그것이야말로 비영리조직 경영에 있어서 사회 운동성의 본질이다.

비영리조직은 이 사업상의 비효율과 불확실성을 초래하는 사회 운동성을 유지하기 위해 경영 자원을 스스로 마련하거나 다른 재원을 획득해야 한다. 기부나 회비를 모으거나 정부 보조금이나 조성금을 얻거나 사업을 수탁하거나 자체사업에 의해 수지의 균형을 취하려고 한다. 이러한 활동이나 조직을 이루고 유지하기 위해서는 사회 운동성과는 다른 비영리조직 경영의 특징인 사업적인 측면(사업성)이 요구된다.

사업적(비즈니스) 측면을 보면 비영리조직은 비영리이지만, 그들도 효과적인 운영과 지속가능성을 위해 사업적 전략이 필요하다. 이는 자금 조달, 예산 관리, 인적 자원 관리 등 다양한 경영 활동을 포함한다. 또한, 비영리조직은 그들의 사회적 목표를 달성하기 위해 자원을 효율적으로 관리하고, 효과적인 프로그램과 서비스를 제공하기 위한 전략을 개발해야 한다. 이러한 사업적 측면은 비영리조직이 자신들의 임무를 성공적으로 수행하고, 영향력을 확대하는 데 중요한 역할을 한다(Sanderse 등, 2020).

비영리조직의 사회 운동성과 사업성(수익성)은 쉽게 양립할 수 없는 딜레마(상충 관계)와 같은 것이라고 할 수 있다. 예를 들어, 경영을 안정시키기 위해 외부로부터의 특정 재원에 의존하게 되면 조직이나 사회 운동의 독립성을 위협할 수도 있고, 사회 운동적 측면을 강조하여 사업성을 희생하면 활동을 위한 경비를 충당할 수 없게 되어 본래의 사회적 과제의 목적을 달성할 수 없게 될 수도 있다. 또 수입을 얻을 수 있는 다른 사업을 선택하면 조직의 미션과 동떨어진 일을 하게 돼 멤버들의 동기부여를 유지할 수 없게 될 수도 있다. 비영리조직은 항상 이 사회 운동성과 사업성을 양립시켜 활동을 지속 가능한 것으로 만들기 위해서 부단한 노력을 하게 된다. 즉, 이 두 가지 측면이 조화롭게 결합할 때 비영리조직은 그들의 사회적 목표를 효과적으로 달성하고 지속 가능한 운영을 유지할 수 있다. 이 두 가지 측면은 비영리조직의 성공을 위해 서로 보완적이어야 하며, 이를 통해 비영리조직은 그들의 임무를 성공적으로 수행하고, 그들의 영향력을 확대하는 데 중요한 역할을 한다. 이것이야말로 비영리조직 경영의 가장 큰 특징이라고 할 수 있다.

Chapter 2

자선단체를 위한 ESG의 이해

2.1. 자선단체에서 ESG의 의미와 중요성

자선단체에 있어서 ESG의 의미는 무엇인가?

ESG(환경, 사회, 지배구조)는 주로 기업 부문에서 지속가능성을 측정하는 데 사용되는 프레임워크이다. 그러나 지속가능성에 대한 이러한 측정은 환경 뿐만 아니라 비즈니스 윤리와도 관련이 있다. 환경(Environment)이란 탄소 배출, 폐기물 감소, 보다 지속 가능한 공급망 등 환경에 영향을 미치는 요소를 의미한다. 사회(Society)는 조직과 이해관계자의 관계에 중점을 둔다. 여기에는 인력의 다양성, 기회균등, 차별 금지 보장, 공평한 서비스 제공, 인간 건강 및 안전 보호, 다양한 공급업체 활용 증대 등의 문제가 포함될 수 있다. 지배구조 (Governance)는 이사회 다양성, 위험 관리, 데이터 책임, 규정 준수 및 윤리 분야의 발전을 통해 조직이 얼마나 잘 운영되고 있는지 추적한다(Orr, Hyter &

Rosales, 2021).

비영리 부문에 종사하는 사람들은 기업이 사회적 의식이 있음을 보여주기 위해 사용하는 또 다른 프레임워크인 기업의 사회적 책임(CSR)이라는 용어에 더 익숙할 것이다. 그러나 역사적으로 CSR은 조직 내부에 초점을 맞추고 자체 규제를 수행해 왔다. 이와 대조적으로 ESG는 투자자가 재무적 지표를 보는 것 이상으로 비즈니스의 가치를 평가할 수 있도록 지표를 설정한다. ESG는 비즈니스의 지속가능성과 장기적인 생존 가능성을 더 잘 측정하고 이해하려는 외부 이해관계자를 위한 것이다.

〈그림 3〉 비영리조직에서 ESG의 기회

출처: Orr, Hyter & Rosales (2021)에서 인용

ESG에서는 조직의 이해관계자에게 중요한 관련 문제를 파악하고, 이러한 문제를 적극적으로 해결하기 위한 목표와 사명을 수립하며, 이러한 목표와 미션에 대한 기업의 진행 상황을 대중에게 보고하는 것이 핵심이다.

비영리단체는 감시 단체와 옹호자 역할을 모두 하며 이러한 혁신을 추진하는 데 도움을 주었고, 기업들이 경쟁적으로 관련 사회적 명분과 평판이 좋은 파트너들과 협력하면서 보조금 기금과 후원금의 수혜자로서 ESG의 혜택을 받았다. 그러나 많은 비영리단체가 자체 운영에서 장려하고 혜택을 받는 바로 그 정책과 실무를 수용하는 데 주저해 왔다.

비영리조직의 ESG 정책과 실무에 관한 관심이 부족한 이유는 여러 가지일 수 있다. 비영리단체들은 사회적 책임을 다하는 활동을 해도 일반적으로 조직의 신뢰도나 평판이 크게 높아지지 않는다고 생각한다. 반면, 환경 문제나 윤리적인 문제에 연루되어 부정적인 평가를 받으면 조직의 이미지가 빠르게 실추될 수 있다고 우려하기 때문에, 이러한 정보를 공개적으로 공유하고 보고하는 일에 적극적으로 참여하지 않으려는 경향이 있다.

일반적으로 비영리단체의 기부자와 투자자들은 단체가 얼마나 효과적으로 목표를 달성하는지에 더 큰 관심을 둔다. 즉, 단체의 활동이 사회 문제 해결에 얼마나 이바지하는지, 투자 대비 효과는 어떠한지 등을 중점적으로 평가한다. 반면, 단체의 직원, 고객, 대중과 같은 이해관계자들은 단체의 주된 목표인 사회 문제 해결과 직접적으로 연결되지 않는 부수적인 정책이나 운용 방식에는 상대적으로 덜 관심을 가질 수 있다.

많은 사람은 비영리단체가 단순히 사회 문제를 해결하는 것뿐만 아니라, 환경 보호, 사회적 공정성, 투명한 운영 등 ESG 가치를 실천해야 한다고 주장한다. 특히 비영리단체는 일반 기업과 달리 세금 혜택을 받기 때문에, 더욱 투명하고 책임감 있는 운영이 요구된다. 최근에는 기부자들도 단체의 활동 내용뿐만 아니라, 어떻게 그러한 활동을 수행하는지에 대한 정보를 요구하며 더욱 까다로운 기준을 적용하고 있다.

ESG가 비영리단체에 왜 중요한가?

2002년 미국에서 도입된 서번스-옥스리법(SOX)은 기업의 투명성과 책임성을 강화하며 기업 지배구조의 새로운 기준을 제시했다. 이는 비영리단체에도 영향을 미쳐 문서 관리, 내부 고발 시스템 등을 강화하도록 요구했다. 한편, 기업들은 ESG 경영을 도입하며 공급망 전반의 지속가능성을 확보하고자 노력하는데, 이는 비영리단체의 ESG 실천 여부를 중요한 평가 기준으로 삼는다는 의미이다. 비영리단체는 기업의 요구에 부응하기 위해 ESG를 도입해야 할 뿐만 아니라, 사회적 가치를 추구하는 본연의 목적을 달성하기 위해서도 ESG 경영을 강화해야 한다. ESG가 비영리조직에 중요한 이유를 구체적으로 살펴보면 다음과 같다.

- 투명성 강화 및 기부금 유치

투명성이 무엇보다 중요한 시대에 ESG 체계는 신뢰와 진정성의 등대 역할을 한다. 조직의 ESG 활동을 투명하게 공개하는 것은 단순히 말뿐 아니라 실제로 사회에 긍정적인 영향을 주기 위해 노력하는 모습을 보여주는 것이다. 이를 통해 잠재적인 자원봉사자, 직원, 기부자, 그리고 모든 이해관계자에게 조직의 가치와 진정성을 전달할 수 있다(Hawkins, 2023). ESG를 수용함으로써 비영리단체는 신뢰할 수 있고 책임 있는 조직이라는 평판을 구축할 수 있으며 이를 통해 잠재적 파트너 및 기부금 제공자들로부터 눈에 띄게 된다. 많은 조직이 기부자들의 시간과 자원을 놓고 경쟁하고 있는 상황에서 임무에 집중하는 것은 물론 남녀 급여 형평성을 높이고 탄소 발자국을 줄이고 이사회를 다양화하는 것과 같은 계획들에 우선순위를 두고 있다는 것을 보여줄 수 있다면, 그것은 기부자 및 기타 이해관계자들을 감동하게 하고 돋보이게 할 메시지가 된다.

– MZ 세대와 연결하여 미래를 구축

비영리단체가 ESG 실무를 채택하는 가장 설득력 있는 이유는 자선활동과 사회적 영향의 미래 환경을 형성하는 데 있어 고유한 위치를 지닌 MZ 세대의 힘 때문일 것이다. 밀레니얼(M)세대와 Z세대는 2029년까지 세계 노동력의 72%를 차지하게 되는데 이들은 기업의 ESG 투명성 보고와 책임 있는 경영을 요구하는 주요 세대이다. 친환경 기업을 선호하는 등 MZ 세대 직원들은 자신이 가치 있다고 생각하는 기업에서 일하기를 원한다. 데이터를 보면, Z세대의 70%는 환경 보호 활동에 적극적인 기업을 선호하고, Z세대의 53%와 밀레니얼세대의 55%는 기업의 ESG 활동이 자신의 가치관과 일치한다면 이주까지 고려한다고 한다. 따라서 기업의 ESG 실천은 직원 만족도를 높이고 우수 인재를 유치하는 데 중요한 역할을 할 수 있다(Newman, 2023).

특히 ESG 원칙에 대한 Z세대의 선호도는 인식을 넘어 행동으로까지 확장된다. 베이비붐세대와 X세대에 비해 Z세대 투자자는 현재 ESG 투자를 보유하거나 재무 자문가에게 ESG 투자에 대해 문의할 가능성이 훨씬 더 높다. 2029년까지 전 세계 인력의 72%가 Z세대와 젊은 밀레니얼세대로 구성된다는 이 통계는 지속 가능한 투자에 대한 Z세대의 의지와 비영리 부문의 지형을 재편할 수 있는 Z세대의 잠재력을 강조한다(Helms, 2023).

본질적으로 Z세대는 비영리단체가 참여해야 하는 중요한 인구통계이다. 미래의 기부자, 자원봉사자, 해당 분야의 직원으로서 그들은 전례 없는 규모로 사회 및 환경 변화를 주도할 힘을 갖고 있다. 비영리단체는 Z세대의 가치와 선호도에 맞춰 장기적인 관계를 구축하고 운영의 지속가능성을 확보할 수 있다.

– 차세대 직원 유치

밀레니얼세대와 Z세대는 2029년까지 전 세계 인력의 72%를 차지할 것이며,

이들 세대는 ESG 보고 및 책임 있는 비즈니스 운영을 추진하는 원동력이 되었다. 구체적으로 보면 다음과 같다.

- Z세대의 70%는 환경친화적 여건을 구축한 기업에서 근무할 가능성이 높다.
- ESG 전략이 가치와 신념에 부합할 때 Z세대의 53%, 밀레니얼세대의 55%가 일자리를 찾아 이동할 것으로 예상한다.
- ESG 성과를 통해 직원 만족도 향상 및 잠재 직원 유치가 가능하다.

물론 비영리 또는 사회 문제 해결(소셜 임팩트) 조직은 이미 미션 중심적이라는 이점을 가지고 있지만, 단순히 미션을 홍보하는 것만으로는 부족할 수 있다. 예비 및 현재 직원들은 다양성, 형평성, 포용성, 지속 가능한 비즈니스 실무, 직원 참여 등 일상적 경험과 지역사회 또는 세계 전반에 영향을 미치는 문제에도 집중하고 싶어 한다. 또한 기부자가 업무의 영향을 파악함으로써 혜택을 얻는 것처럼, 예비 및 현재 직원들은 ESG 보고를 통해 이러한 분야에서 조직의 진행 상황을 파악할 수 있다.

– 미션 및 영향력 증대

비영리단체가 미션을 기반으로 운영하는 특성을 고려할 때 ESG는 빠르게 변화하는 세계에서 미션과 영향력을 증대시킬 수 있는 기회로 접근할 수 있다. 비영리 경영진이 업계 환경과 조직의 미래 성장 기회를 검토할 때 지속가능성은 경영의 모든 측면에서 핵심 초점이 되어야 한다. 변화하는 이해관계자 우선순위 조정부터 기부 및 자본에 대한 지속적인 접근성, 미션의 영향력 확대에 이르기까지 ESG 원칙을 비영리조직의 처음부터 끝까지 모든 측면에 통합하면 지속적인 성공에 기여할 것이다. 실제로 미국 적십자사(American Red Cross)와 같은 선도적인 업계 조직은 공식적인 ESG 프로그램을 전략 계획에 통합함으로써 이러한 필요성을 보여주었다(Baum, 2023).

- 가치와 영향력의 조화

기업과 마찬가지로 비영리단체도 투자 결정을 통해 변화의 주체가 될 수 있다. 소규모 비영리조직은 여성과 소수자를 배려하는 지역 은행에 계좌를 개설하고 대규모 비영리단체는 전문 ESG 투자 회사와 파트너십을 맺거나 저렴한 주택 개발과 같은 긍정적인 사회 및 환경적 결과를 생성하는 기업에 직접 투자하여 자신들의 재무적 가치(수익성)도 추구함과 동시에 지속가능성과 사회적 책임을 우선시하는 기업을 지원할 수 있다(Helms, 2023).

- ESG와 적십자 보고서

기후 위기가 심화하면서 재난 구호의 중요성이 커지고 있다. 미국 적십자는 이러한 시대적 요구에 발맞춰 기후 변화의 영향을 완화하고 취약 계층을 지원하는 데 집중하고 있다. 이를 위해 적십자는 조직 전체의 환경, 사회적 책임, 그리고 투명한 지배구조를 확립하는 ESG 경영을 도입했다. 최고 지속가능성 책임자를 임명하고 이사회 승인을 거쳐 GRI[7] 표준에 기반한 ESG 프레임워크를 수립했다. 이 체계는 환경, 사명 전달, 직원 및 조직 문화, 지배구조의 네 가지 핵심 요소로 구성되어 있다. 적십자의 ESG 노력은 외부 이해관계자뿐만 아니라 내부 구성원들에게도 큰 호응을 얻고 있다(Hawkins, 2023). 이는 적십자의 인도주의적 사명을 더욱 강화하고 지속 가능한 미래를 위한 기반을 마련하는

---

7 GRI(Global Reporting Initiative)는 전 세계적으로 가장 널리 사용되는 지속가능성 보고 지침이다. 기업들이 자신의 경제적, 환경적, 사회적 성과를 측정하고 보고하는 데 필요한 표준화된 프레임워크를 제공한다.

데 기여할 것으로 기대된다.

2.2. ESG가 자선단체에 제공하는 기회와 장점

자선단체들이 ESG(환경, 사회, 지배구조) 원칙을 실천하는 것은 단순히 윤리적인 책임일 뿐만 아니라, 장기적으로 다양한 측면에서 조직의 지속가능성을 강화하고 사회적 영향력을 확대하는 데 기여할 수 있다. 이를 구체적으로 살펴보면 다음과 같다.

- 재정적 안정성 강화: ESG 경영에 앞장서는 비영리단체는 투자자들로부터 높은 평가를 받고 투자 유치 기회를 확대할 수 있다. 자선단체들은 사회적 책임을 다하기 위해 기부 활동을 적극적으로 진행하는데, ESG 경영을 실천하는 자선단체는 기업들의 기부 대상 선정 과정에서 우선적으로 고려될 가능성이 높아진다. 또한 에너지 효율 개선, 폐기물 감소, 친환경적인 자원 활용 등 ESG 실천을 통해 운영비를 절감하고 재정적 안정성을 강화할 수 있다(김지현, 2022).
- 사회적 영향력 확대: 지역사회 주민들의 삶의 질 향상과 지속 가능한 발전을 위한 다양한 프로그램과 사업을 추진하며 지역사회 공동체 강화에 기여한다.
- 기업 및 정부와의 협력 증진: ESG 경영을 통해 기업 및 정부기관과의 협력 관계를 구축하고, 다양한 사회적 문제 해결에 대한 파트너십을 형성할 수 있다.
- 브랜드 가치 제고: 투명하고 책임감 있는 조직 운영을 통해 지역사회 단체의 브랜드 가치를 높이고, 주민들의 신뢰를 얻을 수 있다.
- 미래 성장 동력 확보: ESG 가치를 중요시하는 젊은 세대 인재들이 자선단체에 참가하고 싶어 하는 경향이 늘어나고 있다. ESG 원칙을 기반으로 새로운 프로그램과 사업을 개발하여 지역사회 단체의 역량을 강화하고 미래 성장 동력을 확보할 수 있다. 나아가 환경 보호, 사회적 포용, 투명한 운영 등을 통해 지속 가능한 발전을 위한 기반을 마련하고 장기적인 성장을 이어갈 수 있다(Hoy, 2022).

비영리단체를 위한 기회

ESG 보고는 비영리단체가 자신의 사명과 사회 전반의 향상을 위해 헌신하고 있음을 보여줄 수 있는 기회를 제공한다. 비영리단체는 좋은 일을 하는 곳이므로 환경(E), 사회(S), 지배구조(G)를 잘 지켜야 한다. 이걸 ESG 표준이라고 하는데, 비영리단체가 ESG를 잘 따르는 것은 너무나 당연한 일이다(RSM, 2022).

기부자, 자원봉사자, 판매업자에게 보고하는 것도 평판을 높이고 신뢰를 얻는 방법이다. 그렇게 함으로써 조직의 근무 조건이 개선되어 현재 직원들의 직무 만족도가 향상되고 미래의 직원들을 유치할 수 있다.

비영리 이사회와 리더십은 ESG 데이터를 수집하고 배포하도록 요구함으로써 조직의 분위기를 조성할 수 있으며, 자신들이 잘하고 있는 것과 개선해야 할 점을 자세히 살펴볼 수 있다. 정직과 투명성은 신뢰를 구축하는 데 큰 도움이 된다.

Donor Box.org의 바우어(L. B. Bower)는 "비영리단체가 투명하게 운영되는 것은 윤리적으로도 중요할 뿐만 아니라, 여러 가지 긍정적인 효과를 가져온다"라고 강조한다. 투명한 운영은 지역사회의 신뢰를 얻어 파트너십을 구축하고, 후원 기관과의 관계를 돈독히 하며, 궁극적으로 비영리단체의 사명을 더욱 효과적으로 수행하는 데 도움을 준다는 것이다.

투명성이 ESG에 미치는 비영리성의 이점

비영리 이사회는 ESG 원칙을 홍보하는 리더십 역할을 수행한다. 여러분은 여러분의 조직이 모범을 보여줄 수 있다. 여러분의 투명성을 통해 현재 및 미래의 직원들은 여러분과 여러분의 조직이 다양성, 형평성, 지속가능성 등 자신에게 중요한 일에 집중하고 있다는 것을 이해할 수 있다. ESG 보고를 통해 여러분의 진행 상황을 추적하면 잠재적 기부자와 지지자들이 그들의 노력과 관심을 어디에 두어야 할지 결정하는 데 도움이 된다.

ESG 표준 및 보고 결과의 투명성에 대한 노력은 다른 이점도 가져올 수 있다.

- 사회적 책임을 우선시하는 조직의 일원이 되고 싶어 하는 새로운 이사진을 끌어들일 수 있다. 이사회와 리더십에 다양성을 장려함으로써, 비영리조직은 새로운 아이디어와 새로운 에너지로부터 이익을 얻을 것이다.
- 마음이 맞는 기부자, 자원봉사자, 직원들은 ESG 목표와 결과를 가지고 조직을 지원할 가능성이 높다. 마찬가지로, 사회적으로 책임감 있고 지속 가능한 방식으로 조직이 임무를 수행하는 것을 볼 때 기업 자금 제공자들의 지원을 받기가 더 쉬울 것이다.
- ESG 표준 결과 보고를 통해 다른 비영리단체, 재단, 정부 기관의 보조금 지원을 요청할 때 경쟁력을 높일 수 있다.

2.3. ESG가 비영리조직에서 성공하기 위한 조건

비영리조직에서 ESG(환경, 사회, 지배구조) 경영이 성공하기 위해서는 몇 가지 핵심 전략을 고려해야 한다. 아래는 ESG 경영의 성공을 위한 몇 가지 조언이다.

- 비전과 전략의 통합: 비영리단체의 핵심 가치와 목표와 일치하는 ESG 비전을 명확히 정의해야 한다(예: 지속 가능한 환경 보호, 사회적 포용 증진, 투명하고

책임감 있는 운영 등). 그리고 비영리조직은 ESG 경영을 성공적으로 추진하기 위해 비전과 전략을 통합해야 한다. 이사회 산하에 ESG 경영위원회를 구성하고, 변화를 주도할 전담 조직을 만들어야 한다. CEO가 ESG 경영의 본질을 명확히 이해하고 조직 내 비전과 전략을 운용할 수 있도록 지원해야 한다.

- 리더십과 이해관계자 참여: 최고 경영진의 적극적인 리더십과 지원이 필수적이므로 ESG 경영의 중요성을 인식하고, 조직 내 전반적인 변화를 이끌어야 한다. 이사회, 직원, 기부자, 지역사회 등 다양한 이해관계자들의 참여를 확보해야 하며, ESG 전략 수립 및 실행 과정에 다양한 의견을 수렴하고, 협력적인 관계를 구축해야 한다.

- 변화 준비, 추진, 정착 단계: ESG 경영은 조직 내 변화를 이끄는 과정으로, 변화 준비, 추진, 정착 단계로 구분된다(존 코터 하버드 경영대 교수). 이 단계를 체계적으로 관리하고, 변화를 지속해서 추진해야 한다. 최근 우리나라에서도 이사회 산하에 ESG 경영위원회를 구성한 후 변화를 주도할 전담 조직을 구성하고, 그 조직을 주축으로 비전 및 전략을 수립하기 시작했다. 그러나 여전히 ESG 경영 전담팀과 실행 부서 간 이해도가 일치하지 않는 경우가 많다(한국경제신문 2023.10.). 이를 해결하기 위해서는 ESG 경영과 변화의 본질을 명확하게 이해하고 조직 내 비전과 전략을 통합해 운용할 수 있어야 한다.

- 투명성과 책임: ESG 경영은 투명성과 책임을 강조한다. 조직은 재정적 및 행정적 거래에서 투명성을 유지하고, 사회적 책임을 다해야 한다(NCVO, 2019). 이를 위해 ESG 활동 관련 정보를 투명하게 공개하고, 주요 이해관계자들과의 소통을 강화해야 한다. 또한 ESG 실천 결과를 정기적으로 보고하고, 이해관계자들의 피드백을 적극적으로 수렴해야 한다.

- 지역사회 참여와 영향력: 비영리조직은 지역사회와 끊임없이 상호 작용하고, 지역사회의 발전에 기여해야 한다. 지역사회와의 협력을 통해 ESG 경영을 더욱 강화할 수 있다. 이에 대한 대표적 성공 사례가 있다. 2000년대 중반부터 물 부족 국가의 마을에 깨끗한 식수를 위한 우물을 파는 국제개발 사업이 우후죽순 진행됐다. 문제는 NGO가 떠나면 우물이 고장 나 방치되는 경우가 발생한

다는 것이었다. NGO들은 사업이 끝나고 식수를 안정적으로 공급하는 방안을 고민했다. 굿네이버스는 우물 대신 정수장 시설을 구축했다. 계획 단계부터 지역 주민으로 구성된 '식수 운영위원회'를 꾸리고 시설을 자체적으로 운영, 관리할 수 있도록 지원했다. 정수장에서 만든 식수를 마을에서 판매하고, 수익금을 정수장 운영비로 활용할 수 있는 시스템도 마련했다(조선일보, 2022.09.).

이 외에도 큰 목표를 설정하기보다는, 작은 것부터 시작하여 점진적으로 ESG 실천 범위를 확대하는 것이 좋으며 ESG 실천 과정에 직원, 이사회, 기부자, 지역사회 구성원 등 주요 이해관계자들을 참여시켜 협력하는 것이 중요하다(NCVO, 2019). 그리고 ESG 전문기관이나 컨설팅 회사의 도움을 받거나, 정부와 기관에서 제공하는 ESG 관련 지원 프로그램을 활용하는 것이 좋다. 비영리단체의 ESG 참여는 단순히 윤리적인 책임을 넘어 장기적으로 조직의 지속가능성을 강화하고 사회적 영향력을 확대하는 데 이바지할 수 있다. 그러나 조직이 ESG 경영을 효과적으로 내재화하고 성공적으로 추진하기 위해서는 위의 다양한 조건을 적극적으로 적용하는 것이 필요하다.

Chapter 3

비영리조직의 미래와 회복탄력성

3.1. 회복탄력성이란 무엇인가?

조직 회복탄력성(Resilience)은 영국 국가표준기구인 BSI와 크랜필드 경영대학원의 공동연구를 통해 정리된 개념이며, "조직이 생존하고 번영하기 위해 점진적인 변화와 갑작스러운 파괴적 상황을 예측하고, 대비, 적응하는 능력"이라고 정의된다(Suarez & Montes, 2020). 마치 폭풍우에 쓰러진 나무가 다시 일어나 더욱 튼튼하게 성장하는 것처럼, 회복탄력성이 뛰어난 조직은 어려움 속에서도 배우고 성장하며 더욱 강력해지므로 변화와 불확실성이 가득한 현대사회에서 조직의 성공을 위한 필수적인 요소가 된다(Young, 2022).

회복탄력성에 대한 다양한 정의가 존재하지만, 이 개념을 과정으로 해석하는 것과 결과로 해석하는 것 사이에 일반적인 구분이 있을 수 있다. 결과 관점에서는 회복탄력성을 역경에서 벗어나 현 상태로 돌아갈 수 있는 능력으로 정의하지만, 프로세스로서의 회복탄력성은 단순한 현상 유지의 복원을 넘어 조직이 이전보다 더 가치 있는 상태로 전환하기 위해 기회를 창출하거나 극한 상황에서 새로운 역량을 개발한다고 정의한다(Williams 등, 2017). 비영리조직은 경제 불황, 정부 정책 변화, 사회 문제 변화, 기부, 자원봉사 등 다양한 위험 요인에 의존하기 때문에, 변화에 유연하게 대응하고 위기를 극복하는 능력이 더욱 중요하다. 특히 다음과 같은 특징으로 인해 조직 회복탄력성이 더욱 중요하다.

- 자원 부족: 비영리단체는 일반적으로 기업보다 자원이 부족하여 위기 상황에 취약하다.
- 불확실한 환경: 정부 정책 변화, 기부금 감소, 사회 문제 변화 등 비영리단체가 직면하는 환경은 불확실성이 높다.
- 사회적 책임: 비영리단체는 사회적 책임을 수행해야 하므로 위기 상황에서도 서비스를 지속해야 한다.

비영리조직과 관련하여 조직 탄력성은 불리한 상황에서 조직의 임무 수행 의지에 따라 추가로 결정된다(Witmer & Mellinger, 2016). 예를 들어 기상이변은 "조직의 자원과 프로세스에 극단적인 요구를 제기한다." 따라서 조직의 회복탄력성 개발은 조직이 자원을 확보하고 유지하는 능력에 달린 경우가 많다. 자원 획득을 보장하고 장기적인 생존을 보장하기 위해 "조직은 결코 자급자족할 수 없으며 다른 조직과 상호 의존하게 된다"(Helmig 등, 2014). 이러한 조직의 상호 의존성은 자원의존이론(RDT)의 기초를 형성하는데 이 이론은 조직과 환경의 관계에 초점을 맞춰 조직이 자원을 획득하고 이를 통해 장기적인 생존을 보장하기 위해 상호 작용한다고 가정한다.

자원 획득 및 교환을 위한 조직 간 관계의 중요성은 조직의 생존을 위협하는 불안정하고 도전적인 환경에서 특히 분명해진다. 이는 비영리조직의 한정된 자원을 처리하기 위한 새로운 전략을 요구한다. 이와 관련하여 민간 부문 기업과의 제휴는 자원을 모으고, 정보를 공유하여 역경에 대한 적응력을 향상시키는 전략 중 하나로 확인된다(Pape 등, 2019).

3.2. 비영리조직 회복탄력성의 이론적 검토

지금까지 기금 조달 연구는 크게 두 가지 관점으로 나뉜다. 먼저 기존의 기금 조달 방식은 기금 조달을 지속적인 교육과 훈련을 통해 습득하는 특별한 지식체계(knowledge base)라고 보고, 전문가적 실무를 위해 이러한 지식을 습득하는 것이 가장 중요하다고 본다. 다음으로 최근 등장하고 있는 비판적 기금 조달 연구는 기금 조달의 기본적인 가정이나 "상식(common sense)"이라고 생각하는 부분들을 면밀히 분석하는 이론적 토대를 마련하고 있다. 즉, 그냥 실무를 하다 보면 알게 된다는 생각에 의문을 제기한다. 대신에 기금 조달 방식에 조직이 미치는 영향에 초점을 맞춘다. Herrero & Kraemer(2022)는 기금 조달 담당자가 속한 조직 환경이 그들의 업무 수행 능력에 결정적인 영향을 미친다고 주장한다. 외부에서 획득한 지식만으로 기금 조달을 하는 것이 아니라 조직 내에서 실무를 하면서 지식이 축적되고 발전한다는 것이다. 또한 기금 조달 담당자들은 조직의 상황과 외부 환경에 따라 기존의 사고방식과 업무처리 방식을 지속해서 수정하고 조정하며 적응한다.

최근 연구에서는 이러한 회복 능력이 이념적 허구라는 비판이 있지만, 테러 공격이나 경제 불황과 같은 위기 상황이 늘어나면서 회복 능력에 관한 연구도 계속해서 활발하게 진행되고 있다. 조직이 회복 능력을 갖추고 있다는 것은 현재 상황을 이해하고 그러한 이해를 반영하여 맞춤형 대응 방안을 개발하는 능력이 있다는 것을 의미한다. 이러한 이해와 대응은 조직 내부 구성원과 외부 행위자 간의 상호 작용을 통해 실천적인 수준에서 이루어진다. 이러한 실천은 불확실성과 위기의 정도에 따라 지속해서 변화하고 진행된다.

Herrero & Kraemer(2022)는 코로나19 동안 비영리기관들의 펀드레이징 활동에 초점을 맞추어, 어떤 조직적 회복 능력들이 위기를 극복하고 새로운 기회를 포착하는 데 중요한 역할을 했는지 심층적으로 분석하였다. 이 연구는 기금 조달 담당자들이 팬데믹 상황으로 인한 어려움에 대응하여 인지적 능력, 행동적 능력, 그리고 관계적 능력을 매우 빠르게 발전시킬 수 있는 뛰어난 역량을 보여주었다는 사실을 발견했다.

- 인지적 능력: 기금 조달 담당자들은 기부자와 후원자의 우선순위와 가치가 빠르게 변화하고 있으며, 이러한 변화가 기금 조달 실무에 미치는 영향을 민첩하게 파악(인지)했다. 또한 직접적인 만남이 불가능한 상황에서 소셜 미디어와 같은 디지털 기술을 활용하여 기금 마련 대상자와 지지자들과 소통해야 한다는 절실한 인식을 보였다.
- 행동적 능력(behavioral capabilities): 인지적 능력은 새로운 행동 양식으로 전환되었다. 기존 기부자와 지속해서 협력하고, 온라인 문화 콘텐츠 제공을 통해 새로운 수익 창출 기회를 창출하는 등 새로운 전략적 결정을 내리는 사례들이 발견되었다. 끈기와 적응력과 같은 능력은 특히 유용하게 활용되었으며, 기금 조달 담당자들이 덜 계획적이고 더 반응적인 새로운 근무 방식을 개발하도록 도왔다.
- 관계적 능력(relational capabilities): 관계적 능력 또한 중요한 역할을 했다. 기존 후원자들의 협업을 유도하여 재정 지원을 받거나 기존 기금의 사용조건을 더욱 유연하게 변경하는 것은 역경 속에서 조직이 가장 효과적으로 기능할 수 있도록 자원에 접근하고 교환할 수 있는 능력이다.

이들은 또한 조직 내 다양한 부서나 팀의 역량을 결합하여 새로운 가치를 창출하는 '융합 역량(Cross-Capabilities)'이라는 개념을 제시했다. 마치 레고 블록을 다양하게 조합하여 새로운 모형을 만들어내는 것처럼, 조직 내의 다양한 자원과 역량을 효과적으로 결합하여 문제를 해결하고 새로운 기회를 포착하는 것이다. 비영리 예술 및 문화 기관에서의 융합 역량을 활용한 예를 들어 보면 다음과 같다.

- 예술과 기술의 융합: 예술 작품을 제작하는 예술가와 IT(정보통신) 기술을 가진 직원이 협력하여 새로운 형태의 디지털 예술 작품을 만들거나 온라인 전시를 기획할 수 있다.
- 모금 활동과 마케팅의 융합: 모금 활동 담당자와 마케팅 담당자가 협력하여 더욱 효과적인 기부 캠페인을 기획하고 실행할 수 있다.
- 교육과 커뮤니티 참여의 융합: 교육 프로그램과 지역사회 참여 프로그램을 연계하여 지역 주민들에게 더욱 다양한 문화 경험을 제공할 수 있다.

이와 같이 융합 역량은 비영리 예술 및 문화 기관이 지속 가능한 성장을 위해 반드시 갖춰야 할 중요한 능력이다. 온라인 공연, 가상 전시 등 새로운 형태의 문화 활동을 기획하기 위해 예술가, 기술 전문가, 마케팅 전문가가 협력하고 아이디어를 공유하며 새로운 가치를 창출할 때, 비영리 예술 및 문화 기관은 더욱 발전하고 사회에 이바지할 수 있다는 것이다.

3.3. 비영리조직의 탄력성에 대한 정책적 시사점

Salamon(2003)은 비영리 부문이 미국 사회에서 중요한 역할을 수행하고 있으며, 다양한 어려움에도 불구하고 상당한 회복력을 보여왔다고 평가한다.

Salamon은 비영리 부문이 다음과 같은 어려움에 직면해 있다고 지적한다.

- 정부의 역할 축소: 정부의 재정적 어려움으로 인해 비영리 부문에 대한 정부 지원이 감소하고 있다. 예를 들어, 정부와 민간 부문의 지원에 대한 의존도가 증가하면서 비영리 부문의 독립성이 약화할 수 있다.
- 시장의 개입: 비영리 부문이 제공하는 서비스에 대한 시장의 개입이 증가하고 있다.
- 사회의 변화: 사회의 변화로 인해 비영리 부문의 역할과 기능이 변화하고 있다.
- 기술의 급속한 변화: 이는 비영리 부문의 서비스 제공 방식을 변화시킬 수 있으며, 이는 비영리 부문의 일자리와 수익에 영향을 미칠 수 있다.

Salamon(2003)은 이러한 어려움에도 불구하고 비영리 부문이 다음과 같은 노력을 통해 회복력을 유지하고 발전해 나갈 수 있다고 주장한다.

- 사회적 가치를 강조: 비영리 부문은 자신의 사회적 가치를 명확히 하고 이를 통해 대중의 지지를 얻어야 한다.
- 혁신과 변화를 추구: 비영리 부문은 새로운 아이디어와 솔루션을 개발하고 사회의 변화에 적응하기 위한 노력을 계속해야 한다.
- 협력과 연대를 강화: 비영리 부문은 정부, 기업, 시민사회 등 다양한 이해관계자와 협력하고 연대하여 사회 문제를 해결하기 위한 노력을 강화해야 한다.

Young(2023)의 연구는 비영리 부문이 갖는 회복력에 대한 심층적인 분석과 이러한 회복력이 공공 정책에 시사하는 바를 제시하였다. 특히, 비영리 부문이 갖는 독특한 회복력의 근원을 다양한 관점에서 분석하였다.

- **사회적 자본**: 비영리 부문은 강력한 사회적 네트워크와 신뢰를 바탕으로 위기에 빠르게 대응하고 공동체를 지원한다.
- **다양한 자원 활용**: 정부 지원, 기업 후원, 개인 기부 등 다양한 자원을 활용하여 재정적 안정성을 확보하고 사업을 확장한다.
- **유연성**: 변화하는 사회 환경에 빠르게 적응하고 새로운 프로그램을 개발하여 사회적 요구에 부응한다.
- **미션 중심**: 명확한 사회적 미션을 가지고 있으며, 이를 달성하기 위해 끊임없이 노력한다.

Young(2023)은 다음과 같은 네 가지 수준의 탄력성을 이해하고 비영리단체가 위기를 헤쳐 나가기 위해 사용한 전략을 탐구하였다.

첫째, 무엇보다 다양한 수준의 탄력성을 이해하는 것이 중요하다고 강조한다.

- 조직 수준 탄력성: 개별 비영리단체가 위기에 적응하고 생존할 수 있는 능력이다.
- 네트워크 수준 탄력성: 위기 상황에서 비영리단체가 서로 협력하고 지원할 수 있는 능력이다.
- 부문 수준 탄력성: 도전에 직면하여 역량과 영향력을 유지하는 전체 비영리 부문의 능력이다.

둘째, 이러한 다양한 수준을 이해하면 정책 입안자들이 비영리 부문 전체의 탄력성을 지원하는 다음과 같은 효과적인 전략을 개발하는 데 도움이 된다.

- 조직 수준 전략
- 서비스 제공 조정: 비영리단체는 안전하고 효과적으로 고객에게 다가가기 위해 서비스를 온라인으로 전환하거나 대체 방법으로 전환했다. 여기에는 의료 분야의 원격 의료, 가상 교육, 원격 상담이 포함된다.

- 자금 출처 다각화: 많은 비영리단체는 보조금이나 기부와 같은 전통적인 출처에 대한 의존도를 줄이기 위해 자금 흐름을 다양화했다. 여기에는 소셜 미디어를 통한 모금, 크라우드 펀딩, 기업과의 파트너십이 포함될 수 있다.
- 파트너십 구축: 다른 비영리단체, 정부 기관 및 기업과 협력하면 리소스, 전문 지식 및 도달 범위를 제공할 수 있다. 이는 대규모 프로젝트나 복잡한 문제를 해결하는 데 매우 중요할 수 있다.
- 기술에 투자: 데이터 분석, 클라우드 기반 플랫폼, 커뮤니케이션 도구 등의 기술을 활용하면 효율성을 높이고 운영을 간소화하며 더 많은 고객에게 다가갈 수 있다.
- 핵심 임무에 집중: 위기 상황에서는 비영리단체가 핵심 임무에 계속 집중하고 수혜자에게 가장 큰 영향을 미치는 활동의 우선순위를 정하는 것이 중요하다.

- 네트워크 수준 전략

- 리소스 및 전문 지식 공유: 네트워크 내의 비영리단체는 공통 과제를 해결하기 위해 모범 사례, 리소스 및 인력을 공유할 수 있다. 이는 그들이 집단으로 적응하고 서로의 경험으로부터 배우는 데 도움이 될 수 있다.
- 정책 변화 지지: 비영리단체는 해당 부문을 지원하고 위기로 인해 발생하는 특정 요구 사항을 해결하는 정책을 옹호하기 위해 협력할 수 있다. 여기에는 재정 지원, 규제 변경 또는 세금 감면을 위한 로비가 포함될 수 있다.
- 지역사회 회복력 구축: 비영리단체는 지역 주민 및 조직과 협력하여 위기 상황에서 사회적, 경제적 필요를 해결함으로써 지역사회 회복력을 구축하는 데 중요한 역할을 할 수 있다.

- 부문별 전략

- 부문별 대응 개발: 국가 및 지역 비영리 협회는 위기 상황에서 노력을 조정하고 모범 사례를 공유하며 회원 조직에 지원을 제공할 수 있다.
- 혁신 및 협업 촉진: 해당 부문 내에서 혁신 및 협업 문화를 조성하면 비영리단체가 변화하는 상황에 적응하고 새로운 문제에 대한 새로운 솔루션을 개발하는 데 도움이 될 수 있다.

- 강력한 비영리 인프라 지지: 비영리단체는 역량 구축 프로그램, 기술 지원, 세금 인센티브 등 강력하고 활발한 비영리 인프라를 지원하는 정책을 옹호할 수 있다.

이상을 요약하면 회복력이 높은 비영리 부문의 공통적인 특징은 비전을 제시하고 조직을 이끌어가는 강력한 리더십, 투명하고 책임 있는 의사결정 시스템(효과적 지배구조), 그리고 새로운 지식과 기술의 지속적 학습과 조직을 개선하기 위한 노력이 있다는 것이다. 또한 비영리 부문이 사회의 중요한 구성원이며, 그들의 회복력이 사회 전체의 안녕에 이바지한다는 점을 인식하는 것이다. 나아가 정부는 비영리 부문의 회복력을 강화하기 위한 정책을 적극적으로 추진할 필요가 있다.

3.4. 비영리단체가 회복력을 유지하는 방법

여기에서는 경기 침체 기간에 비영리단체들이 어떻게 탄력성을 유지할 수 있는지에 대한 방법을 탐구한다(Listingart, 2023).

- 자금 조달에 보수적 접근: 많은 비영리단체가 정부 보조금, 자금, 그리고 기부금에 의존한다. 불확실한 시장에서는 이전과 같은 자금이 계속될 것이라고 가정해서는 안 된다. 예산을 보수적으로 구성하면 연중 인력 관리와 계획을 도울 수 있다.
- 평소와 같은 비즈니스를 기대하지 않기: 과거 아르헨티나에서의 경험을 통해, 상황이 항상 변한다는 것을 배웠다. 코로나19 팬데믹 동안 우리 사회는 빠르게 관습을 바꾸는 법을 배웠고, 새로운 기술, 소비자 습관, 사회 규범에 적응하는 중요성을 깨달았다. 비영리단체들은 변화를 예상하고, 우리가 속한 사회가 필요로 하는 서비스를 제공하고 있는지 지속해서 평가해야 한다.

- 공감을 포용하기: 경기 침체는 도전이 될 수 있다. 이는 우리의 한계를 시험하고 번창하기 위한 혁신을 강요할 것이다. 모든 팀 리더에게 비영리 또는 영리 기업을 운영하든 간에 공감을 실천할 것을 권장한다. 조직이 영향력을 유지하기 위해서는 직원들이 협력적인 팀으로 열심히 일할 필요가 있다.

이러한 전략들을 통해 리더들이 최선의 관행을 사용하고, 새로운 전략에 열려 있으며, 공감을 실천한다면, 우리는 더 강해진 채로 어려움을 극복할 수 있을 것이다. 이 글은 비영리단체의 경영진을 위한 조언을 제공하며, 경기 침체 동안 비영리단체가 어떻게 탄력성을 유지하고 성장할 수 있는지에 대한 구체적인 전략을 제시하였다.

3.5. 비영리조직의 회복탄력성을 위한 비영리─민간 협력 사례

2015년 유럽의 대규모 난민 유입 사태는 비영리조직의 회복탄력성이 얼마나 중요한지를 보여주는 대표적인 사례이다. 예상치 못한 난민 유입은 비영리조직의 활동 환경을 급격하게 변화시키며, 불확실성 증가와 서비스에 대한 수요 폭증이라는 이중고를 안겼다(Simsa 등, 2019). 정보 부족, 사회 갈등, 제한적인 정부 지원 등 다양한 어려움 속에서도 많은 비영리조직은 유연하게 대응하고, 난민들의 초기 수용과 사회 통합을 지원하며 조직의 목표를 달성했다. 이는 극한 상황에서도 비영리조직의 회복탄력성이 조직의 생존과 지속 가능한 성장을 위한 핵심 요소임을 시사한다.

대규모 난민 유입과 같은 극한 상황에서는 다양한 기관 간의 협력이 필수적이다. 비영리조직은 재정적 어려움과 급증하는 서비스 수요에 직면하여 단독으로 문제를 해결하기 어렵기 때문이다(Sanzo 등, 2015). 특히, 영리 기업과의 협력은 비영리조직이 부족한 자원과 전문성을 보완하고, 변화하는 환경에 효과적으로 대응할 수 있도록 돕는다. 즉, 비영리조직의 회복탄력성을 높이고 지속 가능한 활동을 위해서는 다양한 주체와의 협력 네트워크 구축이 중요하다.

기존 연구들은 비영리조직의 회복탄력성을 높이기 위해서는 다른 기관과의 협력이 중요하다는 점을 강조해 왔다. 특히, 빠르게 변화하는 환경 속에서 자원 확보를 위해 다양한 기관과의 네트워크 구축이 필수적이라고 지적해 왔다(Pape 등, 2019). 또한 기존 연구들은 주로 재난 발생 후 형성된 협력 네트워크가 회복탄력성에 미치는 영향에 초점을 맞춰왔다. 하지만, 극한 상황 발생 이전에 구축된 선제적인 협력 관계가 비영리조직의 회복탄력성에 어떤 영향을 미치는지에 대한 연구는 아직 부족한 실정이다.

최근 유럽 난민 위기 연구는 비영리조직이 급변하는 환경 속에서 어려움을 극복하는 데 필요한 자원과 역량에 대한 논의를 활발히 진행해 왔다. 특히, 비영리조직의 조직 특성과 난민 지원 활동 간의 연관성에 주목하며, 비영리조직이 난민 위기 상황에서 어떤 역할을 수행했는지에 대한 다양한 연구가 진행되었다. 하지만 난민 위기 이후 비영리조직과 민간기업 간의 협력이 비영리조직의 회복력을 강화하는 데 어떤 역할을 하는지에 대한 연구는 아직 미흡한 실정이다.

Waerder 등(2022)은 독일의 난민 위기 사례를 분석하여 비영리조직과 민간기업 간의 협력이 비영리조직의 회복력을 높이는 데 기여한다는 점을 밝혔다. 여기서 회복력이란 극한 상황에서도 조직이 빠르게 회복하고 지속 가능한 성장을 이어갈 수 있는 능력을 의미한다. 연구 결과에 따르면, 비영리조직과 민간기업 간의 협력(NPC)은 다음과 같은 방식으로 비영리조직의 회복력을 강화한다:

- 자원 기반 도전: NPC는 비영리조직에 안정성, 자원, 전문 지식을 제공하여 자

원 기반의 도전을 극복하는 데 도움을 준다.

- 개념적 도전: NPC는 비영리조직이 서비스와 프로그램을 적응시키는 데 필요한 전문 지식과 피드백을 제공함으로써 개념적 도전에 대응한다.
- 감정적 도전: NPC는 비영리조직 직원들이 감정적 도전을 극복하고 위기 상황에서도 그들의 사명을 지속할 수 있도록 지원한다.

여기서 '**자원 기반 도전**'은 비영리조직이 자신의 사명을 수행하고 장기적인 생존을 보장하는 데 필요한 자원을 확보하고 관리하는 데 직면하는 어려움을 말한다. 비영리-민간 협력(NPC)은 비영리조직이 다음과 같은 방법으로 자원 기반 도전에 대응할 수 있도록 지원한다.

- 안정성 제공: NPC는 재정적 지원, 인프라, 물류 네트워크 등을 통해 비영리조직에 안정성을 제공한다. 이를 통해 비영리조직은 예측 불가능한 상황에서도 서비스를 지속할 수 있는 기반을 마련할 수 있다.
- 자원 공유: NPC는 자금, 인력, 물품 등의 자원을 공유함으로써 비영리조직이 필요한 자원을 확보하고, 자원 부족으로 인한 도전을 극복할 수 있도록 돕는다.
- 전문 지식 제공: NPC는 비영리조직이 복잡한 문제를 해결하고, 서비스를 개선하며, 위기 상황에서 효과적으로 대응할 수 있도록 관련 분야의 전문가들과의 네트워크를 제공하거나, 위기관리에 필요한 전문 지식을 공유한다.

'**개념적 도전**'은 비영리조직(비영리조직)이 자신의 서비스와 프로세스를 극단적인 사건이나 불안정한 환경에 적응시키는 과정에서 직면하는 어려움을 말한다. 비영리-민간 협력(NPC)은 비영리조직이 개념적 도전에 대응하는 데 다음과 같은 방법으로 지원한다.

- 서비스 적응: NPC는 비영리조직이 서비스를 현재의 필요에 맞게 조정하고 개선할 수 있도록 전문 지식과 자원을 제공한다.
- 프로세스 혁신: NPC는 비영리조직이 효율적이고 효과적인 프로세스를 개발하고 실행할 수 있도록 지원함으로써, 조직의 유연성과 적응력을 향상한다.
- 전략적 결정 지원: NPC는 비영리조직의 전략적 결정과 계획을 지원함으로써, 장기적인 목표 달성과 위기 상황에서의 회복력을 강화한다.

'감정적 도전'은 비영리조직의 직원들이 극단적인 사건이나 불안정한 환경에서 겪는 스트레스와 압박감을 포함한다. 이러한 도전은 직원들의 정서적 안녕과 조직의 장기적인 생존에 영향을 줄 수 있으며, 이에 효과적으로 대응하는 것이 조직 복원력의 중요한 부분이다. 비영리-민간 협력(NPC)은 다음과 같은 방법으로 비영리조직의 감정적 도전에 기여할 수 있다:

- 동정심과 지원: NPC는 비영리조직 직원들이 겪는 스트레스와 압박감을 이해하고, 이에 대한 지원과 동정심을 제공함으로써, 감정적 도전을 극복하는 데 도움을 준다.
- 정서적 안정성: NPC는 비영리조직 직원들에게 정서적 안정성을 제공하여, 위기 상황에서도 그들의 업무를 지속할 수 있는 힘을 준다.
- 정서적 지원 네트워크: NPC는 비영리조직 직원들이 서로 지원하고 의지할 수 있는 정서적 지원 네트워크를 구축하는 데 도움을 준다.

이상을 요약하면 난민 위기 상황에서 비영리조직은 다양한 어려움이 있지만, 특히 급증하는 난민 지원에 필요한 인력 부족에 시달리고 있다. 민간기업의 인력 지원은 비영리조직의 역량 강화에 이바지할 수 있지만, 극한 상황에서 요구되는 특수 훈련의 필요성으로 인해 인력 관리의 어려움이 존재한다. 즉, 민간기업의 인력 지원은 비영리조직의 조직 회복력을 높이는 데 도움이 되지만, 난민 지원이라는 특수한 상황에서는 한계가 있을 수 있다.

다음으로 재정 자원은 조직의 지속가능성을 위한 필수 요소이지만, 난민 위기와 같이 즉각적인 지원이 절실한 상황에서는 재정 확보보다 효율적인 서비스 제공이 우선시되어야 한다. 이러한 맥락에서, 오랜 기간 사회적 자본을 축적해 온 기존 민간 협력 기업들의 역할이 중요해진다. 단순한 금전적 지원을 넘어, 축적된 경험과 네트워크를 바탕으로 비영리조직에 실질적인 도움을 제공할 수 있기 때문이다.

민간기업과의 협력이 비영리조직에 미치는 긍정적 효과는 다음과 같다.

- 인력 지원: 민간기업의 인력 지원을 통해 비영리조직은 서비스 제공 범위를 확대하고 효율성을 높일 수 있다.
- 전문성 강화: 민간기업의 전문 지식과 기술을 활용하여 비영리조직은 프로그램 운영의 질을 향상시킬 수 있다.
- 자원 확보: 민간기업의 재정적 지원과 물적 자원을 통해 비영리조직은 안정적인 운영 기반을 마련할 수 있다.
- 네트워크 구축: 협력 관계를 통해 비영리조직은 새로운 파트너십을 구축하고 지속 가능한 성장을 도모할 수 있다.

민간기업과의 협력에 있어 어려운 점은 다음과 같다.

- 이익 충돌: 비영리조직과 민간기업의 목표가 다를 수 있으며, 이는 협력 과정에서 갈등을 야기할 수 있다(Sanzo 등, 2015).
- 문화적 차이: 비영리조직과 민간기업의 조직 문화가 다르므로 효과적인 소통과 협업이 어려울 수 있다.

- 법적 제약: 난민 관련 업무는 복잡한 법적 규제를 받기 때문에 협력 과정에서 법적 문제가 발생할 수 있다.
- 심리적 부담: 난민 지원 활동은 자원봉사자와 직원들에게 심리적인 부담을 줄 수 있다.

결론적으로 난민 위기와 같은 극한 상황에서는 비영리조직과 기업의 협력이 중요함을 시사한다. 하지만 협력 과정에서 발생하는 다양한 어려움을 해결하기 위한 노력이 필요하며, 지속 가능한 협력 모델 개발을 위한 추가 연구가 요구된다.

경영 실무에 대한 시사점

이 장에서는 극한 상황에 놓인 비영리단체가 효과적으로 회복하고 지속 가능한 성장을 이루기 위해 기업과의 협력이 필수적임을 강조한다. 극한 상황에서는 비영리조직이 인력, 재정, 전문성 부족 등 다양한 어려움에 직면하게 되는데, 기업과의 파트너십을 통해 이러한 제약을 극복하고 필요한 자원을 확보할수 있다. 특히, 장기적인 협력 관계는 상호 신뢰를 바탕으로 공동 목표를 달성하는 데 시너지 효과를 발휘한다. 다만 필요하다면 단기적인 협력 관계 또한 비영리조직의 위기 극복에 도움이 될 수 있다.

단순한 기부-수혜 관계를 넘어, 명확한 목표 설정과 상호 이익 추구를 통해지속 가능한 협력 모델을 구축하는 것이 중요하다. 이를 위해 협력의 목적과 전략을 명시화하고, 재무적 안정성과 사회적 영향력을 동시에 고려해야 한다. 결론적으로, 극한 상황에서의 신속한 대응과 함께 기업과의 전략적인 협력은 비영리조직의 지속 가능한 성장을 위한 핵심 요소이다.

Chapter 4

자선단체 경영에 제약이론 적용

4.1. 제약이론이란 무엇인가?

일반적으로 조직의 목적을 효과적으로 달성하기 위해서는 유형무형의 자원, 자금, 시간 등이 필요하다. 그런데 모든 기업과 조직에는 하나 이상의 제약 (constraint)이 분명히 존재한다. 생산능력, 품질, 시장수요, 업무규정, 의사결정 기준, 경영철학 등이 모두 제약이 될 수 있다. 제약 요인은 다른 말로 병목 현상이라고 표현할 수 있다. 도로의 경우 일정 구간에서 도로의 폭이 갑자기 좁아지면 그곳에서 교통의 흐름이 막히는 병목 현상이 나타나게 되는 것과 같다. 이러한 조직 목표 달성에 제약이 되는 요인을 집중적으로 개선해 단기간에 경영개선 성과를 거두고 장기적으로 지속적인 경영 개선을 추구하는 프로세스 중심 경영혁신기법이 제약이론(Theory of constraints)이다. 한 문장으로 요약하면 "시스템의 목적 달성을 저해하는 제약조건을 찾아내고 그것을 극복하는 방법" 이라고 할 수 있다(육근효, 1996).

제약이론에서는 조직의 구성을 다수의 고리로 이루어진 체인으로 생각한다. 크고 복잡한 조직에서는 하나의 체인이 아니라 다수의 체인으로 구성된 그리드(grid)의 형태로 볼 수 있다. 목표 달성을 위해서는 다양한 기능이 통합적으로 작동하는데 조직이 어떻게 최대한으로 능력을 발휘할 수 있는가는 조직 내의 가장 취약한 고리 부분(또는 기능)을 찾아내어 그것을 강화시켜 나가는 것이 필수적이다. 즉 조직의 경쟁력은 가장 약한 고리(기능)에 의해 좌우된다는 것이 제약이론의 핵심이다(그림 4).

〈그림 4〉 가장 취약한 연결고리 부분이 경쟁력을 좌우

실무적 측면에서 보아도 조직 내에 있어서 기타의 자원이 아무리 잘 운용되고 있어도 제약 자원 하나를 잘못 관리해서 어려움에 빠지는 경우를 볼 수 있다. 예를 들면 영업실적이 높은 기업에서도 현금 부족으로 인해 부도가 난다거나 노사문제의 처리를 잘못해 도산해 버리는 일도 있다.

제약이론(TOC)에서는 다음의 5단계에 걸쳐 가장 취약한 고리 부분(또는 기능)을 찾아내어 문제를 해결할 방법을 제시해준다(Goldratt, 1992).

1단계: 제약조건의 발견: 병목 구간이 어디인지를 찾는다.

2단계: 제약 요인들을 최대한 이용하는 방법을 결정한다.

3단계: 다른 모든 것을 제약조건의 활용에 종속시킨다. 어차피 아무리 많은

자원을 투입해도 성과(산출량)는 제약 자원에 의해 결정되므로 가장 병목 현상이 심한 부분(또는 기능)을 중심으로 운용 스케줄을 재조정해야 한다.

4단계: 설비나 인원 채용 등 투자 등의 자금이 드는 방법을 이용해서라도 제약 조건의 능력을 강화하는 것이다.

5단계: 문제가 된 부분(또는 기능)이 해결되었다면 타성에 젖지 않도록 주의하며 다시 1단계로 되돌아간다.

4.2. 비영리기관 경영에의 제약이론 적용

이론적으로 제약이론은 비영리기관 경영에도 적용 가능하다. 비영리기관은 이윤을 추구하지 않는 조직으로서 사회적 미션을 달성하고 사회에 긍정적인 영향을 미치는 것을 목표로 한다. 제약이론을 적용하면 비영리기관의 미션 달성 및 자원 효율화를 향상시킬 수 있다.

비영리조직의 관리상의 제약은 비영리조직이 효과적으로 운영되는 것을 방해하는 요인들을 말한다. 이러한 제약은 비영리조직의 규모, 유형, 활동 분야, 운영 환경 등에 따라 다양하게 나타날 수 있다. 일반적으로 비영리조직 관리의 제약은 다음과 같은 세 가지 유형으로 분류할 수 있다.

- 내부적 제약은 비영리조직의 내부에서 발생하는 제약을 말한다. 여기에는 조직의 자원 부족, 조직 구성원의 역량 부족, 조직 문화의 문제 등이 포함된다.
- 외부적 제약은 비영리조직의 외부 환경에서 발생하는 제약을 말한다. 여기에는 경제 상황, 법률 및 규제, 정치적 환경 등이 포함된다.
- 구조적 제약은 비영리조직의 구조나 체제에서 발생하는 제약을 말한다. 여기에는 비영리조직의 법적 지위, 조직의 의사결정 구조, 조직의 재정 지원 구조 등이 포함된다.

내부적 제약

내부적 제약은 비영리조직의 가장 근본적인 제약으로 볼 수 있다. 조직의 자원 부족은 비영리조직의 큰 어려움 중 하나이다. 비영리조직은 주로 기부금이나 정부 지원금에 의존하여 운영되기 때문에, 자원 부족은 조직의 활동을 제한하고, 조직의 지속가능성을 위협할 수 있다. 또한, 조직 구성원의 역량 부족은 조직의 효율성과 효과성을 저하시킬 수 있다. 비영리조직은 전문성이 요구되는 분야에서 활동하는 경우가 많으므로, 조직 구성원의 역량은 조직의 성공에 중요한 요소이다. 마지막으로, 조직 문화의 문제는 조직의 의사결정과 운영에 부정적인 영향을 미칠 수 있다. 비영리조직은 일반적으로 자원 부족과 민감한 사안을 다루는 특성 때문에, 조직 문화의 중요성이 더욱 강조된다.

외부적 제약

외부적 제약은 비영리조직이 운영되는 환경에서 발생하는 제약이다. 경제 상황은 비영리조직의 활동에 큰 영향을 미친다. 경제 상황이 좋을 때는 기부금과 정부 지원금이 증가하여, 비영리조직은 더욱 안정적으로 운영될 수 있다. 반면, 경제 상황이 나쁠 때는 기부금과 정부 지원금이 감소하여, 비영리조직은 어려움을 겪을 수 있다. 법률 및 규제는 비영리조직의 활동을 제한할 수 있다. 비영리조직은 특정 법률과 규제를 준수해야 하므로, 이는 조직의 활동 범위를 제한할 수 있다. 정치적 환경은 비영리조직의 활동에 영향을 미칠 수 있다. 정치적 환경이 안정적일 때는 비영리조직은 더욱 자유롭게 활동할 수 있다. 반면, 정치적 환경이 불안정할 때는 비영리조직은 활동에 어려움을 겪을 수 있다.

구조적 제약

구조적 제약은 비영리조직의 구조나 체제에서 발생하는 제약이다. 비영리조직의 법적 지위는 조직의 활동 범위를 제한할 수 있다. 예를 들어, 비영리법인은 영리 활동을 할 수 없으므로, 조직의 활동 범위가 제한될 수 있다. 조직의 의사결정 구조는 조직의 효율성과 효과성을 저하시킬 수 있다. 의사결정 구조가 복잡하고 비효율적일 때는 조직의 의사결정이 느려지고, 조직의 활동이 지연될 수 있다. 조직의 재정 지원 구조는 조직의 자원 확보에 어려움을 줄 수 있다. 재정 지원 구조가 불안정할 때는 조직은 자원 확보에 어려움을 겪을 수 있다.

비영리조직 관리자는 이러한 제약을 이해하고, 이를 극복하기 위한 전략을 수립해야 한다. 내부적 제약을 극복하기 위해서는 조직의 재원 확보, 조직 구성원의 역량 개발, 조직 문화 개선 등에 노력해야 한다. 외부적 제약을 극복하기 위해서는 경제 상황 변화에 대한 대비, 법률 및 규제 준수, 정치적 환경 변화에 대한 대응 등에 노력해야 한다. 구조적 제약을 극복하기 위해서는 비영리조직의 법적 지위 개선, 의사결정 구조 개선, 재정 지원 구조 개선 등에 노력해야 한다.

4.3. 자선단체 경영에 있어서 제약이론의 적용 방법

비영리기관은 자원이 한정되어 있고 미션 달성이 핵심 목표인 조직이다. 따라서 제약이론을 활용하여 자원을 최대한 활용하고 미션을 성공적으로 이행하는 데 도움을 줄 수 있다. 제약이론을 자선단체 경영에 적용하는 몇 가지 방법은 다음과 같다:

- 병목 현상 식별: 제약이론에서 중요한 개념 중 하나는 제약(Constraint)을 식별하고 그것을 해결하는 것이다. 자선단체에서도 자원, 자금, 시간 등의 제약이 있을 수 있다. 이러한 제약을 식별하고 해결책을 찾는 데 제약이론을 활용할 수 있다.

- 자원 최적화: 제약이론은 주요 제약 요인을 해결하고 자원을 최적화하기 위해 여러 전략과 도구를 제공한다. 자선단체에서는 유한한 자원을 가지고 있으므로 이러한 자원을 효율적으로 활용하는 방법을 개발하고 실행할 수 있다.

- 프로세스 제약: 자선단체의 프로세스나 활동 중에서 병목 현상이 발생하는 경우, 제약이론을 사용하여 해당 병목을 해결하고 작업 흐름을 최적화한다.

- 우선순위 설정: 제약이론은 작업과 프로젝트를 우선순위에 따라 관리하는 데 도움을 줄 수 있다. 자선단체에서 중요한 프로젝트나 활동을 우선적으로 처리하고 다른 것들을 보다 효과적으로 계획할 수 있다.

- 공급망 최적화: 자선단체는 자원과 기부품의 공급망을 관리해야 한다. 제약이론을 사용하여 공급망을 최적화하고 필요한 자원을 적시에 확보할 수 있도록 한다.

- 성과 측정과 향상: 제약이론은 성과 지표를 개발하고 이를 사용하여 자선단체의 성과를 모니터링하고 향상시키는 데 도움을 준다. 예를 들어, 자금 모금 효율성, 프로그램 효과 측정 등을 위한 지표를 설계할 수 있다.

- 자원 확보와 기부 관리: 제약이론은 성과 지표를 개발하고 이를 사용하여 자선단체의 성과를 모니터링하고 향상시키는 데 도움을 준다. 예를 들어, 자금 모금 효율성, 프로그램 효과 측정 등을 위한 지표를 설계할 수 있다.

- 제약 해결을 위한 협력: 자선단체에서는 다양한 이해관계자와 협력하는 것이 중요하다. 제약이론은 팀과 협력을 강화하고 목표 달성을 위한 공동 작업을 지원하는 방법을 제공할 수 있다.

4.4. 제약이론을 자선단체 경영에 적용한 사례

구체적으로 제약이론을 활용하여 자원을 최대한 활용하고 미션을 성공적으로 이행하기 위해 'United Way of America'에서 제약 요인(병목 현상)을 해결한 사례를 살펴보자. 이 단체에서는 기존에는 기부금 모금 프로세스에 여러 단계가 필요했고 불필요한 절차가 많았다. 구체적으로 불필요한 서류 작업 및 승인 절차, 정보 공유 부족 및 의사소통 문제, 데이터 관리 및 분석 시스템이 미흡했다.

기부금 모금 프로세스가 제약 요인(병목 현상)이라는 것을 인식하여 제약이론을 통해 프로세스를 분석하고 불필요한 절차(병목 현상)를 제거하기 위해 온라인 기부 플랫폼 도입, 프로세스 간소화 및 자동화, CRM(고객관계관리) 시스템 도입 및 데이터 관리 강화를 시도하였다. 이와 같이 'United Way of America'는 제약이론을 도입하여 기부금 모금 프로세스를 개선한 결과, 기부금이 2000년대 초반 대비 20% 이상 증가하고 기부금 모금 비용이 10% 이상 감소하였다. 이 사례는 제약이론이 비영리조직의 기부금 모금 활동에도 효과적으로 적용될 수 있음을 보여준다.[8]

리투아니아의 보증기금(Guarantee Fund) 신청 과정에 제약이론이 적용된 사례에 대한 일반적 개요는 다음과 같다. 2009년부터 2010년 사이에 리투아니아의 보증기금 신청 과정에 제약이론이 적용되었다. 이 기금 단체는 고용주가 파산할 경우 근로자에게 재정적 지원을 제공하는 국영 기업이며, 적극적인 노동시장 정책에 자금을 지원하는 장기 고용 기금을 관리한다. 이 보증기금이 직

---

8 현재 United Way Worldwide로 알려져 있으며, 세계에서 가장 큰 비영리단체 중 하나이다. 1887년 콜로라도주 덴버에서 설립되어, 현재 전 세계 1,800개 이상의 지역 비영리 모금 단체 네트워크로 성장했다. 참조: United Way of America 블로그: https://www.unitedway.org/blog/

면한 문제는 길고 복잡한 신청 절차로 인해 고객 만족도가 낮고 운영비용이 높으며 성과 지표가 좋지 않다는 점이었다. 해결책은 시스템 성능을 제한하는 제약조건을 식별하고 제거하는 데 초점을 맞춘 관리 철학인 제약이론 접근 방식을 구현하는 것이었다.

제약이론 접근 방식에 따라 먼저 1단계에서 이 단체의 제약조건은 길고 복잡한 신청 절차라는 것을 식별했다. 2단계는 현시점에서 제약 요인들을 최대한 개선할 수 있는 방법(타 부서의 경력 사원을 병목 부서에 투입)을 결정한다. 3단계에서 어차피 아무리 많은 자원을 투입해도 성과(신청 절차의 편의성과 기간 단축)는 제약 자원에 의해 결정되므로 가장 병목 현상이 심한 부분(또는 기능)을 중심으로 운용 스케줄을 조정한다. 4단계에서 설비나 인원 채용 등 투자 등의 예산이 드는 방법을 이용해서라도 적극적으로 제약조건의 능력을 강화하는 것이다. 마지막으로 5단계에서는 다음으로 병목 현상이 발생하는 행정 부서(또는 기능)를 찾아내기 위해 1단계로 돌아간다.

이런 과정을 거쳐 제약이론 접근법을 적용한 결과는 인상적이었다. 리투아니아의 보증기금은 평균 신청 처리 시간을 42일에서 7일로 단축하고, 월 처리 건수를 600건에서 1,200건으로 늘렸고, 오류 건수를 15%에서 3%로 줄였으며, 고객 만족도를 60%에서 90%로 향상시켰다. 이 기금은 연간 120만 유로의 운영비용을 절감하였다. 이는 제약이론의 중요한 원칙인 '제약 조건을 찾아 해결함으로써 전체 시스템의 성능을 향상시킨다'는 것을 잘 보여주는 사례이다.

- 참고문헌 -

김지현 (2022), 지역사회 단체의 ESG 경영 활동과 지속가능성 성과 분석: 탐색적 연구, 발표기관: 한국사회복지학회.

우파루파 (2023), 비영리단체 문제점 - 정치 & 채용 & 근무환경. m.blog.naver.com
https://m.blog.naver.com/uparupa_official/223044948024

육근효 (1996), 제약이론에 의거한 업적측정방식의 개발, 회계와 감사 연구, 제32권 164-184.

육근효, 김덕산 (2022), 공익법인 주식기부 관련 세법상 과제의 국제비교 - 한미일 3국을 중심으로 -, 日本近代學研究 第78輯 273-291.

松本祐一, 事業と組織のイノベーション―事業性と運動性のバランス, 宮垣元 編著, 「入門 ソーシャルセクター」 第3章 ミネルヴァ書房, 2020年.

Baum, K. (2023), ESG: An Opportunity for Nonprofits, BDO USA 2023.01.

Bognanno, T. (2021), Five Emerging Nonprofit Trends In 2021. https://www.forbes.com/sites/forbesnonprofitcouncil/2021/04/22/five-emerging-nonprofit-trends-in-2021/?sh=15c2ab226069

Boyarski, L. (2020), How to Connect and Engage with Your Volunteers Remotely. https://cpnl.georgetown.edu/news-story/how-to-connect-and-engage-with-your-volunteers-remotely/

Dennis R. Young & Elizabeth A. M. Searing (2022), Resilience and the Management of Nonprofit Organizations.

Donahue, M. (2022), What Is Social Fundraising? And How Nonprofits Can Use It To Reach New Donors. https://www.causevox.com/blog/social-fundraising/

Donnelly, S. (2024), 10 potential risks of mergers and acquisitions. Finance Alliance.

Drucker, P. (1990), Managing the nonprofit organization: Principles and practices, New York, NY: HarperCollins.

Fernando F. Suarez and Juan S. Monte (2020), Managing Risk and Resilience. *Harvard Business Review*(HBR)_2020년 11 - 12월호.

Fuel50's Workforce Architecture team (2022), The Alternative Workforce of the Future.

Glaros, C. (2020), 10 Virtual Engagement Tips And 100+ Examples. https://philanthropywithoutborders.com/2020/05/11/10-virtual-engagement-tips-and-100-examples/

Glaros, C. (2020), Beyond Donor Travel: Tips and Tools for a Successful Adventure, Center for Responsible Travel.

Goldratt, E. M. (1992), "The Goal: A Process of Ongoing Improvement."

Gregory, A. G. and Howard, D. (2009), "The Nonprofit Starvation Cycle" *Stanford Social Innovation Review*, Vol.7, Iss. 4: 49-53.

Haider, D., K. Cooper and R. Maktoufi (2016), Mergers As A Strategy For Success. https://chicagonpmergerstudy.org/

Haider, I. D. (2017), "Nonprofit Mergers that Work", Stanford Social Innovation Review, March 2017. https://ssir.org/articles/entry/nonprofit_mergers_that_work

Harrington, J. & A. Varma (2020), Controversial Donors: A Guide to Ethical Gift Acceptance, Markkula Center for Applied Ethics. https://nwpgrt.org/wp-content/uploads/2022/03/Controversial-Donors-Guide.pdf

Hawkins, J. (2023), ESG Is Everywhere. Should It Matter To Nonprofits?. https://blueavocado.org/esg/esg-for-nonprofits/

Helmig, B., Ingerfurth, S., & Pinz, A. (2014), Success and failure of nonprofit organizations: Theoretical foundations, empirical evidence, and future research. VOLUNTAS: *International Journal of Voluntary and Nonprofit Organizations*, 25(6), 1509-1538.

Helms, B. (2023), 3 Reasons Why ESG Is Important To Nonprofits. https://www.forbes.com/sites/forbesnonprofitcouncil/2023/09/19/3-reasons-why-esg-is-important-to-nonprofits/?sh=3b28519c1d35

Herrero, M. & Kraemer, S. (2022), Beyond survival mode: Organizational resilience capabilities in nonprofit arts and culture fundraising during the Covid-19 pandemic. *Nonprofit Management and Leadership*, 33(2), 279-295.

Hoy, T. (2022), ESG for Nonprofits: What Your Group Needs to Know. https://www.boardeffect.com/blog/nonprofit-esg/

Independent Sector. (2016a), America's nonprofit sector: Revenues. Retrieved from https://www.independentsector.org/wp-content/uploads/2016/12/IS-Nonprofit-

Revenues-2016.pdf

Jeong, B. and S. Kim (2019), NPO/NGO Higher Education Programs in South Korea: Social Movement and Entrepreneurial Management Drives. *Journal of Nonprofit Education and Leadership* Vol. 9 No. 1 (2019).

JourneyCare News (2017), Pioneering palliative and end-of-life care organiZ세대 ation carries strong legacy forward. https://www.prnewswire.com/news-releases/pioneering-palliative-and-end-of-life-care-organization-carries-strong-legacy-forward-300170990.html

Junior League of Atlanta(JLA) (2022), Little Black Dress Initiative. https://www.jllv.org/littleblackdress/

Listingart, P. (2023), How Nonprofits Can Build Resilience During A Recession, Forbes.

Luther, D. (2024), 18 Financial Challenges Nonprofits Face and How to Solve Them, Net-suite.

McKinsey & Company (2022), Taking a skills-based approach to building the future workforce.

NCVO (2019), "ESG for charities: A practical guide" National Council for Voluntary Organisations, 2019.

Newman, C. (2023), Four reasons nonprofits should care about ESG. https://blog.blackbaud.com/four-reasons-nonprofits-should-care-about-esg/

Orr, S. K., Tisha L. Hyter, and Shaby T. Rosales (2021), The ESG Opportunity For Nonprofits: It Starts With Looking In The Mirror. https://orrgroup.com/the-esg-opportunity-for-nonprofits-it-starts-with-looking-in-the-mirror/

Pape, U., Brandsen, T., Pahl, J. B., Pielinki, B., Baturina, D., Brookes, N., Chaves-Avila, R., Kendall, J., Matancevic, J., Petrella, F., & Rentzsch, C. (2019), Changing policy environments in Europe and the resilience of the third sector. VOLUNTAS: *International Journal of Voluntary and Nonprofit Organizations*, 42(11), 23.

Pedraza, L. (2022), 4 Examples of Great Volunteer Appreciation Posts on LinkedIn.

Salamon, L. M. (2003), The Resilient Sector. Washington, DC: Brookings Institution Press.

Salamon, L. M. (2012a), America's nonprofit sector: A primer (3rd ed.). New York, NY: Foundation Center.

Sanderse, J., F. Langen, and F. Salgado (2020), Proposing a business model framework for nonprofit organizations. *Journal of Applied Economics and Business Research*, 10(1): 40-53.

Sanzo, M. J., A. lvarez, L. I., Rey, M., & Garcia, N. (2015), Business – nonprofit partnerships: Do their effects extend beyond the charitable donor-recipient model? *Nonprofit and Voluntary Sector Quarterly*, 44(2), 379 – 400.

Saxton, G. D. (2012), The Participatory Revolution in Nonprofit Management. https://nonprofitquarterly.org/the-participatory-revolution-in-nonprofit-management/

Saxton, G., & Wang, L. (2014), The social network effect: The determinants of giving through social media. *Nonprofit and Voluntary Sector Quarterly*, 43(5), 850 – 868.

Simsa, R., Rameder, P., Aghamanoukjan, A., & Totter, M. (2019), Spontaneous Volunteering in Social Crises: Self-Organization and Coordination. *Nonprofit and Voluntary Sector Quarterly*, 48(2_suppl), 103S – 122S.

Social Enterprise Alliance. (2017), What is social enterprise? Retrieved from https://socialenterprise.us/about/social-enterprise/

Waerder, R., Thimmel, S., Englert, B. (2022), The Role of Nonprofit – Private Collaboration for Nonprofits' Organizational Resilience. Voluntas 33, 672 – 684.

Weidema B. P. (2018), The social footprint – A practical approach to comprehensive and consistent social LCA. *The International Journal of Life Cycle Assessment* 23(3): 700-709.

What does ESG mean for the charities sector?

Williams, T. A., Gruber, D. A., Sutcliffe, K. M., Shepherd, D. A., & Zhao, E. Y. (2017), Organizational response to adversity: Fusing crisis management and resilience research streams. *Academy of Management Annals*, 11(2), 733 – 769.

Witmer, H., & Mellinger, M. S. (2016), Organizational resilience: Nonprofit organizations' response to change. *Work*, 54(2), 255 – 265.

Young, D. R. (2023), Nonprofits as a Resilient Sector: Implications for Public Policy, *Nonprofit Policy Forum* 2023; 14(3): 237 – 253.

PART II

기부의 과학적 관리

돈을 기부하는 것은 쉬운 일이며 모든 인간에게 내재한 힘이다. 그러나 그것을
누구에게 줄 것이며, 얼마나, 언제, 그리고 어떠한 목적으로 어떻게 줄 것인가를
결정하는 것은 모든 인간에게 결코 쉬운 일은 아니다.
- 아리스토텔레스 -

효율성은 올바른 일을 하는 것이다. 효과성은 일을 올바르게 하는 것이다.
- 피터 드러커 -

Chapter 5

기부의 과학적 관리시스템

5.1. 기부에 대한 3요소의 이해

기부자 식별과 자선단체 선정

자선 기부 연구에서는 성별, 연령, 종교 활동 등 인구통계학적 요인과 사회 경제적 지위가 기부 행태에 미치는 영향을 분석한다(예: Casale & Baumann, 2015). 일반적으로 여성은 남성보다 공감 능력이 높고 사회적 책임감이 강해 자선 기부에 더 적극적인 것으로 알려져 있다. 고령층은 상대적으로 경제적 여유가 있고, 삶의 경험을 통해 나눔의 가치를 중요하게 생각하여 기부에 참여하는 비율이 높다. 특히, 종교 활동에 적극적으로 참여하는 고령층은 종교 단체에 대한 기부를 통해 정신적 만족감을 얻고, 건강 문제를 겪는 고령층은 의료 단체에 대한 기부를 통해 사회적 연대감을 형성하는 것으로 분석된다.

보수적인 정치 성향을 보인 사람들은 일반적으로 민족주의적 성향이 강하고 외부 집단에 대한 편견이 커 국제 자선단체에 대한 기부를 꺼리는 경향이 있다는 연구 결과가 있다(Nilsson 등, 2016). 성별에 따른 기부 행태를 살펴보면, 남성은 여성보다 국제 자선단체를 선호하고, 동물이나 복지 단체에 대한 기부는 상대적으로 적은 것으로 나타났다. 하지만 자선활동의 종류(스포츠, 정치, 지역 등)에 따라 성별 차이는 달라질 수 있다. 즉, 성별이 기부 행태에 미치는 영향은 일관적이지 않고, 다른 요인들과 복합적으로 작용할 수 있다는 의미이다.

기부 행태는 성별, 연령, 종교 등 다양한 요인에 따라 달라지며, 특정 자선단체에 대한 선호도는 사람마다 다르다. 예를 들어, 여성은 동물 보호 단체에, 남성은 스포츠나 정치 관련 단체에 더 많이 기부하는 경향이 있다. 나이에 따라 기부 선호도도 달라진다. 젊은 세대는 환경이나 동물 보호에 관심이 많아 관련 단체를 선호하는 반면, 나이가 들수록 종교, 복지, 건강 관련 단체에 대한 기부가 증가한다. 종교적인 사람들은 종교 단체 외에도 국제 개발이나 사회 복지 단체에 상대적으로 더 많은 기부를 하는 경향이 있다(Casale & Baumann, 2015). 이와 같이 기부 행태는 다양하므로 단순히 '누가 기부하는가?'를 넘어 '누가 어떤 단체에, 왜 기부하는가?'에 대한 심층적인 연구가 필요하다.

사람들이 어떤 자선단체를 선택하고 기부하는지에 대한 심층적인 심리적 연구는 아직 부족한 실정이다. 하지만 사회적 정체성의 관점에서 볼 때, 개인의 정체성(예: 성별, 나이, 직업, 소속 집단 등)이 어떤 자선단체를 지원하는지에 큰 영향을 미칠 것이라고 예상할 수 있다. 즉, 다양한 정체성을 가진 사람들은 각기 다른 유형의 자선활동에 참여할 가능성이 높다는 것이다.

자선단체 선택에 있어 개인의 정체성이 중요한 역할을 한다는 사실은 비영리 마케팅 담당자들에게 다음과 같은 세 가지 의미 있는 시사점을 제공한다. 첫째, 정체성 조사를 통해 특정 자선단체가 목표로 하는 기부자들의 정체성을 파악하고, 이에 맞춰 캠페인 메시지와 채널을 효과적으로 구성할 수 있다. 즉, 기부자들이 공감할 수 있는 가치와 메시지를 강조하여 기부 참여를 유도할 수 있다. 둘째, 자선단체의 기부자 기반을 분석하여 핵심이 되는 정체성을 파악하고, 이와 관련된 채널(예: 소셜 미디어, 커뮤니티 플랫폼 등)에 집중적으로 마케팅 활동을 진행할 수 있다. 이를 통해 효율적으로 기부자를 확보하고 유지할 수 있다. 셋째, 기부자들의 정체성과 관련된 가치와 규범을 이해하고, 이를 바탕으로 모금 활동을 구성하면 기부자들과의 공감대를 형성하고, 더욱 깊이 있는 관계를 구축할 수 있다.

기부에 대한 3요소의 이해

기존의 자선 기부 연구는 주로 '누가 왜 기부하는가?'에 초점을 맞춰 진행됐다. 하지만 기부는 기부자와 수혜자, 그리고 모금 활동을 이끄는 제삼자 간의 복잡한 상호 작용 속에서 이루어진다는 점을 간과해서는 안 된다.

기부자 개인의 특성만으로는 기부 행위를 완전히 설명하기 어렵다. 기부는 단순히 개인의 의사결정이 아니라, 특정 수혜자를 돕고자 하는 마음과 사회적 관계, 그리고 외부적인 영향력이 복합적으로 작용하는 결과이다. 수혜자의 특성이나 기부자와 수혜자 간의 관계(정체성 공유, 사회적 규범 등) 역시 기부 행위에 큰 영향을 미친다(Zagefka & James, 2015).

또한 대부분의 기부는 자발적인 행위라기보다는 모금 활동을 통해 이루어진다. 즉, 기금 모금자의 요청에 대한 응답으로 기부가 발생하는 경우가 많다. 따라서 기부자, 수혜자, 그리고 모금자 간의 상호 작용을 함께 고려해야 기부 행위를 더욱 정확하게 이해할 수 있다. 이 장에서는 기부자와 수혜자 간의 1:1 관계뿐만 아니라, 기부자-수혜자-모금자 간의 3자 관계를 포괄적으로 살펴봄으로써 자선 기부에 대한 이해를 높이고자 한다.

이러한 3자 간의 관계는 자선 기부 결정에 작용하는 메커니즘을 밝히는, 특히 다음 가설 및 이론과 깊은 관련이 있다.

정의로운 세상(Just World) 가설: 이것은 세상이 근본적으로 정의롭게 돌아가고 사람들의 행동은 반드시 그에 상응하는 결과를 가져온다는 믿음을 의미한다. 이러한 믿음을 가진 사람들은 불행한 상황에 부닥친 사람들에게 비난의 시선을 보내는 경향이 있다. 예를 들어, 가난하거나 사회적 약자에 속하는 사람들을 보고 자기 잘못으로 인해 그러한 처지에 놓였다고 생각하는 것이다. 즉, '정의로운 세계 신념'은 피해자에 대한 공감대 형성을 방해하고, 도움을 주어야 한다는 책임감을 덜 느끼게 만드는 역할을 한다.[9]

사회 정체성(Social Identity) 이론과 자기 범주화(Self-Categorization) 이론: 이것은 개인이 자신을 특정 집단에 소속된 구성원으로 인식하고, 이러한 소속감이 개인의 생각과 행동에 큰 영향을 미친다는 것을 의미한다. 즉, 자신과 같은 집단에 속한 사람들에게는 더욱더 호의적이고, 다른 집단에 속한 사람들에게는 상대적으로 소외감을 느끼거나 차별적인 행동을 할 수 있다는 것이다.

지위 관계로서의 집단 간 돕기 관계(Intergroup Helping Relations) 이론: 이것은 사회적 지위가 높은 집단은 낮은 지위를 가진 집단을 돕는 경향이 있으며, 이는 높은 지위 계층은 자기 지배력을 주장하고 낮은 지위의 수혜자 그룹이 자신들에게 의존하게 만들어 사회적 불평등을 일으키는 역할을 한다고 주장한다.

전략적 외부 집단 돕기(SOUTH) 모델: 다른 집단의 사람들을 돕는 행동은 단순히 남을 돕고 싶은 마음에서만 비롯되는 것이 아니라, 돕는 사람 자신에게도 어떤 이득이 있을 것이라는 계산적인 판단이 작용할 수 있다는 것이다. 이러

---

9 정의로운 세상 가설은 현실 세계의 복잡성을 고려하지 못하고, 사회 불평등과 불의를 가릴 수 있다는 비판을 받는다. 또한, 피해자를 비난하고 사회 문제 해결을 방해하는 요인으로 작용할 수 있다는 지적도 있다.

한 개념은 Van Leeuwen(2017)의 연구에서 제시되었으며, 외부 집단 돕기 행동의 동기를 설명하는 새로운 시각을 제공한다.

자선 기부 삼원론(3요소)의 핵심 교리

본래 자선 3요소(Charitable Triad) 이론은 사회 구성원들이 자선활동에 참여하는 데 영향을 미치는 세 가지 요소를 설명하는 이론이다. 세 가지 요소를 보면 첫째, 개인의 가치관, 도덕성, 공감 능력 등의 개인의 성향, 둘째, 사회가 자선활동에 대해 어떤 가치를 부여하는가 하는 사회적 규범, 그리고 자선활동에 참여할 수 있는 기회가 얼마나 있는지에 따른 구조적 기회로 구성되어 있다. 이 세 가지 요소는 상호 작용하며 자선활동 참여에 영향을 미친다. 예를 들어, 개인의 성향이 자선활동에 긍정적이더라도 사회적 규범이나 구조적 기회가 부족하면 실제로 참여할 가능성은 낮아진다.

한편 자선 기부 행위의 핵심은 기부자, 수혜자, 모금자 등 세 명의 행위자가 참여하는 현상이며 이 책에서는 이 세 주체를 통칭하여 자선 기부의 3요소라고 부르기로 한다(Chapman 등, 2020).

(1) 기부자는 수혜자 또는 수혜자에게 서비스를 제공하는 조직에 자발적으로 기부하는 개인, 재단, 정부 또는 기업이 포함된다. 이 중에서 개인의 기부는 많은 국가에서 모든 비영리 기금의 매우 큰 부분을 차지하며(Giving USA, 2021) 이 책의 초점이 자선 기부 분야의 소비자 행동에 맞춰져 있으므로 주로 개인 기부자의 심리와 행동을 조사한다.

(2) 수혜자는 기부자의 기부로 인해 어떤 방식으로든 이익을 얻는 단체이며 개인일 수도 있고 단체(예: 국경없는의사회)일 수도 있다. 단 우리의 초점은 기금의 의도된 최종 사용자, 즉 기부금으로 지원되는 혜택을 받는 사람들에게 있

으며 자선단체 자체는 수혜자가 아니라 기부자와 의도된 수혜자 사이의 중개자로 취급한다.

(3) 모금자는 수혜자를 위해 기부자로부터 돈을 모으기 위해 존재하는 단체이다. 이들은 개인일 수도 있지만 조직인 경우가 더 많다. 모금자에 대해 이야기할 때 TV, 다이렉트 메일, 디지털과 같은 채널을 통해 모금하기 위해 자신의 브랜드를 사용하는 비영리조직 자체와 조직을 위해 일하거나 자원봉사하고 모금하는 개인을 모두 포괄하는 의미로 사용된다.

자선 기부 3요소 이론은 기부가 단순히 개인의 의지에 의한 것이 아니라, 기부자, 수혜자, 모금자라는 세 주체 간의 복잡한 관계 속에서 발생한다고 주장한다. 즉, 기부는 각 주체의 특성뿐만 아니라 이들이 상호 작용하는 방식에 의해 크게 영향을 받는 사회적 현상이다. 이는 기부를 이해하기 위해서는 개인의 특성뿐만 아니라 사회적 관계망을 고려해야 함을 시사한다.

이 이론은 자선 기부가 기부자, 수혜자, 모금자라는 다양한 행위자 간의 상호 작용에 의해 형성되는 다층적인 현상임을 시사한다(Furnari 등, 2021). 이는 기부 행위를 단순히 기부자의 개인적인 특성이나 의도로만 설명하기에는 한계가 있음을 의미하며, 기부를 촉진하기 위해서는 세 행위자 간의 관계를 종합적으로 고려해야 함을 강조한다.

3요소(삼원론) 관계의 예시

3요소 접근법은 자선 기부 행위를 기부자, 수혜자, 모금 조직이라는 세 주체 간의 상호 작용으로 파악하여, 기부 행위에 대한 포괄적인 이해를 제공한다. 예를 들어, 기부자의 평판에 관한 관심과 수혜자의 사회적 인지도, 모금 조직의 효능성 간의 상호 작용은 기부 결정에 복합적인 영향을 미친다.

일반적으로 이들 세 주체는 각각 독립적으로 기부를 촉진하지만, 1:1 관계는 이러한 효과의 성격을 바꿀 수 있다(Chapman 등, 2020). 기증자가 자신의 기부로 인해 평판이 나빠질 것을 우려하는 경우, 사회에서 가치를 인정받지 못하는 수혜자(예: 낙인이 찍힌 집단)에게는 기부할 가능성이 특히 낮을 수 있다. 반면에 수혜자가 보살핌을 받을 가치가 있다고 긍정적으로 평가되면 그 반대가 된다. 자신의 평판에 관심을 두는 기부자는 보살핌을 받을 가치가 있는 그룹에 기부할 가능성이 더 높다.

세 주체 간의 상호 작용 관계도 가능하다. 평판 추구의 모순된 효과는 모금단체의 영향력으로 인해 더욱 악화할 수 있다. 평판에 관심이 있는 기부자는 비영리단체가 영향력이 있는 것으로 알려지면, 수혜자가 보살핌을 받을 가치가 있는 그룹에 기부하려는 동기가 훨씬 더 커질 것이다. 그러나 낙인이 찍힌 집단에 기부하는 것이 자신의 평판에 해를 끼칠 것이라고 이미 판단한 경우, 모금단체의 영향력은 자신의 평판에 관심을 두는 기부자가 낙인찍힌 집단에 기부하는

〈그림 5〉 자선 기부 3요소 이론

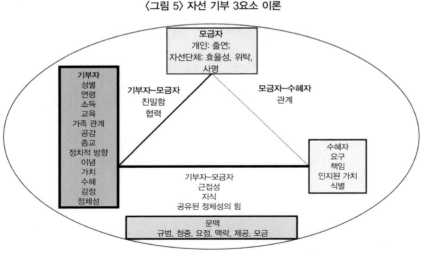

출처: Chapman 등(2022)

데 영향을 미치지 않을 수 있다.

이 예는 기부 행위가 단순한 개인의 의지에 의한 것이 아니라, 사회적 시스템 내에서 다양한 요소가 상호 작용하는 결과임을 시사하며, 기부 심리학 연구에 새로운 시각을 제시한다. 아래에 자세히 설명된 것처럼 많은 다른 유형의 삼각관계도 가능하다.

행위자 쌍방 간의 1 대 1 관계

1. 기부자-수혜자 관계

기부자-수혜자 관계에서는 누가 주는가(기증자)는 누가 받을 것인가(수혜자)에 따라 기부 결과에 영향을 미칠 수 있다(Neumayr & Handy, 2019). 기부자는 지리적, 문화적, 사회적, 심리적 등 다양한 측면에서 자신과 유사한 특성을 가진 수혜자에게 더 많은 기부를 하는 경향이 있다. 예를 들어, 근처에 사는 사람이나 자신과 같은 배경을 가진 사람, 심지어 이름이 유사한 사람들에게 기부를 더 많이 하는 것이 일반적이다(Grimson 등, 2020).

발견 1: 기부자는 유사성 원리에 따라, 자신과 유사한 특성을 가진 수혜자에게 더 높은 수준의 기부를 할 가능성이 높다.

그러나 기부는 때로 개인적인 유사성을 넘어, 더 큰 집단의 이익이나 사회적 지위를 위해 전략적으로 활용될 수 있다. 예를 들어 국가 정체성이 위협받을 때, 사람들은 다른 나라의 사람들을 돕는 기부를 통해 우리나라의 위상을 높이려고 할 수 있다. 또한, 사회적 지위가 높은 사람들은 자기 영향력을 과시하거나 다른 집단을 억누르기 위해 기부를 활용하기도 한다.

기부자는 유사한 수혜자를 돕는 것을 선호할 수도 있지만 때로는 서로 다른 특성의 수혜자를 돕는 것이 기증자 그룹에 이익을 주거나 다른 기증자 그룹에 대한 지배력을 유지하거나 확립하기 위해 전략적으로 수행될 수 있다(van Leeuwen, 2017). 예를 들어, 국가 정체성이 위협받을 때 사람들은 집단 존중이나 긍정적 차별성을 회복하는 방법으로 다른 나라의 수혜자를 돕기 위해 기부한다. 또한 일부 높은 지위의 사람들은 다른 사람에 대해 자신의 권력을 주장하거나 다른 그룹을 억제하기 위해 수혜자에 도움을 준다(Nadler & Chernyak-Hai, 2014).

발견 2: 기부는 개인의 선호뿐만 아니라, 기부자 또는 기부자 그룹의 전략적 이해관계에 따라, 서로 다른 특성의 수혜자에게 집중될 수 있다.

2. 기부자-모금 활동가 관계

기부자와 모금자가 서로 연결되어 있을수록, 모금 행사의 성공 가능성이 높아진다. 기부자와 모금자 간의 신뢰, 유사성, 사회적 관계, 그리고 공유된 목표 등 다양한 연결 관계는 모금 행사의 성공에 이바지한다. 기부자가 모금단체를 좋아하거나 개인적으로 가까운 사람들이 요청할 때 더 많은 것을 제공한다(Scharf & Smith, 2016). 즉 기부자와 기금 모금자가 우선순위를 공유하거나 기존 관계를 유지하는 등의 방식으로 협력할 때 기부 가능성이 더 높게 나타난다.

발견 3: 기부자와 모금자 간의 연계성은 모금 행사의 성공과 정비례하며, 특히 양자 간의 협력 관계가 강할수록 모금 목표 달성 가능성이 높아진다.

3. 모금자-수혜자 관계

모금자와 수혜자 간의 상호 작용이 기부 행위에 미치는 영향에 관한 연구는 아직 초기 단계이다. 기존 연구에 따르면, 모금 대상자와 직접적인 소통을 한 모금자는 더 많은 기부를 유도하는 데 성공했으며, 모금 과정에서 제공되는 서비스의 질 또한 기부 금액에 영향을 미치는 것으로 나타났다. 하지만 기부 대상이 사회적 목적보다는 개인의 비극적인 상황일 경우, 기부 유도가 어려워지는 경향을 보였다(Obeng 등, 2019). 이러한 결과들은 모금 활동에서 모금자와 수혜자의 관계가 중요한 역할을 한다는 것을 시사한다.

4. 기부자-수혜자-모금자 3자 관계

기존 연구에서는 기부 행위에 대한 이해를 심화하기 위해 기부자, 수혜자, 모금자 간의 상호 작용을 분석하는 시도가 있었다. Yinon & Sharon(1985)은 특정 집단(유대인) 간의 유대감이 기부 행위에 영향을 미칠 수 있음을 보여주었고, Zagefka 등(2012)은 사회적 규범, 수혜자의 필요성(궁핍함), 모금 조직의 영향력이 복합적으로 작용하여 기부 결정에 영향을 미친다는 것을 밝혀냈다. 이러한 연구들은 기부 행위가 단순히 개인의 특성에 의해서만 결정되는 것이 아니라, 다양한 요인들이 상호 작용하여 이루어진다는 것을 시사한다.

기부 행위에 관한 기존 연구들은 주로 이원 관계에 초점을 맞춰 진행됐으며, 기부자, 수혜자, 모금 주체 간의 삼자 관계에 관한 연구는 상대적으로 미흡한 실정이다. 하지만 앞으로는 이런 연구가 더 많이 이루어질 거라고 기대한다. 예를 들어, 직접적인 경험을 해 보지 못한 사람들은 장애 아동의 어려움에 깊이 공감하기 쉽지 않다. 장애 아동을 키우는 엄마의 처지에서는, 비슷한 처지에 있는 다른 엄마들이 더 쉽게 마음을 열고 기부에 동참해 줄 거로 생각할 수 있을 것이다. 하지만 장애가 없는 아이를 둔 부모님들도 아이를 키우는 입장에서 충분히 공감하고 도움을 줄 수 있다고 생각한다.

그리고 기부를 하게 만드는 데는 두 사람 사이의 관계만 중요한 것이 아니라, 세 번째 사람인 모금하는 단체의 역할도 중요하다. 예컨대 어떤 사람이 어려운 아이들을 돕고 싶어 하는 마음이 있다고 해도, 어떤 단체를 더 신뢰하는지에 따라 기부하는 금액이 달라질 수 있다. 옥스팜(Oxfarm: 국제구호개발기구)이라는 단체를 더 신뢰하는 사람은 세이브더칠드런이라는 단체에 부탁받았을 때보다 옥스팜에 더 많은 돈을 줄 수도 있다. 하지만 이런 생각들은 아직 확실하게 증명된 것은 아니고, 앞으로 더 많은 연구를 통해 확인해 볼 필요가 있다.

자선 기부 3요소(3자 관계) 이론의 강점은 다양한 분야의 경험적, 이론적 통찰력을 모아 특정 맥락, 즉 기부자 행동과 자선 기부에 관한 새로운 이론적 틀을 생성한다는 것이다. 이 접근법은 기존 이론(사회 정체성, 외부 집단 돕기 이론 등)과 증거에 의해 뒷받침될 뿐만 아니라 더 나아가 자선활동 및 비영리 마케팅 학문을 위한 새로운 이론적 틀과 연구 주제를 제공한다.

5.2. 기부의 과학적 관리란 무엇인가?

대부분의 자선단체는 기부금을 유치하기 위해 감성적인 스토리를 사용한다. 이러한 스토리들은 기부를 유발하지만, 실제로 얼마나 효과적인지에 대한 정보는 거의 제공하지 않는다. 'Make-A-Wish 재단'은 죽어가는 아이들의 소원을 들어주는 단체로, 감동적인 스토리를 통해 많은 기부금을 모은다.[10] 하지만 아이 한 명의 소원을 들어주는 데 약 7,500달러가 드는 반면, '말라리아 퇴치 재단(Against Malaria Foundation)'은 같은 금액으로 두 명의 아이를 살릴 수 있다.

그런데 말라리아 퇴치 재단은 감동적인 스토리가 적어 기부금이 적게 모인다. 사람들은 스토리를 믿는 경향이 있어, 그 내용이 사실인지 아닌지에 상관없이 감정적으로 반응한다. 이러한 경향 때문에 사람들은 자선단체의 효과를 제

---

10 이 자선단체는 죽어가는 아이들이 꿈을 이룰 수 있도록 하루 동안 해적, 공주 또는 전투기 조종사가 될 수 있도록 도와주고 있다. 이런 멋진 스토리를 가지고 있어, 사람들이 매년 3억 5천만 달러 이상을 기부하도록 영감을 준다.

대로 평가하지 못하고 감정적으로 기부하는 경우가 많다(Tsipursky, 2016).

우리는 누군가의 이야기를 들으면, 그 이야기가 사실인지 아닌지에 상관없이 그 이야기를 믿는 경향이 있다. 이런 현상을 '내러티브 오류(narrative fallacy)'라고 한다.[11] 즉, 우리는 복잡한 사건들을 단순한 스토리로 만들어 이해하려고 하는데, 이 과정에서 중요한 사실들이 간과되거나 왜곡될 수 있다. 자선 기부도 마찬가지이다. 어떤 자선단체의 감동적인 스토리를 듣고 기부를 결정하는 경우가 많다. 하지만 이런 감동적인 스토리만으로는 그 단체가 얼마나 효과적으로 기부금을 사용하는지 정확히 알 수 없다.

따라서 자선단체의 효과를 평가할 때 과학적인 방법을 사용해야 한다. 감정적인 스토리에만 의존하지 말고, 실제 이성적인 판단과 성과 데이터를 기반으로 기부 결정을 내려야 한다. 어떤 단체가 가장 효과적으로 어려움을 겪는 사람들을 도울 수 있는지 알아보기 위해서는 과학적인 연구가 필요하다는 것이다.

이와 같이 자선단체의 효과를 평가할 때 과학적인 방법을 사용해야 하지만 자선단체들이 스스로 지속 가능한 발전을 하기 위해서도 과학적 관리가 필수적이다. 먼저 많은 자선단체의 활동은 숫자로 명확하게 나타내기 어려운 질적인 변화를 목표로 한다. 스포츠 활동 지원이나 삶의 질 향상과 같은 정량적 결과를 내기 어려운 분야에 집중되어 있기 때문이다. 또한, 수혜자들의 느낌이나 경험은 주관적일 수밖에 없어 이들의 경험 평가만으로는 자선단체의 활동이 사회 전체에 미치는 장기적인 영향이나 구조적인 변화를 파악하기 어렵다. 즉 자선단체의 활동은 중요하지만 스스로 그 효과를 정확히 측정하고 비교하는 것은

---

11 '내러티브 오류'란 복잡한 세상을 단순한 이야기로 만들어 이해하려는 인간의 본성(단순화의 함정), 어떤 사건이 발생한 이유를 설명할 때, 우연이나 운에 의한 영향보다는 인과관계를 강조하려는 경향(우연의 무시), 그리고 이미 발생한 사건을 설명할 때, 마치 그 결과를 미리 알고 있었던 것처럼 이야기를 만들어내는 경향(과거에 대한 왜곡)을 말한다.

합리적인 경영을 위한 큰 도전 과제라는 것이다(Bubb & Lindsell, 2017).

다음으로 자선단체들이 아무리 투명하게 정보를 공개하고 성과를 보여줘도 대부분 사람은 이를 꼼꼼히 확인하지 않고, 오히려 자선단체들이 돈을 낭비한다고 오해할 수 있다. 즉, 투명성만으로는 대중의 신뢰를 완전히 얻을 수 없다. 비영리단체는 기업 조직보다 덜 엄격하므로 새로운 사업이나 프로젝트를 시작하기가 더 쉽다. 하지만, 기업처럼 오랜 경험과 체계적인 관리시스템이 없어서 경영의 질이 떨어질 수 있다. 따라서 이런 문제들을 극복하기 위해서도 스스로 기부와 자선활동에 대한 과학적 경영이 필수 불가결하다.

이하에서는 대표적인 비영리단체의 과학적 관리에 관한 사례를 살펴본다.

기부 모금의 원인과 결과(인과관계)

어떤 비영리단체의 모금 담당자가 다음과 같이 말했다고 하자. 「올해 우리 단체는 DM(Direct Mail, 직접 우편) 디자인을 새롭게 바꾸고 나서 기부 건수가 5천 건에서 1만 건으로 두 배로 증가했어요.」하지만 이런 결과만으로 다이렉트 메일 디자인 변경이 기부 증가의 유일한 원인이라고 단정하기는 어렵다. 왜냐하면 단순히 과거와 현재의 데이터만 비교해서는 무엇이 원인이고 결과인지 정확하게 파악하기 어렵기 때문이다. 다른 요인, 예를 들어 올해 경기가 좋아졌거나 단체에서 시행한 다른 사업이 성공했기 때문에 기부가 늘었을 가능성도 충분히 있다. 이처럼 다양한 요인이 복합적으로 작용하는 상황에서는 더욱 면밀한 데이터 분석이 필요하다(佐々木사사키, 2017).

비영리단체에서도 어떤 활동을 했을 때 어떤 결과가 나오는지 정확하게 파악하는 것이 매우 중요하다. 이를 통해 더 효과적인 활동을 할 수 있기 때문이다. 예를 들어, 이번에 다이렉트 메일(DM) 디자인을 바꿨더니 기부를 하는 사람이 많아졌다고 가정해 보자. 이럴 때, 단순히 디자인을 바꿨더니 기부가 늘었다고 생각하고 끝내면 안 된다. 왜 기부가 늘었는지 정확히 알아야 앞으로 어떤 일을 해야 할지 결정할 수 있다.

만약 디자인 변경이 정말로 기부를 늘렸다면 앞으로도 디자인을 더 잘 만들거나 새로운 디자인을 시도하는 데 예산을 배부해야 할 것이다. 반대로 디자인 변경이 기부에 별 영향을 주지 않았다면 DM 말고 다른 방법으로 기부금을 모을 수 있는 방법을 찾아봐야 한다. 이와 같이 인과관계를 파악할 수 있는 데이터 분석의 기법이 과학적 관리에 매우 중요하다. 어떤 활동을 했을 때 어떤 결과가 나왔는지를 정확하게 파악해야 효율적으로 일을 할 수 있기 때문이다.

인과관계를 파악하기 위한 이상적인 방법으로서 무작위 대조 시험(RCT: randomized controlled trial)이 사용된다. 이 방법은 어떤 행동이나 변화가 결과에 어떤 영향을 미치는지 알아보기 위한 매우 과학적인 접근법이다. 마치 과학자들이 실험실에서 실험하듯이, 여러 가지 변수를 통제하고 특정한 변화만 주어서 그 결과를 비교하는 것이다. DM(직접 우편) 디자인의 경우를 예로 들어보자. 우선 하나는 기존 디자인, 다른 하나는 새롭게 디자인된 두 가지 종류의 DM을 준비한다. 그리고 이 두 종류의 DM을 받을 사람들을 무작위로 두 그룹으로 나누어 각각 기존 디자인의 DM과 새 디자인의 DM을 보낸다. 이렇게 무작위로 나누면, 두 그룹은 성별, 나이, 소득 등 모든 면에서 비슷할 가능성이 높아진다. 따라서 두 그룹 사이에 나타나는 차이점은 오로지 DM 디자인의 차이 때문이라고 볼 수 있게 된다.

2008년 미국 대선 당시 오바마 캠프는 무작위 대조 시험(RCT)을 이용한 데이터 분석을 사용했다. 오바마 선거 캠프에서는 더 많은 분의 자발적인 후원을 끌어내기 위해, 데이터 분석을 바탕으로 효과적인 DM 디자인 전략을 세웠다. 먼저, 후보자의 매력을 잘 보여줄 수 있는 6가지 사진과 "등록하세요", "더 알아보세요"와 같은 4가지 흥미로운 메시지를 조합하여 총 24가지의 DM 시안을 제작했다. 마치 옷을 고르듯, 다양한 디자인을 통해 사람들의 눈길을 사로잡고 클릭을 유도하고자 했다. 이렇게 만들어진 DM 시안들은 웹사이트 방문자들에게 무작위로 보이도록 설정했다. 그리고 가장 효과가 좋은 조합을 선택해 홈페이지 메인 화면을 바꿈으로써 약 6천만 달러의 후원금을 추가로 모금할 수 있었다(伊藤이토, 2018).

비영리 섹터에서 무작위 대조 시험(RCT)을 실시한 사례로서 List 등(2002)이 실시한 연구가 있다. 이 연구는 사람들이 기부할 때, 얼마나 많은 돈이 이미 모였는지에 대한 정보가 기부 금액에 어떤 영향을 미치는지 알아보는 것이다. 먼저 한쪽에는 필요한 금액의 10%가 이미 모였다고 적고, 다른 쪽에는 33%가 모였다고 적은 두 가지 종류의 DM을 준비했다. 그리고 두 종류의 DM을 사람들에게 무작위로 보내서, 어떤 종류의 DM을 받았는지에 따라 기부 금액이 달라지는지 비교했다. 연구 결과 33%라고 적힌 DM을 받은 사람들이 10%라고 적힌 DM을 받은 사람들보다 약 5.6배나 더 많은 돈을 기부했다. 이 결과는 연구를 하기 전에 만난 기금모금가는 "30%라고 적으면 충분하다"라고 조언했지만, 실제로는 30%보다 더 많은 금액이 모였다고 적는 것이 더 효과적이었다는 것이다. 이것은 모금 활동에서도 오랜 경험을 가진 사람들의 조언도 중요하지만, 과학적인 방법으로 직접 확인해 보는 것이 더 정확하다는 것을 시사한다.

리스크에 대한 태도와 기부 행동의 관계

'호랑이 굴에 들어가지 않고서는 호랑이 새끼를 잡을 수 없다'는 속담처럼, 세상에서 큰 성과를 얻기 위해서는 어느 정도의 위험을 감수하고 도전해야 한다는 주장이 있다. 반면, '돌다리도 두들겨 보고 건너라'는 속담처럼 신중하게 위험을 회피하며 일을 추진해야 한다는 의견도 있다. 즉, 위험 회피와 위험 수용 사이에서 어떤 선택을 할 것인지는 개인의 가치관에 따라 달라지며, 이러한 위험 태도는 사람들의 다양한 사회 행동을 설명하는 중요한 요인으로 주목받고 있다(坂本사카모토, 2018).

"리스크에 대한 태도는 사람들의 기부 행동과 어떤 관련이 있을까?"라는 질문은 매우 흥미롭다. 기금모금가와 같은 전문가들과 달리, 일반인들은 기부를 일종의 투자라고 인식하며, 기부금이 제대로 사용될지에 대한 불안감을 크게 느낀다. 실제로 많은 사람이 기부금이 의미 없이 쓰일 수 있다는 위험을 우려하고 있다.

이러한 불안감은 기부 행동에 직접적인 영향을 미칠 수 있다. 일반적으로 위험 회피적인 성향을 보인 사람들은 불확실한 미래에 대한 두려움으로 기부를 꺼릴 가능성이 높다. 반면, 위험 수용적인 성향을 보인 사람들은 사회적 변화에 기여하고 싶은 욕구가 강하여 기부에 더 적극적으로 참여할 수 있다. 즉, 기부 행동은 단순히 자선의 문제가 아니라, 개인의 리스크 태도와 밀접하게 연결된 의사결정 과정이라고 볼 수 있다.

실제 웹 기반 설문조사 결과를 바탕으로, 사람들의 위험 감수 성향과 기부 행동 간의 관계를 분석한 사례를 보자(坂本사카모토 · 秦 · 梶原, 2019). 이 조사에서는 '호랑이 굴에 들어가야 호랑이 새끼를 얻는다'라는 속담에 대한 동의 정도를 5점 척도로 측정하여 위험 감수 성향 점수를 산출했다.[12] 위험 감수 성향 점수가 높을수록 위험을 감수하고 새로운 것에 도전하는 성향이 강하며, 낮을수록 안정적인 것을 추구하는 성향이 강하다고 해석할 수 있다. 이렇게 측정된 위

---

12 설문에 대한 응답에서 '동의한다=5' '어느 정도 동의한다=4' '어느 쪽도 아니다=3' '별로 동의하지 않는다=2' '동의하지 않는다=1'이라는 변수를 작성하고 이것을 리스크 태도의 지표로 삼았다('의미를 모른다' '대답하고 싶지 않다'는 답변은 결손값으로 처리).

험 감수 성향 점수와 기존 기부 경험 유무 및 향후 고액 기부 의향 간의 관계를
로지스틱 회귀분석을 실시한 결과를 〈그림 6〉에 나타냈다.

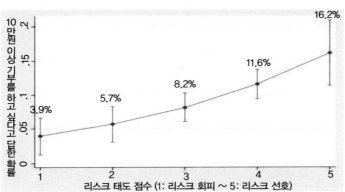

〈그림 6〉 리스크 태도와 기부 행동(10만 원 이상 기부)의 관계

분석 결과는 응답자의 성별, 연령, 세대, 소득, 학력 등 다양한 사회적 배경
변수를 통제한 후 도출되었으며, 위험을 감수하는 것을 두려워하지 않는 사람
들이 위험 회피적인 사람들보다 더 많은 기부를 하고, 특히 고액 기부에 대한
의향이 높다는 것을 확인했다. 이 결과를 바탕으로 모금 활동에 대한 다음과 같
은 시사점을 얻을 수 있다.

첫째, 위험 회피적인 성향이 강한 현대사회에서 기부 문화를 확산시키기 위
해서는 위험 감수를 장려하는 교육 환경을 조성해야 한다. 예를 들어, 학교 교
육에서 실패를 두려워하지 않고 새로운 것에 도전하는 경험을 제공하는 것이
중요하다.

둘째, 위험을 감수하는 것을 즐기는 사람들을 대상으로 한 모금 전략을 고려
해 볼 수 있다. 경마장이나 투자 세미나와 같이 위험을 감수하는 사람들이 많이
모이는 곳에서 기부를 모집하는 것은 효과적이고 과학적인 방법이 될 수 있다.

하지만, 위험을 감수하는 사람들을 대상으로 한 모금 활동은 신중하게 접근해야 한다. 위험을 강조하는 방식은 오히려 기부에 대한 부담감을 높일 수 있으므로, 기부를 통해 사회에 이바지한다는 가치를 강조하는 것이 중요하다.

5.3. 자선 기부 행위의 이면에 있는 과학

행동과학과 심리학을 사용한 기부금 관리

기부 행동에 관한 연구는 사람들이 왜 기부하고, 기부를 늘리기 위해서는 어떻게 해야 하는지에 대한 궁금증에서 시작되었다. 연구 결과 기부 동기는 크게 세 가지로 나눌 수 있다(Sanders & Tamma, 2015). 첫째, 순수한 이타심 때문이다. 가난한 사람들을 돕는 단체에 기부하는 것처럼, 진심으로 사회를 위해 좋은 일을 하고 싶어서 기부하는 것이다. 둘째, "불순한" 이타주의 때문이다. 기부하고 나서 기념품이나 인증서를 받으면 기분이 좋아지거나, 다른 사람들에게 내가 좋은 일을 했다는 것을 알리고 싶어서 기부하는 경우이다. 셋째, 완전한 이기주의를 위해서이다. 부자인 사람이 다른 사람들에게 자신의 부를 과시하거나 특정 목적을 위해 고액 기부를 하는 경우이다.

다음은 인간 행동을 연구하는 행동과학이 자선 기부 행동을 어떻게 과학적으로 파악할 수 있는지를 보여주는 사례이다.

- 자선 기부는 전염성이 있다는 것이다

좋은 소식은 자선활동이 전염병처럼 퍼진다는 것이다. 다른 사람들이 좋은 일을 하는 모습을 보면 나도 따라 하고 싶은 마음이 생기는 것처럼, 기부도 마찬가지이다. 주변 사람들이 기부하는 모습을 보면 나도 기부하고 싶어진다. 하지만 막상 기부하려면 여러 가지 고민이 되고, 쉽게 결정하기가 어렵다.

그런데 재미있는 연구 결과가 있다. 유언을 작성할 때 기부에 대해 간단하게 물어보기만 해도 많은 사람이 기부하겠다고 말한다는 것이다. 즉, 특별히 강요하거나 부담을 주지 않고, 그냥 물어보기만 해도 기부를 하는 사람이 훨씬 많아진다는 것이다(Allen, 2018).

– 머리보다는 가슴(Hearts over heads)

자선 기부 행위는 이성적인 판단보다는 정서적 공감에 더 큰 영향을 받는 경향이 있다. 사람들은 복잡한 정보보다는 가슴을 울리는 이야기에 더 기부하고 싶어 한다. 기부 대상에 대한 구체적인 이야기와 개인적인 연결감 형성은 기부 의사결정에 있어 객관적인 정보보다 더 강력한 영향력을 행사한다. 이는 자선단체의 홍보 시 객관적인 성과 데이터보다는 감동적인 스토리텔링 전략이 더 효과적임을 시사한다(Team Maanch, 2022).

– 기부는 타인의 영향을 받는 사회적 행위이다

기부는 근본적으로 사회적 행위이다. 행동과학 연구는 기부 행위가 사회적 상호 작용에 의해 크게 영향을 받는다는 사실을 밝혀냈다. 예를 들어, 전화를 통해 기부를 요청할 때 상대방이 친한 친구라면 기부 확률이 높아지며, 유명 재단(예: Bill & Melinda Gates 재단)이나 연예인의 기부는 다른 사람들의 기부를 유발하는 효과적인 수단이다. 하지만 이러한 사회적 영향력은 기존 기부자들에게 더욱 강하게 작용하며, 기부 경험이 없는 사람들에게는 상대적으로 효과가 적다는 점이 흥미롭다.

이와 같이 행동과학은 기부금에 영향을 미치는 다양한 요인을 식별하고 장기적으로 기부하는 데 도움이 될 수 있다. 이것은 자선단체뿐만 아니라 기부자에게도 좋은 소식이다.

자선단체의 효과와 영향을 과학적으로 평가

해마다 연말이 되면 거의 모든 자선단체에서 모금을 요청한다. 기부자들은 선택할 수 있는 그룹이 너무 많아서 실제로 "올바른" 자선단체 또는 "최고의" 자선단체를 선택할 수 있는 전략적인 방법은 없는지 고민하는 경우가 많다. '효과적 이타주의'라는 운동은 이런 고민을 해결해 주기 위해 나왔다.

'효과적 이타주의'라는 사회운동은 사람들이 기부할 곳을 더 현명하게 과학적으로 선택할 수 있도록 돕는 운동이다. 이 운동에서는 크게 세 가지 단계를 거쳐 기부한다고 생각한다.

- 가장 큰 영향을 미칠 수 있는 분야 찾기: 어떤 문제를 해결하는 게 가장 많은 사람에게 도움이 될까?
- 가장 효과적인 해결 방법 찾기: 어떤 자선단체가 기부금을 가장 효과적으로 활용할까?
- 기대하는 영향 수치화하기: 기부를 통해 얼마나 많은 도움을 줄 수 있을까?

이상을 요약하면 '효과적 이타주의'는 기부금을 어디에 쓸지 과학적인 근거를 토대로 선택하여 최대한 많은 도움을 줄 수 있도록 하는 사회운동이다.

이를 구체적으로 살펴보기로 하자.

첫째, 가장 큰 영향을 미칠 수 있는 분야를 찾는 일이다.

효과적 이타주의는 단순히 어떤 자선단체에 기부할지 고민하는 것을 넘어, 어떤 문제를 해결하고 싶은지에 대한 근본적인 질문을 던진다. 즉, 좋은 의도를 가진 자선단체라 할지라도, 그들이 해결하고자 하는 문제가 정말 중요하고 의미 있는 문제인지 먼저 따져보는 것이다.

예를 들어, 어떤 자선단체가 아프리카 어린이를 돕는다고 해서 무조건 좋은 것은 아니다. 어떤 질병 때문에 고통받고 있는 아이들을 돕는 것인지, 아니면 단순히 빈곤 문제를 해결하고자 하는 것인지에 따라 그 효과는 달라질 수 있다. 효과적 이타주의자들은 기부를 결정할 때 다음과 같은 세 가지 중요한 특징을 고려한다.

- 문제의 심각성: 얼마나 많은 사람에게 영향을 미치는지, 얼마나 심각한지?
- 소외된 분야 파악: 얼마나 기부가 적은 소외된 분야인지?
- 문제 해결 가능성: 해결하고자 하는 문제에 대한 효과적인 해결책이 존재하는가?

따라서 효과적 이타주의는 단순히 좋은 자선단체를 찾는 것뿐만 아니라 어떤 문제를 해결하는 것이 기부를 통해 더 큰 긍정적인 영향을 미칠 수 있는지 전략적으로 고려하여 기금을 집중하는 것을 중요시한다.

효과적 이타주의자들은 기부를 결정할 때 다음과 같은 세 가지 중요한 특징에 대해 구체적으로 살펴보면 다음과 같다.

1. 문제의 심각성을 평가할 때는 두 가지 요소를 고려한다

효과적 이타주의에서는 단순히 문제에 시달리는 사람의 수만을 고려하는 것이 아니라, 그 문제가 사람들의 삶에 미치는 영향력까지 함께 고려해야 한다. 예를 들어, 실명과 HIV/AIDS(후천성면역결핍) 두 가지 질병을 비교해 보자.

문제의 규모: 전 세계적으로 실명 환자와 HIV 감염자 수는 비슷하다.[13]

문제의 심각성: 하지만 WHO 연구 결과, 치료받지 못한 HIV 환자가 겪는 고통이 실명 환자보다 훨씬 더 크다는 사실이 밝혀졌다.

즉, 숫자로만 보면 두 질병의 심각성이 비슷해 보이지만, 실제로는 HIV/AIDS가 사람들의 삶에 더 큰 부정적인 영향을 미치고 있다. 따라서 단순히 기부금의 효과를 극대화하고 싶다면, HIV/AIDS 치료를 지원하는 단체에 기부하는 것이 더 합리적인 선택이 될 수 있다. 왜냐하면 HIV/AIDS는 단순히 시력 상실뿐만 아니라, 면역 체계를 약화시켜 다양한 질병에 노출되게 하고, 사회생활에 어려움을 겪게 하는 등 삶의 질을 현저하게 떨어뜨리기 때문이다.

2. "소외됨(Neglected-ness)"이라는 개념을 이해한다

효과적 이타주의에서는 단순히 기부하는 것뿐만 아니라, 어떤 문제에 기부하는 것이 가장 큰 효과를 낼 수 있을지를 과학적으로 분석한다. 이때 중요한 개념 중 하나가 바로 '소외됨(Neglected-ness)'이다. 소외됨이란 특정 문제가 얼마나 많은 사람의 관심과 지원을 받고 있는지를 나타내는 지표이다. 즉, 소외된 문제는 상대적으로 적은 자원이 투입되는 문제를 의미한다.

예를 들어, 매년 수많은 사람이 기부하는 재난 구호 기금(1년에 1억 달러 이상)과 달리, 인공지능의 위험성을 완화하기 위한 연구는 상대적으로 적은 관심을 받고 있다(매년 약 20만 달러 정도). 많은 사람이 인공지능의 발전이 인류에게 심각한 위협이 될 수 있다고 생각하지만, 이 문제를 해결하기 위한 연구에

---

13 세계보건기구(WHO)에 따르면, 전 세계적으로 약 3,600만 명이 실명을 앓고 있으며, 3,670만 명이 HIV에 감염되어 살고 있다. 숫자만 보면 실명과 HIV 중 어느 단체에 기부하든 비슷할 것 같다. 하지만 WHO는 광범위한 연구와 환자 조사를 통해 치료받지 않은 HIV 환자의 질병 부담이 실명 환자보다 약 1.5배 더 높다는 결론을 내렸다.

투자되는 자금은 매우 적다. 효과적 이타주의자들은 이러한 상황에서 인공지능 안전 연구에 더 많은 관심을 둔다. 왜냐하면, 인공지능 안전 연구는 상대적으로 소외된 분야이기 때문에, 적은 기부금으로도 큰 영향을 미칠 수 있기 때문이다.

3. 문제의 해결 가능성을 고려한다

효과적 이타주의에서는 기부할 때 단순히 문제의 중요성과 소외된 정도만 고려하는 것이 아니라, 해결 가능성 또한 중요하게 고려한다. 아무리 시급하고 소외된 문제라도, 효과적인 해결 방법이 없다면 기부는 헛수고가 될 수 있기 때문이다.

좋은 예시로 아프리카 사하라 이남 지역의 말라리아 방지 사업을 들 수 있다. 다양한 연구를 통해 모기장을 무료로 배포하는 것이 말라리아 감염으로 인한 유아 사망률을 획기적으로 줄일 수 있다는 사실이 밝혀졌다. 말라리아 재단과 같은 단체를 통해 모기장 기부를 하는 것은 규모가 크고, 소홀히 여겨지며, 해결 방법이 있는 문제를 도움을 주는 효과적인 기부 사례이다.

가장 비용 효율적인 솔루션(해결책) 식별

효과적인 기부를 위해서는 단순히 어떤 문제를 해결할지 정하는 것을 넘어, 어떤 해결 방식이 가장 효과적인지 과학적으로 입증하는 것이 중요하다. 이를 위해 무작위 대조 시험(RCT: randomized control trial)이라는 방법을 활용할 수 있다. 이것은 연구 대상을 무작위로 나누어, 한쪽에는 특정 프로그램을 적용하고 다른 쪽에는 적용하지 않은 후, 그 결과를 비교하는 방식이다.

이 방법을 이용해 가장 효과적인 해결 방법을 찾는 과정을 예로 들어 살펴보자. 개발도상국의 교육 문제 해결을 위해서는 외딴 지역에 학교를 짓거나, 교사를 훈련시키거나, 학용품을 지원하는 등 다양한 노력이 제시되고 있다. 그렇다면 어떤 방법이 학생들의 학업 성취도를 가장 효과적으로 높일 수 있을까? 무작위 대조 시험을 통해 이 질문에 대한 답을 찾을 수 있다. 예컨대 여러 학교를 무작위로 선정하여 한 학교에는 교사 훈련 프로그램을 제공하고, 다른 학교에는 학용품을 지원한 후, 학생들의 시험 점수를 비교하는 것이다. 이 방법의 핵심은 무작위 대조 시험을 통해 서로 다른 해결 방법의 효과를 비교하여 기부의 효과를 극대화하는 것이다.

1990년대 중반, 크레머(M. Kremer)는 케냐의 교육 문제 해결을 위해 다양한 지원 프로그램을 시행하는 국제 기독교 지원 단체의[14] 효과를 무작위 대조 시험으로 면밀히 분석했다. 놀랍게도 학용품 제공, 교사 연수, 무료 교복 제공 등 다양한 프로그램에도 불구하고 학생들의 학업 성적이나 등교율은 개선되지 않았다는 결과가 나왔다.

이와 같이 크레머의 초기 연구에서는 예상과 다른 결과를 얻었지만, 그는 포기하지 않고 새로운 시각으로 문제에 접근하여 놀라운 발견을 하게 된다. 바로 기생충 치료가 아이들의 학업 성취도(결석률은 25% 감소)에 큰 영향을 미친다는 사실이다. 이 결과는 교육 문제 해결을 위해서는 단순히 학교 시설이나 교재만을 개선하는 것뿐만 아니라, 아이들의 건강까지 고려해야 한다는 중요한 시사점을 제공한다(McCaskill, 2015). 또한 무작위 대조 시험이 단순히 학문적인 연구 방법을 넘어, 실제 사회 문제 해결에 기여할 수 있음을 보여주는 좋은 예시이다.

---

14 국제 기독교 지원 단체(ICS: International Christian Support)는 전 세계적으로 활동하는 기독교 기반의 국제 구호 단체이다. 주로 개발도상국을 대상으로 의료, 교육, 구호 등 다양한 분야에서 지원 활동을 펼치고 있다.

실질적인 영향을 계산

효과적인 이타주의의 핵심 원칙 중 하나는 기부된 돈 1달러당 실제적인 영향이 어느 정도인지를 계산하는 것이다. QALY(Quality Adjusted Life Year)는 이러한 효과적인 이타주의를 실천하기 위해 사용되는 중요한 개념이다. QALY는 쉽게 말해, 어떤 치료나 개입을 통해 얼마나 건강한 상태로 얼마나 오래 살 수 있게 되었는지를 나타내는 지표이다. 1QALY는 완전한 건강 상태에서 1년을 사는 것을 의미한다.

세계보건기구(WHO)와 같은 국제기구들은 다양한 질병에 관한 심층적인 연구를 통해 질병별 QALY 값을 산정하고 있다. 암 말기 환자의 경우, 건강한 사람에 비해 삶의 질이 현저히 낮으므로 1년을 살더라도 QALY 값은 0.5에 불과한 것으로 평가된다. 효과적인 이타주의는 단순히 기부 금액만을 고려하는 것이 아니라, 이러한 QALY 값을 기반으로 기부가 가져오는 실질적인 건강 개선 효과를 정량적으로 측정하려는 노력이다.

효과적인 기부를 위해서는 기부가 건강한 삶을 얼마나 연장하는지 정량적으로 평가하는 것이 중요하다. 예를 들어, 조산으로 위태로운 신생아의 생명을 구하는 의료 개입을 통해 평균 80년의 건강한 삶을 선물했다면, 이는 80QALY를 확보한 것과 같다. 즉, 80만 달러를 투자하여 100명의 신생아를 살렸다면 이는 1QALY당 100달러의 비용이 소요되었음을 의미한다(계산: 80만 달러 ÷ (100명 × 80QALY/명) = 100달러/QALY).

우리는 삶의 질을 100점 만점으로 평가하여 객관적으로 비교할 수 있다. 일반적으로 건강한 아기는 100점에 가까운 삶의 질을 누리지만, 질병이나 사고로 인해 삶의 질이 급격히 떨어질 수 있다. 또한 노화와 만성 질환은 시간이 지남에 따라 삶의 질을 점차 낮춘다. 예를 들어, 평균 80점의 삶의 질을 유지하는 사람에게 20년의 수명을 연장해 준다면, 이는 16QALY(20년 × 0.80)를 더한 것과 같다. 반면, 만성 통증으로 삶의 질이 60점인 환자의 경우, 60년 동안 삶의 질을 30% 향상시켜도 18QALY(60년 × 0.30)를 얻는 효과밖에 내지 못한다. QALY는 삶의 양과 질을 동시에 고려하여 다양한 의료 개입의 효과를 비교하고, 사회적 자원을 효율적으로 배분하는 데 활용되는 중요한 지표이다.

효과적인 이타주의는 기부금의 가치를 극대화하여 사회에 가장 큰 긍정적인 변화를 불러오고자 하는 철학이다. 이는 모든 사회 문제가 동일한 중요도를 지니는 것은 아니라는 전제를 바탕으로, 데이터와 증거에 기반하여 가장 효과적인 해결책을 찾는 것을 목표로 한다. 비록 기존의 기부 개념과는 다르게 느껴질 수 있지만, 효과적인 이타주의는 점차 많은 사람에게 공감을 얻고 있다. 우리가 모두 기부를 결정할 때 더욱 신중하게 고민하고 전략적인 접근을 한다면, 기부는 연말연시에 국한된 행위가 아닌, 지속 가능한 사회 변화를 위한 노력이 될 수 있다(Guerra, 2017 참조).

기부의 힘 뒤에 숨겨진 과학

우리는 어릴 적부터 받는 것보다 주는 것이 더 낫다는 것을 배우고 자란다. 도움이 필요한 사람을 도와주는 것은 기분이 좋지만, 이런 것보다 더 중요한 이유가 있을까? 해일로 인해 엄청난 고통을 받은 사람들이 재난 현장으로 돌아가 다른 사람들을 돕는 이유를 과학적으로 설명한다. 누군가가 우리의 도움으로 이익을 얻고 있다는 것을 아는 것은 기분이 좋지만, 때때로 우리 자신에게 "왜 이 일을 하는 것일까?"라고 묻지 않을 수 없다.

다음은 모두 "giving(주는 것)"이 기부자에게 어떤 이점이 있는지 설명하는 명언들이다.

- "주는 것이 받는 것이다." – 아시시의 성 프란체스코
- "우리는 얻는 것으로 생계를 유지하지만, 주는 것으로 삶을 만든다." – 윈스턴 처칠
- "한 시간 동안 행복을 원한다면 낮잠을 자고 하루 동안 행복을 원한다면 낚시를 하라. 일 년 동안 행복을 원한다면 재산을 물려받고, 평생 행복을 원한다면 누군가를 도와주어라." – 중국 속담 –

"남을 돕는 것은 결국 자신에게도 좋은 영향을 미친다"라는 말은 오래전부터 많은 사람들에게 공감을 얻어왔다. 과거 철학자나 성인들은 이를 시적인 표현으로 이야기했지만, 현대 과학은 이러한 주장을 뒷받침하는 객관적인 증거를 제시하고 있다. 다양한 연구 결과들은 시간, 재능, 물질을 기부하는 행위가 개인의 행복감, 목적의식, 그리고 삶의 만족도를 높이는 데 중요한 역할을 한다는 사실을 보여준다. 즉, 베푸는 것은 단순한 봉사를 넘어 자신을 위한 투자이기도 하다. 이하에서는 기부 행위의 이면에 있는 다양한 과학적 근거를 설명한다.

가장 친절한 자의 생존

"인간은 본성적으로 이기적이다"라는 오랜 통념에 대한 과학적 반박이 제기되고 있다. 최근 연구 결과들은 인간이 생존과 번영을 위해 공감과 협력 능력을 발달시켜 왔다는 사실을 뒷받침한다. 특히, 캘리포니아 대학교 버클리 연구소를 중심으로 진행된 다양한 연구들은 인간의 이타적인 측면에 대한 증거를 제시하며, 우리가 사회적 동물로서 함께 살아가기 위해 진화해 왔음을 보여준다 (Santi, 2015).

캘리포니아 대학교 버클리의 과학 센터(Greater Good Science Center) 공동 책임자인 켈트너(D. Keltner) 박사는 "인간이 다른 사람들을 돌보는 것은 단순

한 도덕적 선택이 아니라, 생존을 위한 필수적인 본능"이라고 주장했다. 그는 "인간은 취약한 새끼를 양육해야 했기 때문에, 서로 협력하고 도움을 주는 능력을 발달시켜 왔다"라며, 이러한 사회성이 인류의 생존과 번영에 결정적인 역할을 했다고 설명했다.

흥미로운 점은, 켈트너 박사의 주장이 찰스 다윈의 '적자생존(survival of the fittest)' 이론과 상반되는 것처럼 보이지만, 실제로는 다윈의 진화론과도 일맥상통한다는 것이다. 다윈은 '인간의 유래(The Descent of Man)'에서 인간의 친절과 협력에 대해 여러 번 언급하며, 이러한 사회성이 자연 선택을 통해 진화했음을 강조했다.[15] 그는 동물 세계에서도 사랑, 동정심, 협력과 같은 행동을 관찰하고, 이를 진화의 산물로 보았다. 켈트너는 "다윈이 이미 예견했듯이, 동정심은 인간의 강력한 본능 중 하나"라고 말하며, 인간의 사회성이 진화의 결과라는 다윈의 견해를 지지했다.

우리 뇌는 타인을 돕도록 생물학적으로 설계되었다

Moll 등(2006)은 공저자와 함께 두 가지 연구를 진행했다. 이 연구는 사람들이 도움을 주고 싶은 충동이 어디서 오는지, 왜 남을 도와주면 기분이 좋아지는지 뇌 과학적인 근거를 찾기 위해 진행되었다. 두 연구 모두 사람들에게 자선단체에 기부를 하도록 요청하고, 뇌 활동을 측정하는 fMRI 촬영기기를 사용했다. fMRI는 뇌 뉴런 활동으로 인한 혈류 변화와 같은 물리적 변화를 감지하여 뇌 활동 영상을 만드는 기기이다. 이들은 또한 피실험자들이 실제 얼마나 자선활

---

15 찰스 다윈의 『인간의 유래』는 그의 대표작인 『종의 기원』에서 한 발 더 나가, 인간의 기원과 진화에 대한 깊이 있는 논의를 담고 있다. 다윈은 이 책에서 인간이 다른 동물들과 마찬가지로 진화의 산물이며, 자연 선택을 통해 현재의 모습으로 진화했음을 주장했다.

동에 참여하는지, 이타적인 성향이 어느 정도 있는지를 묻는 등 뇌 이미지 검사 결과와 피실험자의 일상 행동을 연결 지었다.

그라프먼(J. Grafman)은 19명의 피실험자를 대상으로 도덕적 딜레마에 직면했을 때 뇌에서 어떤 변화가 일어나는지 연구했다. 피실험자에게 128달러를 제공하고 다양한 사회적 쟁점과 관련된 자선단체(낙태, 안락사, 원자력, 전쟁 등)에 기부할 수 있도록 했다. 피실험자에게는 컴퓨터 프로그램을 통해 제시된 다양한 옵션(기부하기, 기부하지 않기로 결정, 자신이 돈을 전부 가져간다) 중 하나를 선택하게 했다. 실험 결과, 피실험자들은 평균 51달러를 기부하며 나머지는 다 가지고 갔다.

연구 결과 피실험자들은 도덕적 가치(돈을 기부하기)와 금전적 보상(자신이 돈을 전부 가져가기) 사이에서 갈등하는 상황에 놓였으며, 이 두 가지 경우 모두 전두엽 전겉질(anterior prefrontal cortex)과 같은 특정 뇌 부위의 활성화가 두드러지게 나타났다. 즉, 남을 위해 돈을 내놓는 기부를 할 때와, 내 이익을 위해 돈을 가져갈 때 뇌의 같은 부분이 활성화된다는 것이다. 더 놀라운 사실은 평소에 자선활동을 많이 하는 사람일수록 이 부분이 더 활발하게 움직인다는 것이다. 남을 돕는 것을 좋아하고 실천하는 사람일수록 이 부위가 발달되어 있고, 더 활발하게 활동한다는 뜻이다.

뇌 연구 결과, 다른 사람을 위해 기부하는 행위는 단순히 이타적인 행동을 넘어 우리 뇌의 보상 시스템을 활성화해서 긍정적인 감정을 유발한다는 사실이 밝혀졌다. 마치 맛있는 음식을 먹거나 사랑하는 사람과 함께 시간을 보낼 때 느끼는 즐거움과 유사하게, 기부를 통해서도 뇌에서는 도파민과 같은 신경전달물질이 분비되어 행복감을 느끼게 된다.

이러한 현상은 뇌의 중뇌 VTA 영역과 전두엽의 특정 부위가 함께 활성화되기 때문이다. 중뇌 VTA 영역은 음식, 성, 마약 등 기본적인 욕구를 충족시킬 때 활성화되는 부위이며, 전두엽의 특정 부위는 사회적 유대감과 관련된 부위로, 다른 사람과의 연결감을 느낄 때 활성화된다. 즉, 기부는 단순히 물질적인 것을 나누는 행위를 넘어 우리 뇌의 다양한 부위를 자극하여 사회적 연결감과 함께 깊은 만족감을 선사하는 복합적인 경험이라고 할 수 있다.

사람들은 본래 생존을 위해 이기적인 본능을 가지고 있음에도 불구하고 왜 자신의 이익을 포기하면서까지 다른 사람을 돕는 행위를 하는 것인지 오랫동안 신경과학자와 진화론자들을 혼란에 빠뜨렸다. 경제학자 안드레오니(J. Andreoni)는 이 질문에 대한 흥미로운 답변을 제시했다. 그는 사람들이 기부할 때, 단순히 다른 사람을 돕고 싶어서만이 아니라, 기부를 통해 얻는 만족감도 중요한 동기가 된다고 주장했다. 이를 "따뜻한 마음(warm-glow)" 이론이라고 부른다.

안드레오니는 사람들이 순수한 이타주의보다는 따뜻한 마음에 더 가깝다고 보았다. 즉, 기부를 통해 다른 사람을 돕는 것뿐만 아니라, 기부를 하고 나서 느끼는 뿌듯함이나 행복감을 얻기 위해 기부한다는 것이다. 경제학에서는 이러한 '만족감'을 효용이라고 한다. 우리가 어떤 물건이나 서비스를 소비할 때 느끼는 만족감의 정도를 수치로 나타낸 것이다. 결론적으로 사람들이 기부하는 이유는 단순히 남을 돕고 싶어서만은 아니다. 기부를 통해 얻는 만족감, 즉 '따뜻한 마음'이라는 보상이 기부를 지속하게 하는 중요한 동기가 된다는 것이다. 이는 경제학적인 관점에서 볼 때, 기부는 단순한 희생이 아니라, 자신에게도 이익이 되는 행위라고 볼 수 있다.

이상과 같이 많은 사람들이 기부하고 나서 왜 따뜻한 마음을 느끼는 경험을 하는지 그 과학적 근거에 대해 Moll 등(2006)은 "생물학적 수준에서 '따뜻한 마음'이 존재하기 때문"이라고 말했다. 그는 뇌 과학 연구를 통해 기부 행위가 뇌의 특정 부위를 활성화시켜 긍정적인 감정을 유발한다는 사실을 밝혀냈다. 즉, 기부할 때 느끼는 '따뜻한 마음'이 단순히 감성적인 경험이 아니라, 뇌의 생물학적인 현상과 연결되어 있다는 것을 의미한다. 기존에는 이타적인 행위는 이기적인 욕망을 억누르는 고차원적인 도덕적 행동이라고 생각했다. 하지만 이 연구는 이타주의도 뇌에 내재된 기본적인 즐거움을 추구하는 본능과 연결되어 있음을 보여준다. 또한 기부가 단순한 도덕적인 의무가 아니라, 우리 삶의 질을 향상시키는 중요한 요소임을 시사한다.

이타주의: 기적의 약

"남에게 도움을 주면 기분이 좋아진다!"라는 것은 단순히 좋은 말이 아니라 실제로 과학적으로 증명된 사실이다. 도움 행위가 마치 기적의 약(miracle drug)처럼 우리에게 좋은 영향을 미친다는 생각은 최소 20년 이상 전부터 있어 왔다. 다른 사람을 도울 때 느끼는 행복감을 연구자들은 "돕는 자의 쾌감(helper's high)"이라고 부르는데, 마치 약을 먹고 병이 나았을 때처럼, 다른 사람을 도와주면 우리 몸 안에서 기분 좋은 변화가 일어난다는 것이다. 이 용어는 자원봉사 활동 및 웰빙 전문가인 앨런 룩스(Allan Luks)가 20년 전 처음 만들어 사용했다.

룩스는 정기적으로 자원봉사 활동을 하는 1,700명 이상의 여성이 느끼는 도움 행위의 신체적 효과를 조사했다. 그 결과, 자원봉사를 하는 사람들의 절반 이상이 도움을 줄 때 기분이 좋아지고, 43%는 활력이 넘친다고 답했다.

하버드 대학의 심장병 전문의 허버트 벤슨(H. Benson)은 이렇게 설명한다. 다른 사람을 돕는 행위는 마치 운동할 때처럼 우리 뇌에 긍정적인 변화를 불러온다는 것이다. 운동을 하면 엔도르핀이라는 행복 호르몬이 나와 기분이 좋아지는 것처럼, 다른 사람을 도울 때도 우리 몸 안에서 행복 호르몬이 분비되어 기분이 좋아지는 것이다. 즉, 돕는 자의 쾌감(helper's high)은 도움을 주는 사람의 몸에 내재한 자연스러운 보상 시스템이라고 할 수 있다. 마치 기적의 약처럼 우리 몸과 마음을 건강하게 만들어주는 것이다.

기부 행위가 반드시 자발적이어야 보상을 받을까?

Harbaugh 등(2007)의 연구는 기부 행위에 대한 뇌의 반응을 자세히 살펴보았다. 연구팀은 경제학자와 심리학자로 구성되어 있으며, 오리건 대학교에서 진행된 이 연구는 특히 기부가 자발적인 경우와 의무적인 경우의 차이에 주목했다.

연구 참여자에게는 100달러가 지급되었고, 이 금액을 자유롭게 사용할 수 있도록 했다. 참여자들은 기부를 통해 다른 사람들에게 도움을 줄 수도 있고, 자신을 위해 100달러를 모두 사용할 수도 있었다. 중요한 점은 아무도 참여자가 어떤 선택을 했는지 알 수 없도록 철저히 관리되었다는 것이다. 이렇게 개인의 프라이버시를 보장하면서, 연구팀은 참여자들이 자유롭게 기부 결정을 내릴 수 있도록 했다.

실험 과정에서 참여자들의 뇌 활동은 fMRI라는 첨단 뇌 영상 장비를 통해 측정되었다. 연구팀은 참여자들이 자발적으로 기부를 선택하는 경우, 의무적으로 기부하는 상황, 참여자가 추가적인 현금을 받는 상황,[16] 그리고 직접 기부하지 않지만, 다른 사람들이 기부하는 상황을 간접적으로 경험하도록 하는 경우 등 다양한 상황에서 뇌의 어떤 부분이 활성화되는지 관찰했다.

---

16 실험에 참여한 사람들에게 처음에 주어진 100달러 외에, 실험 과정에서 추가로 돈을 더 받는 상황을 의미한다. 즉, 돈을 더 받았을 때 사람들이 기부를 더 많이 하거나, 아니면 오히려 덜 하게 되는지 알아보려 한 것이다.

연구 결과, 자발적인 기부는 뇌의 보상 체계와 관련된 부분을 활성화해 기쁨이나 만족감과 같은 긍정적인 감정을 유발하는 반면, 의무적인 기부는 다른 뇌부위를 활성화해 스트레스나 부정적인 감정을 유발하는 것으로 나타났다. 이는 자발적인 기부가 개인에게 더 큰 심리적 보상을 제공하며, 따라서 지속적인 기부를 유도하는 데 더 효과적일 수 있음을 시사한다.

5.4. 기부 모금의 과학에의 초대

기부라는 행위는 사소한 선의에 근거한 것이라는 인상이 있을지도 모른다. 그러나 사실 이 행위는 우리가 사는 사회를 크게 바꿀 수 있는 힘을 가지고 있다. 기부의 힘은 교육이나 연구라는 장기적인 과제뿐만 아니라 사람들의 생명에도 관련된다. 다른 사람을 돕기 위한 최선의 방법을 찾고 실천하는 것을 목표로 하는 효과적 이타주의에 따라 최빈국에 제공된 기부는 선진국에서 같은 액수의 기부와 비교했을 때 180배나 많은 생명을 구한다고 한다(渡邉와타나베, 2023). 소셜 미디어 시대, 부의 양극화가 심화하면서 기부는 사회의 미래와 생명을 좌우하는 중요한 요소가 되었지만, 정작 우리는 기부에 대해 아는 것이 많지 않다.

사람들은 재해가 발생할 때 하나라도 더 많은 생명을 구할 수 있다고 하는 사회적인 임팩트나 신세를 진 모교에 공헌한다고 하는 만족감을 위해서 기부한다. 이런 행위를 분석해 인간과 사회에 대한 이해를 높이는 것은 바람직하다고 할 수 있다. 그러나 그것을 응용한 「기부 모집의 과학」이 되면 이야기는 간단치 않게 된다.

기부는 사회를 더 나은 곳으로 만들기 위한 중요한 수단이지만, 그 이면에는 다양한 동기와 압력이 작용한다. 사회적 관계에서 비롯된 부담감이나 습관적인 기부는 개인의 자유로운 의사결정을 제한하고, 진정한 의미의 나눔을 저해할 수 있다. 기부 모집은 효율성을 추구하는 동시에, 개인의 존엄성과 자율성을 존중해야 한다. 과학적인 방법을 통해 기부를 활성화하는 것은 바람직하지만, 윤리적인 문제에 대한 심도 있는 고찰이 선행되어야 한다.

어떤 현상을 더 깊이 이해하거나 그 현상의 예측 가능성을 높이는 것은 과학적 접근의 특기 분야다. 우리는 흔히 기부를 마음에서 우러나오는 따뜻한 행동이라고 생각하지만, 사실 기부 행동에도 과학적인 원리가 숨어 있다. 마치 날씨를 예측하듯이, 어떤 사람이 얼마나 기부할지를 어느 정도 예측할 수 있다는 것이다. 특히 마케팅은 기부 모집의 과학에 공헌할 가능성이 있다. 마케팅은 단순히 물건을 파는 것뿐만 아니라, 좋은 일에 참여하도록 사람들을 설득하는 데에도 활용될 수 있다. 예를 들어, 어떤 메시지가 사람들에게 더 감동을 주는지, 어떤 방식으로 기부를 요청하면 더 많은 사람이 참여하는지 등을 연구하는 것이다. 예를 들면 과거에 많이 기부했던 사람들은 앞으로도 기부를 계속할 가능성이 높고, 반대로 과거에 기부를 많이 하지 않았던 사람들은 앞으로도 큰 금액을 기부하지 않을 가능성이 높다는 것이 과학적으로 밝혀졌다(Lindahl & Winship, 1992).

한편, 이러한 선행 연구는 대부분 특정 기법의 효과를 검증하거나 하나의 조직이 얼마나 효과적인 기부 모집을 시행하는가 등의 분석에 초점을 맞추고 있으며 「기부 시장 전체를 늘린다」라는 거시적 분석에 대한 문헌은 많지 않다. 다행히 최근에는 '어떤 분야에 기부가 쉽게 모이고, 반대로 어떤 분야에는 기부 혜택이 제공되기 어려운가?' 등의 기부의 거시적 접근이 다수 시도되고 있다(Body & Breeze, 2016).

과학적으로 기부 시장을 분석한다

순수한 마음으로 하는 기부를 시장처럼 거래하는 건 뭔가 불편하다. 하지만 기부가 많아지면 사회에 좋은 영향을 줄 수 있으니까, 어떻게 하면 더 많은 사람이 기부할 수 있을지 고민해 봐야 한다.

크라우드 펀딩 사이트는 여러 사람(crowd)으로부터 자금을 모아 특정 프로젝트를 지원하는 플랫폼이다. 마치 주식을 사고파는 거래소처럼 크라우드 펀딩 사이트는 기부자와 기부를 받는 단체를 연결해 주는 역할을 한다. 이 방식은 내가 돕고 싶은 곳을 찾아 간편하게 기부할 수 있고 믿을 수 있는 단체만 모아놓았기 때문에 안심하고 기부할 수 있다. 또한 어떤 곳에 얼마나 많은 돈이 모였는지, 투명하게 확인할 수 있는 장점이 있다.

이에 비해 기부 상대 거래(Restricted Gift)는 마치 맞춤옷을 만드는 것처럼, 기부자와 받는 쪽이 직접 만나서 기부 조건을 정하는 방식이다. 이것은 기부자의 의사를 직접 반영해서, 더욱 의미 있는 기부를 할 수 있고 기부 내용이 공개되지 않아 프라이버시를 중요하게 생각하는 사람들에게 적합하다. 기부 금액, 방식 등을 자유롭게 조절할 수도 있다.

〈표 1〉 크라우드 펀딩과 기부 상대 거래의 차이점

구분	크라우드 펀딩	기부 상대 거래
특징	다양한 단체, 투명한 정보, 간편한 기부	맞춤형 기부, 비밀 보장, 유연한 조건
장점	누구나 쉽게 참여, 사회적 책임 실천	기부자의 의사 반영, 특별한 의미 부여
단점	개인적 관계 형성 어려움, 경쟁적 분위기	정보 비대칭성, 불투명한 부분 존재

크라우드 펀딩과 상대 거래는 각각의 특징을 가지고 기부 시장에서 중요한

역할을 한다. 크라우드 펀딩은 다양한 사람들이 참여하여 투명하게 기부할 수 있는 장점이 있지만, 개인정보 노출과 기부금 사용처에 대한 세세한 지정이 어려운 단점이 있다. 반면, 상대 거래는 개인의 프라이버시를 보호하고 기부금 사용처를 직접 선택할 수 있는 장점이 있지만, 부정한 거래나 도덕적 해이가 발생할 가능성이 높다는 단점이 있다.

따라서 상대 거래의 안전성을 확보하기 위해서는 기부자와 기부처 모두의 윤리의식 함양과 함께, 투명한 거래 시스템 구축 및 관련 법규 정비가 필요하다. 또한, 외부 감시 기구를 도입하여 부정행위를 예방하고, 기부자와 기부처 간의 신뢰를 회복해야 한다.

기부 시장의 질과 기부의 과학화

거래소 거래든 상대 거래이든 질 높은 시장에는 두 가지 요건이 있다. 그것은 시장이 과학적 관리를 통해 효율적인 자원 배분을 달성할 수 있다는 것과 공정성이 확보되어 있다는 것이다(矢野야노, 2009).

아무리 많은 돈이 기부자로부터 기부처에 대해 효율적으로 흘러갔다 하더라도 그것이 사기적인 수법에 의한 것이라면 의미가 없기는커녕 해악이 된다. 반대로, 그 시장에서의 기부가 모두 사람의 생명을 가장 효과적으로 구하는 데 사용된다면, 시장이 창출하는 가치는 매우 높아 보인다.

여기서 몇 가지 문제가 발생한다. 비영리단체는 기부금을 통해 다양한 사회문제 해결을 위한 활동을 수행한다. 기부자들은 자신들의 따뜻한 마음이 어려움에 처한 이웃들에게 직접적인 도움이 되기를 바라며 기부한다. 하지만 비영리조직의 운영에는 사무실 임대, 프로그램 개발, 홍보 등 다양한 비용이 소요되기 때문에, 기부금의 일부는 이러한 운영비로 사용된다. 일부 기부자들은 기부금이 운영비로 사용되는 것을 보고 비영리단체의 투명성을 의심하거나, 기부금이 전액 도움이 필요한 사람들에게만 사용되어야 한다고 생각하기도 한다(石田이시다, 2018). 다행히 최근의 IT(정보통신) 기술은 기부에서의 거래 비용을 삭감하고 종래보다 간단하면서 비용-효과적으로 기부를 할 수 있는 환경이 정돈되어 가고 있다. 비용이 적어지는 것은 새로운 구매자를 끌어들이는 하나의 조건이다.

생명을 살리는 기부는 시급한 문제 해결에 이바지하지만, 사회 문제의 근본적인 원인을 해결하는 데는 한계가 있다. 기부자 중에는 지금 어려움을 겪고 있는 사람에게만 도움을 주고 싶은 사람도 있고, 근본적인 해결을 위한 야심에 찬 노력에 기부하고 싶은 사람도 있을 것이다. 이러한 다양한 요구를 충족시키기 위해서는 단기적인 해결책뿐만 아니라, 장기적인 관점에서 문제를 해결하기 위한 투자도 필요하다. 한정된 자원을 효율적으로 활용하기 위해서는 데이터 기반의 의사결정 시스템을 구축하고, 투명한 관리 체계를 확립해야 한다.

"기부"라는 행동을 과학적으로 연구하면 풀 수 있는 궁금증들이 아직 정말 많다. 예를 들면 내가 사는 곳 근처에 어려운 사람들이 많으면 기부를 더 많이 할까? 아니면 다른 지역에 사는 사람들에게도 관심을 가질까? 인터넷으로 기부하는 게 더 편할까? 아니면 종이로 된 기부서를 작성하는 게 더 좋을까? 죽기 전에 재산을 기부하겠다고 결정하면 살아 있는 동안에는 기부를 덜 할까? 아니면 오히려 더 많이 할까?

이런 질문들에 대한 답을 찾기 위해서는 기부하는 사람들의 행동을 과학적으로 분석하고 연구해야 한다. 즉 기부를 늘리기 위해서는 다양한 변수들을 고려하여 연구해야 한다는 뜻이다.

우리가 왜 어떤 물건을 사고, 어떤 일을 하는지에 대한 연구는 많이 이루어졌다. 하지만 사람들이 왜 기부하고, 어떤 기부에 더 관심을 두는지에 대한 연구는 아직 부족하다. 특히 어떻게 하면 더 많은 사람이 기꺼이 기부할 수 있을지에 대한 연구는 더욱더 필요하다.

이런 연구는 단순히 기부받는 사람들만을 위한 것이 아니다. 예를 들어, 대학은 연구를 위해 자금이 필요한데, 어떻게 하면 더 많은 사람에게 대학 연구의 중요성을 알리고 기부를 받을 수 있을까 고민하고 있다. 만약 대학이 이 문제를 해결하면, 대학의 연구뿐만 아니라 우리 사회 전체의 발전에도 큰 도움이 될 것이다.

미국 대학들은 이미 기부를 받기 위해 과학적인 방법을 활용하고 있다. 예를 들어, 기존 기부자들의 정보를 분석해서 누가 더 큰 금액을 기부할 가능성이 높은지 예측하는 모델을 만들었다. 우리나라 대학들은 이런 부분에서 조금 늦었지만, 최신 기술을 활용하면 미국 대학들을 따라잡고 더 나아가 새로운 기부 방식을 만들어낼 수 있을 것이다. 블록체인 또는 AI 챗봇 기술에 의해 기부의 활용 상황을 가능한 한 과학적으로 파악하고 기부자로부터의 문의에 신속하게 대응할 수 있을 것이다.

Chapter 6

기부 동기와 기부 행위

6.1. 기부 행위와 사회적 의사결정

이타적 기부 행동

사람들의 기부 행동은 사회적 상호 작용을 결정하는 요소 중 하나인 이타적 행동을 뒷받침하는 감정 이입, 감정 조절, 그리고 사회적 인지 과정에 의해 이루어진다. 이러한 이타적인 행동은 사회적 상호 작용의 중요한 요소이다. 모스 (Mauss, 1925)는 사회가 주고받고 보답하는 과정을 통해 안정적인 관계를 형성한다고 주장했다. 즉, 기부는 자유롭고 제한 없는 교환을 통해 사회가 형성되고 질서가 유지된다는 것이다. 이 이론은 이타적인 사람들이 사회에 투자함으로써 결국 이익을 얻는다는 "생존을 위한 포옹(Cuddling for survival)" 이론과도 연결된다.[17]

---

17 '생존을 위한 포옹 이론'은 포옹이 단순한 애정 표현이 아닌, 우리의 생존과 건강에 필수적인 역할을 한

오늘날 사회 복지는 이타적이고 자선적인 행동에 크게 영향을 받으며, 신경 과학과 신경경제학 분야에서 점점 더 많은 연구가 진행되고 있다. 그것은 뇌가 이타적 선택의 경제 모델에서 변수를 계산, 상호 작용 및 구현하는 다양한 방법을 가지고 있기 때문이다(Hutcherson 등, 2015).

비록 사람들이 선행이나 기부를 하는 동기가 무엇인지에 대한 논의에서 뇌 과학적 지식이 매우 중요한 역할을 하지만, 기부 현상이 왜 일어나는지를 객관적으로 살펴보고(관찰), 기부를 장려하기 위해 특정한 프로그램을 만들거나 캠페인을 진행(개입)하는 모델을 개발하는 것은 사회과학과 경제학 분야에서 주도적으로 이루어지고 있다. 이하에서는 먼저 사회적 뇌와 사회적 의사결정에 대한 경제학적 모델을 살펴본다.

사회적 뇌와 사회적 의사결정에 대한 경제학적 모델

사람들이 다른 사람들과의 관계를 머릿속에 그려보고, 그 상황에 맞게 행동을 조절할 수 있는 능력을 '사회적 인지(social cognition)'라고 한다. 이 사회적 인지 능력은 매우 복잡해서 뇌의 전두엽 부분이 크게 발달하게 되었다. 그래서 사람의 뇌는 사회생활을 잘하기 위해 특별히 발달한 '사회적 뇌(social brain)'라고 볼 수 있게 되었다. 사회적 뇌의 주요 구성요소로는 마음 이론(Theory of Mind),[18] 공감(타인의 감정을 이해하고 공유하는 능력), 사회적 인지(social

---

다는 것을 보여준다. 스트레스 감소, 면역력 강화, 통증 완화, 사회적 유대감 강화, 심혈관 건강 증진 등 다양한 건강상의 이점을 제공한다. 따라서 건강하고 행복한 삶을 위해서는 적극적으로 포옹하는 것이 중요하다. Wikipedia: Cuddling: https://en.wikipedia.org/wiki/Cuddling

18 마음 이론이란 다른 사람의 마음을 이해하고 예측하는 능력을 의미한다. 즉, 타인이 자신과는 다른 신념, 욕구, 감정, 의도 등을 갖고 있다는 것을 이해하고, 그러한 내면 상태가 타인의 행동에 어떤 영향을

cognition: 사회적 정보를 처리하고 해석하는 능력)가 있다(Morese & Palermo, 2022).

사회적 결정은 경제적 의사결정의 한 종류로, 나 자신뿐만 아니라 다른 사람의 이익도 함께 고려해야 한다. 사람들은 자기 생각과 느낌에 따라 선택하므로, 정답이 있는 것은 아니다. 그냥 가장 좋다고 생각하는 것을 선택하는 것이다. 하지만, 지금 당장 좋은 선택이 나중에 나쁜 결과를 낳을 수 있으므로 미래도 생각해야 한다. 사람들이 사회적 의사결정을 내릴 때는 주변 환경과 자기 생각이 모두 영향을 준다. 이 과정에서 뇌의 특정 부분(전두엽 거울 뉴런 등)이 중요한 역할을 한다(Terenzi 등, 2021). 이 부분은 나 자신과 다른 사람에 대한 정보를 처리하고 연결시켜 주는 역할을 한다.

인간은 다른 사람의 고통을 덜어주는 것에서 행복을 느낄 수 있다. 이런 행동을 할 때 뇌에서는 보상을 받을 때와 비슷한 반응이 나타난다. 뇌의 특정 부위는 어떤 선택이 더 좋은지 판단하고, 다른 사람과의 관계에 영향을 받는다. 또한, 남을 돕는 이유가 상대방의 마음을 이해해서인지, 나중에 도움을 받을 생각에서인지에 따라 뇌의 활동이 달라진다. Tusche 등(2016)의 연구에 따르면, 우리가 어떤 자선단체에 기부할지 결정할 때는 상황에 따라 다른 정도의 공감과 타인에 대한 이해를 보인다고 한다. 즉, 어떤 단체에 기부할지 고민할 때, 상황에 따라 남의 어려움에 얼마나 공감하고 그들의 입장을 얼마나 잘 이해하는지가 달라진다는 것이다.

이러한 현상을 설명하는 '스톰 모델(STORM model)'에[19] 따르면, 우리의 뇌,

미치는지 파악하는 것을 말한다.

19 '사회적 상황에 따른 반응 조절 모델(STORM)'이라고 부른다. 간단히 말하자면 우리가 도움을 줄지 여부는 상대방과의 관계나 상황에 따라 달라지며, 이러한 판단은 공감과 역할 수행 능력이 함께 작용하여 이루어진다는 것이다. 뇌의 특정 영역(주로 전두엽)이 이러한 과정을 조절하고, 상대방을 더 가까이 느

특히 전두엽은 어떤 단체에 기부할지 결정할 때 상황을 평가하고, 이에 따라 공감과 타인의 입장 이해 정도를 조절한다. 즉, 우리 뇌가 상황에 맞춰 공감 능력과 타인에 대한 이해 능력을 조절하면서 기부 금액을 결정한다는 것이다. 흥미로운 점은 공감과 타인에 대한 이해가 기부를 결정하는 서로 다른 과정이지만, 뇌에서는 같은 영역에서 조절된다는 것이다. 즉, 우리 뇌의 전두엽은 상황에 따라 공감이나 타인 이해 중 하나를 더 활발하게 사용하여 우리가 더 나눔을 실천하도록 유도한다.

기부 행동과 의식적 자본주의

사람의 행동이 단순히 물질적 이익만 추구하는 게 아니라 진화적으로 내재된 이타적인 행동과 사회적 보상으로부터도 영향을 받는다는 가정에서 시작된다. 이러한 이타성과 사회적 보상은 뇌 발달과 사회 발전에도 이바지한다. 따라서 의식적 자본주의(Conscious capitalism)와 기부 행동을 뇌과학적 관점에서 연구하는 것은 흥미로운 일이다. 왜냐하면 이러한 사회적 행동은 돈, 기쁨, 사회적 인정 등 서로 다른 가치를 뇌가 하나의 기준으로 비교 평가해야 하기 때문이다(Palermo, 2023).

의식적 자본주의는 앞으로 중요한 경영 트렌드로 떠오르고 있다. 사회적 뇌와 의식적 자본주의 사이의 연관성은 우리의 타고난 사회적 본성, 공감, 타인의 복지에 관한 관심이 기업과 조직의 구조와 운영 방식에 영향을 미칠 수 있다고 생각하고 있다. 의식적 자본주의는 기업이 자신의 가치와 행동을 사회적 뇌가 뒷받침한다고 생각되는 사회적 의식 및 윤리적 가치와 일치시킴으로써 이익을

낄 때 도움을 줄 가능성이 높아진다.

얻을 수 있다는 것을 인식한다. 이는 단순히 이윤을 추구하는 것을 넘어서 사회적 책임과 환경 보호를 함께 고려하며, 모든 이해관계자의 행복을 추구하는 경영 방식이다. 즉, 기업은 이윤을 내면서도 윤리적으로 경영하고 사회, 문화, 환경의 발전에 기여하며, 구성원들이 자신의 역할을 중요하게 생각할 수 있도록 만들어야 한다는 것이다. 이렇게 하면 장기적으로 더 많은 이익을 얻을 수 있다는 것이 의식적 자본주의의 핵심이다.

이를 위해서는 첫째, 단순한 이윤 추구를 넘어서 모든 구성원이 기업의 목표에 참여해야 하고, 둘째, 고객, 직원, 투자자, 지역사회 등 모든 이해관계자가 가치 창출에 참여해야 하며, 셋째, 기업과 사회, 환경이 서로 영향을 주고받는다는 것을 인식하고 윈-윈 전략을 추구해야 하며, 넷째, 모두를 위한 공동의 가치를 실현하는 기업 문화를 만들어야 한다(Whittington, 2017).

인간은 과거 이기적인 경제 행위자인 'Homo Economicus'에서 서로 의식적으로 교류하며 함께 진화하는 'Homo Relationalis'로 변화하고 있다. 이러한 변화에서 기부 행동은 단순히 이타적인 동기만이 아니라 전략적인 계산(이기적 동기)에 의해서도 이루어질 수 있다. 뇌과학 연구는 기부 행동의 동기를 이해하는 새로운 방법을 제공한다. 기부 행동은 보상과 처벌과 관련된 뇌 영역을 활성화하며, 이타적인 동기와 전략적인 동기 모두에 의해 이루어질 수 있다.

결론적으로 기부 행동은 사회적 맥락에서 이루어지는 일종의 사회적 의사결정이며, 뇌 과학은 이러한 행동의 동기를 객관적으로 측정하는 새로운 방법을 제공한다. 사람들의 사회적 경제 행동은 뇌 과학적 메커니즘을 통해 일어나며, 이를 통해 이타적인 행동과 경제적 의사결정의 심리적 과정을 이해할 수 있다(Kedia 등, 2017). 즉 뇌 과학 연구를 기업 운영과 비영리단체 활동에 활용한다면 더 나은 결과를 얻을 수 있다는 가능성을 제시한다.

자선단체 기부금 증대를 위한 신경과학 활용 방안

기금 모금자라면 누구나 한 번쯤 이런 질문을 던져봤을 것이다. "도대체 사람들은 왜 기부를 하는 걸까?" 기부금을 내놓는다는 건 쉬운 결정이 아니다. 하지만 그 답은 의외로 우리 뇌 깊은 곳에 숨겨져 있다. 기부의 신경과학은 인간의 뇌가 어떻게 관대함을 느끼고, 어떤 요인에 의해 기부를 결정하는지 밝히는 학문이다. 이를 통해 우리는 기금모금 전략을 더욱 효과적으로 만들 수 있다.

1. 기분 좋은 요소: 기부에 있어서 옥시토신과 도파민의 역할

사람들이 기부하도록 동기를 부여하는 주요 요인 중 하나는 기분 좋은 요인이다. 연구에 따르면 기부 행위는 뇌에서 옥시토신과 도파민과 같은 기분 좋은 호르몬의 방출을 활성화한다. 이러한 호르몬은 행복감, 신뢰, 사회적 유대감과 관련이 있다(Harbaugh 등, 2007). 감정을 불러일으키고 연결을 촉진하는 모금 캠페인을 만들면 잠재 기부자가 이러한 긍정적인 감정을 경험하도록 장려하여 기부할 가능성을 높일 수 있다.

2. 공감의 힘: 거울 신경세포를 활용

공감은 자선 활동을 주도하는 데 중요한 역할을 한다. 거울 신경세포(mirror-neuron)는 다른 사람의 행동이나 감정을 관찰할 때 활성화되는 특수 뇌 세포이다.[20] 이 신경세포는 우리가 다른 사람의 입장에 서서 그들의 감정을 느낄 수

---

20 거울 신경세포(mirror-neuron)는 다른 사람의 행동을 관찰할 때 마치 자신이 직접 그 행동을 하는 것처럼 뇌에서 동일한 신경세포가 활성화되는 현상을 말한다. 마치 거울처럼 다른 사람의 행동을 반사하듯이 내 뇌에서도 똑같은 반응이 일어나는 것이다. 영화를 볼 때 주인공이 울면 나도 슬퍼하는 공감 능력이 이러한 거울 신경세포가 반응하는 현상이다.

있게 해 주며, 우리가 말을 하지 않고도 다른 사람의 감정을 인지하고 이해할 수 있게 함으로써, 다른 사람의 경험을 감정적으로 공유하는 데 도움이 된다(Sutton, 2023). 거울 신경세포는 호르몬 옥시토신과 같은 다른 생물학적 시스템과 결합하는데, 이는 공감 과정을 조절하거나 심지어 강화할 수 있다. 신경과학자들은 우리 자신의 감정에 의해 일반적으로 활성화되는 뇌 영역이 다른 사람이 감정이나 감각을 경험하는 것을 관찰할 때도 활성화된다고 믿는다. 결국 공감은 우리가 다른 사람의 입장에서 생각할 수 있게 해 준다(Penagos-Corzo 등, 2022). 기금 모금 활동에서 공감의 힘을 활용하려면 조직이 돕고 있는 개인이나 커뮤니티의 감정과 경험을 전달하는 스토리와 영상을 공유하는 것이 필요하다. 청중에게 공감을 불러일으키면 기부를 장려하는 강력한 감정적 연결을 만들 수 있다.

3. 사회적 증명의 영향: 밴드왜건 효과

잘 알려진 심리적 현상인 밴드왜건 효과(Bandwagon Effect)는 사람들이 다른 사람들이 하는 것을 보면 활동에 참여할 가능성이 더 높다는 것을 시사한다.[21] 기금모금의 맥락에서 이는 다른 기부자의 지원을 보여주는 것이 잠재적 기부자에게 강력한 동기부여가 될 수 있음을 의미한다.

예를 들면 유명인이나 인플루언서가 특정 단체에 기부하는 모습을 보면, 일반인들도 그 단체에 대한 호감도가 높아지고 기부를 결정하는 경우가 많다. 친구나 가족, 동료와 같은 주변 사람들이 특정 단체에 기부하는 모습을 보면, 자

---

21 밴드왜건 효과는 마치 모두가 타는 밴드왜건(축제 때 사람들이 타고 다니는 화려한 수레)에 올라타듯, 많은 사람이 특정 행동이나 생각을 따라 하는 현상을 말한다. 쉽게 말해, 다른 사람들이 하는 대로 따라 하는 심리라고 볼 수 있다. 많은 사람이 어떤 것을 선택하거나 지지하면, 그 선택이 옳고 안전하다고 판단하는 경향이 있다. 마치 무리에서 벗어나고 싶지 않은 심리와 비슷하다.

신도 그 단체에 기부하고 싶다는 욕구가 생기기 쉽다. 이 외에 새로운 기부 방식이나 플랫폼이 유행하면 기존 방식보다 더 많은 기부가 이루어질 수 있다. 소셜 미디어를 통해 기부 참여를 유도하고, 기부 인증 샷 이벤트를 진행하여 참여를 높일 수 있다.

〈그림 7〉 밴드왜건 효과(Bandwagon Effect)란 무엇인가?

Wua.cx에서 인용: 마차 위에서 연주되는 음악은 유행이나 새로운 사상의 매력을 상징한다.
뒤따르는 사람들은 유행이나 새로운 아이디어에 열광하여 무작정 따라가는 대중을 의미한다.
한번 시작된 유행은 마치 말처럼 빠르게 퍼져나가 많은 사람에게 영향을 미친다.

요즘 AI(인공지능)의 인기가 치솟으면서 많은 기업이 자기 제품에 AI를 넣었다고 광고하면서 사람들을 끌어모으고 있다. 마치 "우리 제품도 AI 쓴다!"라고 외치면 다들 따라 사줄 것처럼 말이다. 이런 현상을 우리는 밴드왜건 효과라고 부른다.

하지만 모든 AI가 다 유용한 건 아니다. AI가 들어갔다고 해서 무조건 좋다고 생각하면 안 된다. 예를 들어, 잠자리에 들 시간을 알려주는 AI가 있는데, 오히려 잠을 못 자게 만든다면 어떨까? 불을 켜달라고 AI에게 여러 번 말해야 하는데, 그냥 손으로 스위치를 켜는 게 더 빠르다면 어떨까? 즉, AI라고 다 좋은 건 아니다. 마치 유행하는 옷을 무작정 따라 입는 것처럼, AI도 무조건 따라 하기보다는 내가 정말 필요로 하는 부분에만 활용하는 것이 중요하다. 많은 사람에게 도움이 된다고 해서 반드시 도움이 되는 것은 아니라는 점을 기억할 필요가 있다(Pilat & Krastev, 2023).

밴드왜건 효과는 비판적인 사고를 저해하고 충동적인 기부를 유발할 수 있다. 또한 유행을 따라 다른 단체들이 많이 쓰는 방법이나 도구를 무작정 따라하다 보면, 정작 우리 조직에 가장 잘 맞는 방법을 놓칠 수 있다(Stancik, 2020). 유행을 따라 하기보다는, 기부 대상의 가치를 진정으로 전달하고 공감대를 형성하는 것이 필요하다. 그래서 가장 중요한 건 고객과의 신뢰 관계를 쌓는 일이다. 고객과 꾸준히 소통하고 관계를 발전시키면, 고객들은 우리 단체를 더욱 신뢰하게 된다. 신뢰야말로 고객과의 오랜 관계를 유지하는 비결이다.

4. 희소성의 예술: 긴급성과 배타성 창조

희소성의 원칙은 사람들이 공급이 제한적이거나 단기간만 가능하다고 믿을 때 무언가를 가치 있게 여기고 원할 가능성이 더 높다는 것을 나타낸다(Cialdini, 2021). 사람들은 쉽게 얻을 수 없는 것에 더 큰 가치를 느끼는 법이다. 모금 캠페인에서도 이런 심리를 이용할 수 있다. 마감 기한을 정하거나[22] 특별한 선물을 한정 수량으로 제공하면 사람들이 더 빨리 참여하게 된다. 또한, 내 기부가 다른 사람들에게 얼마나 큰 도움이 될 수 있는지 구체적으로 보여주면 더 많은 사람이 기부에 동참할 것이다. 즉, "지금 아니면 기회가 없다!", "나만 가질 수 있는 특별한 선물!", "내 기부가 세상을 바꿀 수 있다!"라는 생각을 하도록 만들면 더 많은 사람이 모금에 참여할 수 있게 된다.

---

22 "마감 임박!", "지금 기부하면 특별한 선물을 드립니다!"처럼 기부 기간을 한정하거나, 목표 금액을 달성해야만 보상이 주어진다고 알려주면 사람들이 서둘러 참여하게 된다.

이런 희소성의 방법이 효과적인 이유는 사람들은 자신이 놓치고 싶지 않은 기회라고 생각할 때 더욱 적극적으로 행동하기 때문이다. 희소성을 강조하면 기부를 미루는 대신 바로 행동하도록 유도할 수 있고, 기부에 대한 만족감도 높일 수 있다.

그러나 지나치게 희소성을 강조하거나 허위 정보를 제공하는 경우, 기부자들은 기부 단체에 대한 불신을 느낄 수 있다. 이는 기부 단체의 신뢰도를 떨어뜨리고, 장기적인 기부 참여를 저해할 수 있다. 희소성을 이용하여 기부를 유도하는 행위는 도덕적인 문제를 야기할 수도 있다. 무엇보다 중요한 것은 희소성을 강조하는 동시에, 기부가 가져올 사회적 변화에 대한 진정성 있는 메시지를 함께 전달해야 진정한 의미의 기부를 이끌어낼 수 있다는 것이다(Lyons, 2023).

기부의 신경과학을 이해하면 기술을 향상시키고자 하는 기금 모금자에게 귀중한 통찰력을 제공할 수 있다. 뇌 과학의 힘을 활용하면 감정을 불러일으키고, 연결을 촉진하고, 관대함을 고취하는 기금모금 캠페인을 만들 수 있다. 기금모금의 성공을 극대화하려면 기분 좋은 요소, 공감, 사회적 증거, 희소성 등을 활용하는 것을 잊어서는 안 된다.

6.2. 왜 기부가 필요한가? 기부 행동의 이해

기부 행위 발생 메커니즘

예를 들어 당신이 '국경 없는 의사회'에 기부하는 것은 순수한 이타주의 때문일지도 모르고, 세제상의 우대 조치를 받기 때문일지도 모른다. 또는 '사람이 선(善)을 행하는 것은 다른 사람에게 잘 보이고 싶기 때문'일 수도 있다. 자선적 기부는 세계와 개인의 삶에 영향을 미칠 수 있는 관대함의 한 형태이다. 기부가 왜 필요한지는 곧 이것이 인간과 사회에 어떤 영향을 미치는지와 일맥상통한다고 할 수 있다. 기본적으로는 기부가 사회적 변화를 이끌어내고 자신의 행복과 만족도에 긍정적인 영향을 미쳐 우리의 삶을 더 풍요롭게 만들고 나아가 사회적 연결성을 강화하며, 윤리적 만족감을 제공하는 데 도움이 된다. 즉 우리가 더 큰 목표를 위해 함께 노력하고, 다른 사람들을 돕고, 세상을 더 나은 곳으로 만드는 데 도움이 된다. 그래서 우리는 자선적 기부를 지속해서 고려해야 한다.

이와 같이 자발적으로 자원이나 돈을 기부하여 다른 사람들이나 단체를 지원하는 행위를 기부 행동 또는 기부 행위라고 말한다. 이런 기부 행위에 대한 과학적 관리를 위해서는 기부자의 특성을 검토하고 제도의 효과를 분석하는 것과 더불어, 「기부 행동의 발생 메커니즘」을 해명하는 것이 중요하다. 기부 행동을 일으키는 메커니즘을 보면 '기부 신념(Beliefs) → 기부에 대한 태도(Attitude) → 기부 의도(Intention) → 기부 행동(Behavior)'이라는 인과 과정으로 이루어져 있다.

이것은 Ajzen(2006)의 계획적 행동이론(TPA: Theory of Planned Behavior)에 근거한 것인데 어떤 행동을 할 것인지에 대한 의도가 강할수록 실제로 그 행동을 할 가능성이 높아진다는 의미이다. 이를 구체적으로 보면 기부 태도(기부에 대한 긍정적 또는 부정적 평가) + 주관적 규범 + 기부에 대해 인지된 행동 통제 = 기부 행동을 수행하려는 의도(의지)라는 공식으로 설명되며, 이런 기부 의도는 실제 자선 기부 행동으로 이어진다.

기부 행위에 이 모델을 적용하면 다음과 같이 설명할 수 있다. 예를 들어 친구들이 모두 자선 기부를 하고(높은 주관적 규범), 사회에서 자선 기부를 칭찬하는 분위기 속에서(긍정적 태도) 자선 기부를 쉽게 할 수 있는 방법을 알고 있는 사람(강한 인지된 행동 통제)은 자선 기부 의도가 높아질 가능성이 높다. 높은 자선 기부 의도를 가진 사람은 실제로 자원봉사를 하거나, 돈을 기부하거나, 물품을 기부할 가능성이 높아진다.

기부 행위에 영향을 미치는 요인

기부 행위는 단순히 물건이나 돈을 나눠주는 행위 이상의 복잡한 심리적, 사회적 메커니즘이 작용하는 결과이다. 다양한 요인이 기부 행위에 영향을 미치며, 개인의 성격, 가치관, 경험뿐만 아니라 사회적 규범, 문화적 배경, 기부 대상의 특성 등도 중요한 역할을 한다. 기부 행위에 영향을 미치는 요인은 크게 기부자의 내적 요인, 외적 요인, 기타 요인으로 구분된다.

1. 내적 요인
- 공감과 이타주의: 타인의 감정을 자신의 것처럼 느끼는 '정서적 공감'과 타인의 관점을 이해하는 '인지적 공감', 그리고 어려움을 겪었던 '경험'은 타인의 이익을 위해 자신의 이익을 희생하는(타인에게 도움을 주는 것 자체에 가치를 두는) 순수한 이타주의와 사회적 규범, 명성, 죄책감 해소 등의 이유로 기부하는 간접적 이타주의를 유발한다. 그리고 이러한 이타주의는 궁극적으로 기부라는 행동으로 이어진다.
- 사회적 규범과 책임감: 사회적 규범은 사회 구성원이 따라야 하는 행동 기준이다. 여기에는 도움을 받으면 도움을 주는 것을 기대하는 암묵적인 규칙인 호혜성, 사회 구성원으로서 해야 할 의무감을 말하는 사회적 책임, 그리고 사회나 타인에게 도움을 줄 책임감 등이 있다.
- 죄책감과 도덕적 의무: 자신의 행동으로 인해 타인에게 피해를 입혔다는 죄책감을 느끼는 경우, 피해를 보상하기 위해 기부를 하게 된다. 또한 사회 구성원으로서 해야 할 도리, 사회 구성원으로서 사회에 기여해야 한다는 도덕적 의무

감으로 기부하는 경우도 있다.

2. 외적 요인

- 정보 접근성: 기부를 필요로 하는 사람들에 대한 정보가 많을수록 기부 가능성이 높아진다. 여기에는 기부가 필요한 상황에 대한 매체 보도, 다양한 기부 프로젝트를 홍보하는 온라인 플랫폼, 주변 사람들의 기부 경험 등이 포함된다.
- 기부 단체의 신뢰성: 기부 단체의 투명성과 효율성이 높을수록 기부 가능성이 높아진다. 즉 기부금 사용 내역을 투명하게 공개, 기부금 사용 결과와 성과를 평가하고 명성(평판)이 높은 기부 단체가 여기에 해당한다(Harris & Neely, 2016).
- 기부 유인책: 세금 감면, 기부금 공제 등의 유인책과 기부금을 일정 금액 이상 기부하면 기부 단체에서 추가적으로 기부금을 지원하는 기부금 매칭은 기부를 장려하는 데 효과적이다(Mason, 2016).
- 사회적 영향: 주변 사람들이 기부를 많이 하는 것을 보고 따라 하는 경향(사회적 증명)과, 주변 사람들의 기부 행위를 기부를 장려하는 분위기를 사회적 규범으로 인식할 때(사회적 규범) 기부를 할 가능성이 높아진다.
- 기부 행위의 공개(이미지 동기부여): 기부 행위가 공개되어 있는 경우에 사람은 더 많이 기부한다. 단 이 경우에는 자신의 기부 행위가 타인에게 알려지는 것, 그리고 또한 그 기부가 좋은 것이라고 타인이 생각하고 있을 것과 같은 조건이 갖추어져야 한다. 즉 자신이 자선 기부를 하는 '좋은 사람'이라는 이미지를 형성 (image motivation)할 수 있어야 한다는 것이다. Ariely 등(2009)은 특히 기부한 사실이 일정한 그룹 내에서만 알려진 경우보다 모두에게 개방되어 있는 경우 기부가 많아진다는 것을 실증했다.

반면에 기부에 즈음하여 금전적 보상(쿠폰, 상품권 등의 답례품)이 뒤따를 때 기부 행위의 공개가 기부에 오히려 부정적인 영향을 미칠 수 있다. 기부와 같은 상황에서 역효과를 내는 이유는 다음과 같다.

- 사회적 규범 위반: 사람들은 기부를 이타적인 행위로 인식하기 때문에, 금전적 보상을 기대하는 것처럼 보이는 행동은 사회적 규범을 위반하는 것으로 간주할 수 있다.
- 동기부여 감소: 금전적 보상 이미지가 나타나면 사람들은 내적 동기보다는 외적 보상에 더 집중하게 된다. 이는 기부 행위의 본질적인 의미를 훼손하고 동기부여를 감소시킬 수 있다.
- 위선 의심: 금전적 보상 이미지를 보여주면 사람들은 기부자가 진심으로 도와주려는 것이 아니라 자신의 이미지를 위해 기부하는 것으로 의심할 수 있다.

다만 기부가 공개되지 않았을 때 이미지 형성의 요소는 중시하지 않아도 되기 때문에 그다지 역효과는 나지 않는다. 실제로 Ariely 등(2009)의 실험에서는 기부가 타인에게 알려지지 않은 경우에는 금전적 보상을 줌으로써 기부 횟수가 늘어나고, 알려졌을 때는 금전적 보상을 주어도 대부분 효과가 없었다고 한다.

3. 기타 요인
내적, 외적 요인 외에도 연령, 성별, 소득, 교육 수준과 같은 인구통계적 특성, 기부 대상의 친숙도, 매력도, 효과성, 그리고 기부 방식의 편리함과 투명성 및 과거의 기부 경험이나 경제 상황 등이 자선 기부 행동에 복합적으로 영향을 미친다.

이타주의적 동기와 이기주의적 동기

'이타주의자'는 타인의 행복을 자신의 행복과 동등하게 또는 그 이상으로 중요하게 생각하는 사람이다. 이들은 타인을 돕기 위해 노력하고, 사회 문제 해결에 기여하는 데 관심을 갖는다. '이기주의자'는 자신의 이익을 가장 중요하게 생각하는 사람이다. 이들은 자신의 행복과 만족을 추구하고 타인에게 희생하거나 도움을 주는 것을 꺼려한다.

이타주의자와 이기주의자의 기부 행동은 기부 목적, 대상, 규모, 지속성 등 다양한 측면에서 차이를 보인다. 이러한 차이는 개인의 성격, 가치관, 경험 등에 의해 영향을 받는다. 이타주의자와 이기주의자의 기부 행동의 차이를 보면 다음 〈표 2〉와 같다.

〈표 2〉 이타주의자와 이기주의자의 기부 행동의 비교

기준	이타주의자	이기주의자
기부 목적	타인 돕기, 사회 공헌	개인적 이익 추구(세금 감면, 명예 획득 등)
기부 대상	다양한 사회 문제 해결에 기여하는 단체 또는 개인	자신에게 직접적인 이익을 줄 수 있는 단체 또는 개인
기부 규모	능력에 따라 기부	최소한의 기부 또는 상황에 따라 기부
기부 지속성	지속적으로 기부	일회성 기부 또는 불규칙적 기부
기부 행동에 영향을 미치는 요인	타인에 대한 공감 능력, 사회 문제에 대한 관심	개인적 이익, 사회적 압박
기부 행동의 결과	사회 문제 해결, 사회 공헌	개인적 이익 확보, 사회적 인정

이기적 자선 행위의 이점 및 비용

이기적 기부 행위의 장단점

이기적 기부 행위는 기부자 자신이 어떤 혜택을 얻기 위해 기부하는 행위를 의미한다. 이는 사회적 책임감이나 타인에 대한 도움이라는 이타적인 목적보다는 개인적인 이익을 추구하는 행위이다.

이기적 기부 행위의 장점은 다음과 같다.

- 기부 행위는 기부자 자신의 행복감을 높일 수 있다. 스스로 타인을 돕는다는 사실에 긍정적인 감정을 느끼고, 사회 구성원으로서의 가치를 확인할 수 있기 때문이다.
- 기부 규모나 빈도에 따라 사회적 지위나 명성을 얻을 수 있으며, 사회로부터 인증을 받아 기부자의 자존감을 높일 수 있다.
- 기부 행위는 다른 기부자들과의 네트워킹 기회를 만들고 이는 비즈니스 기회를 창출하거나 새로운 인맥을 형성하는 데 도움이 될 수 있다.
- 부유하거나 성공한 사람들은 자신들의 부를 정당화하기 위해 기부를 할 수 있다. 이는 사회적 불평등에 대한 죄책감을 해소하고, 자신의 이미지를 개선하는 데 도움이 될 수 있다.
- 이기적 기부 행위는 기부의 효율성을 높일 수 있다. 기부자가 자신의 이익을 위해 기부를 하는 경우, 기부 대상을 신중하게 선택하고 기부금 사용에 대해 철저하게 관리할 가능성이 높아진다. 이는 기부금이 낭비되는 것을 방지하고, 기부의 효과를 극대화하는 데 기여할 수 있다.

이기적 기부 행위의 단점은 다음과 같다.

- 이기적인 기부 행위는 타인을 돕기보다는 개인적인 이익에 집중하기 때문에 타인에 대한 진정한 공감이나 관심이 부족할 수 있다.
- 기부자는 자신의 기부에 대한 보상을 기대하기 때문에, 기대에 못 미칠 경우 실망하거나 불만을 느낄 수 있다.
- 이기적인 기부 행위는 개인적인 이익에 따라 달라질 수 있기 때문에 지속성이 부족할 수 있다.
- 이기적인 기부 행위는 진정한 도움이 아닌 자기 홍보나 이미지 개선으로 여겨질 수 있으며, 사회적 비판을 받을 수 있다.

기부 행동과 행복 간의 순환 관계

이기적 기부 행위와 이타적 기부 행위를 기부자의 행복을 기준으로 비교 설명해 보면 다음과 같다.

(1) 행복한 사람이 더 많이 기부한다

여러 연구 결과에 따르면, 행복한 사람일수록 다른 사람들을 돕는 자원봉사나 기부 활동에 더 적극적인 것으로 나타났다. 예를 들어, Anik 등(2009)의 연구에서는 행복한 사람들이 평균적으로 더 많은 시간을 자선활동에 할애하는 것으로 확인되었고, Wang & Graddy(2008)의 연구에서는 행복한 사람들이 자원봉사 단체에 가입하거나 더 많은 금액을 기부하는 경향이 있다는 사실을 밝혀냈다. 이는 행복한 사람들이 단순히 자신만을 위한 삶이 아닌, 다른 사람들을 위한 삶에도 더욱 관심을 갖고 있다는 것을 의미한다.

캘리포니아 대학교 버클리 연구(2023년)에 따르면, 행복한 사람일수록 남을 돕는 데 더 적극적이라는 사실이 밝혀졌다. 100만 명 이상의 데이터 분석 결과, 행복한 사람들은 더 많은 기부금을 낼 뿐만 아니라, 시간과 자원을 더 많이 기부하는 경향이 있었다(Leon, 2023). 구체적으로는 행복도가 10% 증가하면 기부금이 5% 증가하는 것으로 나타났다. 행복한 사람들은 자선 행사 참여 가능성이 25% 더 높았다. 또한 기분이 좋다, 행복하다, 즐겁다 등의 긍정적인 감정을 느끼게 된 참여자들은 자신이 가장 좋아하는 자선단체에 더 많은 돈을 기부하는 경향이 있었다. 긍정적인 감정은 기부의 총금액보다는 기부금의 분배 방식에 더 큰 영향을 미칠 수 있다. 긍정적인 감정은 위험 감수성(새로운 일을 시도하거나, 결과를 예측할 수 없는 일에 도전하는 것을 두려워하지 않는 성향)을 증가시켜 새로운 자선단체에 기부하거나 새로운 자원봉사 활동에 참여하도록 유도할 수 있다(Leon, 2023).

다만 긍정적인 감정이 자선 기부에 미치는 영향은 개인의 성격, 가치관, 상황 등에 따라 달라질 수 있다. 예를 들어 자존감이 높은 사람은 긍정적인 감정을 느낄 때 자신의 능력에 대한 믿음이 높아져 더 많은 돈을 기부할 가능성이 높다. 반면에 자존감이 낮은 사람은 긍정적인 감정을 느껴도 자신의 능력에 대한 믿음이 부족하여 기부에 큰 영향을 받지 않을 가능성이 높다.

자선단체는 다양한 성격 특성을 가진 사람들에게 효과적으로 다가갈 수 있는 마케팅 전략을 개발해야 한다. 자선단체는 긍정적인 감정을 유발하는 전략을 사용하여 기부를 유도할 수 있다. 긍정적인 감정을 유발하는 전략은 기부금의 총금액을 늘리는 것보다 기부금을 효율적으로 분배하는 데 더 효과적일 수 있다.

지금까지 긍정적인 기분이 어떻게 남을 돕는 행동으로 이어지는지, 그리고 이러한 행동이 주변 사람들에게 어떤 영향을 미치는지 분석했다. 특히 친한 관계에서 이러한 연관성이 강하게 나타났다. 다음은 방향을 바꿔 남을 돕는 행위 자체가 사람들의 행복에 어떤 영향을 미치는지 살펴본다.

(2) 기부는 사람들을 더 기쁘게 만든다

사람들이 행복해지는 방법에 관한 대화는 고대 그리스까지 거슬러 올라간다. 고대 그리스에서 아리스토텔레스는 삶의 목표가 '최대 행복(eudaemonia)'을 이루는 것이라고 주장했는데, '최대 행복'은 단지 즐거운 쾌락적 경험보다 개인이 도덕적 의무를 성공적으로 수행함으로써 행복을 경험하는 상태를 말한다. 즉, 도움을 주는 행동을 통해 얻는 행복이라는 의미이다. 여기서 도움을 주는 행동의 성격은 이기적 행동과 이타적 행동의 양면성을 가진다고 볼 수 있다. 행동의 결과만으로는 이를 구분하기 어렵고, 행동의 동기와 의도, 그리고 사회적 상황 등을 종합적으로 고려해야 한다. 궁극적으로 중요한 것은 도움을 주는 행동이 개인과 사회 모두에게 긍정적인 영향을 미친다는 것이다.

"기부는 사람들을 더 기쁘게 만든다(Giving Makes People Happier)"는 기본 적으로 자선 행위의 이기적인 동기에 관한 연구에서 중요한 발견이다. 이 발견 은 자선 행위가 기부자(행위자)에게 긍정적인 영향을 미칠 수 있다는 것을 보 여주며, 이는 자선 참여를 늘리고 자선의 효과를 높이는 데 도움이 될 수 있다. 자선 행위가 행위자의 행복을 증가시키는 이유를 좀 더 구체적으로 살펴보면 다음과 같은 요인들을 들 수 있다.

- 목적과 의미의 추구: 자선 행위는 타인을 돕고 사회에 기여한다는 느낌을 줄 수 있다. 이는 행위자에게 목적과 의미를 부여하고 행복을 증가시키는 데 도움이 될 수 있다.
- 사회적 연결의 강화: 자선 행위는 사회적 관계를 강화하고 사회적 통합을 촉진 하는 데 도움이 될 수 있다. 이는 행위자의 사회적 관계를 풍요롭게 하고 행복 을 증가시키는 데 도움이 될 수 있다.
- 자기 존중의 향상: 자선 행위는 행위자의 자기 존중을 향상시키는 데 도움이 될 수 있다. 이는 행위자의 자아 이미지를 긍정적으로 바꾸고 행복을 증가시키는 데 도움이 될 수 있다.
- 타인에 대한 연대감과 소속감을 느끼게 해 준다. 자선 행위는 타인을 돕고 사회 에 기여한다는 느낌을 줄 수 있다. 이는 기부자(행위자)에게 타인에 대한 연대 감과 소속감을 느끼게 해 줄 수 있다. 이러한 감정은 행복을 증진하는 데 도움 이 될 수 있다.

이러한 연구 결과를 바탕으로 자선 기관과 정책 입안자들은 자선 참여를 늘 리기 위해 다음과 같은 전략을 고려할 수 있다.

- 자선 행위가 행위자의 행복에 긍정적인 영향을 미칠 수 있다는 사실을 홍보함으로써, 행복을 추구하는 사람들의 자선 참여를 유도할 수 있다.
- 자선 행위가 사회적 관계를 강화하고 사회적 통합을 촉진할 수 있다는 사실을 홍보함으로써, 사회적 관계를 중요하게 생각하는 사람들의 자선 참여를 유도할 수 있다.
- 자선 행위가 행위자의 사회적 신분을 높일 수 있다는 사실을 홍보함으로써, 사회적 신분을 중요하게 생각하는 사람들의 자선 참여를 유도할 수 있다.

이상과 같이 "기부는 사람들을 더 기쁘게 만든다"는 표현은 기본적으로 자선 행위의 이기적인 동기를 나타낸 것이다. 이 발견은 자선 행위가 분명히 행위자에게 긍정적인 영향을 미치고 이것이 자선활동이나 기부금을 늘리는 데 도움이 될 수 있다.

한편 최근 연구에 따르면 이기적 기부 이외에 이타적 기부 행동이 기부자에게 만족(행복)을 제공한다는 것을 알 수 있다. 다음 인용문을 고려해 보자.

> "다른 사람에게 기쁨을 주는 것에서 더 큰 기쁨을 얻을 수 있으므로, 당신이 줄 수 있는 행복에 대해 많은 생각을 해야 한다." – 루스벨트 대통령 –
> "이 세상에서 우리의 가장 중요한 목적은 다른 사람을 돕는 것이다." – 달라이 라마 –

루스벨트의 말씀은 다른 사람을 돕는 행위를 통해 자신이 더 큰 행복을 느낄 수 있다는 점에 초점을 맞추고 있다. 즉, 좋은 일을 하면 자신도 기분이 좋아지기 때문에 다른 사람을 돕는 것은 이기적인 행위로 보일 수도 있다는 것이다("불순한" 이타주의). 달라이 라마의 말씀은 좀 더 순수한 이타심을 강조한다. 다른 사람을 돕는 것이 우리 삶의 가장 중요한 목적이라고 말하며, 자기 자신이 얻는 기쁨이나 이익과는 상관없이 다른 사람을 위해 봉사하는 것이 진정한 행복이라고 이야기한다.

　선행 연구에 따르면 이타적 행동은 도우미의 행복감을 높이고 긍정적인 감정을 증진시킨다. 이 효과는 자원봉사, 헌혈, 자선단체에 기부, 타인에게 돈 쓰기,[23] 작은 행동(커피 제공, 친절 베풀기, 누군가를 웃게 하기)과 같은 다양한 이타적 행동에서 입증되었다(Weiss-Sidi & Riemer, 2023).

　다만 일부 연구자들은 자기결정 이론을 바탕으로, 이타적인 행동이 자발적이고 자신의 가치관과 일치할 때 더 큰 행복감을 가져다준다고 주장한다. 즉, 단순히 남을 돕는 행위 자체보다는 내가 스스로 선택하여(기부할 금액이나 기부 대상을 직접 선택) 남을 돕고, 그 행동이 나의 가치관과 연결될 때 더 큰 만족감을 느끼게 된다는 것이다(Aknin & Whillians, 2021). 예를 들어 상사나 주변 사람들의 강요로 봉사 활동에 참여하는 경우, 오히려 스트레스를 느끼고 행복감이 감소할 수 있다.

　이타주의를 문화와 결부시켜 보면 개인주의자의 경우 이타주의는 자기 이익("불순한" 이타주의)과 관련이 있으며, 다른 사람을 돕는 것은 도우미의 행복을 증가시킨다. 집단주의자의 경우 이타주의는 수혜자에게 초점을 맞추고("순수한" 이타주의) 다른 사람을 돕는 것은 도우미의 행복을 향상시킬 가능성이 적다(Weiss-Sidi & Riemer, 2023).

23　Dunn 등(2008)의 연구는 타인을 위한 이타적 소비가 개인적인 소비보다 더 큰 행복감을 가져다준다는 주장을 실험적으로 검증했다. 연구 결과, 타인에게 더 많은 돈을 사용할수록 행복감이 증가했지만, 개인적 소비는 행복과는 별다른 연관성이 없었다. 이는 행복을 높이기 위해 많은 돈을 쓸 필요는 없으며, 어떻게 돈을 사용하는지가 더 중요하다는 것을 의미한다. 즉, 적은 금액의 기부나 선물도 행복감을 높일 수 있다는 것을 시사한다.

(3) 기부 행위와 행복 간의 순환 고리

선행 연구에서는 더 행복한 사람이 더 많이 기부하고 기부가 사람들을 더 행복하게 만든다고 명시되어 있지만 이것이 지속적인 순환인지 여부는 명시하지 않았다. Aknin 등(2012)에서는 선행 행위(Prosocial Spending)와 행복감 사이의 긍정적인 상호 작용에 대한 증거를 제시했다. 즉, 타인을 위해 돈을 사용하는 행위가 행복감을 증가시키고, 이렇게 증가된 행복감이 다시 선행 행위를 유발하는 선순환 구조를 밝히고 있다.

구체적인 실험 결과를 보면 다른 사람을 위해 돈을 사용한 참가자들이 자신을 위해 돈을 사용한 참가자들보다 더 큰 행복감을 느꼈으며, 선행적인 행동이 단순히 일시적인 기분 전환 효과를 넘어, 삶에 대한 전반적인 만족도를 높이는데 기여한다는 것을 발견했다. 또한 행복감이 증가한 참가자들은 이후 더 많은 선행적인 행동을 하고 싶어 하는 경향을 보였다. 즉, 선행적인 행동과 행복감이 서로를 강화하는 긍정적인 순환 고리가 형성되는 것을 확인했다.

Hui(2022)의 논문은 선행 행위와 웰빙 간의 상호 작용을 심층적으로 분석하며, 기존의 '닭이 먼저냐, 달걀이 먼저냐'와 같은 선형적인 인과관계 논쟁에서 벗어나 긍정적 순환 고리라는 새로운 관점을 제시했다. 즉, 선행 행위가 웰빙을 증진시키고, 동시에 웰빙이 다시 프로사회적 행동을 촉진하는 상호 작용적인 관계에 주목하였다. 이 논문의 시사점은 선행 행위의 참여를 통해 개인의 행복, 만족도, 정신 건강을 향상시킬 수 있고, 개인의 웰빙 향상은 사회 전체의 발전으로 이어질 수 있다는 것이다.

(4) 기부의 혜택에 대한 인식과 기부 행위의 증감

기존 연구 결과에 따르면 기부를 하면 사람들이 행복해지고 행복한 사람들은 더 많이 기부한다는 상호 관계가 있다. 기부가 행복을 가져다준다는 이런 연구 결과를 사람들에게 알려주면 기부 행동은 과연 어떻게 변화할까? 뉴욕 타임스 독자 1,000명 이상을 대상으로 '기부한 사람은 행복감이 늘어난다'라는 연구 결과(예: Dunn, 2008)를 읽게 한 다음 얼마나 많은 돈을 다른 사람에게 주었는지, 그리고 얼마나 행복한지에 대해 설문조사를 실시했다. 조사 결과를 보면 기부와 행복 간의 연관성에 관한 연구 결과를 읽은 사람들은 다른 사람들에게 더 많은 돈을 기부하는 경향을 보였다. 특히, 자신에게 쓰는 돈보다 다른 사람에게 쓰는 돈이 더 많았으며, 다른 사람에게 더 많은 돈을 기부한 사람들은 더 큰 행복감을 느꼈다. 반면, 자신에게 쓴 돈의 양과 행복감 사이에는 별다른 연관성이 없었다(Anik 등, 2009). 이것은 기부가 행복을 가져다준다는 것을 알려주는 것이 사람들의 기부를 줄이지 않고 오히려 기부를 장려하는 효과가 있다는 것을 시사한다.

이런 사실은 기부에 대한 사람들의 인식이 기부 행동에 실제적인 영향을 미칠 수 있다는 것을 보여준다. 즉, 기부가 행복을 가져다준다는 것을 알려주면 사람들이 더 많이 기부하고 더 큰 행복감을 느낄 수 있다는 것이다.

이러한 점을 이용하면 기부금을 늘릴 방법이 있다. 즉, 사람들에게 "기부를 하면 자신도 행복해질 수 있다"라는 것을 알려주는 것이다. 이는 사람들이 이기적인 목적이 아닌, 자기 행복을 위해 기부하도록 유도하는 방법이다.

실제로 많은 기부 단체가 이러한 전략을 사용하고 있다. 예를 들어 기존에는 어려운 사람들의 모습을 보여주며 동정심이나 죄책감을 유발하는 방식이었다면, 최근에는 기부를 통해 자신이 행복해지고, 힘을 얻을 수 있다는 메시지를 전달하고 있다. 이러한 접근법은 기부자들에게 즐거움, 즉각적인 만족감, 힘, 영감 등의 긍정적인 감정을 제공하여 기부를 유도하는 효과적인 방법으로 활용되고 있다.

(5) 기부 동기와 기부 행동의 관계

기부하는 이유는 다양하다. 누군가는 기부를 통해 따뜻함과 만족감을 느끼고, 또 다른 누군가는 세금 감면이나 사회적 인정을 받기 위해 기부를 할 수 있다. 이처럼 기부에는 내재적 가치(기부 자체에서 느끼는 행복이나 만족감)와 외적 가치(세금 감면, 사회적 지위 등 외부적인 보상)가 존재한다.

기부가 주는 행복이나 만족감과 같은 내재적인 가치를 강조하면, 이타적인 기부자뿐만 아니라 이기적인 기부자도 기부를 더 많이 하게 된다. 즉, 자신을 위해 더 많은 것을 소유하는 것보다 기부를 통해 얻는 행복이 더 크다는 것을 인식하게 되면, 사람들은 더 많이 기부하게 된다는 것이다. 반면에 기부를 통해 얻는 세금 감면이나 사회적 지위 상승과 같은 외적인 보상을 강조하면, 이타적인 기부자와 이기적인 기부자에게 서로 다른 영향을 미친다(Graça & Zwick, 2021).

이타적인 기부자에게는 기부를 하면 세금을 덜 내거나 유명해질 수 있다고 강조하면, 기부가 순수한 행위가 아니라 외부적인 보상을 위한 수단처럼 보이게 되어 기부를 덜 하게 될 수 있다. 이기적인 기부자에게는 기부를 통해 얻는 외부적인 보상이 증가한다고 생각하면 기부를 더 많이 하게 될 수 있다.

이상에서는 기부의 혜택에 대한 인식이 높아지면 혜택의 유형과 기부자의 유형에 따라 다른 효과가 있을 것이라고 설명하였다. 따라서 기부를 유도하기 위해서는 기부자의 다양한 동기를 이해하고 각 유형에 맞는 메시지를 전달해야 한다. 이타적인 기부자에게는 기부의 내재적인 가치를 강조하고, 이기적인 기부자에게는 기부를 통해 얻을 수 있는 외부적인 보상을 강조하는 등, 각각의 기부자에게 맞는 전략을 사용해야 효과적인 모금을 할 수 있다. 또한 기부의 혜택에 대한 인식을 높이는 것은 단기적으로 기부 행위를 증가시킬 수 있다. 사람들은 기부가 행복, 건강, 사회적 관계 등에 긍정적인 영향을 미친다는 것을 알게 되면 기부를 더 많이 할 가능성이 높다. 하지만 장기적인 효과는 불확실하다. 사람들이 기부의 혜택에 대한 인식이 높아지면 기부를 "해야 할" 의무로 느낄 수 있다. 이는 기부의 자발성을 감소시키고, 장기적으로 기부 행위를 감소시킬 수 있다. 따라서 단기적 효과는 물론 장기적 효과도 고려한 균형적인 기부 전략을 채택하는 것이 필요하다.

6.3. 기부 결정에 영향을 미치는 요인

기부자가 어떤 조직이나 목적을 위해 기부를 결정(Donation choice)할 때에 영향을 미치는 요인은 다양하다. 이는 돈이나 물품과 같은 가치 있는 것들이 포함될 수 있으며, 기부자는 자신의 기부금이 최대한 많은 사람에게 도움이 되도록 하는 특정 목적을 위해 사용되도록 조건을 붙여 기부할 수도 있다. 이러한 기부 결정 과정은 감정적인 결정일 수도 있고 사회적 영향을 받을 수도 있다(Pazzanese, 2020).

1) 자선 기부 동기의 측정

기부 행동과 관련된 다양한 문제가 경제학 문헌에서 다루어졌다. 그중 두 가지 더 중요한 것은 기부나 헌금의 동기에 대한 논의에서 제기되었다. 첫 번째는 사람들이 대가를 기대하기 때문에 기부한다고 하는 호혜성(reciprocity)이다. 두 번째는 개인이 자선 기관과 함께 관심 공동체의 느낌을 발전시키는지 여부에 영향을 미치는 요인은 무엇인가 하는 친근성 또는 유사성(affinity)이다.

경제학자들은 자선 행위가 이타주의와 함께 이기적인 면도 있을 수 있다는 점을 인정한다. 특히 기부자들은 명성, 선물과 같은 실질적인 이익, 사회 행사

참석 기회, 그리고 다른 사람들에게 자신의 미덕을 과시하는 것 등과 같은 대가를 기대할 수 있다. 대학에서의 기부 활동을 예로 들어 기부에 대한 이기적인 동기에 관한 증거를 크게 호혜성과 장기적 친밀감으로 나누어 살펴보자.

호혜성과 기부 활동

기부 행위에 대한 이기적인 동기, 특히 자녀의 대학 입학에 대한 기대가 기부에 미치는 영향을 분석했다. 자녀 연령에 따른 기부 패턴을 보면 자녀가 대학 입학 연령에 가까워질수록 기부 금액이 증가하는 경향을 보였다(Meer & Rosen, 2018). 특히, 자녀가 실제로 지원서를 제출했는지 여부에 따라 기부 금액에 차이가 나타났다. 성별 차이를 보면 여성 자녀를 둔 동창들이 남성 자녀를 둔 동창들보다 더 많이 기부하는 경향을 보였다. 또한 자녀가 특정 프로그램(예: 운동팀)에 참여할 때 해당 프로그램에 대한 기부가 급격히 증가하고, 자녀가 졸업하면 급격히 감소하는 경향을 보였다.

이 연구 결과의 의미는 첫째, 기부 행위가 단순히 이타적인 마음에서 비롯되는 것이 아니라, 자녀의 입학 등 개인적인 이익과 관련된 경우가 많다는 것을 시사한다. 둘째, 기부와 대학 간의 상호 이익(호혜성) 관계를 보여준다. 기부자는 자녀의 입학 가능성을 높이려 하고, 대학은 기부금을 통해 재정적인 이익을 얻는 것이다.

장기적 친밀감과 기부 활동

대학은 학생 시절부터 개인과 특별한 인연을 맺어 오랫동안 관계를 이어갈 수 있다. 이러한 관계는 졸업 후에도 지속되어 대학에 대한 애정과 기부로 이어질 수 있다. 특히, 자신이나 가족이 직접 대학을 다닌 경험이 있는 동문들은 대학에 대한 애정이 더 크고, 젊은 세대나 부모 세대보다 더 많은 금액을 기부하는 것으로 나타났다. 또한, 대학 시절 만난 룸메이트의 직업이나 봉사 활동도 기부에 영향을 미칠 수 있다. 예를 들어, 변호사 룸메이트가 있으면 기부가 더 많이 이루어질 수 있다. 하지만, 시간이 흐르면서 기부하는 금액이 줄어드는 경향이 있다(Meer, 2013). 이는 생애 초기에 형성된 친화력과 습관 형성이 노년기에 영향을 미치지만, 나이가 들면서 경제적인 여유가 줄어들거나 건강이 좋지 않아 기부를 어려워할 수 있기 때문이다. 이러한 연구 결과는, 유산이 증가하는 시대에 생전 기부와 유증이 자선단체의 든든한 재정적 버팀목이 될 가능성을 시사한다.

2) 선택할 수 없는 기부 정보가 기부 선택(결정)에 미치는 영향

일반적으로 기부는 도움이 되는 행위이기 때문에, 어떤 기금에 기부하면 어떤 사람들이 도움을 받을 수 있는지와 같은 기부 대상과 직접적인 관련이 있는 정보만이 기부 결정에 영향을 미친다고 생각한다. 하지만 선택지에 들어 있지만 "선택할 수 없는 기부 옵션(Unavailable alternatives)이[24] 기부 결정에 예상치 못한 영향을 미치는 경우가 있다.

Morvinski(2022) 연구에서는 기부자에게 기부할 수 있는 여러 선택지(옵션) 중에서 실제로는 선택할 수 없는 캠페인 정보를 알려주면 실제 기부할 수 있는 (선택할 수 있는) 캠페인에 더 많이 기부하려는 의지를 보였다는 실험 결과를 발표했다. 예를 들어 모교에서 학비 기금과 연구 기금에 대한 기부를 요청하는

---

24 "Unavailable alternatives(선택 불가능한 대체안)"는 선택지 목록에는 있지만 실제로는 선택할 수 없는 옵션을 말한다. 즉 선택할 수 없는 옵션을 선택지에 보여주는 것만으로도 사람들이 다른 옵션을 선택하는 데 영향을 줄 수 있다는 것이다. 예를 들어, 휴대폰을 고르려고 할 때 마음에 드는 모델이 있지만 재고가 없다고 한다면(선택 불가능한 옵션), 다른 모델이 더 매력적으로 보일 수 있다.

메일을 받았다고 가정해 보자. 만약 연구 기금은 현재 기부를 받지 않는다는 정보를 함께 받는다면, 오히려 학비 기금에 더 많이 기부하고 싶은 마음이 생길 수 있다는 것이다. 이 연구는 우리의 기부 결정이 생각보다 복잡하고 다양한 요소에 영향을 받을 수 있다는 것을 보여준다. 단순히 도움이 필요한 사람에 대한 정보뿐만 아니라, "실제로는 선택할 수 없는 정보"와 같은 예상치 못한 요소도 기부 의사결정에 중요한 역할을 할 수 있다.

이 연구는 기부자의 행동과 기부 캠페인의 효과적인 관리에 대한 이해를 높이는 데 이바지한다.

- 실제 선택 행동: 전통적인 선택이론에서는 한번 선택하지 않은 옵션은 다른 옵션이 추가되어도 다시 선택되지 않는다고 설명한다(Luce, 2012). 우리는 일반적으로 선택을 할 때 한번 선택한 것을 쉽게 바꾸지 않고 일관성을 유지하려고 한다. 하지만 실제 사람들의 선택 행동을 보면 이러한 규칙성 원칙이 항상 성립하는 것은 아니다. 선택할 수 없는 옵션이 추가되는 것처럼, 다양한 상황에서 사람들은 비합리적인 선택을 하기도 한다. 따라서 사람들의 선택이 단순히 주어진 옵션 간의 비교뿐만 아니라, 옵션들의 구성이나 상황에 따라 다양하게 영향을 받기 때문이라는 것을 기부 캠페인 관리자들은 인식해야 한다.
- 기부자의 기부 결정에 영향을 미치는 방법: 이 연구는 기부 캠페인 관리자들에게 기부자들의 행동을 이해하는 데 도움이 된다. 기부자들이 어떤 요소에 민감하게 반응하는지, 그리고 어떤 정보가 기부 결정에 영향을 미치는지를 파악할 수 있다. 예를 들어, 기부자들이 기부할 수 있는(선택할 수 있는) 캠페인에 더 많이 기부하는 경향이 있다면, 이러한 캠페인에 더 많은 자원을 투입하는 것이 효과적일 수 있다.

3) 기부 결정을 내리는 방법: 효과적 이타주의

우리는 기부 결정이 얼마나 복잡하고 감정적인 과정인지를 알아야 한다. 기부자들은 자신의 가치관과 성향, 그리고 사회적 영향을 고려하여 기부를 하며, 기부의 효율성보다는 기부의 의미에 더 집중한다.

우리가 자선 기부를 하면, 지역 식량 은행이나 전국적인 의료 연구 기금에 기부하는 것이 모두 실질적인 도움이 된다고 생각하기 쉽다. 실제로 모든 기부 금액은 단돈 1달러라도 도움이 되겠지만, 기부자들이 데이터를 더 잘 이해한다면 기부금을 더 효과적으로 사용할 수 있다는 연구 결과가 나왔다.

하버드 대학 심리학자인 Caviola & Greene(2020)은 사람들이 어떻게 기부를 결정하는지, 그리고 기부자들이 어떤 조건에서 "효과적인 이타주의"를 지지할 수 있는지를 연구하였다. 여기서 효과적 이타주의(effective altruism)라는 개념은 돈을 기부할 때 자본시장에서 투자자들이 하는 것처럼 데이터와 근거를 바탕으로 최대한 많은 사람을 도울 수 있는 곳에 기부하는 것을 말한다(실용주의 철학에 기반).

Caviola 등(2023) 연구에 따르면 효과적인 자선단체와 그렇지 않은 단체의 성과 차이는 실상 상당히 크며, 최고 수준의 단체는 다른 단체보다 100배 더 효과적인 경우가 있다고 하였다. 효과적 기부의 장점은 좋아하는 단체에 기부하는 것도 가치가 있지만, 효과적 기부는 돈의 효과가 더 크고 해외 문제 해결에 우선순위를 두며 개인적인 만족감보다는 결과를 중요시한다.

요약하자면, 효과적 이타주의는 기부금을 최대한 효과적으로 사용하여 더 많은 사람을 돕는 것을 지지하는 사고방식이다. 꼭 친숙한 단체에만 기부하는 것이 아니라 데이터를 바탕으로 실제로 더 많은 도움을 줄 수 있는 곳을 선택하는 것을 말한다.

하지만 기부를 통해 최대한 많은 긍정적인 영향을 주고자 하는 효과적 이타주의의 철학이 오히려 기부 행위를 방해하는 역설적인 상황이 발생할 수 있다. 이에 대한 몇 가지 경우를 살펴보면 첫째는, 완벽주의에 대한 부담감이다. 효과적 이타주의는 최대한의 효과를 내는 기부를 추구하기 때문에, '완벽한' 기부를 하지 못할까 봐 부담감을 느끼는 사람들이 있다. 이런 사람들은 모든 기부가 완벽할 수는 없다는 사실을 인지하지 못하고, 작은 기부라도 시작하기를 망설일 수 있다. 둘째는, 기존의 감성적인 기부 동기를 저해하는 것이다. 가족, 친구, 지역사회 등 특정 대상에 대한 애정이나 연민과 같은 감성적인 동기로 기부를 하는 사람들에게는 객관적인 데이터와 논리적인 분석을 강조하는 효과적 이타주의의 접근 방식이 어색하게 느껴질 수 있다. 실제로 더 효과적인 단체가 있다는 정보를 받더라도 감정적 또는 개인적인 연결이 있는 단체에 기부하는 것을 더 선호하는 경우가 많다(Caviola & Greene, 2020). 또한 이러한 접근 방식은 기부 행위 자체가 주는 즐거움이나 만족감을 덜 느끼게 만들 수도 있다. 셋째는, 기부금을 자선단체의 인건비(관리비) 등에 사용하지 않고 수혜자들을 위해 사용하는 자선단체가 효과적이라고 생각하는데 사실은 얼마나 중요한 문제에 집중하고 효과적인 방법을 사용하는지가 더 중요하다고 생각하는 기부자가 많다. 넷째는, 이 철학이 고통을 느낄 수 있는 존재만을 중요하게 여긴다는 점이다. 즉, 사람뿐만 아니라 동물의 고통도 중요시하지만 나무나 강, 심지어 특정 종의 생물은 그 자체로 가치가 없다고 보는 것이다. 또한 이 철학은 모든 윤리적인 문제를 고통이라는 단순한 기준으로만 판단하려 하므로 사람들 사이의 관계나 행복한 삶을 구성하는 다양한 요소 그리고 특정 생물종이나 습지의 가치 같은 것들을 무시하게 된다. 결국 효과적 이타주의는 윤리적인 문제를 너무 단순하게 보고, 세상의 복잡한 가치를 제대로 반영하지 못한다는 비판을 받고 있다(Marris, 2023).

효과적 이타주의가 좋은 생각이긴 하지만 사람들이 기부하는 심리는 복잡하다. 효과적 이타주의가 기부 행위에 방해가 되는 상황을 극복하는 방법을 살펴보자. 먼저 감성과 이성의 조화가 필요한데 객관적인 데이터 분석과 함께 개인의 가치관과 감성적인 동기를 존중하는 기부 방식을 제시해야 한다. 또한 기부를 통해 얻을 수 있는 개인적인 성장과 사회적 변화에 대한 기대감을 높여 기부 행위 자체가 주는 즐거움을 강조해야 한다. 나아가 정보 접근성 향상을 위해 효과적 이타주의에 대한 정보를 쉽고 간결하게 제공하는 플랫폼을 구축하고, 다양한 기부 대상에 대한 정보를 비교 분석하여 제공해야 한다. 기부를 쉽게 하고 매력적으로 만들어 효과적인 자선단체 기부를 촉진하기 위해서는 온라인 플랫폼(예를 들면 Giving Multiplier)을 만들어, 기부자가 좋아하는 자선단체를 선택하고 그 단체에 대한 평가(예를 들면 기부 평가 전문기관인 'GiveWell')를 실시한 다음, 최종적으로 기부 단체와 기부 금액을 결정하는 프로젝트를 만드는 것이 필요하다.

6.4. 기부 행동을 촉진하는 요인

기부 행동을 촉진하는 제도적 환경과 정보 환경

기부 행동을 촉진하는 요인으로서는 개인의 속성 및 사회적 네트워크 참가의 관점, 개인의 공감성이나 가치관과 같은 개인의 심리, 기부자를 둘러싼 제도적 환경이나 정보 환경, 정부의 공적자금 지출, 외적 요인(기부자 신원 공개, 타인의 기부 금액 정보, 기부금에 추가되는 매칭 기부, 기부 답례품) 등이 있다(善教젠쿄 · 坂本, 2017).

이 중에서 기부자를 둘러싼 제도적 환경이나 정보 환경을 살펴보면 기부에 의한 세제 혜택, 자선단체 재무 정보의 공개, 자선단체의 등급 정보 등이 기부 행동을 촉진하는 요인이 된다. 즉 기부자는 기부에 의한 세금 공제를 받고 싶다고 생각하고, 또 가능한 한 자신이 제공한 기부금을 유효하게 활용해 주었으면 좋겠다고 생각하기 때문에, 세제나 자선단체의 신용 정보와 평가 등급은 기부 행동의 판단에 영향을 미친다고 여겨진다(Duquette, 2016; Harris & Neely, 2016).

세제 혜택

기부금에 대한 세제 혜택은 기부 행동에 긍정적인 영향을 미치는 것으로 알려져 있다. 하지만, 이 영향은 여러 요인에 따라 다르게 나타날 수 있다. 먼저 긍정적 영향을 보면 세제 혜택은 기부금 공제를 통해 기부자의 경제적 부담을 줄여주고, 기부에 대한 인식을 높여 기부 참여를 유도할 수 있으며 기부자들이 더 많은 금액을 기부하도록 유도할 수 있다. 한편 부정적 요인도 존재한다. 세제 혜택을 주목적으로 기부하는 경우, 기부의 본래 목적이 훼손될 수 있고 정부 재정에 부담을 줄 수 있으며 고소득층에게 더 유리하게 작용할 수 있다. 정책 입안자들은 세제 혜택의 장단점을 모두 고려하여 효과적인 기부 촉진 정책을 마련해야 한다.

회계정보의 공개

비영리조직에 대한 신뢰도와 투명성은 기부 결정에 결정적 영향을 미치는 요인이므로 비영리조직 운영에 관한 만족도와 신뢰도를 향상시켜서 기부금의 증가를 가져오기 위해서는 무엇보다 비영리조직의 회계정보 개선과 규제제도의 도입이 필요하다(우미향, 2015). 국내 연구 결과를 보면 첫째, 기부자가 자신들의 기부금이 비영리조직의 고유 목적(미션)에 관련된 프로그램을 위해 지출되는 것은 찬성하나 직원들의 인건비 등 관리비 용도로 사용되는 것에 부정적이었다. 둘째, 웹사이트 공시 중에서 온라인 재무 공시와 연차 보고서 공시는 기부금에 강한 긍정적 영향을 미치지만 미션, 비전, 가치, 전략 등에 대한 공시는 기부금과 유의적 관련성이 없는 것으로 나타났다. 셋째, 언론보도와 웹사이트 공시의 상호 작용이 기부금에 긍정적 영향을 미치는 것을 발견했다(육근효, 2019).

이러한 결과가 시사하는 점은 먼저 기부금 증대에 긍정적 영향을 미치게 되는 각 조직의 특성에 맞는 프로그램 비용과 관리 및 모금 활동 비용의 비율을 조정할 필요가 있다는 것이다. 다음으로 기부금 관련 의사결정에서 전통적 미디어 보도와 웹 공시와 같은 새로운 미디어가 정보의 취득 기회와 대중의 접근성이라는 양 측면에서 각각 장단점이 병존한다는 사실을 인지하는 것이다. 즉, 비영리조직에서는 전통적 미디어와 새로운 인터넷 미디어의 상대적 유용성을 분석하여 선호되는 미디어를 확인함과 동시에 모든 유형의 인터넷 정보 공시 효과는 동등하지 않으므로 기부금 모집을 위한 의사결정에 어떤 종류의 웹 공시가 상대적으로 더욱 유효한지를 과학적으로 면밀히 검토하는 것이 중요하다. 요컨대 기부금 모집에 관한 의사결정도 이제는 실증 분석을 바탕으로 체계적, 과학적으로 이루어져야 한다는 것이다.

자선단체의 신용 정보와 평가 등급

자선단체의 신용 정보(평가 등급)와 기부 행동의 결정 관계를 자세히 살펴보자. 공익법인(비영리조직)의 활동은 기업과 시장 간의 관계와 같이 그 활동의 성과를 측정하고 성과의 피드백을 얻을 수 있는 메커니즘이 존재하지 않아 비영리조직 활동의 가치 판단은 개별 법인의 판단에 맡기게 된다. 이것은 어떤 면에서 비영리조직 활동이 독선적으로 이어질 위험성을 내포하고 있다고 할 수 있다. 따라서 비영리조직이 설명책임을 충실히 이행하고 있는지에 대해서는 개인이나 기업 기부자가 다양한 매체를 통해 획득한 정보를 통해 확인하고 싶어 한다. 그러나 일반적으로 기부자는 자신이 지원하고자 하는 자선단체가 합법적인지 아닌지를 판단하고 단체를 선택할 수 있는 전문 지식이 부족하다.

이런 현상에 대응하여 비영리조직의 신뢰성 수준을 판별할 수 없는 기부자는 소위 '레몬 문제(Akelrof가 제시한 이론으로 외관은 멋지게 보이나 속은 너무 신맛이 강한 레몬과 같이 문제가 있다는 중고차 시장에서 나온 용어)'를 해결하는 수단으로 자선단체를 감시하는 기관(예: 한국가이드스타)이 제공하는 제3자 평가인 등급(ratings) 정보를 사용하게 된다. 즉, 기부자는 감시기관이 제공하는 신뢰할 수 있는 정보(주로 등급 또는 순위)를 기반으로 비영리조직을 평가하고 선택하여 기부 여부를 결정할 수 있으며, 이때 등급 부여는 기부 결정과 관련하여 비영리조직의 재무 정보 등을 해석해 줌으로써 기부 시장에서의 실패를 완화시키는 기능을 담당하게 된다.

예를 들면 (재)한국가이드스타가 제공한 각 공익법인에 대한 별 등급(평점)과 기부금 수입은 유의한 양(+)의 관련성을 보여주었다(육근효, 2020). 그리고 제3자 등급(평점) 정보에 못지않게 각 공익법인의 웹사이트에 공시하는 정보도 기부금 수입에 긍정적 영향을 미치는 것으로 나타났다. 이러한 결과가 시사하는 바는 첫째, 기부금 시장에서 비영리조직에 대한 등급 정보가 유용하다는 증거를 보여주어 자선단체 스스로 기부자의 수요 변화와 요구사항에 대응해 자발적으로 품질을 개선하도록 유도할 수 있게 된다. 둘째, 기부금 시장에서 기부자들이 제3자 등급 정보에 관한 신호에 긍정적으로 반응한다는 발견은 비영리조직 관리자들의 정책과 발전 방향에 중요한 전략적 함의를 갖는다. 일부 관리자들은 비영리조직의 실질적인 조직 변화는 꾀하지 않고 등급 계산식을 분석하여 등급 향상을 위해 조직 사명이나 품질을 희생시키면서 조작이 용이한 작업에만 치중할 가능성이 있다. 그러나 이러한 조작은 일시적 미봉책에 그치며 장기적으로는 조직의 비전, 미션, 그리고 프로그램의 혁신을 통한 실질적 변화만이 등급 향상과 더불어 지속적 경쟁력을 갖게 된다는 점을 명심해야 할 것이다.

기부 행동을 촉진하는 온라인 기부 플랫폼

기부자가 기부처를 선택할 때 중요한 요소로 여기는 것으로서 (1) 기부금의 용도가 명확하고 유효하게 사용될 것(정보의 투명성), (2) 활동의 취지 목적에 찬동·공감·기대할 수 있는 것(공감성), (3) 간편하고 접근성이 좋을 것(편의성) 등이 거론되고 있다(中山나카야마 등, 2022).

이와 같은 기부 행동을 촉진하는 요소들은 최근 온라인 자선 기부를 통해 기부자들이 관심 있는 사명(목적)을 가진 단체에 기부하는 방식에 혁명을 일으켜 프로세스를 더 간단하고 안전하고 투명하게 만들었다(Azhar, 2023). 온라인 자선 기부가 사람들이 비영리단체에 기부하는 것을 더 쉽게 만들어 기부자와 그들이 지원하는 조직 모두에게 긍정적인 영향을 미치는 방법을 살펴보면 다음과 같다.

• 편의성 및 접근성

온라인 기부는 너무나 편리해서 누구나 쉽게 참여할 수 있다. 예전에는 기부하려면 수표를 쓰거나 은행에 가서 송금해야 해서 번거롭고 시간도 많이 걸렸다. 하지만 이제는 스마트폰이나 컴퓨터만 있으면 언제 어디서든 몇 번만 클릭하면 기부를 할 수 있다. 마치 쇼핑하듯 간편하게 기부를 할 수 있으니 더 많은 사람이 기부에 참여하게 되고 자연스럽게 기부 문화가 확산하게 되었다.

• 다양한 결제 옵션

온라인 자선 기부 플랫폼은 신용카드, UPI, 은행 송금 등 다양한 결제 방식을 제공하여 누구나 편리하게 기부할 수 있도록 돕는다. 이는 개인의 재정 상황과 선호도에 맞춰 기부 방식을 선택할 수 있도록 하여 기부 참여를 높이는 데 기여한다.

• 투명성과 책임성

온라인 기부를 할 때 가장 중요한 것은 내가 기부한 돈이 제대로 사용되고 있는지 확인하는 것이다. Harris & Neely(2021)에 의하면 비영리단체가 얼마나 투명하게 정보를 공개하느냐에 따라 앞으로 얼마나 많은 후원금을 받을 수 있는지가 달라진다고 하였다. 즉, 정보를 투명하게 공개할수록 더 많은 사람이 기꺼이 후원을 해준다는 뜻이다. 온라인 기부 플랫폼은 내가 기부한 돈으로 어떤 일들이 진행되고 있는지, 어떤 사람들이 도움을 받고 있는지, 내가 지원한 프로젝트가 어떻게 진행되고 있는지 자세한 정보를 실시간으로 보여준다. 이렇게 투명하게 정보를 제공하기 때문에 신뢰를 구축하고 기부금이 기부자가 관심을 두는 목적을 위해 전달되도록 보장한다.

• 거래 비용 절감

온라인 자선 기부는 전통적인 방식에 비해 낮은 거래 비용으로 더 많은 기부금이 실제 도움이 필요한 곳에 사용되도록 한다. 수표 발행이나 송금 시 발생하는 우편료, 수수료 등의 추가 비용 없이 간편하게 기부할 수 있어, 기부금이 더 효율적으로 사용될 수 있다. 온라인 플랫폼은 자선단체의 관리 비용을 줄여주고, 모금 활동을 효율화하여 더 많은 기금을 실제 사업에 투입할 수 있도록 지원한다(give.do, 2023).

그런데 온라인 자선 기부를 통해 기부자와 그들이 지원하는 조직 모두에게 긍정적인 영향을 미치는 방법은 상관관계가 있다는 것을 알 수 있다. 예를 들어 결제 방법이 다양하면 편리하지만 이를 위해서는 큰 비용이 들 수 있다. 中山나카야마 등(2022)의 연구에서는 기부자가 기부처를 선택할 때 고려하는 투명성, 공감성, 간편성의 3가지 요소의 조합에 있어서 어느 조합 그룹이 기부 금액 결정에 가장 효과적인지 검증했다. 그 결과 정보의 투명성과 공감성을 결합한 집단이 가장 많은 기부 행동을 촉진한다는, 즉 기부 금액을 높이는 경향이 있는 것으로 나타났다. 이것은 아마도 공감성과 투명성은 정보의 내용인 한편 간편성은 수단이기 때문으로 추측된다.

비영리단체는 투명성, 간편성, 실적 모두를 높이려고 노력하지만, 현실적으로 모든 것을 완벽하게 갖추기는 어렵다. 중요한 것은 자기 단체의 강점을 살리고 약점을 보완하여 가장 효과적으로 기부를 유도하는 방법을 찾는 것이다 (Harris & Neely, 2021).

행동적 기부 개입: 가상 세트 효과

보통 기부를 하면 작은 선물(토트백, 스티커 등)을 받기도 한다. 하지만 이런 선물을 주는 건 비용이 많이 들고 비효율적일 수 있다. 그래서 비영리단체들은 기부자들에게 물품 대신 다른 보상을 주는 방법을 찾고 있다. 단순히 기부한 후의 뿌듯함, 즉 "따뜻한 빛(warm glow)" 말고도 기부를 계속하고 싶게 만드는 다른 심리적인 보상이 있을까? 이 질문에 답하기 위해 여러 단체와 학자가 모여 다양한 실험을 하고 기존 연구를 살펴보면서 '가상 세트(pseudo-set) 효과'라는 개념을 제시했다(Carlman, 2018).

가상 세트는 여러 개의 작은 작업들을 하나의 큰 목표를 달성하기 위한 작은 단계들로 인식하게 한다. 마치 파이 차트의 조각들을 모두 채워 완성하는 것처럼, 우리가 해야 할 일들을 임의로 묶어서 하나의 '세트'로 만든다. 마치 게임에서 한 레벨을 클리어하기 위한 여러 개의 미션처럼 말이다. 이렇게 하면 각 세트를 완성할 때마다 성취감을 느끼게 되는데 이것은 많은 사람들이 스티커, 카드 등을 모을 때 전체 세트를 완성하면 더욱 뿌듯해하는 경향과 같다.

GlobalGiving에서는 기부자들이 기부한 경험이 없는 대륙에 대한 기부 기회를 강조하는 '가상 세트' 연구를 진행했다(Hauser & Norton, 2017). 이것은 마치 스탬프 컬렉션을 완성하는 것처럼 전 세계 모든 대륙에 기부를 완성하는 것을 목표로 삼는다고 생각하는 것이다. 예를 들어 지금까지 아프리카에만 기부를 해 왔던 사람에게 "아시아 대륙에도 한번 기부해 보세요!"라고 제안하는 것이다. 기부자들에게 모든 대륙에 기부를 완료하도록 독려하는 이메일을 보냈는데 '세트 완성' 개념을 활용한 결과, 일반적인 기부 독려 이메일에 비해 기부자들이 더 적극적으로 참여하는 걸 확인했다. 이런 방식으로 기부를 유도하면 마치 퍼즐을 맞추거나 컬렉션을 완성하는 것처럼 모든 대륙에 기부를 완성했을 때 느끼는 성취감과 만족감은 기부를 지속하도록 하는 강력한 동기가 된다. 또한 기부자들이 단순히 한 곳에만 기부하는 것이 아니라, 전 세계 다양한 지역의 어려움에 함께 공감하고 참여하도록 유도한다. "모든 대륙에 기부하기"라는 목표는 단순히 기부 금액을 늘리는 것을 넘어 기부를 더욱 의미 있고 즐거운 경험으로 만들어주는 것이다.

Barasz 등(2017)도 '가상 세트' 연구를 진행했다. 이들은 실험 참가자들에게 요양원 어르신들에게 보낼 크리스마스카드를 자유롭게 작성하도록 요청했다. 통제 그룹에는 참가자들이 단순히 완성한 카드의 개수만 확인할 수 있게 하고, 반면 다른 그룹(가상-세트 조건)에는 4개의 카드를 하나의 '묶음'으로 설정하고 '묶음' 단위로 진행된 상황을 보여주었다. 그 묶음의 숫자에 맞춰 행동이 영향을 받는지 확인하는 실험이다. 가상 세트 조건의 참가자들은 4장씩 세트를 완성할 가능성이 훨씬 높았으며(40%) 통제 그룹에서는 4장씩 세트를 완성한 사람이 매우 적었다(4%). 가상 세트 조건에서 참가자들은 더 많은 카드를 작성했지만, 통제 조건의 참가자들이 작업을 더 즐겼으며 카드 작성량과 즐거움 간의 상관관계도 통제 조건에서 더 높았다. 가상 세트를 만들어주는 것만으로도 사람들이 작업을 더 많이 완성하도록 만들 수 있지만, 이는 단순한 즐거움 때문이 아니라 다른 요인 때문일 가능성이 높다. 앞으로 후속 연구에서 이러한 요인을 더 자세히 탐색할 필요가 있다.

이러한 가상-세트 효과는 사람들의 완성 욕구를 자극하여 다양한 행동 변화를 유도하는 효과적인 전략이 될 수 있다. 이 전략은 마케팅, 교육, 자선 활동 등 다양한 분야에서 사람들의 참여와 성과를 높이는 데 도움이 될 수 있다. 예를 들어 기부금을 모금할 때 정확한 목표액을 제시하지 않고, '일정 액수를 모으면 좋은 일이 생긴다'는 식으로 사람들에게 완결감(세트 완성)을 느끼게 하면 기부금이 늘어날 수 있다.

다만, 가상-세트 효과가 항상 긍정적인 것은 아니며 상황에 따라 부정적인 결과를 초래할 수도 있다는 점을 고려해야 한다. 예를 들어 기부 단체가 목표 금액을 달성하기 위해 단계별 목표 금액을 설정하고 "가상의 세트" 방식으로 구성한다면 기부자들은 과도한 기대감을 느낄 수 있다. 따라서 이 효과를 사용할 때는 현실적인 목표 금액을 설정하고 기부 옵션에 대한 충분한 정보를 제공함과 동시에 적절한 수의 선택 옵션을 제공해야 한다.

6.5. 기부 동기와 기부 억제 동기

심리학 영역에서 기부 행동은 본래 행동 연구에서 개인의 내적 특성과 관련지어 검토됐다. 개인이 자선 기부를 하는 내적 동기는 크게 이타적 동기와 이기적 동기로 나눌 수 있다. 이타적 동기는 타인을 돕고자 하는 마음에서 비롯되는 동기이다. 개인은 타인의 어려움을 보고 연민을 느끼고, 이를 해결하기 위해 기부를 하는 것이다. 이타적 동기는 개인의 가치관, 종교적 신념, 윤리적 관념 등에 영향을 받는다. 이기적 동기는 기부로 인해 얻을 수 있는 개인적 이익을 추구하는 동기이다. 개인은 기부를 통해 사회적 인정을 받거나, 자기 만족감을 얻고자 할 수 있다. 또한 기부를 통해 자기 삶의 의미를 찾거나, 사회적 책임을 다하고자 할 수도 있다.

이러한 내적 동기(이타적 동기와 이기적 동기)는 개인의 성격, 경험, 가치관 등에 따라 달라질 수 있다. 또한, 기부 대상, 기부 금액, 기부 빈도 등에 따라서도 영향을 받을 수 있다. 실제로 개인의 기부 동기는 이 이타적 동기와 이기적 동기가 복합적으로 작용하는 경우가 많다(André 등, 2017). 예를 들어, 기부를 통해 사회의 어려운 이웃을 돕고자 하는 이타적 동기가 있지만, 동시에 자신의 도덕적 만족감을 얻고자 하는 이기적 동기도 함께 작용할 수 있다.

기부의 방해(억제) 요소

2023년 11월 기준 통계청 사회조사 결과를 보면 '기부를 한 적이 있는 경우'와 '기부한 적이 없다'라는 비율이 각각 23.7%와 76.3%로 나타났다. 기부하지 않는 이유에 대해서는 경제적 여유가 없어서(46.5%), 기부에 관심이 없어서(35.2%), 기부 단체에 대한 불신(10.9%), 직접 요청을 받지 않아서(4.6%), 기부 방법을 모름(2.7%) 등으로 나와 있다.

그런데 기부를 하지 않는 개인은 어떤 이유가 있는 것일까? 기부를 하지 않는 개인의 경우, 단순히 기부 동기가 낮은 것만은 아닐 것이다. 기부를 억제하는 다양한 요인이 존재할 수 있으며, 이에 대한 학술적 연구는 아직 충분하지 않은 실정이다. 이 장에서는 기부 동기뿐만 아니라 기부를 꺼리게 만드는 다양한 요인들을 종합적으로 검토하고자 한다.

해외의 연구에서도 주로 기부를 하지 않는 이유로 경제적인 어려움이나 기부에 대한 정보 부족 등을 꼽았지만, 이 외에 '무관심'과 '충분한 지원'이라는 새로운 요인이 이유가 될 수 있다. 먼저 무관심은 이기적인 태도와 관련이 있다. 다른 사람을 돕는 것보다 자신의 이익을 우선시하는 사람일수록 사회 문제에 관한 관심이 적고 따라서 기부를 하지 않을 가능성이 높다는 뜻이다. 또한 무관심한 사람들은 남을 돕더라도 어떤 대가를 기대하는 경우가 많다. 즉 '내가 돈을 주면 무엇을 얻을 수 있을까?'라는 생각을 하게 된다는 것이다.

일반적으로 남을 돕는 것을 좋아하는 사람일수록 어려운 상황에 대해 무관심하지 않다는 것은 당연한 결과이다. 그러나 놀랍게도 사회에 기여하고 싶어 하는 마음이 강한 사람들도 기부를 꺼리는 경우가 있다는 조사 결과도 있다. 이는 이러한 사람들이 이미 충분한 도움을 주고 있다고 생각하거나, 기부해야 할 명확한 이유를 찾지 못했기 때문일 수 있다. 다른 사람이 이미 충분히 돕고 있다고 생각하면(충분한 지원), 자신은 기부를 하지 않아도 된다고 생각한다. 마치 '내가 굳이 나서서 할 필요가 없다'라는 식이다. 예를 들어 고액 기부 사례를 접하면 자신은 적은 금액을 기부해도 소용없다고 생각할 수 있다. '내가 기부하는 돈은 아무것도 아니다'라는 생각이 들어 기부를 망설이게 된다.

무관심과 충분한 지원은 서로 연관이 있다. 사회 문제에 관심이 없으면 다른 사람들이 얼마나 돕고 있는지에 대해서도 별로 신경 쓰지 않을 수 있다. 충분한 지원이 무관심을 가져올 수도 있다. 이미 충분히 많은 사람이 도움을 주고 있다는 사실을 알게 되면 자신이 더 이상 도울 필요가 없다고 생각하고 사회 문제에 관한 관심이 줄어들 수 있다.

이 외에도 다른 사람이 어려운 사람을 돕는 모습을 보거나, 뉴스를 통해 어려운 상황이 개선되고 있다는 소식을 접하면 자신이 직접 도울 필요가 없다고 생각할 수 있다. 또한 기부를 통해 어떤 문제가 해결되고 사회가 발전하는 모습을 보면, 기부를 계속하고 싶은 마음이 생길 수 있다. 하지만 기부의 성과를 제대로 인지하지 못하면 기부를 멈출 수도 있다.

기부하려는 마음과 기부를 하지 않으려는 마음은 서로 복잡하게 얽혀 있다. 예를 들어, 기부에 대한 신뢰와 불신은 서로 반대되는 감정이지만 실제로는 이 두 가지 감정이 동시에 존재할 수도 있다. 사람들이 돈을 기부하는 것은 단순히 마음이 따뜻해서만이 아니라는 것이다. 여러 가지 복잡한 심리가 작용한다는 뜻이다. 따라서 기부를 늘리기 위해서는 단순히 기부를 권유하는 것만으로는 부족하고, 사람들의 다양한 심리를 이해하고 맞춤형 전략을 세워야 한다는 것을 시사한다(中島나카지마, 2019).

4.2. 기부 동기와 기부 억제 동기의 관련성

사회에 기여하고 싶어 하는 마음이 강한 사람일수록 오히려 기부를 멈추는 경우가 있다는 연구 결과가 나왔다. 이는 상식적으로 이해하기 어려운 결과다. 연구자들은 이러한 결과를 다음과 같이 해석한다.

- **선택적인 기부**: 사회 공헌 의식이 높은 사람들은 어떤 곳에 기부할지 매우 신중하게 선택하는 경향이 있다. 자신이 생각하는 기준에 맞지 않는 곳에는 기부를 하지 않으려는 것이다. 즉, '무관심'이라기보다는 '선택적인 관심'을 갖고 있다.
- **관리자에 대한 신뢰**: 기부를 하는 단체의 관리자가 신뢰할 만한 사람인지 아닌지도 기부 여부를 결정하는 중요한 요인이다. 하지만, 관리자를 신뢰하지 않더라도 긴급한 상황이거나, 다른 기준으로 기부 대상을 선택한 경우에는 기부를 할 수도 있다.

이 연구는 단순히 기부를 많이 하는 것이 중요한 것이 아니라, 어떻게 기부하는 것이 더 효과적인지에 관한 질문을 던진다. 기부를 유도하기 위해서는 단순히 감성적인 호소보다는, 기부자들이 신뢰하고 만족할 수 있는 투명하고 효율적인 시스템을 구축하는 것이 중요하다.

결론적으로, 사회 공헌 의식이 높은 사람들의 기부 행동을 이해하기 위해서는 단순히 기부를 하는지 여부만이 아니라, 어떤 기준으로 기부 대상을 선택하고, 기부 과정에서 어떤 생각을 하는지에 대한 심층적인 연구가 필요하다.

비교적 높은 상관관계가 나타난 점과 상정된 상관관계가 보이지 않는 점을 중심으로 고찰한다. 우선 기부 동기 중 '주위 사람들의 참여'와 기부억제 요인인 '무관심' 사이에 중간 정도의 상관관계가 있었다. 즉 다른 사람들이 기부하는 것을 보면 '이미 충분하니 안 해도 되겠다' 싶어 무관심해지기도 하고, 반대로 평소 관심 없던 사람이 오히려 주변 영향으로 기부에 참여할 수도 있다는 것이다. 단, 전자에 대해서는 충분한 지원을 통제해도 편상관이 나타나고 있다(상관계수 $r=.39$).

기부 동기의 사회 공헌 의식과 기부 억제 동기인 무관심, 충분한 지원 사이에는 중간 정도의 상관관계가 나타났다. 사회 공헌 의식이 높을수록 무관심에 의해 기부를 취소한다는 결과는 상식적으로는 이해하기 어렵다. 가능한 해석 중 하나는 기부 대상 선별에 의한 것이다. 즉, 사회 공헌 의식이 높은 개인은 기부 대상을 선택하고 있어, 자신의 선별 기준에서 벗어나는 경우에는 관심을 갖지 않게 되어 기부를 멈춘다고 하는 선택적 지원이 존재하고 있을 가능성을 생각할 수 있다. 기부 대상 결정까지의 의사결정 프로세스에 초점을 맞춘 검토가 필요할 것이다. 기부 동기 관리에 대한 신뢰와 기부 억제 동기 관리에 대한 불신 사이에는 상관관계가 나타나지 않았다. 개념상으로는 음의 상관관계가 얻어질 것으로 예측되는 관계이다. 관리자에 대한 신뢰로 기부하는 개인이라도, 관리자가 신용할 수 없다고 하는 이유로 기부를 멈추는 것은 아니라는 것이 된다. 예를 들어 관리자가 신용할 수 없더라도 화급한 경우 등 상황에 따라서는 그 일에 집착하지 않고 기부를 시행하거나, 또는 상술한 바와 같이 어떠한 기준으로 기부 대상이 선별되어 있어 기부하지 않게 되면 관리자의 신용은 문제가 되지 않게 되는 경우도 생각할 수 있다. 현재로서는 이해가 어렵기 때문에 계속 검토가 필요한 점이다.

더욱 발전적인 과제로서는 기부 동기를 어떻게 높일 것인가, 또는 기부 억제 동기를 어떻게 저하시킬 것인가 하는 개입 방법의 검토를 들 수 있다. 우오(鵜尾, 2009)는 일본에서의 기부 활동 저조의 원인으로 사회문화적 구조로서의 격차의 적음, 사회보장에 있어서의 관료·행정지상주의를 들어 일본인에게는 사회 변혁으로 이어지는 기부가 감이 오지 않는다고 말하고 있다. 그러나 한편, 문화로서 기부가 존재해 온 것을 들어 현대 일본에서는 사회 공헌 교육을 충실하게 하여 기부에 의한 성공 체험이나 기부 습관을 함양할 필요성을 지적하고 있다. 이러한 입장에 서서 심리학적 지원, 연구를 한다면, 교육 프로그램의 개발과 실천, 평가라는 과제로서 파악할 수 있다. 기부를 키워드로 한 더욱 나은 타자 지원 방식에 대한 지속적인 검토가 필요하다.

Chapter 7

사회적 요인과 기부 활동

7.1. 기부에 있어서 사회적 영향

사회적 영향은 사회적 요인이 개인이나 집단에 미치는 영향력을 의미한다. 즉, 사회적 요인들이 개인의 생각이나 행동을 변화시키거나 특정한 방향으로 이끄는 과정이다. 사회적 요인은 개인이나 집단의 행동, 사고, 태도에 영향을 미치는 사회 환경 속의 다양한 조건이나 특성을 의미한다. 예를 들면 문화(가치관, 규범, 관습 등), 사회경제적 지위(소득, 교육 수준, 직업 등), 사회 구조(계층, 권력관계, 사회 시스템)가 여기에 해당한다(Whitby, 2018).

이 외에도 개인과 지역사회에 다양한 방식으로 영향을 미칠 수 있는 사회적 요인이 존재한다. 사회적 요인과 기부 활동 간의 관계를 논할 때는 어떤 한 가지 요인만이 아니라 다수의 요인을 복합적으로 고려해야 한다. 예를 들면 사회경제적 수준이 높은 가정의 교육은 일반적으로 가정과 지역사회 모두에서 훨씬 더 중요하게 강조되며, 또한 사회경제적 지위와 건강 사이에는 매우 강력한 양의 상관관계가 있고 낮은 소득과 교육 수준은 다양한 신체적, 정신적 건강 문제의 위험을 높이는 요인이 된다. 따라서 여러 사회적 요인 간의 상호 작용을 이해해서 기부 활동에 미치는 효과를 분석하는 것이 중요하다.

사회적 영향은 사회적 요인이 개인이나 집단에 미치는 영향력을 의미한다. 즉, 사회적 요인들이 개인의 생각이나 행동을 변화시키거나 특정한 방향으로 이끄는 과정이다(Partika, 2016). 예를 들면 동조(다수의 의견에 따르는 현상), 순응(사회적 규범에 맞추려는 경향), 사회적 학습(타인의 행동을 관찰하고 모방하는 과정), 사회적 비교(타인과 자신을 비교하여 자존감이나 행동을 변화시키는 과정) 등을 들 수 있다.

사회적 요인과 사회적 영향의 관계를 보면, 사회적 요인은 사회적 영향의 원인이 되며, 사회적 영향은 사회적 요인의 결과라고 할 수 있다. 예를 들어, 어떤 사회의 문화가 개인주의를 강조한다면, 그 사회의 구성원들은 독립적인 사고와 행동을 더욱 중요하게 생각하는 경향을 보일 것이다. 이는 문화라는 사회적 요인이 개인의 가치관에 미치는 사회적 영향의 한 예시이다. 좀 더 구체적인 예시를 들어보면, 청소년들이 또래 집단(사회적 요인)의 흡연 행위에 동조하여 흡연을 시작하는 경우(사회적 영향), 미디어라는 사회적 요인이 대중의 의견에 영향을 미쳐 정치적 판단에 영향을 주며, 유명 연예인(사회적 요인)이 착용한 옷을 따라 구매하는 경우(사회적 영향)가 있다.

이와 같이 사회적 요인은 사회적 영향의 틀을 제공하고, 개인은 이러한 틀 안에서 사회적 영향을 받으며 자기 행동을 결정하게 된다. 사회적 요인과 사회적 영향은 서로 긴밀하게 연결되어 있으며, 개인의 삶뿐만 아니라 사회 전체의 변화를 이해하는 데 중요한 개념이다. 왜냐하면 사회적 요인은 개인의 생각과 행동을 형성하고, 이러한 개인들의 행동이 모여 사회를 구성하기 때문이다. 사회적 요인을 이해하고, 사회적 영향에 대한 인식을 높이면 우리가 살고 있는 사회를 더 잘 이해하고, 건강한 사회를 만들어나가는 데 중요한 역할을 한다. 이것은 당연히 더 나은 사회를 만들기 위한 기부 정책을 수립하는 데 도움이 되며, 기부자의 행동을 예측하고, 효과적인 기부 마케팅 전략을 수립할 수 있다.

사회적 규범이 기부에 미치는 영향

사회적 영향은 개인 사이나 집단 간에서 한편이 다른 한편의 행동, 태도, 감정 등을 변화시키는 것이다. 사회적 영향의 결과 확립된 새로운 사고나 행동 양식은 규범성을 띠어 조소나 비난 때문에, 일탈 행동을 하는 사람을 통제하려고 한다. 사회적 영향의 결과 확립된 규범의 타당성은 논의되지 않거나, 논의 자체를 터부시해 버리는 것이 보통이다.

자선 기부는 이타적인 동기가 중요한 역할을 하지만 사회적 규범을 준수해야 하거나 도움 요청을 수동적으로 받아들이는 등 사회적 압력에 의해 주도되는 경우가 많다. 한편 자선 기부는 크게 개인적 요인과 사회적 요인에 의해 결정된다. 개인적 요인에는 기부자의 소득, 교육 수준, 종교, 가치관 등이 포함된다. 사회적 요인에는 기부 문화, 사회적 규범, 기부자의 사회적 네트워크 등이 포함된다(Binder-Hathaway, 2019). 이 중에서 사회적 규범 요인이 기부에 미치는 영향을 보면 다음과 같다.

- 사회적 규범 강조: 사회적 규범을 강조하여 기부 행동을 촉진하는 개입이다. 예를 들어, 주변 사람들의 기부 행동을 보여주거나, 기부 행동에 대한 사회적 인정을 제공하는 것이 여기에 해당한다.
- 사회적 규범에 의한 행동: 사람들은 사회적 규범에 따라 행동하는 경향이 있다. 예를 들어, 주위 사람들이 자선 기부를 많이 하는 것을 보면 자신도 자선 기부를 더 많이 할 가능성이 있다.

- 사회적 규범에 대한 일치: 자선 기부 요청에 사회적 규범에 대한 일치를 강조하면 자선 기부를 증가시키는 것으로 나타났다. 예를 들어, 주위 사람들이 자선 기부를 많이 하는 것을 보여주는 것은 자선 기부를 증가시킬 수 있다.

기존 연구에서는 규범이 행동에 미치는 영향에 대해 분석해 왔으며, 대부분 규범을 다음과 같이 세 가지 범주(설명적/서술적 규범, 명령적 규범, 개인적 규범)로 구분할 수 있다는 데 동의한다.

- 서술적(설명적) 규범(descriptive norms): 특정 상황에서 일반적인 행동에 대한 인식(대부분 사람이 하는 행동)[25]
- 명령적(규제적) 규범(injunctive norms): 사회 집단이 적절하다고 여기는 행동에 대한 인식(해야 하는 것과 하지 않아야 하는 것)[26]
- 개인적 규범(personal norms): 내면화된 가치관에 따라 형성된 개인의 행동 기준

설명적 규범은 특정 상황에서의 일반적인 행동에 대한 주관적인 인식이다(즉, 대부분 사람이 하는 행동). 설명적 규범은 사회 집단이 적절한 행동이라고 여기는 것에 대한 인식인 규제적(명령적) 규범과 종종 대비된다(즉, 사람들이 해야 할 것과 하지 말아야 할 것). 사회적 규범이라는 용어는 일반적으로 설명적 규범과 규제적(명령적) 규범을 모두 포함한다. 사회 규범은 쓰레기

---

25 서술적(설명적) 규범은 다른 사람들이 어떤 행동을 하는지를 보고, 그 행동이 일반적이라고 판단하여 자신도 비슷하게 행동하는 경향을 말한다. 마치 '다른 사람들도 이렇게 하니까 나도 해도 괜찮겠지'라고 생각하는 것과 같다.

26 명령적(규제적) 규범은 어떤 행동에 대한 사회적 평가나 처벌에 대한 기대를 바탕으로 행동을 조절하는 경향을 말한다. 예를 들어, 신호등을 무시하면 벌금을 내야 한다는 것을 알기 때문에 신호를 지키는 것처럼, 특정 행동에 대한 긍정적 또는 부정적 결과를 예상하여 행동을 조절하는 것이다.

를 버리는 행위부터 술을 마시는 양, 성관계를 갖는 방식까지, 우리의 일상생활에서 일어나는 다양한 행동을 예측하는 중요한 요소로 발견되었다(Walters & Neighbors, 2005). 즉, 어떤 사회적 규범이 지배적인지에 따라 사람들의 행동을 어느 정도 예측할 수 있다는 것이다. Sanfey(2009)는 사람들이 돈을 나누는 게임을 통해 재미있는 사실을 발견했다. 이것은 최후통첩 게임(ultimatum game)이라는 것인데, 한 사람이 먼저 돈을 어떻게 나눌지 제안하면(예: 7:3) 상대방은 그 제안을 좋아! 라고 받아들이거나 거절할 수 있다. 만약 "싫어!"라고 거절하면 둘 다 한푼도 못받게 된다.

일반적으로 사람들은 공평하게 돈을 나누는 것을 좋아하지만 신기하게도 다른 팀들이 불공평한 제안에도 돈을 받는 것을 보면, 자신도 제안을 받아들일 확률이 높아진다고 한다. 이는 사회적(설명적) 규범이 경제적 의사결정에도 영향을 미친다는 것을 의미한다.

자선 기부 분야에서는 사회 규범의 영향에 대한 실험 연구가 거의 이루어지지 않았다. Croson & Sheng(2011)은 설명적 규범 인식과 관련된 사회 정보 조작이 여러 공공 라디오 방송국과 공동으로 실시한 일련의 현장 연구에서 기부 금액에 긍정적인 영향을 미친다는 확실한 증거를 제공했다. 여기서 설명적 규범은 다른 사람들이 어떤 행동을 하는지 보여주는 것, 즉 '다른 사람들은 이렇게 한다'라는 정보를 말한다. 사회적 정보 조작이란 라디오 방송을 통해 사람들에게 다른 사람들이 기부를 많이 한다는 정보를 의도적으로 제공하는 것을 의미한다. 예를 들면 라디오 방송에서 "많은 청취자분이 이미 기부에 동참해 주셨다. 여러분의 따뜻한 마음이 어려운 이웃에게 큰 힘이 됩니다"라는 메시지를 듣게 되면, '나도 다른 사람들처럼 기부해야겠다'라는 생각이 들 수 있다. 이렇게 다른 사람들의 행동을 보여줌으로써 기부를 유도하는 것을 '사회적 정보 조작'이라고 할 수 있다. 끝으로 기부 금액에 미치는 영향은 다른 사람들이 기부를 많이 한다는 정보를 들은 사람들이 실제로 더 많은 돈을 기부하는 경향을 보였다는 것이다.

Martin & Randal(2011)은 박물관에서 기부 상자를 사용하여 기부 규범에 대한 단서를 조작하는 여러 현장 실험을 시행한 결과 기꺼이 기부하는 마음과 기부 금액을 모두 늘리거나 줄일 수 있음을 발견했다. 이 연구는 사회 규범이 기부 행위에 미치는 영향을 규명하였다. 즉 사람들은 주변 사람들의 행동을 보고 자기 행동을 조절하는 경향이 있는데 기부의 경우에도 다른 사람들이 기부하는 것을 보면 자신도 기부할 가능성이 높아진다는 것을 현장 실험을 통해 증명했다.

- 실험 1: 기부 상자에 다른 사람들이 기부한 듯한 동전을 넣어놓았을 때 사람들은 더 많이 기부했다.
- 실험 2: "방문객 대부분은 기부한다"라는 문구를 표시했을 때 사람들은 더 많이 기부했다.
- 실험 3: 기부 상자 옆에 이전 방문객들의 기부 평균 금액을 표시했을 때(기부 평균 금액이 높을수록) 사람들은 더 많이 기부했다.

이 연구의 시사점은 기부를 촉진하기 위해서는 설명적 사회 규범을 활용하는 것이 효과적이며 다른 사람들이 기부하는 모습을 보여주는 정보나 기부 규범에 대한 정보를 제공하면 사람들의 기부를 늘릴 수 있다는 것이다.

참고로 다른 사람들의 기부 행동(서술적 규범)이나 기부에 대한 생각/가치관(명령적 규범)에 대한 정보를 조작적으로 제시하고 이러한 정보가 기부 행동에 어떤 영향을 미치는지 살펴보았다. 연구 결과, 사회적 규범 정보를 조작하는 것은 기부 여부와 기부 금액 모두에 영향을 미쳤다.

- 기부 여부: 다른 사람들의 기부 행동에 대한 정보(서술적 규범)를 받은 사람들은 기부 의사가 더 높았다. 정보를 받지 않은 경우와 비교했을 때 기부할 확률이 25-30% 더 높았다. 하지만 다른 사람들이 기부에 대해 어떻게 생각하는지(명령적 규범)에 대한 정보는 기부 의사에 영향을 미치지 않았다.
- 기부 금액: 기부 금액은 서술적 규범과 명령적 규범 모두에 영향을 받았다. 즉, 다른 사람들이 많이 기부한다거나 기부하는 것이 맞는다고 생각한다는 정보를 받은 사람들은 적게 기부한다는 정보를 받은 사람들보다 더 많이 기부했다.

이 결과는 사람들이 기부 결정 시 다른 사람들의 행동과 가치관에 영향을 받는다는 것을 보여준다. 특히, 다른 사람들의 실제 기부 행동(서술적 규범)에 대한 정보는 기부 여부에 더 큰 영향을 미치는 반면, 기부에 대한 가치관(명령적 규범)에 대한 정보는 기부 금액에 더 큰 영향을 미치는 것으로 나타났다. 따라서 기금모금의 목표가 기부하는 사람의 수를 늘리는 것 또는 새로운 기부자를 유치하는 것이라면, 서술적 규범을 강조하는 것이 명령적 규범을 강조하는 것보다 더 효과적일 수 있다는 것을 시사한다.

서술적 규범과 기부 의도 사이의 관계

한편, 규제적(명령적) 규범이 기부 행동에 미치는 영향은 폭넓게 연구되었지만 반면에 일부 연구자들은 서술적 규범이 기부 행동에 상당한 영향을 미친다는 것을 발견했지만(McAuliffe 등, 2017), 다른 연구자들은 그렇지 못했다.

이에 Gugenishvili 등(2022)은 다른 사람들이 어떻게 행동하는지를 보고 따라 하는 경향이 사람들이 얼마나 기부하고 싶어 하는지에 영향을 미친다는 사실을 알아냈다. 즉 이러한 서술적 규범과 기부 의도 사이의 관계를 더 자세히 살펴본 결과, 사람들이 기부를 통해 세상을 더 좋게 만들 수 있다고 생각하는 정도(인식된 영향)와, 자원봉사 등을 통해 자선단체 활동에 직접 참여하는 정도(개인적 참여)가 이러한 관계를 더욱 강하게 만들었다는 것을 규명했다.

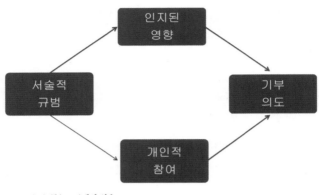

〈그림 8〉 서술적 규범, 매개 변인, 기부 의도의 관계

Gugenishvili 등(2021)에서 인용.

먼저 '설명적 규범-인식된 영향-기부 의도' 관계를 보면 개인이 기부에 대한 설명적 규범을 호의적으로 인식하면 크기와 관계없이 기부금에 영향을 미칠 것이라는 인식이 높아진다. 따라서 자선단체는 얼마나 많은 사람들이 이미 기부했는지에 대한 정보를 강조해야 한다. 예를 들어 "이 대학의 학생 중 60%가 이 모금 캠페인을 지원했다"(Lay 등, 2020)라는 사실을 다른 사람들이 알게 되면 개인은 자신이 그 큰 목표(purposes)를 지원하는 데 혼자가 아니라는 인식이 커지고, 그러면 궁극적으로 기부 의도(아주 적은 금액이라도)가 커지게 된다.

다음으로 '설명적 규범-개인적 참여-기부 의도' 관계를 보면 참여도가 높은 개인이 자선단체의 사명을 중요하게 여기며 참여도가 낮은 개인보다 이바지할 가능성이 더 높다. 이를 위해 자선단체는 기부자들이 다른 사람들에게 다가가서 그 큰 목표(cause)와 개인적 행동에 관한 생각을 그들과 논의하도록 장려해야 한다. 이는 기부자들이 소셜 미디어를 통해 기부 행동에 대한 정보를 공유할 수 있는 기회를 제공함으로써 이루어질 수 있다.

다만 이러한 관계는 문화적, 역사적 배경(개인주의 대 집단주의, 긴밀함 대 느슨함)에 따라 상당히 다를 수 있다. 따라서 이 모델을 실무에 적용할 때는 문화적 환경을 고려하여 신중하게 해석해야 한다.

개인적 규범과 기부 증가

설명적 규범과 명령적 규범은 모두 주변 사람들이 어떻게 행동하는지를 보고 배우거나, 사회적으로 정해진 규칙을 따르는 것처럼, 외부적인 요인에 의해 형성되는 경우가 많다. 따라서 상황이나 집단에 따라 유연하게 변화할 수 있다. 반면에 개인적 규범은 개인이 내면화한 가치관이나 도덕적 신념에 기반하여 스스로에게 부여하는 행동 기준이다. 개인의 가치관은 오랜 시간에 걸쳐 형성되고, 쉽게 바뀌지 않기 때문에 개인적 규범 역시 상대적으로 고정적이고 안정적인 특징을 가지기 때문에, 실험을 통해 인위적으로 변화시키기가 매우 어렵다. 따라서 개인 가치에 관한 연구는 주로 다른 집단 간의 가치관 차이를 비교하거나, 특정한 가치관을 가진 사람들의 행동을 관찰하는 방식으로 진행된다. 예를 들어 사람들은 자신이 소중하게 생각하는 가치관(예: 정의, 공정함, 종교적 신념 등)을 '보호되고 신성한 가치'라고 여긴다. 만약 이러한 가치관에 대한 도전을 받게 되면, 사람들은 강한 '도덕적 분노'를 느끼고, 자신의 가치관을 정화하기 위한 행동을 하려는 경향이 있다(Tetlock 등, 2000).

강력한 개인적 규범도 기부 증가와 관련이 있다. 개인이 가지고 있는 가치관이나 신념은 개인의 행동을 결정하는 중요한 요소이다. 이러한 가치관 중에서도 특히 이타심, 친사회성, 정의, 배려와 같은 가치는 다른 사람들을 돕고자 하는 마음을 키워 기부를 유발한다. 사회학자인 Bekkers(2007)는 이러한 연관성에 대해 깊이 있는 연구를 수행했다. 그의 연구 결과에 따르면, 이타적인 가치를 가진 사람이나 정의로운 사회를 만들고 싶어 하는 사람일수록 기부를 더 많이 한다는 사실이 밝혀졌다. 단순히 남을 돕고 싶다는 일반적인 이타심뿐만 아니라, 특정한 사회 문제나 큰 목적(cause)에 관한 관심에 연관된 가치도 기부 행동에 영향을 미친다. 예를 들어, 환경 문제에 관심이 많은 사람은 환경 보호 단체에, 아동 문제에 관심이 많은 사람은 아동 복지 단체에 기부할 가능성이 높다. 즉 자신이 중요하게 생각하는 가치와 일치하는 활동에 기부하는 것은 개인에게 큰 만족감을 주고, 기부에 대한 동기를 더욱 강하게 만든다. 이러한 연구 결과는 기부를 유도하기 위한 마케팅 전략이나 사회공헌 활동에 활용될 수 있다.

명령적 규범과 서술적 규범의 상호 작용 효과

선행 연구에서는 서술적, 명령적 사회 규범을 조작하면 자선 기부 행위에 영향을 미칠 수 있다는 사실이 밝혀졌다. 그러나 명령적 규범과 서술적 규범이 모두 의사 결정자에게 중요할 때 이들의 상호 작용이 기부 행위에 영향을 미칠 수 있는지에 대한 연구는 거의 수행되지 않았다. Gugenishvili(2022)의 연구 결과를 보면 사람들은 자선단체의 가치와 자신의 가치가 일치하거나 불일치할 때는 명령적 규범("해야 한다"고 생각하는 행동, 즉 도덕적 기준)에 덜 의지했다. 즉, 이미 자기 생각이 확실한 경우에는 남의 권유에 쉽게 흔들리지 않는다는 의미이다. 하지만 사람들은 자선단체의 가치에 대해 중립적인 입장일 때는(기부 단체의 목표와 개인 가치관이 크게 관련이 없을 때는) 명령적 규범에 더 많이 의지했다. 즉, 자기 생각이 확실하지 않을 때는 남의 권유에 영향을 더 많이 받는다는 의미이다. 따라서 이 결과는 사람들의 자선 기부 행동은 단순히 주변 상황만이 아니라 개인의 가치관과도 연관이 있다는 것을 보여준다.

이 연구에서 중요한 결과 중 하나는 실험 유형(기준에 따른 정보 또는 무작위 정보)과 개인 가치관, 그리고 명령적 규범 정보 사이의 상호 작용이라는 점이다. 예상대로, 사람들이 다른 사람들의 생각을 반영한 실제 명령적 규범 정보를 받았을 때, 컴퓨터가 무작위로 생성한 정보를 받았을 때보다 기부 여부 결정에 더 큰 영향을 미쳤다.

하지만 더 흥미로운 점은 정보가 무작위로 생성된 경우, 개인의 가치관과 자선단체의 가치관 간의 일치 정도가 실제 명령적 규범 정보를 제공받은 경우보다 행동에 훨씬 더 큰 영향을 미쳤다는 점이다. 즉, 사람들이 신뢰할 수 있는 사회적 정보를 받으면 자신의 가치관에 의존하는 정도가 줄어드는 반면, 의존할 만한 사회적 규범 정보가 없을 때는 자신의 가치관에 따라 행동하게 된다는 것이다.

간단히 말해, 사람들은 기부 여부를 결정할 때 사회적 규범과 자신의 가치관을 모두 고려하지만, 각각에 얼마나 큰 비중을 두는지는 사회적 정보의 신뢰성에 따라 달라진다. 명확한 사회적 규범이 없을 때는 자신의 가치관에 더 많이 의존하게 된다는 것이다.

다음으로 이 연구에서는 참가자들에게 서술적 규범과 명령적 규범 정보를 모두 제공했다. 예상대로 두 가지 규범 정보 모두 기부 행동에 유의미한 영향을 미쳤다. 하지만, 놀랍게도 서술적 규범과 명령적 규범 정보 간에는 상호 작용 효과가 없었다. 즉, 많은 사람이 기부한다는 사실(서술적 규범)에 상관없이 다른 사람들이 기부하는 것이 바람직하다고 생각한다는 인식(명령적 규범)은 기부 행동에 지속적인 영향을 미쳤다는 뜻이다.

이 결과는 이론적으로나 실용적으로 매우 중요하다. 이론적으로는 명령적 규범이 행동에 영향을 미치는 것은 오직 서술적 규범과 일치하는 경우에만 가능하다고 주장했던 Bicchierri & Xiao(2009)의 연구 결과에 도전한다. 이 연구 결과는 반대로, 서술적 규범과 명령적 규범은 서로 상대적으로 독립적으로 작용한다는 것을 시사한다.

실용적인 관점에서도 이 연구 결과는 중요하다. 사람들이 더 많이 기부하도록 사회적 정보를 조작하는 데는 몇 가지 문제가 있다. 여러 사회적 규범이 서로 영향을 미칠 경우, 기부를 늘리는 가장 좋은 방법을 찾는 것은 복잡한 과정이 될 수 있다. 하지만 이 연구 결과는 서로 다른 사회적 규범을 강조하는 메시지를 별개로 개발하는 것이 효과적이라는 것을 시사한다.

다만 Habib 등(2021)은 전 세계적으로 사후 장기 기증자 등록률이 낮아 생명을 구할 수 있는 기회가 크게 제한되고 있는 문제를 해결하기 위해 사회적 규범을 적용했다. 기존 접근에서는 다양한 국가 및 지역 보건기관은 낮은 장기 기증자 등록률을 강조하여 기증을 장려하는데, 이는 낮은 서술적 규범을 활용하는 것이다. 즉, 많은 사람이 기증하지 않는다는 사실을 알려줌으로써 기증을 유도하는 방법이다. 이에 비해 새로운 접근에서는 낮은 서술적 규범과 함께 높은 명령적(의무적) 규범을 결합하는 것이 더 효과적임을 발견했다. 높은 의무적 규범은 사람들이 생각하는 바와 실제 행동 사이의 차이를 부각하는 것으로, 기증은 중요한 일이지만 실제로는 많은 사람들이 기증하지 않는다는 것을 강조한다. 이 연구 결과는 서술적 규범과 의무적 규범을 함께 제시하면 단독으로 제시할 때보다 더 많은 사람이 장기 기증에 등록했으며, 책임감이 이러한 효과를 중재한다는 것을 보여준다. 즉, 사람들이 자기 행동이 다른 사람들에게 영향을 미친다고 느낄 때 더 많은 등록을 하게 된다.

7.2. 사회적 정보와 사회적 운동이 기부에 미치는 영향

사회적 영향력은 자선 기부에 상당한 영향을 미친다. 이 말은 주변 사람들,

사회 분위기, 미디어 등이 우리의 기부를 결정하는 데 큰 영향을 준다는 뜻이다. 자발적으로 기부하는 것도 중요하지만 주변의 영향을 받아 기부하는 경우도 많다. 즉 사회적으로 기부가 중요하다고 강조하면 기부에 대한 압력을 느낄 수 있다. 뉴스, SNS, 친구들의 말 등 우리가 접하는 모든 정보는 남을 돕는 행동, 즉 기부에 영향을 미친다. 따라서 결론적으로, 우리의 기부 행위는 개인적인 판단뿐만 아니라 사회적 영향력에 의해 크게 좌우된다. 따라서 더 많은 사람이 기부에 참여하도록 하기 위해서는, 긍정적인 사회적 분위기를 조성하고, 기부에 대한 정보를 효과적으로 전달하는 것이 중요하다. 개인이나 기업의 기부에 영향을 미치는 사회적 요인 중에서 대표적인 것으로 다음과 같은 사회적 정보가 있다.

- 기부 평균액: 기부자들이 자신의 기부액이 다른 사람들의 평균보다 높거나 낮은지를 비교하고, 평균에 맞추거나 초과하려는 경향이 있다.
- 기부 모드: 기부자들이 가장 많이 선택한 기부액을 알게 되면, 그 액수를 따르거나 증가시키려는 경향이 있다.
- 기부 비율: 기부자들이 자신의 소득 대비 기부 비율이 다른 사람들보다 높거나 낮은지를 비교하고, 비율을 높이려는 경향이 있다.
- 사회적 운동: 인종 정의와 평등, 코로나19의 불균형한 영향 등 사회적 운동에 영향을 받아, 체계적이고 구조적인 문제의 근본 원인을 해결하고 장기적인 영향을 고려하는 기부를 하려는 경향이 있다.

사회적 정보가 이타적 행동에 미치는 영향

사람들이 기부하는 이유는 남을 돕고 싶어서, 즉 순수한(이타적) 마음에서뿐만 아니라, 주변 사람들의 눈치를 보거나 사회적인 기대에 부응하기 위해서일 수도 있다. 그러나 이 두 가지 형태의 동기는 완전히 다른 행동으로 이어진다. 순수한 마음으로 기부하는 사람은 기부를 통해 행복을 느끼고, 앞으로도 계속해서 기부하고 싶어 하지만, 주변의 시선 때문에 기부하는 사람은 압력이 없어지면 기부를 하지 않으려고 한다는 것이다(Cain 등, 2014).

좀 더 자세히 설명하면 사람들은 주변 사람들이 하는 대로 따라 하는 경향이 있다. 기부도 마찬가지로, 다른 사람들이 많이 기부하는 것을 보면 나도 더 많이 기부하고 싶은 마음이 생기는데 이것을 '상향적 사회적 정보'라고 한다. van Teunenbroek & Bekkers(2020)는 개인에게 크라우드 펀딩 플랫폼에서 실제 평균 금액을 능가하는 평균 금액을 보여줬을 때 실제 정보를 보여준 사람들보다 17% 더 많이 기부했다는 것을 발견했다. 반대로 다른 사람들이 적게 기부하는 것을 보면 나도 적게 기부해도 된다고 생각하는 경우가 있는데, 이를 '하향적 사회적 정보'라고 한다.

하지만 모든 경우에 이런 현상이 나타나는 것은 아니다. 첫째, 개인의 성격에 따라 다르다. 어떤 사람은 다른 사람의 영향을 많이 받고, 어떤 사람은 다른 사람의 영향을 별로 받지 않을 수 있다. 둘째, 상황에 따라 다르다. 어떤 상황에서는 다른 사람의 행동이 큰 영향을 미치지만, 어떤 상황에서는 다른 사람의 행동이 별로 영향을 미치지 않을 수 있다. 셋째, 기부 대상에 따라 다르다. 어떤 단체에는 기부를 많이 하고, 어떤 단체에는 기부를 적게 하는 때도 있다. 요약하면 사회적 정보는 사람들의 기부 행동에 큰 영향을 미치지만, 개인의 성격, 상황, 기부 대상 등 다양한 요인에 따라 그 영향력이 달라질 수 있다.

또한 연구 방법이 달라서 결과가 다르게 나올 수 있다. 연구마다 실험 조건이 다르고, 제공되는 정보의 종류도 다르고, 기부 의도를 측정하는 방법도 다를 수 있기 때문이다.

따라서 Xu 등(2023)의 연구에서는 기부 행동에 미치는 사회적 영향의 패턴과 그 메커니즘을 조사했다. 연구 참가자들은 먼저 기부 금액을 정한 뒤에 다른 사람들의 기부 정보(많이 기부/적게 기부/비슷하게 기부)를 보게 된다. 그리고 이 정보를 보고 난 뒤 다시 기부 금액을 조정할 수 있게 했다. 이러한 방식을 통해 사회적 정보가 기부 행동에 어떤 영향을 미치는지 더 정확하게 파악할 수 있다. 또한 이 연구에서는 뇌파 측정 기기를 사용하여 참가자들이 사회적 정보를 볼 때 뇌 활동을 관찰했다. 겉보기에는 행동이 비슷해도 사람들의 기본적인 동기가 다르면 뇌 반응도 달라질 수 있기 때문이다.

연구의 주요 결과는 다음과 같다.

1. 사회적 정보가 기부 행동에 미치는 영향
- 상향 사회적 정보: 다른 사람들이 많이 기부했다는 정보는 기부 금액 증가에 영향을 미치지만, 뇌파 분석 결과 이는 기꺼이 기부하는 마음보다는 사회적 압박에 의한 결과임을 보여준다.
- 하향 사회적 정보: 다른 사람들이 적게 기부했다는 정보는 기부 금액 감소에 영향을 미치지만, 뇌파 분석 결과 이는 기꺼이 기부하는 마음 감소 때문이 아니라 사회적 규범에 대한 반응 때문임을 보여준다.
- 평등 사회 정보: 다른 사람들이 비슷하게 기부했다는 정보는 기부 금액에 큰 영향을 미치지 않는다.

2. 사회적 영향은 개인의 기부 성향에 따라 다르다
- 개방성: 개방성이 높은 사람은 상향 사회적 정보에 더 민감하게 반응하여 기부 금액을 더 많이 증가시키는 경향이 있다.
- 외향성: 외향성이 높은 사람은 하향 사회적 정보에 더 민감하게 반응하여 기부 금액을 더 많이 감소시키는 경향이 있다.

이 연구의 시사점은 사회적 정보는 사람들의 기부 행동에 영향을 미치지만, 그 방향과 정도는 사회적 정보의 유형과 개인의 기부 성향에 따라 다르다는 것이다. 하향적 및 동등한 사회적 정보와 비교했을 때, 상향적 사회적 정보는 더 큰 압력을 유발했다. 이러한 결과는 사회적 압력이 사회적 정보에 대한 행동 변화에 대한 주요 심리적 인센티브임을 시사했다.

사회적 운동이 기부에 미치는 영향

사회운동은 사람들이 어려운 문제에 관심을 갖고, 함께 해결하려는 마음을 키워준다. 이러한 마음이 자연스럽게 기부로 이어지면서, 특정 문제를 해결하기 위한 자금이 모이게 된다.

좀 더 자세히 설명하면 다음과 같다.

- 문제 인식: 사회운동은 사람들에게 사회 문제의 심각성을 알리고, 문제 해결을 위해 함께 노력해야 한다는 공감대를 형성한다.
- 공동체 의식 강화: 사회운동에 참여하면서 사람들은 자신이 속한 사회의 일원으로서 책임감을 느끼고, 함께 문제를 해결하고 싶어 한다.
- 참여 유도: 사회운동은 기부 외에도 다양한 방법으로 사회에 기여할 수 있다는 것을 보여주어, 더 많은 사람이 사회 문제 해결에 참여하도록 유도한다.
- 기부 문화 확산: 사회운동은 기부가 사회 문제 해결에 중요한 역할을 한다는 것을 알리고, 주변 사람들에게 기부를 권장하는 분위기를 만들어간다.

사회적 운동이 기부에 미치는 영향의 대표적 사례를 들어보자. #GivingTuesday는 전 세계에 철저한 관대함(radical generosity)의 파워를 발휘하는 글로벌 관대함을 펼치는 운동이다. 이 캠페인은 2012년에 사람들이 좋은 일을 하도록 격려하는 날이라는 단순한 아이디어로 만들어졌다. 매년 추수감사절 다음 화요일에 진행된다. 철저한 관대함이란 마치 우리가 아파할 때 참을 수 없는 것처럼, 다른 사람의 어려움도 참아줄 수 없다는 마음, 즉 너그러운 마음으로 서로 도움을 베풀면 세상이 좋아진다는 것이다. 이 개념에 뿌리를 내리면 엄청난 양의 긍정적인 변화를 끌어낼 수 있다는 것을 인식한다.

이 캠페인은 자선 기부에 대한 사회적 운동의 효과를 크게 두 가지로 구분한다:

- 기부의 증가: #GivingTuesday는 전 세계적으로 기부와 자원봉사의 비율을 크게 늘렸다. 매년 이 행사 날에는 수백만 명의 사람들이 홈리스 쉼터에서 봉사 활동을 하거나, 음식을 기부하는 등 다양한 방식으로 이웃과 소통하고 있다.
- 사회적 연결성 강화: 이 행사는 단순한 기부를 넘어, 더 나은 세상을 만들기 위한 공동체의 노력으로 이어지고 있다. 실제로, 참가자의 52%는 자신들의 작은 실천이 더 큰 변화를 만들어낼 수 있다고 믿으며, 이는 #GivingTuesday가 단순한 행사를 넘어 하나의 사회 운동으로 자리매김했음을 보여준다.

따라서, #GivingTuesday 캠페인은 개인의 관대함을 통해 사회적 변화를 촉진하고, 이를 통해 자선 기부에 대한 사회적 영향을 높이는 데 중요한 역할을 한다. (https://www.givingtuesday.org/about/참조)

7.3. 사회적 영향과 기부 행위

사회적 영향은 개인의 생각, 감정, 행동에 영향을 미치는 사회적 요인들을 말한다. 자선 기부에 대한 사회적 영향은 크게 개인적 영향과 사회적 영향으로 나눌 수 있다. 개인적 영향은 개인의 가치관, 신념, 성격, 경험 등과 같은 개인적인 요인에 의해 발생하는 영향을 의미한다. 예를 들어, 개인이 이타주의적 가치관을 따르고 있다면 자선 기부에 더 적극적으로 참여할 가능성이 높다. 또한, 개인이 어려운 사람들을 돕는 경험을 했다면 자선 기부에 대한 긍정적인 태도를 형성할 가능성이 높다. 사회적 영향은 사회적 규범, 유행, 사회적 압력 등과 같은 사회적 요인에 의해 발생하는 영향을 의미한다. 예를 들어, 사회적 규범에 따라 기부해야 한다는 생각이 있는 사람이라면 자선 기부에 참여할 가능성이 높다. 또한, 주변 사람들이 자선 기부에 참여하는 모습을 보게 되면 자선 기부에 대한 긍정적인 태도를 형성할 가능성이 높다.

　이러한 사회적 영향은 동조, 사회적 규범, 공동체 의식, 이타심 등 다양한 유형으로 나타날 수 있다. 사회적 영향은 자선 기부의 양과 질에 영향을 미친다. 동조, 사회적 규범과 같은 유형의 사회적 영향으로 기부하는 경우, 주변 사람들과 비슷한 금액을 기부하거나, 사회적 규범에 맞춰 적정하다고 생각되는 금액을 기부하는 경향이 있다. 즉, 기부 금액이 상대적으로 적을 수 있다. 반면에 공동체 의식, 이타심과 같은 유형의 사회적 영향으로 기부하는 경우, 공동체의 발전이나 다른 사람을 돕는 데 더 큰 의미를 부여하기 때문에, 상대적으로 더 많은 금액을 기부할 가능성이 높다. 즉, 기부 금액이 상대적으로 많을 수 있다 (Martin 등, 2023).

　최근에는 사회적 영향이 자선 기부에 미치는 영향이 점차 커지고 있다. 인터넷과 SNS의 발달로 사람들이 자선단체의 활동에 대해 더 쉽게 알 수 있게 되면서, 동조나 사회적 규범에 따라 자선 기부를 하는 사람들이 늘어나고 있다. 또한, 사회의 양극화와 기후 변화 등과 같은 사회 문제에 관한 관심이 높아지면서, 공동체 의식이나 이타심을 바탕으로 자선 기부를 하는 사람들이 늘어나고 있다.

　Croson & Shang(2011)은 공공 라디오의 모금 활동에서 사회 영향이 기부 행동에 미치는 영향을 실증적으로 조사했다. 이들은 실험 대상자 총 547명을 다음과 같은 세 그룹으로 나누어 기부 행동을 비교했다. (1) 정보 제공 그룹에는 기부자 수, 평균 기부액 등의 정보를 제공하고, (2) 사회적 비교 그룹에는 위 정보에 더해 최근 기부한 사람의 이름과 금액을 추가하고, (3) 통제 그룹에는 아무런 정보도 제공하지 않았다. 결과는 다른 사람들이 얼마나 기부했는지 알려준 사회적 비교를 한 그룹이 평균적으로 12-15% 더 기부한 것으로 나타났다.

이 연구는 기부금 모금에 있어 사회적 정보의 제공이 기부 금액을 증가시키는 데 효과적인 수단임을 주장했다. 즉 사람들이 혼자 결정하는 것보다 다른 사람들의 행동에 영향을 받아 결정을 내린다는 것을 보여준다. 이런 현상을 사회적 영향이라고 한다.

자선 기부에 대한 직장에서의 사회적 영향을 설명하는 몇 가지를, 다른 사례를 중심으로 살펴보자. Sanders(2017)는 현장 실험을 통해 투자 은행 직원이 두 자선단체에 기부하는 데 사회적 영향이 미치는 영향을 테스트했다. 이 연구의 결과를 요약하면 다음과 같다.

- 동료의 기부 행위를 목격한 사람들은 그렇지 않은 사람들보다 기부할 가능성이 더 높았다. 다른 사람들이 기부한다는 정보(사회적 관계)가 개인의 기부 성향을 높이며, 동료들이 기부하는 것을 보면 기부해야 한다는 압박감을 느끼고(사회적 규범) 기부 가능성이 높아진다는 것이다.
- 동료의 기부 정보가 투명하게 공개될수록 개인의 기부 의향은 더욱 높아졌다.[27]
- 동료들과 기부 금액을 비교할 때 경쟁 심리가 작용하여 기부 금액이 증가하고 기부 관련 정보를 제공하면 기부 참여도가 높아진다. 동료가 얼마나 기부했는

---

27 회사 내 자선 기부 플랫폼을 구축하여 기부금 사용 내역, 참여 직원 현황 등을 공개함으로써 투명성을 확보한다. 다만 기부자 명단 공개는 특별한 경우 선택적으로 공개하여 참여를 유도한다. 또한 기부금 사용 내역 및 성과를 정기적으로 보고하여 신뢰를 구축한다.

지 알면 기부 규모가 평균 25% 증가하고, 참여율이 10% 증가했다.

- 회사가 기부금을 일정 금액까지 맞춰줄 때(매칭 기부) 기부 규모가 평균 120% 증가하고, 참여율이 30% 증가했다.[28]
- 리더(예: CEO)의 기부 참여는 직원들의 기부 행동에 긍정적인 영향을 미친다. 리더가 자선 활동에 참여하면 직원들의 기부 참여도가 20% 증가했다.
- 직장 내 자선 기부 분위기(자선 기부 문화)가 활발할수록 개인의 기부 의향은 더욱 높아졌다. 직장 내 자선 기부가 활발한 분위기라면 기부 참여도가 15% 증가했다. 실제 기부자의 후기나 경험을 공유하는 게시판을 운영하여 참여를 유도하며 정기적으로 자선 기부 뉴스레터를 발송하여 기부금 사용 결과를 공유했다.

이 연구 결과의 시사점은 직장에서의 사회적 영향은 자선 기부에 큰 영향을 미친다. 기업은 사회적 관계, 사회적 규범, 경쟁, 정보 전달, 리더의 역할, 기부 문화 등을 고려한 전략 개발을 통해 직원들의 자선 기부를 촉진할 수 있다.

다음으로 Schwirplies 등(2018)은 기부 대상에 따른 사회적 영향을 살펴보기 위해 100명의 기부자를 대상으로 설문조사를 통해 어떤 단체에 기부하고 싶은지 알아보았다. 이들은 기부자들에게 두 가지 선택지를 제시했는데, 첫 번째는 가난한 사람들을 돕는 비영리단체였다. 이 단체는 식량, 옷, 교육 등을 제공하며 사회에 큰 영향을 미치고 있었다. 두 번째는 동물 보호 단체였는데 이 단체는 동물 복지를 위해 노력하고 있었다.

연구 결과, 기부자 대부분은 가난한 사람들을 돕는 단체를 선택했고, 이 단체에 더 많은 돈을 기부하려는 의지를 보였다. 즉, 사람들은 사회에 더 큰 영향을 줄 수 있는 곳에 기부하고 싶어 한다는 것을 알 수 있다.

---

28 회사의 재정 상황에 맞춰 매칭 기부 금액을 설정한다. 통상 기부금을 2:1 비율로 매칭하는 프로그램을 운영했다. 연말 자선 기부 캠페인 기간과 같이 특정 기간 동안 매칭 기부 혜택을 제공하여 기부를 유도한다.

Schwirplies 등(2018)은 또한 사람들이 어떤 방식으로 기부하는지에 대해 연구했다. 이들은 사람들에게 두 가지 다른 기부 방법을 제시하고, 어떤 방법을 더 선호하는지 알아보았다. 첫 번째 방법은 적은 돈으로 더 큰 효과를 낼 수 있는 방법이었다. 예를 들어, 물건을 기증하거나 자원봉사를 하는 것이다. 두 번째 방법은 많은 돈을 내지만 효과가 작은 방법이었다.

연구 결과, 사람들은 사회에 더 큰 도움이 되는 첫 번째 방법을 더 선호했다. 특히, 기부 대상에 대해 잘 알고 있을수록 더 효과적인 기부 방법을 선택하는 경향이 있었다. 즉, 사람들은 단순히 돈만 기부하는 것보다, 자신의 기부가 어떻게 쓰이는지 알고 싶어 하고, 더 의미 있는 방식으로 기부하고 싶어 한다는 것을 보여준다.

기부자 간의 유사성이 자선 기부에 미치는 영향

사회적 영향은 사회적 학습의 한 형태로 볼 수 있다. 사회적 학습은 타인의 행동을 관찰하고 모방함으로써 새로운 행동을 습득하는 과정을 말한다. 유사성이 존재하는 경우 기부자는 서로의 기부 행동을 관찰하고 모방함으로써 기부 행동을 하게 된다는 것이다. 이러한 사회적 영향은 다음과 같은 두 가지 메커니즘을 통해 작동할 수 있다.

- 동일시(identification): 기부자는 유사한 사람을 자신과 동일시하려는 경향이 있다. 따라서 유사한 사람이 기부하는 것을 보면 자신도 기부해야 한다는 생각을 갖게 된다.
- 동조(conformity): 기부자는 유사한 사람의 행동을 따라가려는 경향이 있다. 따라서 유사한 사람이 기부하는 것을 보면 자신도 기부해야 한다는 사회적 압력을 느끼게 된다.

유사성이 존재하는 경우, 사람들은 타인의 행동을 자신의 행동과 일관되게 이루어지도록 하는 경향이 있다. 이는 유사성이 정보적 영향, 규범적 영향, 동조적 영향의 모든 요소를 포함하기 때문이다. 예를 들어, 성별이 같은 기부자는 서로의 기부 행동에 대해 정보를 공유하고, 서로의 기부 행동을 규범적으로 기대하고, 서로의 기부 행동에 동조하는 경향이 있다. 이러한 경향으로 인해, 성별이 같은 기부자는 서로의 기부 행동이 유사한 방향으로 이루어지는 경향이 있다.

유사성이 기부 행위에 영향을 미치는 구체적인 메커니즘은 다음과 같이 설명할 수 있다. 첫째, 유사성은 공감과 신뢰를 형성하는 데 도움이 된다. 둘째, 유사성은 동일한 가치관을 공유한다는 인식을 심어주어 기부 행동을 정당화하는 데 도움이 된다. 셋째, 유사성은 기부 행위를 모방하도록 유도하는 데 도움이 된다.

Tian & Konrath(2021a)는 기부자 간의 유사성이 자선 기부에 어떤 영향을 미치는지를 조사하였다. 연구 결과, 유사성의 영향에 대한 다음과 같은 결론을 내렸다.

- 유사성은 기부 행동에 긍정적인 영향을 미칠 수 있다. 유사한 기부자들은 서로의 기부 행동에 대해 더 많은 정보를 공유하고, 서로의 기부 행동을 더 잘 이해하고, 서로의 기부 행동을 더 많이 지지할 가능성이 높다. 이러한 요인들은 기부 행동을 증가시킬 수 있다.
- 유사성은 기부 행동에 부정적인 영향을 미칠 수도 있다. 유사한 기부자들은 서로의 기부 행동을 경쟁으로 인식하거나, 서로의 기부 행동을 자신의 기부 행동에 대한 위협으로 인식할 가능성이 높다. 이러한 요인들은 기부 행동을 감소시킬 수 있다.

이 연구는 유사성이 기부에 미치는 영향이 복잡하고 다양한 요인에 의해 결정되므로 단순히 유사성만으로 기부를 예측하기는 어렵고, 다음 5가지 요인을 함께 고려해야 한다고 강조했다. 첫째, 어떤 종류의 유사성이나 이질성이 기부에 영향을 미치는지에 따라 결과가 달라질 수 있으며(유사성/이질성의 유형), 둘째, 유사점이나 이질적으로 많을수록 기부에 미치는 영향이 더 클 수 있고(유사성/이질성의 수), 셋째, 어떤 정체성이 더 눈에 띄거나 중요하게 여겨지는지에 따라 기부 행동이 달라질 수 있다(정체성의 두드러짐). 넷째, 해당 정체성에 대한 사회적인 기대나 규범이 기부에 영향을 미칠 수 있으며(사회적 기대/규범), 다섯째, 개인이 자신의 정체성을 다른 사람과 얼마나 연결하게 하는지에 따라 기부 행동이 달라질 수 있다(자기-타인 중첩).

이 연구의 또 다른 시사점은 유사성의 영향이 기부자 간의 관계의 특성, 기부 목표의 특성, 기부 환경의 특성 등에 따라 달라질 수 있다는 것이다. 예를 들어, 친밀한 관계에 있는 기부자들은 유사성이 기부 행동에 미치는 긍정적인 영향을 더 많이 경험할 가능성이 높다. 또한, 사회정의와 같은 공통된 목표를 가진 기부자들은 유사성이 기부 행동에 미치는 부정적인 영향을 덜 경험할 가능성이 높다. 마지막으로, 기부 환경이 기부 행동에 대한 사회적 규범을 강력하게 지지하는 경우, 유사성은 기부 행동에 미치는 영향을 줄일 수 있다.

Tian & Konrath(2021b)는 기부를 할 때 다른 기부자와 얼마나 비슷한지가 기부에 어떤 영향을 미치는지 알아보았다. 연구 참가자들을 여러 그룹으로 나누고, 각 그룹에 다른 유사성 수준의 기부자들을 보여주었다. 그 결과, 기존 연구들은 비슷한 사람들이 기부하면 자신도 더 많이 기부한다고 했는데, 이 연구에서는 적당한 유사성을 느낀 사람들이 가장 많이 기부했고, 너무 비슷한 사람들이 많이 기부하는 것을 본 사람들은 오히려 기부를 줄였다는 것을 발견했다(그림 9 참조). 너무 비슷한 사람들이 많이 기부하면, 기부자들은 자신의 기부가 별로 중요하지 않다고 느낄 수 있다. 이러한 현상은 사회적 영향 중에서 비동조(Non-conformity) 또는 비순응이라고 불리는 사회심리학적인 개념과 관련이 있다. 이 개념은 다른 사람들이 어떤 행동을 하고 있을 때, 그 행동을 따라하기 위해 자신이 그 행동을 할 필요가 없다고 느끼는 현상이다.

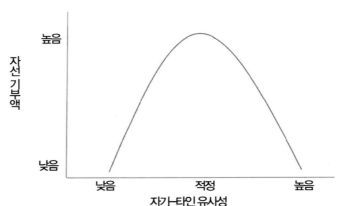

〈그림 9〉 기부자 간의 자기-타인 유사성이 개인의 자선 기부에 미치는 영향

비영리단체의 모금 전략은 관대한 기부자와 잠재 기부자 간의 외모가 적당히 비슷하면(신체적 유사성) 기부를 촉진하는 데 가장 효과적이라는 사실을 고려해야 한다. 다만 높은 수준의 유사성을 강조하는 것이 항상 성공적이지는 않을 수 있다. 즉 자기-타인 유사성과 자선 기부 사이에는 단순한 선형적이고 긍정적인 관계가 아니라 곡선적 관계가 있다는 것이다. 기부자 간의 유사성이 너무 많으면 다른 사람이 관대하게 기부할 때 역효과가 날 수 있다는 사실이다.

또한 유사성에만 집중하면 특정 집단에 대한 편향(편협성)이 발생할 수 있으며, 다양성을 저해할 수 있다. 유사한 사람들끼리 서로 영향을 주고받는 속에서 무분별한 기부가 발생할 수 있으며, 합리적인 판단이 어려워질 수 있다.

자선단체(비영리조직)는 사회적 영향을 효과적으로 기부에 활용하기 위해서는 유사성뿐만 아니라 다른 요소들도 고려해야 한다. 개인의 특성(사회적 책임감, 가치관, 공감 능력: 기부 경험 등), 상황적 요소(기부의 목적, 형태, 기부의 편의성 등), 정보의 특성, 사회적 영향 전략 등을 함께 고려해야 효과적인 기부를 유도할 수 있다.

7.4. 사회적 정체성과 역동성이 기부에 미치는 영향

사회적 정체성

사회적 정체성(Social identity) 이론은 우리가 속한 집단과의 동일시가 어떻게 우리의 생각, 감정, 행동에 영향을 미치는지 설명하는 이론이다. 쉽게 말해, 우리는 우리가 속한 내집단에 대한 긍정적 이미지를 유지하고 강화하려는 경향이 있으며, 이를 위해 외집단과의 비교를 통해 내집단의 가치를 높이려고 한다. 이는 다른 집단(외집단)에 대한 편견이나 차별로 이어질 수 있다는 것이다.[29] 사람들이 정체성을 가지고 집단을 심리적으로 의미 있다고 간주할 때 집단의 가치, 규범, 신념을 내재화하며 자아상을 형성할 수 있다. 이와 같이 사회적 정체성을 가지는 집단은 기부 행동에 영향을 줄 수도 있다.

자선 기부는 본질적으로 기부자와 수혜자를 연결하는 사회적 과정이다. 기부자와 수혜자의 다양한 조합은 다양한 메커니즘을 통해 기부를 촉진할 수 있다.

---

29 사회 정체성 이론은 집단 간 관계를 이해하는 데 유용한 이론이지만, 다음과 같은 한계를 가지고 있다. 첫째, 개인의 성격, 가치관, 경험 등에 따라 집단에 대한 정체성과 그 영향력이 다를 수 있다(개인의 차이). 둘째, 모든 집단 구성원이 동일한 정체성을 가지고 있는 것은 아니며, 집단 내 다양성을 고려하지 못하는 한계가 있다(집단 내 다양성). 셋째, 사회적 맥락에 따라 집단 간 관계와 편견의 형태가 달라질 수 있다(사회적 맥락).

따라서 기부 여부와 그 이유 또는 이유를 이해하려고 할 때 자신(기증자)과 다른 사람(수혜자)을 모두 이해하는 것이 중요하다(Chapman 등, 2018).

선행 연구에서 사회 정체성이 기부에 미치는 영향을 살펴보자. 후원자와 지역사회의 정체성을 강조하는 모금 호소는 자선 기부를 늘릴 수 있다(Kessler & Milkman, 2018). 자선단체와 동일시하면 동료 간 모금자들이 더 많은 노력을 기울여 기금을 모을 수 있으며, 수혜자와 공통된 정체성을 공유하면 도움을 제공할 가능성이 높아진다(Maki 등, 2019). 또한 기부자들은 자신과 정체성을 공유하는 과거 기부자들의 행동에 더 강하게 영향을 받는다(James III, 2019). 그러나 정체성은 단순히 우리가 속한 집단을 넘어, 우리의 행동을 이끄는 나침반과 같은 역할을 한다. 다른 나라 사람들을 도울 때, 사람들은 자기 나라 사람이라는 정체성을 내세워 도움을 주거나 거절하는 이유를 만들기도 한다. 이는 마치 '우리 집단의 이익을 위해서는 이렇게 해야 한다'고 생각하는 것과 비슷하다.

정체성은 기부를 결정하는 데 영향을 미치지만, 어떤 자선단체를 선택하는지에 대해서는 아직 많이 알려지지 않았다. 예를 들어, 여성들은 높은 도덕적 정체성을 가진 경우 더 넓은 사회(outgroup)에 기부하는 경향이 있고, 남성들은 높은 도덕적 정체성을 가진 경우 더 친한 사람들을(ingroup) 돕는 경향이 있다. 또한, 소비자들은 자신과 관련된 자선단체를 더 좋아하는데, 이는 정체성이 기부 선택에 영향을 미친다는 것을 보여준다. 그러나 어떤 종류의 정체성이 기부 선택에 영향을 미치고, 사람들이 자신의 정체성과 타인의 정체성을 어떻게 사용하여 기부 선택을 정당화하는지에 대해서는 아직 많이 알려지지 않았다.

이에 Chapman 등(2020)은 두 가지 질문에 답했다. 첫 번째는 기부자가 자기 자신과 자선단체의 관계를 설명할 때 어떻게 정체성을 이용하는지 이해하는 것이다. 두 번째는 사람들이 다른 종류의 자선단체에 기부하는 이유가 다른지 알아보는 것이다. 연구 결과, 다음과 같은 주요 내용을 확인할 수 있다.

첫째, 정체성 동기는 기부 행동에 큰 영향을 미친다. 많은 사람이 자신이 소중하게 생각하는 가치와 일치하는 단체에 기부함으로써 자신의 정체성을 표현하고 싶어 한다. 예를 들어, 환경 보호에 관심이 많은 사람은 환경 단체에 기부하고, 동물 보호에 관심이 많은 사람은 동물 보호 단체에 기부하는 식이다.

둘째, 정체성 동기는 기부 대상 선택에 영향을 미친다. 기부자들은 자신이 소속된 사회적 집단, 문화적 배경, 개인적인 경험 등에 따라 특정 단체를 선택하는 경향이 있었다. 즉, 자신의 정체성과 일치하는 단체에 더욱 강한 연대감을 느끼고, 이러한 단체에 기부함으로써 자신의 정체성을 더욱 확고히 하려는 것이다.

셋째, 정체성 동기는 문화적 배경에 따라 다르게 나타난다. 문화권마다 중요하게 생각하는 가치가 다르므로, 정체성 동기가 기부 행동에 미치는 영향도 문화권에 따라 차이를 보인다.

넷째, 정체성의 변화와 기부: 시간이 지나면서 사람들의 정체성은 변화할 수 있으며, 이에 따라 기부 행동도 변화할 수 있다. 예를 들어, 젊은 시절에는 개인적인 성장에 초점을 맞춰 기부했다면, 나이가 들어 사회에 대한 책임감이 커지면서 사회 문제 해결을 위한 단체에 기부할 수 있다.

이 연구는 기부 행동에 대한 이해를 심화시키는 데 중요한 의미를 가진다. 즉, 사람들이 단순히 경제적인 이유나 도덕적인 의무감 때문에 기부하는 것이 아니라, 자신만의 정체성을 표현하고 싶어 하는 심리적인 욕구 때문에 기부한다는 것을 보여준다. 결론적으로, Chapman 등(2020)의 연구 결과는 기부 캠페인을 기획하고 실행하는 데 있어 기부자의 심리적인 측면을 고려해야 함을 시사한다. 단순히 물질적인 지원을 요청하는 것을 넘어, 기부를 통해 자신을 표현하고, 소속감을 느끼며, 사회에 이바지한다는 의미를 부여하는 것이 중요하다.

이 연구가 비영리조직(자선단체)의 경영에 시사하는 바를 살펴보면 무엇보다 사람들이 자선단체에 기부하는 이유는 다양하다는 것이다. 예를 들어, 종교 단체에 기부하는 사람들은 종교적인 가치관 때문에 기부하고, 의료 연구 단체에 기부하는 사람들은 가족의 중요성 때문에 기부할 수 있다. 자선단체는 이러한 동기를 이해하여 효과적인 모금을 할 수 있다. 예를 들어, 종교 단체는 종교적인 가치관을 강조하고, 의료 연구 단체는 가족의 중요성을 강조할 수 있다. 또한, 자선단체는 자신이 지원하는 사람들이 어떤 어려움을 겪고 있는지 이해하여 그에 맞는 모금 캠페인을 진행할 수 있다.

이 연구는 기부자들이 기부를 결정할 때 어떤 정체성을 중요하게 생각하는지 조사했다. 그 결과, 국적, 종교, 가족, 조직 경험, 건강 등이 중요한 정체성으로 나타났다. 자선단체들은 이러한 정체성을 활용하여 기부자들을 대상으로 맞춤형 캠페인을 진행할 수 있다. 예를 들어, 종교 단체는 종교적인 정체성을 강조하고, 건강 관련 단체는 가족의 중요성을 강조할 수 있다. 이렇게 하면 기부자들이 더 공감하고 기부할 가능성이 높아진다. 특히, 자선단체의 수혜자와 기부자가 공통된 정체성을 가질 때 더 효과적인 캠페인을 진행할 수 있다.[30]

이상을 종합하면 영리 기업들은 고객을 잘 이해해야 하는 것처럼, 비영리단체도 기부자를 이해해야 한다. 이는 기부자의 요구와 관심에 맞는 기금모금 활동을 설계하고 효과적으로 운영하기 위해 필수적이다. 비영리단체는 이 이론을

30　실제 캠페인에 적용할 수 있는 구체적인 예시(타깃 기부자의 정체성 파악 및 공감대 형성)를 나타낸다.
(1) 세분된 타깃 설정: 단순히 연령대나 소득 수준이 아닌, 특정 가치관이나 관심사를 가진 사람들을 세분화하여 타깃으로 설정한다. 예를 들어, 환경 보호에 관심이 많은 20대 여성을 타깃으로 할 수 있다.
(2) 공감대 형성을 위한 스토리텔링: 타깃 기부자들이 공감할 수 있는 스토리를 제작하여 캠페인에 활용한다. 예를 들어, 환경 문제로 고통받는 동물들의 이야기나, 기후 변화로 인해 어려움을 겪는 지역사회의 모습을 보여주는 영상을 제작할 수 있다. (3) 기부자의 경험 공유: 기존 기부자들의 경험담을 공유하여 새로운 기부자들에게 공감대를 형성하고, 기부 참여를 유도할 수 있다.

활용하여 기부자들이 어떤 가치관을 가지고 있으며, 그에 따라 어떤 목적에 기부하는지 이해할 수 있다. 인구통계적 정보(나이, 성별, 직업 등)는 기부자의 기본적인 특성을 파악하는 데 도움이 된다. 기부자의 동기(왜 기부하는지)를 이해하면 기부자의 가치관과 관심사를 파악할 수 있다. 기부 행동(무엇을, 어떻게 기부하는지)을 분석하면 기부자의 기부 패턴과 선호를 파악할 수 있다(Gold, 2023). 이러한 정보를 통합하면 비영리단체는 기부자의 요구에 맞는 기금 모금 활동을 설계하고, 기부자와의 관계를 강화할 수 있다. 또한, 효과적인 커뮤니케이션을 통해 기부자의 지속적인 지원을 유도할 수 있다.

사회적 역동성(Social dynamics)

사회적 역동성은 우리가 다른 사람들과 어떻게 상호 작용하고 감동을 주는지에 관한 것이다. 이는 우리의 소속감이다. 'Psychology Today'가 819명의 미국 기부자를 대상으로 벌인 설문조사에서 기부자들은 기부가 자신이 아끼는 사람에게 중요하기 때문에 기부했다고 인정했다. 예를 들어, 부부는 종종 함께 기부했으며, 다른 기부자들은 아는 사람이 지원 질병으로 고통받고 있으므로 의료 자선단체를 선택했다.

우리가 자선활동에 사회적 역학을 적용할 때, 사람들이 자선활동에 참여하는 이유 중 하나는 다른 사람들에게 좋은 모습을 보여주고 싶어서이기도 하다. 착한 사람으로 보이면 다른 사람들에게 인정받고 받아들여지는 느낌을 받을 수 있기 때문이다.

인간은 누군가에게 칭찬받거나 주목을 받는 행동을 보면 자신도 모르게 그 행동을 따라 하려는 경향이 있다. 마치 무리의 다른 동물들을 따라다니는 것처럼 말이다. 특히, 많은 사람이 어떤 일에 참여하거나 기부하는 모습을 보면 자신도 그들과 같은 공동체의 일원이 되고 싶어 하며, 자연스럽게 그 행동을 따라 하게 된다. 이는 '원숭이가 보면 원숭이도 한다'라는 전형적인 사례이다. 즉 이 속담은 사람들은 주변 사람들의 행동에 큰 영향을 받으며, 때로는 비판적인 사고 없이 남들이 하는 대로 따라 하기도 한다는 의미이다.

우리가 아는 사람이 어떤 사유나 사건에 연루될 때도 사회적 역학이 주도권을 잡는다. 기본적으로 그들과 관련된 사람은 누구나 그 주제에 대해 교육을 받는다. 이렇게 덜 분명한 방식으로 자선단체와 연결되기만 해도 사회적 역학 기부자가 스스로 후원자가 되기에 충분하다.

이런 감정을 반영하여 사회적 역동성을 지닌 기부자는 '인플루언서'나 유명인이 문자 그대로 친숙한 사람이기 때문에 그들이 특정 목적을 지지할 경우 더 큰 지지를 보낼 가능성이 높다는 연구 결과가 있다(charitylink Blog, 2024, 22 Feb).

사람은 본래 무리 지어 사는 동물이라 다른 사람과 함께하고 인정받는 게 중요하다. 사회적으로 역동적인 기부자는 물질적인 기부를 하지 않고도 자선단체에 기부할 수 있는 방법을 찾는다. 여기에는 지역사회 프로젝트, 자원봉사, 마라톤 달리기 등이 포함된다.

자선활동에 사회적 역동성을 적용할 때 우리는 사람들이 때때로 다른 사람들에게 긍정적인 모습을 보여주고 인정받고 싶어 하는 마음 때문에 사회적 역학의 영향을 많이 받는다. 몇 가지 예를 보면,

- 친한 사람의 영향: 설문조사 결과, 사람들은 자신이 신경 쓰는 사람을 위해서 기부를 더 많이 한다고 밝혔다. 부부가 함께 기부하거나, 지인이 어려움을 겪고 있는 질병과 관련된 단체에 기부하는 경우가 많다.
- 주변 시선/유명세: 자선 기부뿐 아니라 봉사 활동이나 유명한 사람이 참여하는 행사에 동참하면 좋은 사람으로 인정받고 싶어 참여한다.
- 무리 본능/함께하는 유행: 많은 사람이 기부하면 나도 해야지 하고, 친구나 가

족이 도움을 필요로 하는 단체라면 더 쉽게 도움의 손길을 뻗는다.

사회적 동조 현상을 기부 유치에 활용하는 방법을 살펴보면 다음과 같다.

- 함께하는 행사 만들기: 친구, 가족, 동료들과 함께 자선 행사를 열어 참여감을 높이고 기부를 유도하세요. 자선 행사는 이런 사회적 유형의 기부자들에게 특히 효과적이다.
- 온라인 활용: 온라인 기부 페이지에서 그룹 기부 기능을 활용하거나, 쉽게 공유할 수 있는 링크 제공하기. 이해하기 쉬운 이야기와 명확한 목표 설정으로 사람들이 함께 참여하고 공유하도록 유도한다. 소셜 미디어를 통해 기부자들에게 공개적으로 감사의 메시지를 전한다.
- 오프라인 활동: 직접 만나 기부를 요청할 때는 2-3명의 작은 그룹으로 접근하여 일종의 '무리'를 형성한다. 서로 공통점을 찾고 친근감을 유발하는 질문을 던진다. 서로 의견과 감정을 나누면서 기부 의사가 보이는 사람이 있을 경우, 다른 사람이 그를 격려하도록 유도한다. 서로 '누가 더 많이 도울까?' 하는 심리를 자극할 수도 있다.

FOMO 기증자

사회적 역학과 유사하게 FOMO 'Fear of Missing Out' 또는 '소외되는 것에 대한 두려움'을 갖는 기증자는 동료의 행동에 의해 동기를 부여받는다. 이런 기부자는 다른 사람들이 자신보다 더 재미있거나 더 나은 삶을 살고 있다는 것을 인식하면 행동에 나서고 싶은 마음이 강해진다.

심리학자들은 사람들이 다른 사람이 가지고 있는 것을 잃을까 봐 두려워할 때 더욱 강한 행동을 보인다고 말한다. 이는 마치 코로나19 팬데믹 기간 동안 화장지나 휘발유를 구하기 위해 많은 사람이 줄을 서는 모습에서 보듯이, 누군가가 가진 것을 나도 가져야 한다는 강박관념 때문이다(Charity Link, 2024, 02). 이러한 심리를 'FOMO'라고 부르는데, 이는 곧 기부를 유도하는 데 있어서도 강력한 동기부여가 될 수 있다는 것을 의미한다.

FOMO는 단순히 개인의 소비 행동뿐만 아니라, 사회적인 행동에도 영향을 미칠 수 있다. 기부를 유도하는 데 있어서도 FOMO는 강력한 도구가 될 수 있지만, 이러한 심리를 이용하여 사람들을 조작하려는 시도는 윤리적인 문제를 야기할 수 있다. 따라서 FOMO를 활용할 때는 사회적 책임감을 가지고 신중하게 접근해야 한다.

한편 FOMO 현상은 기부자가 아닌 자선단체에도 적용할 수 있다. 자선단체가 중년의 부유한 사람들에게 유산 기부(deferred gift)를 요청하는 것을 두려워하는 이유는 무엇일까? 많은 단체가 이러한 요청을 하면 기부자가 평생 동안 충분히 기부하지 않아도 된다는 핑계를 대게 될 것이라고 걱정한다. 즉, 유산 기부를 약속하면서 "나는 이미 미래에 큰돈을 기부하기로 약속했으니, 지금은 적게 기부해도 된다"고 생각할 수 있다는 것이다.

자선단체는 왜 이런 두려움을 느낄까? 다른 단체들이 기부자에게 유산 기부를 요청할까 봐 먼저 요청하지 않으면 기회를 놓칠 수 있다는 두려움 때문이다. 마치 누군가 먼저 기부를 요청하면 자신은 더 이상 기회가 없다고 생각하는 것이다.

자선단체들은 기부자들이 유산 기부 약정을 마치 '기부 면죄부'처럼 사용할 수 있다고 생각하는 것이다. 즉, 다른 사람들에게 "나는 이미 유산 기부를 약속했으니 더 이상 기부할 필요가 없다"라고 주장할 수 있다고 생각하는 것이다. 하지만 이러한 두려움은 근거가 없는 경우가 많다.

실제로 유산 기부 약정이 생전 기부를 감소시킨다는 명확한 데이터는 없다.

오히려 유산 기부를 계획하는 사람들은 평소에도 기부에 관심이 많고, 다른 방식으로도 기부를 실천하는 경우가 많다. 기부는 개인의 가치관과 선택에 따라 달라지는 것이므로, 유산 기부 약정 유무와 상관없이 기부를 하고 싶은 사람은 계속해서 기부를 할 것이다. 데이터 분석 결과를 보면, 유산 기부에 대한 논의를 일찍 시작하는 것이 오히려 기부자의 평생 기부 금액을 늘리는 데 도움이 된다는 것을 알 수 있다. 즉, 유산 기부에 관한 이야기를 꺼리는 것은 기부를 줄이는 결과를 가져올 수 있다는 것이다(Tripp, 2022).

이와 같이 유산 기부는 단순히 개인의 재산을 사회에 환원하는 것을 넘어, 더 큰 사회적 가치를 창출할 수 있다. 평생에 걸쳐 기부를 약속하고 소통하는 과정에서 서로에 대한 이해와 신뢰가 더욱 깊어질 수 있다는 것이다. 또한 유산 기부를 통해 기관과 기부자 간의 긍정적인 관계를 구축하고, 장기적인 파트너십을 형성할 수 있다는 점을 시사한다.

Chapter 8

기부금 증대를 위한 감정(공감/동정)의 역할

8.1. 기부금 증대를 위한 사회적 거리 단축

기부는 단순히 돈을 주는 행위를 넘어, 다른 사람을 돕고 사회에 이바지한다는 의미를 지닌 행동이다. 이러한 기부 행동은 이성적인 판단뿐만 아니라, 감정적인 요인에 의해 크게 영향을 받는다. 따라서 기부를 유도하기 위해서는 단순히 객관적인 정보를 제공하는 것뿐만 아니라, 기부 대상의 이야기를 통해 공감대를 형성하고 감동을 주는 것이 중요하다.

여기서 기부를 유발하는 주요 감정적 요인을 보면 다른 사람의 아픔에 공감하고 함께 나누고 싶은 마음(공감), 어려운 사람들을 도와주고 싶은 마음(연민), 내가 가진 것에 비해 너무 적게 나누고 있다는 죄책감(죄책감), 좋은 일을 하고 있다는 뿌듯함(만족감, 자긍심), 나와 비슷한 사람들을 돕고 싶은 마음(연대감) 등이 있다. 반면에 기부를 저해하는 감정적 요인으로는 다른 사람의 어려움에 대해 무관심하거나, 기부금이 제대로 사용되지 않을 것이라는 불신 등이 있다.

이 중에서 기부를 유발하는 대표적인 주요 감정적 요인인 공감과 동정(연민)에 대해서 살펴본다. 공감은 상대방의 감정을 이해하고 함께 느끼며(공유하며) 동정심을 느끼는 능력이다. 이러한 공감은 사람들이 서로 도움을 주는 이타주의를 기르는 데 중요한 역할을 한다.

Batson 등(2015)은 다른 사람들이 어려움을 겪는 것을 관찰할 때 이것이 우리 안에서 감정적 각성을 활성화하고 이것이 이타적인 동기로 이어진다고 하였다. 예를 들어, 2014년에 시작된 ALS 아이스 버킷 챌린지 참가자들은 ALS(이른바 루게릭병) 환자의 고통을 직접적으로 느끼지는 못하지만 얼음물 한 통을 머리 위에 붓는 간단한 행동으로 일시적인 순간 동안 근육의 통제력을 완전히 잃은 듯한 환자들의 고통을 경험할 수 있다. 결국 공감적 관심은 자신의 고통을 줄이는 것보다 타인의 고통을 줄이는 데 더 초점을 맞추고 이타주의로 이어진다. 따라서 특정 문제에 대한 사람들의 공감이 많을수록 그 문제와 관련된 이야기를 듣고 기부를 할 가능성이 높아진다는 결론을 내릴 수 있다(Abdool 등, 2019).

한편 공감과 유사한 용어로서 동정(연민)이 있다. 공감과 동정은 비슷한 말로 여겨지기도 하지만, 몇 가지 중요한 차이가 있다. 공감은 타인의 감정을 함께 느끼며 평등한 관계를 형성하는 반면, 동정은 타인의 불행을 안타까워하며 수직적인 관계를 유지하는 감정으로, 공감이 상대방을 돕는 행동으로 이어질 가능성이 더 높다.

〈표 3〉 공감과 동정(연민)의 차이

구분	Empathy(공감)	Sympathy(동정심)
방향	양방향	일방향
느낌	타인의 감정을 함께 느끼는 것	타인의 고통을 불쌍히 여기는 것

구분	Empathy(공감)	Sympathy(동정심)
관계	나와 타인을 연결	나와 타인을 분리
행동	타인을 돕고자 하는 행동으로 이어질 가능성이 높음	행동으로 이어지지 않을 가능성이 높음
긍정/부정	긍정적인 감정뿐 아니라 부정적인 감정에도 공감할 수 있음	주로 부정적 감정에 대해 느끼는 것

공감과 동정(연민)의 핵심 차이점을 보면 공감은 상대방의 입장에서 함께 느끼고 이해하는 것이며, 동정은 상대방의 불행을 안타깝게 여기는 감정이다. 관계의 형태에서 보면 공감은 평등한 관계를, 동정은 수직적인 관계를 형성한다. 행동으로의 연결 측면에서는 공감은 상대방을 돕는 행동으로 이어지기 쉽지만, 동정은 단순한 안타까움으로 끝날 수 있다. 즉, 두 감정은 모두 타인에 대한 관심에서 비롯되지만, 공감은 상대방과의 연결을 강화하고 실질적인 도움으로 이어질 가능성이 높은 반면, 동정은 상대방과의 거리를 유지하고 단순한 연민으로 그칠 수 있다는 점에서 차이가 있다.

동정 편향과 동정 호소: 사회적 거리 축소

전 세계 사람들은 허리케인 카트리나나 동일본 대지진(2011년) 피해를 당한 사람들을 돕기 위해 시간과 돈을 기부할 때 관대한 모습을 보였다. 그러나 기아, 수인성 질병, 곤충 매개 질병과 같은 더 광범위하고 지속적인 문제를 겪고 있는 사람들의 고통은 공감을 불러일으키거나 기부를 유치하지 못하였다. 마찬가지로, 샌디 혹 초등학교 총기 난사 사건(2012년)은 불행을 과도하게 부각해 마치 그들이 불행 자체를 대표하는 것처럼 집중적으로 보도했다. 반면, 비슷한 불행을 겪고 있는 수많은 다른 사람들의 이야기는 미디어에 제대로 조명되지 않고 묻히고 말았다.

이러한 상황에 대해 "왜 일부 희생자들은 공감과 이타적인 반응을 불러일으키는가?" 또는 "왜 다른 비극과 희생자들은 자선을 자극하지 못하는가?"와 같은 질문을 던지고 있다. Small(2011)은 공감을 촉진하는 요인을 연결하는 연구를 통해 두 질문 모두에 답하고자 하였다. 많은 사람은 세금 혜택이나 사회적인 인정을 받기 위해 기부를 한다고 생각한다. 즉, 기부를 통해 자신에게 돌아오는 이익을 얻고자 하는 것이다. 하지만 Small(2011)은 기부가 단순히 이익을 위한 행동이 아니라, 마음에서 우러나오는 행동이라고 이야기한다. 즉 공감이 기부를 이해하는 데 매우 중요한 요소라고 강조한다. 왜냐하면 공감은 사람들이 합리적인 판단만으로는 설명하기 어려운 기부 행동을 하게 만드는 감정이기 때문이다.

기부 행동은 단순히 이성적인 판단으로 결정되는 것이 아니라, 감정적인 반응에도 영향을 받는다. **동정심은 다른 사람의 불행으로 인해 촉발된 특별한 감정적 반응이다.** 특히 연구자들은 "동정심 편향"이라는 프레이밍 효과가 실제 피해자의 필요보다 훨씬 더 큰 동정심을 불러올 수 있다고 말한다. 좀 더 쉽게 설명하면, 어떤 상황을 전달하는 방식에 따라 우리는 피해자에 대한 동정심의 정도가 달라질 수 있다는 뜻이다. 피해자의 실제 상황보다 더 동정심을 느끼게끔 상황을 전달하는 방식을 일컬어 "동정심 편향(Sympathy biases)"이라고 부르며, 이러한 편향은 프레이밍 효과의 일종이다.[31]

---

31 프레이밍 효과는 동일한 정보라도 정보가 제시되는 방식에 따라 사람들의 선택이나 판단이 달라지는 인지 편향(cognitive bias)을 의미한다. 즉, 정보의 프레임(틀)이 사람들의 인식과 의사결정에 영향을 미치는 현상이다. 예를 들어 "100명의 어린이가 굶주리고 있다. 기부해주세요"라고 제시하면 기부할 가능성이 높아진다.

이 장에서는 세 가지 "동정심 편향"을 활용하여 기부를 늘릴 수 있는 광고 내용을 설명하고자 한다. 특히 동정심에 영향을 미치는 중요한 요소인 사회적 거리를 줄여서 동정심을 증진시키는 방법들을 제시한다. 왜냐하면 사람들은 피해자와의 거리감(사회적 거리)이 가까울수록 더 많은 공감을 느끼고, 이는 기부 의사에도 영향을 미치기 때문이다.

동정심이라는 감정을 기부의 독특한 동기로 보고, 세 가지 "동정심 편향"이 기부 행동에 영향을 미치는 영향을 구체적으로 살펴보면 다음과 같다.

1. 피해자의 식별 가능성(Identified victim effect: 수혜자의 수)

기부 수혜자(즉, 피해자)가 한 명(개인 피해자)일 때보다 여러 명(집단 피해자)일 때 동정심이 감소하고, 기부 참여율과 기부 금액도 낮아진다. 이를 식별 가능한 희생자 효과라고 한다. 즉 피해자가 개인으로 식별 가능할(피해자의 얼굴, 이름, 이야기 등이 알려질) 때, 익명의 피해자에 비해 더 큰 동정과 연민을 느끼고 공감과 도움을 받을 가능성이 더 높아지는 현상을 말한다. 예를 들면 2015년까지 3,600명의 난민과 이주민이 지중해를 건너다 사망했는데 '아일란'과 같은 특정한 사람의 안타까운 사연을 알게 되면, 그 사람을 돕고 싶다는 마음이 커져서 기부를 많이 하게 되는 경우가 있다.[32] 하지만 이런 경우에는 꼭 필요한 곳에 골고루 도움이 되지 않고, 마치 쏠림 현상처럼 한 사람에게만 너무 많은 도움이 갈 수도 있다. 그런데도, 특정한 사람의 이야기를 들으면 사람들이

---

32 참고로 통계적으로 추산된 피해자(statistical victims)는 개인적인 정보를 가지고 있지 않으므로 감정적 동일시를 하기가 어렵다. 예를 들어, "지난 한 해 동안 교통사고로 100명이 사망했다"는 기사를 읽으면, 그 사망자들을 한 명씩 떠올리기 어렵다. 그러나 미국의 적십자사는 식별 가능한 특정 피해자를 위한 구호 활동과 통계에 의한 피해자를 위한 예방 활동을 함께 진행하고 있다.

행동을 빨리하고, '나중에 해야지' 하면서 미루는 것을 막을 수 있다는 장점도 있다.

〈그림 10〉 식별할 수 있는 피해자 영향: 시리아 난민 아일란 쿠르디
(Aylan Kurdi, 3살)

출처: https://www.marketingsociety.com/

이 효과의 긍정적 측면을 보면 피해자에 대한 공감과 관심을 높여 피해 예방과 피해자 지원에 대한 사회적 인식을 개선할 수 있다. 또한 피해자에게 정의가 실현될 수 있도록 사회적 압박을 형성하는 데 도움이 될 수 있다(Smith & Kim, 2022). 반면에 이 효과는 부정적 측면도 초래하는데 첫째, 피해자의 매력도, 사회적 지위 등에 따라 공감과 도움의 정도가 달라질 수 있다. 이는 모든 피해자가 균등한 관심과 지원을 받지 못한다는 문제점을 일으킨다. 둘째, 식별된 피해자 효과를 악용하여 과도한 감정적 호소를 통해 불필요한 동정이나 도움을 유도하는 경우가 발생할 수 있다.

2. 피해자의 내집단 여부

내집단(in-group) 소속감을 강조하는 광고는 기부자 수에 유의미한 영향을

미치지 않지만, 기부 금액은 증가시킨다. 자신이 속한 그룹 내 피해자는 기부율을 거의 50% 높이고 모금된 기금을 거의 두 배로 늘린다. 사람들은 자신과 비슷한 특징을 가진 피해자에게 더 동정심을 느끼고 도움을 줄 가능성이 높다. 사회 정체성 이론에 따르면 우리는 자신이 속한 집단에 더 가까움을 느끼고 이들에게 편견을 갖게 된다. 우리는 다양한 집단으로 분류하고(categorization), 특정 집단에 소속감을 느끼며, 자신이 속한 집단과의 동일시(identification)를 통해 집단 내 유대감을 강화하고, 다른 집단과의 비교(comparison)를 통해 자기 집단의 우월성을 부각하며 편견을 형성한다.

그런데 우리들은 이 두 가지 효과가 서로 어떻게 작용하는지 정확히 알지 못한다. 따라서 이 두 가지 효과의 크기를 비교하여 사람들이 불운한 상황에 부닥친 사람에게 동정심을 느끼는 방식을 더 잘 이해할 필요가 있다. 즉 자기 집단 대 다른 집단 효과, 특정 개인 대 집단 효과 중 어느 것이 더 강한지 비교하려고 한다.

먼저 구체적인 피해 사례(피해자가 특정 사람)를 알려준 경우와 그렇지 않은 경우(피해 집단만 알려준 경우)를 비교했다.

- 더 많은 기부 유도: 구체적인 피해 사례를 알려주었을 때 피해 집단만 알려준 경우보다 기부율이 증가되었다. 이는 동정심 유발과 기부 행동 유도에 있어 구체적인 피해 사례가 동료 집단(in-group)보다 더 강력한 효과가 있다는 것을 보여준다.
- 더 많은 기부 금액: 구체적인 피해 사례를 알려주었을 때 기부 횟수뿐만 아니라 기부 금액도 더 많았다.

3. 기준점-의존 동정심(reference dependence sympathy)

기준점(참조점)-의존적 공감 효과는 우리가 어떤 상황에 대해 얼마나 공감하는지가 비교 대상(reference: 기준점)에 따라 달라진다는 것을 의미한다. 예를 들어, 한 사람이 교통사고를 당했다는 소식을 들었을 때, 단순히 그 사람이 다쳤다는 사실만 알려주는 것보다, "예전에는 건강하고 활기찼던 운동선수였는데, 이제는 휠체어에 의지하게 되었다"라고 말하면 우리는 더 큰 안타까움과 공감을 느끼게 된다.

그런데 흥미로운 점은, 목표 금액을 제시하는 광고는 기부자 수나 기부 금액에 큰 영향을 미치지 않는다는 연구 결과가 있다는 것이다. 왜 그럴까? 그것은 목표 금액은 단순히 달성해야 할 숫자일 뿐, 기부자가 자신과 비교할 수 있는 명확한 '참조점(기준점)'을 제공하지 않으며, 오히려 목표 금액은 기부자에게 부담감이나 압박감을 줄 수 있다. '내가 너무 적은 금액을 기부하는 건 아닐까?'라는 생각이 들면서 기부를 꺼리는 경우도 있기 때문이다. 또한 목표 금액이 달성될 수 있을지에 대한 불확실성은 기부 의지를 떨어뜨릴 수 있다. 즉, 목표 금액 제시 광고는 기준점 의존 공감 효과를 제대로 활용하지 못하기 때문에 기부에 큰 영향을 미치지 않는 것이다.

따라서 효과적인 기부 유도를 위해서는 단순히 필요한 목표 금액을 제시하는 것보다 기부 대상의 어려웠던 과거와 현재의 상황을 생생하게 보여주는 스토리를 통해 기부자가 깊이 공감하고, 마치 자신이 직접 도움을 주는 것처럼 느낄 수 있도록 하는 것이 훨씬 효과적이다.

8.2. 동정심과 공감대 호소를 사용한 성공적 기부 캠페인

긍정적 공감 호소와 부정적 공감 호소

  동정심이나 공감과 같은 정서적 감성에 호소하는 것은 논리적 또는 합리적인 이성에 호소하는 것보다 소비자(기부자)의 구매(기부) 욕구를 높이는 효과가 있다. 다음 〈그림 11〉의 이미지는 마케팅 캠페인의 효과를 뇌의 기능과 연결하여 시각적으로 보여준다. 가로축은 뇌를 좌뇌(L)와 우뇌(R)로 나누어 각각 감성적(Emotional), 복합적(Combined), 합리적(Rational) 마케팅 접근 방식에 따른 캠페인 효과를 비교하고 있다(Peter, 2017). 즉 감성에 호소하는 캠페인, 감성과 논리적 요소를 혼합한 캠페인, 논리적 정보 제공에 초점을 맞춘 캠페인을 나타낸다. 세로축은 캠페인 효과(백분율), 즉 매우 높은 수익 증가율을 보고한 응답자 비율을 나타낸다. 〈그림 11〉에서는 감성 캠페인은 31%의 응답자로

〈그림 11〉 3가지 캠페인 유형과 캠페인 효과

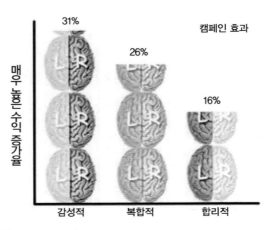

출처: Sally Peter (2017)

가장 높은 효과를 보였다. 감성 캠페인은 감정을 자극하여 소비자의 구매 욕구를 높이는 효과가 있다. 복합 캠페인은 26%의 응답자로 두 번째로 높은 효과를 보였다. 논리적 캠페인은 16%의 응답자로 가장 낮은 효과를 보였다. 논리 캠페인은 상품 정보를 제공하여 소비자의 구매를 유도하지만, 감성적인 요소가 부족하여 효과가 낮을 수 있다.

이 결과는 다음과 같이 해석할 수 있다. 사람들은 감성적인 호소에 더 잘 반응한다. 사람들은 제품이나 서비스의 기능과 장점뿐만 아니라 감정적인 메시지에도 반응한다. 복합 캠페인은 감성과 논리의 균형을 맞추는 것이 중요하다. 복합 캠페인은 감성적인 메시지와 논리적인 정보를 모두 사용하여 사람들의 마음과 지갑을 사로잡을 수 있다. 논리적 캠페인만으로는 충분하지 않다. 논리 캠페인은 제품이나 서비스의 기능과 장점을 설명하는 데 유용하지만, 사람들의 감정을 자극하지 못한다면 효과가 제한적일 수 있다.

결론적으로, 이 그림은 감성적인 캠페인이 사람들의 감정적인 반응을 이끌어내는 데 가장 효과적이라는 것을 보여준다. 캠페인을 기획할 때 감성적인 메시지를 효과적으로 활용한다면, 더 많은 사람의 관심과 참여를 유도할 수 있을 것이다.

일반 금융기관과 마찬가지로 자선단체는 마케팅에 정서적 호소를 활용하는 가장 일반적인 예이다. 자선단체는 직접적인 큰 목적(대의: purpose) 자체에 최대 자금(기부자의 기부)을 최대한 적게 사용하려고 노력하고 효율적인 전략적 마케팅 계획을 개발하고 구현하는 데 시간과 인적 자원이 부족하기 때문에 마케팅 예산이 매우 제한되어 있다. 이에 따라 자선단체가 적절한 메시지를 전달하고 현명하게(비용 효율적으로) 시장에 진출할 수 있는 것이 더욱 중요해졌다.

따라서 자선단체에서 동정심과 공감의 사용은 메시지를 전달하고 사람들이 다양한 대의(purpose)를 지지하도록 설득하는 핵심 도구가 된다.

공감은 다른 사람의 처지와 문제에 대한 이해를 낳고, 공감은 다른 사람의 불행을 보며 안타까움이나 슬픔을 느끼게 된다. 그들은 함께 청중과 슬프거나 부정적인 감정적 연결의 분위기를 조성한다. 공감과 일종의 죄책감을 통해 감정적 호소를 만들어내는 것은 시청자의 긍정적인 반응과 부정적인 반응을 모두 초래할 수 있다. 선행 연구에 따르면 그러한 감정의 수준이 높으면 예상했던 바람직한 행동과 반대되는 결과를 초래할 수 있다(Baumeister 등, 2007).

자선단체가 사용하는 또 다른 유형의 감정적 호소는 희망과 격려를 불러일으켜 변화 주도자의 긍정적인 느낌과 자선단체와의 긍정적인 관계 환경을 조성하는 것이다(Peter, 2017). 긍정과 부정적 감정의 연결은 모두 청중에게 동일한 이야기를 전달하지만, 메시지의 어조나 언어에 따라 자선단체가 청중을 연결하고 관심을 끄는 방식이 달라진다. 먼저 긍정적 감정 호소에 대해 살펴보기로 한다.

긍정적인 감정의 호소

지금까지 자선단체들은 체험과 참여를 통한 공감을 형성하는 방식으로 마케팅의 변화를 시도하고 있다. 자선 마라톤 등을 통해 기부자들이 직접 참여하여 수혜자의 입장을 체험하고 있다. 특히 밀레니얼 세대는 단순 기부보다 직접 참여하여 변화를 일으키는 경험을 선호한다. 예를 들어 금전적 기부를 통해서가 아니라 참여하고 영향력을 창출하는 데 자부심을 가지고 있다. 이는 기부자들이 자신도 변화를 만들 수 있다고 믿도록 동기를 부여하고, 다른 사람들과 함께 변화를 창조하도록 영감을 준다. 새 교복을 입은 아이의 미소, 질병을 이겨낸 자녀를 보며 기뻐하는 엄마의 눈물 등은 자선 마케팅 메시지에서 흔히 볼 수 있는 얼굴들이다.

이에 관한 선행 연구를 보면 먼저 Dyck & Coldewin(1992)은 사람들이 행복을 전파하는 것을 좋아한다는 점을 보여준다. 기부자들은 행복한 이미지를 통해 기부 결과를 확인하거나 행복한 기분을 유지하기 위해 더 많이 기부할 가능성이 높다. 하지만 슬픈 이미지에 과도하게 의존하는 자선 마케팅 전략은 오히려 기부 의지를 떨어뜨릴 수 있다는 점을 보여준다(Birkbeck, 2014). 사람들은 자선단체가 자기 이익만을 추구한다고 느끼게 되어 기부를 꺼려할 수 있다.

최근 자선 마케팅은 공감을 끌기 위해 슬픔보다는 희망과 영감을 전달하는 방식으로 변화하고 있다. 시간이 지남에 따라 공감 마케팅은 스토리텔링을 통해 원인과 사회적 요구를 전달할 수 있으면서도 의사소통의 핵심 요소로서 희망과 영감을 제공하는 방향으로 발전했다.

- 긍정적인 공감 마케팅은 기부자들에게 죄책감보다는 기쁨을 느끼게 하여 기부를 유도한다.
- 이는 자선단체의 성과를 간접적으로 보여주는 역할도 한다(기부금 사용 결과 명확하게 전달).
- 긍정적인 메시지는 기부자와 장기적인 관계 형성에도 도움이 된다(기존 부정적 이미지 탈피, 지속적인 기부 유도).
- 슬픈 이미지에 비해 공격성이 적어 더 많은 잠재 기부자에게 호소력을 가질 수 있다(더 넓은 대상에게 긍정 메시지 전달).

그러나 긍정적인 마케팅 메시지에도 다음과 같은 한계가 있다.

- 행복감은 쉽게 사라질 수 있고, 명확한 행동 촉구를 이끌지 못할 수 있다.
- 성공적인 성과만 강조하면 도움이 필요하다는 메시지가 약화할 수 있다. 기부

자들은 자선단체가 광고비용을 낼 수 있다면 더 이상 기금이 필요하지 않다고
생각할 수 있다.

긍정적 공감 호소에 관한 자선단체의 사례

긍정적 공감 호소는 사람들에게 기부의 긍정적인 영향을 보여주면서 기부를
독려하는 전략이다. 이는 단순히 어려움을 강조하는 것보다 더 효과적인 것으
로 입증되었다. 다음은 긍정적 공감 호소가 자선 기부에 좋은 결과를 가져온 해
외 사례이다.

콜롬비아 "Water for Life" 캠페인
콜롬비아는 빈곤과 불평등 문제로 인해 많은 사람이 식수 부족 문제에 직면
해 있다. 특히 시골 지역에서는 안전한 식수를 구하기 어려워 건강 문제와 삶의
질 저하를 겪고 있다. "Water for Life" 캠페인은 콜롬비아 정부가 2010년에 시
작한 국가적 캠페인이다. 이 캠페인의 목표는 2022년까지 콜롬비아 시골 지역
의 모든 주민에게 안전한 식수를 제공하고 지속 가능한 물 관리 시스템을 구축

〈그림 12〉 "Water for Life" 캠페인의 예시

출처: https://www.columbia.com/planet_water_foundation.html

하는 것이다. 이를 위해 "Water for Life" 캠페인은 다음과 같은 긍정적 공감 호소 전략을 사용했다.

- 물을 제공받은 사람들의 삶이 어떻게 개선되었는지 보여주는 영상과 사진 활용: 캠페인은 깨끗한 물을 얻을 수 없었던 사람들이 물을 얻게 된 후 건강이 좋아지고 삶의 질이 향상되는 모습을 보여주는 영상과 사진을 제작했다.
- 기부금이 어떻게 사용되는지 투명하게 공개: 캠페인은 기부금이 어떻게 사용되어 깨끗한 물을 공급하는 시설을 구축하고 지속 가능한 물 관리 시스템을 구축하는 데 사용되는지 투명하게 공개했다.
- 유명 인사들의 참여: 캠페인은 유명 인사들을 참여시켜 캠페인의 인지도를 높이고 사람들의 참여를 유도했다.

이와 같은 긍정적 공감 호소 전략을 사용한 "Water for Life" 캠페인은 다음과 같은 결과를 달성했다.

- 기존보다 30% 더 많은 기부금을 모금: 캠페인은 2022년까지 총 1조 콜롬비아 페소(약 3천억 원)의 기부금을 모금했다.
- 시골 지역 주민들의 식수 접근성 향상: 캠페인을 통해 2022년까지 콜롬비아 시골 지역 주민들의 90% 이상이 안전한 식수에 접근할 수 있게 되었다.
- 지속 가능한 물 관리 시스템 구축: 캠페인을 통해 깨끗한 물을 공급하는 시설을 구축하고 지속 가능한 물 관리 시스템을 구축했다.

"Water for Life" 캠페인의 성공은 긍정적 공감 호소가 자선 기부에 효과적인 전략임을 보여준다. 긍정적 공감 호소는 사람들에게 기부의 긍정적인 영향을 보여주면서 기부를 독려하는 효과적인 전략이다.

부정적인 감정의 호소

긍정적 공감 호소가 자선 기부 증대에 이바지한다는 결과와 반대로 상당수의 연구에서는 공감 마케팅에 슬픔을 사용하는 것이 변화를 만들고 (더 큰) 기부 자금을 창출한다는 결과를 보여주고 있다. 어떤 면에서는 부정적인 감정의 호소를 하는 광고와 포스터에 더 익숙해 있다(그림 13 참조).

〈그림 13〉 부정적 감정의 호소 사례

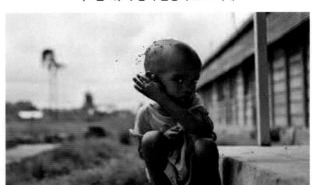

출처: The Guardian

기존 연구에 따르면 행복한 표정을 보이는 사람은 도움이 필요 없어 보이지만 슬픈 표정은 도움이 절실하다는 인상을 주기 때문에 기부를 유도하는 데 더 효과적이다. 실제로 슬픈 표정을 사용한 자선 광고는 기부를 더 많이 끌어들였다는 연구 결과가 있다.

최근 연구에서는 슬픈 표정을 지은 사람의 사진이 기부를 유발하는 데 가장 효과적이라는 결과가 나왔다. 슬픈 표정은 본인의 감정을 타인에게 전달하는 현상(감정 전염)을 일으켜 기부 대상에 대한 동정심을 자극하기 때문이다. 연구 결과, 암 연구 기금을 홍보하는 광고에서 슬픈 표정을 지은 아이 사진을 본 사람은 기부율이 78%에 달했던 반면, 행복하거나 무표정한 아이 사진을 본 사람들의 기부율은 53% 정도였다(Small & Verrochi, 2009).

전쟁 후 국제 구호 기구들이 늘어나면서 선진국 기부자들에게 개발도상국들의 어려운 상황을 전달해야 했다. 이러한 상황을 사진, 이야기, 영상 등을 통해 슬프고 비극적인 메시지로 전달하는 것이 가장 효과적이었다(Peter, 2017). 이는 슬픔을 유발하는 공감 호소를 통해 긍정적인 감정 호소보다 더 높은 수준의 동정심을 끌어내고 기부 유도에 더 효과적이기 때문이다.

2014년 Sick Kids 재단은 JWT Canada의 도움으로 브랜드 캠페인 'Better Tomorrows'를 시작했다. 그동안 들어보지 못한 환자들의 이야기를 관객들이 직접 만나볼 수 있도록 초대했다. 캠페인을 위한 TV 및 YouTube 동영상에는 생후 4일부터 18세 사이의 아픈 아이들의 일상적인 투쟁 이야기를 슬픈 배경 음악과 함께 담았다. 이는 자선단체의 가장 큰 마케팅 캠페인 중 하나로서 큰 성공을 거두었지만, 이러한 방식을 오래 유지할 수는 없었다.

그 후 그들은 2016년에 새로운 캠페인 "Fight the fund"를 통해 병원 재건이라는 새로운 목표를 달성하기 위해 긍정적인 공감을 불러일으키는 전략으로 바꾸었다. Sick Kids 재단의 전략 및 커뮤니케이션 담당 부사장인 데이비슨은 "환자들의 이야기를 통해 강력한 감정적 반향을 일으키고자 했던 의도는 여전히 유효하지만 다만, 이전과는 다른 분위기로, 사람들에게 힘을 실어주고 행동을 촉구하는 방식으로 이야기를 전달한다"라고 말하고 있다. 즉, 이전처럼 슬픔을 강조하는 대신, 희망과 용기를 주는 메시지로 사람들의 참여를 유도하는 방향으로 마케팅 전략을 수정한 것이다.

슬픈(부정적) 이미지 자선 광고의 문제점:

- 너무 많음: 자선단체들이 너무 많아 기부 유치 경쟁이 치열해지면서 슬픈 이미지 광고가 너무 많아져 사람들이 무뎌지고 관심을 잃을 수 있다.
- 단기 효과: 슬픈 이미지는 처음에는 기부를 유도하는 데 효과적이지만 장기적으로는 지속적인 효과가 없다.
- 접근 제한: 사람들은 거리 광고나 TV 광고에서 슬픈 이미지를 계속 보고 싶어 하지 않고, 피하려고 한다. 심지어 많은 도시가 슬픈 이미지 광고를 금지하기도 한다.

비영리단체는 이미지(예: 미소 대 슬픔)와 텍스트(예: 기회 대 위협)를 통해 긍정적 또는 부정적 프레이밍을 사용한다. 그러나 어느 것이 조직에 대한 태도와 기부 의지를 개선하는지에 대해서는 합의가 이루어지지 않았다. 비영리 부문의 치열한 경쟁은 올바른 전략을 선택하는 것을 더욱 어렵게 만든다(Sandoval & García-Madariaga, 2024). 비영리단체의 경우, 더 효과적인 캠페인을 위해 대상 고객을 조사하고 적절한 감정이나 감정 조합을 선택하는 것이 중요하다. 그렇다면 비영리단체에 가장 적합한 전략을 어떻게 선택해야 할까? 많은 자선단체는 마케팅 메시지에서 긍정적 이미지(행복한 이미지)와 부정적 이미지(슬픈 이미지)를 혼합하여 사용한다. 여기서는 효과적인 혼합 사용법에 대한 세 가지 지침을 제시한다.

A. 기간과 목표:

비영리 광고에서 어떤 감정적 호소를 사용할지는 단체의 목표에 따라 달라져야 한다. 단기간에 긴급한 기부가 필요한 경우(자연재해, 전쟁 등) 슬픈(부정적) 이미지를 사용하여 긴급함을 전달한다. 브랜드 인지도를 높이고 장기 캠페인에 효과적인 것은 긍정적인 스토리텔링(도움의 결과, 변화된 삶)을 활용한다.

B. 일치성:

사용하는 이미지(행복한 또는 슬픈)와 메시지가 서로 일치하지 않으면 공감대 형성이 저하된다. 긍정적인 메시지와 슬픈 이미지, 또는 반대의 경우 공감대 형성이 저하된다. 이미지의 효과는 메시지와 보완될 때 더욱 강화된다.

C. NPO의 종류:

인도주의 NPO의 경우 광고에 사용된 이미지와 텍스트는 긍정적이거나 부정적인 매력을 가질 수 있다. 둘 다 지지자의 관심을 끌기에 성공할 것이다. 한편 환경 NPO의 경우, 이미지에 부정적인 호소력을 사용하여 더 많은 주의를 끌 수 있다. 텍스트에 긍정적인 호소력을 사용하여 최대의 효과를 얻을 수 있다.

8.3. 자선 기부에 대한 공감과 충동성의 영향

Andreoni 등(2018)은 183명의 대학생을 대상으로 공감과 충동성(impulsiveness)이 자선 기부에 미치는 영향을 조사하였다. 실험 참가자들에게 10유로를 주고, 그중 일부를 자선단체에 기부할 수 있도록 했다. 연구자들은 참가자의 공감 능력과 충동성을 측정하고, 이러한 특성이 기부 행위에 어떤 영향을 미치는지 분석했다. 이 연구에서 충동성이라는 개념은 계획이나 결과를 고려하지 않고 성급하게 행동하는 성향을 의미한다.

연구 결과는 다음과 같다.

- 공감: 공감 능력이 높은 사람은 더 많은 돈을 기부하는 경향이 있었다. 이는 공감이 타인의 어려움을 이해하고 공감하는 능력을 향상시켜 기부 의사를 높이기 때문이다.

- 충동성: 기존 연구들은 일반적으로 충동적인 사람들이 더 관대하고 위험 감수성이 높으므로 더 많은 기부를 하는 경향이 있다고 보고했다. Harbaugh 등 (2007)에서는 fMRI를 사용하여 뇌 활동을 측정한 결과, 충동적인 성향이 높은 사람들이 자선 기부를 할 때 더 큰 쾌락 감각을 느끼는 것을 발견했다. Andreoni & Bernheim(2009)에서도 사회적 이미지에 관한 관심이 높은 사람들이 충동적인 성향이 높을 가능성이 높으며, 이는 더 많은 자선 기부로 이어질 수 있음을 발견했다. Whillans 등(2020)의 연구는 사회적 규범이 강한 환경에서 충동성이 자선 기부를 증가시킬 수 있다는 것을 발견했다. 이는 사회적 규범이 강한 환경에서 충동적인 사람들이 타인의 기대(사회적 압박)에 부응하기 위해 더 많은 기부를 할 가능성이 높기 때문이라고 해석된다.

반면에 Hoffman & Spitzer(2014) 등은 실험을 통해 충동적인 성향이 높은 사람들이 자선 기부를 덜 할 가능성이 높다는 것을 발견했다. Bénabou & Tirole(2016)는 충동적인 사람들은 자선 기부를 하는 데 있어서 덜 이타적인 경향이 있다고 보고했다. 이 외에 Fuster & McShane(2012)은 충동성과 자선 기부의 관계는 감정의 영향에 따라 달라질 수 있다고 보고했다. 긍정적인 감정을 느낄 때는 충동성이 자선 기부를 증가시킬 수 있지만, 부정적인 감정을 느낄 때는 감소시킬 수 있다고 하였다. Andreoni 등(2018) 연구에서도 충동성이 높은 사람은 상황에 따라 기부 행위가 달라졌다. 자원이 풍부하다고 인식할 때는 충동성이 높은 사람이 더 많은 돈을 기부했다. 이는 충동적인 사람들이 타인을 돕는 행위에 더 큰 즐거움을 느끼기 때문이라고 해석된다. 자원이 부족하다고 인식할 때는 충동성이 높은 사람이 오히려 적게 기부했다.

이와 같은 충동성과 기부 행위 사이에 부정적인 관계는 기부자의 자원 부족과 충동성의 상호 작용 결과라고 볼 수 있다. 즉 자원 부족 상황에서 충동성이 기부 행위에 미치는 영향이 더욱 강력하다는 것이다. 이는 다음과 같은 이유로 설명될 수 있다.

- 손실 회피: 충동적인 사람들은 손실을 회피하는 경향이 강하다. 자원이 부족할 때 기부는 잠재적인 손실을 의미하며, 이는 충동적인 사람들에게 더욱 부정적인 영향을 미칠 수 있다.
- 즉각적인 만족 추구: 충동적인 사람들은 즉각적인 만족을 추구하는 경향이 있다. 자원이 부족할 때, 기부는 장기적인 이익을 위한 행동이지만, 충동적인 사람들은 즉각적인 만족을 얻을 수 있는 다른 용도로 자원을 사용할 가능성이 높다.
- 계획 부족: 충동적인 사람들은 계획을 세우거나 미래를 위해 준비하는 데 어려움을 겪는 경향이 있다. 이는 자선 기부와 같은 미래의 행동을 위한 자원을 따로 떼어놓는 것을 어렵게 만들 수 있다.
- 자원 관리 어려움: 충동적인 사람들은 자신의 자원을 효과적으로 관리하는 데 어려움을 겪을 수 있다. 이는 자선 기부를 위한 자원을 확보하는 것을 어렵게 만들 수 있다.

이 연구의 시사점을 보면 자선 기부를 촉진하기 위해서는 단순히 공감을 높이는 것만으로는 충분하지 않고 충동성을 고려하여 기부를 장려하는 전략을 개발해야 한다는 것이다. 예를 들어, 자원이 부족할 때 충동적인 사람들이 기부할 수 있도록 미래의 이익을 강조하는 메시지를 전달하거나, 기부를 쉽게 하고 편리하게 할 수 있는 시스템을 구축하는 것이 효과적이다.

충동적 기부를 위한 넛지 기법

Karlan 등(2019)은 기부의 종류를 충동적 기부(impulsive giving)와 사려 깊

은 기부(deliberative giving)라는 두 종류로 나누어 각 기부자의 행동 특징을 분석하고 있다. 〈그림 14〉는 기부를 받아들이는 비영리조직과 이들 두 종류의 기부 관계를 나타낸 것이다.

첫 번째 '충동적 기부'란 인간이 기부에 관한 정보를 우연히 보거나 들은 것을 계기로 그 의사결정에 대해 깊이 검토하지 않고 이루어지는 기부라는 것이다. 정보를 깊이 음미하는 과정의 생략이라는 현상은 행동과학이나 행동경제학의 영역에서 "정신적 지름길(mental shortcuts)"이라고 불린다.[33] 충동적인 기부는 예를 들면, 백화점을 방문했을 때 어떤 물건에 눈이 멈추어, 애초에는 예정하지 않았음에도 불구하고 사 와 버린, 이른바 "충동구매"와 같은 행동이다.

충동적인(impulsive) 기부를 하는 자는 기부처를 신중하게 평가하거나 기부에 의한 절세 계획을 짜거나 장기적인 연결고리를 구축하기 위한 지속적인 기부 방법을 생각하기보다는 그 단체가 행사장에서 발신한 어필이나 호소에 감동하거나 사건이나 사고, 재해 등의 사건이 일어난 직후의 보도에 반응하는 특징을 가진다. 예를 들어 자선단체가 지명도 있는 인물을 광고탑으로 삼아 기부를 호소하거나 고통받는 어린이 사진이나 동물 이미지를 제시하거나 감동 스토리를 구축하다 보면 그 정보를 접한 사람들은 무심코 기부를 하지 않을 수 없게 될지도 모른다. 이것은 또한 충동적인 기부자가 사람들의 감정에 호소하는 마케팅 기법의 타깃이 되기 쉽다는 불안 요소를 안고 있는 존재이기도 함을 의미한다.

한편, 두 번째 "사려 깊은(deliberative) 기부"는 단순히 돈을 내는 것을 넘어, 내가 지원하는 단체가 어떤 활동을 하고 있는지, 그리고 내 기부가 어떤 사회적

---

33 정신적 지름길이란, 우리 뇌가 복잡한 문제나 정보를 빠르게 처리하기 위해 사용하는 일종의 인지적 단축키라고 할 수 있다. 마치 미로에서 가장 빠른 길을 찾는 것처럼, 우리의 뇌는 방대한 정보 속에서 가장 적절한 결정을 내리기 위해 이러한 지름길을 활용한다.

변화를 만들어낼 수 있을지 신중하게 고민하고 결정하는 행위이다. 즉, 나의 기부가 세상에 어떤 영향을 미칠지에 대해 사전에 충분히 생각해 보는 것이다. 많은 사람이 충동적인 기부보다는 자신의 기부가 어떤 의미를 갖는지 잘 알고 싶어 하며, 이를 통해 더욱 만족스러운 기부 경험을 하고 싶어 한다.

"세련된 기부자(sophisticated donor)"는 단순히 돈을 기부하는 것을 넘어, 기부 대상 단체의 투명성과 효율성을 꼼꼼히 따져보는 합리적인 소비자와 같다. 기부금이 어떻게 사용되는지, 그리고 내가 기대하는 사회적 변화를 실제로 가져올 수 있는지에 대한 정보를 충분히 확보하고 기부를 결정하기 때문에, 더욱 효과적인 기부가 가능해진다. 이러한 세련된 기부자들이 늘어나면, 투명하고 효과적인 활동을 하는 단체는 더 많은 지지를 받게 되고, 반대로 투명성이 부족하거나 효과가 낮은 단체는 자연스럽게 도태될 것이다. 이는 마치 시장경제에서 소비자의 선택이 기업의 성장과 쇠퇴를 결정하는 것과 같다. 궁극적으로 세련된 기부 문화의 확산은 사회 전체의 기부 효율성을 높이고, 더 나아가 사회문제 해결에 기여할 수 있을 것이다.

〈그림 14〉 충동적 기부와 사려 깊은 기부

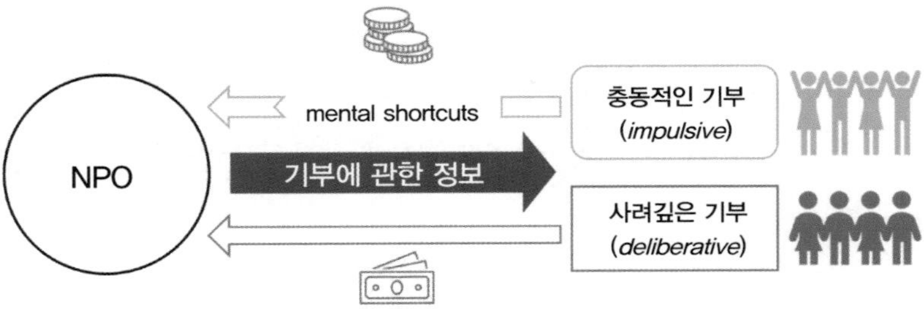

출처: 梶原Kajiwara (2021)

다양한 이유로 비영리조직이나 자선활동에 대한 기부가 이루어지고 있지만,

기부를 모집하는 장면이 막상 찾아왔을 때 어떻게 불특정 다수의 기부자에게 접근하여 기부를 이끌어나가면 좋은가 하는 물음에 대해 정확한 답을 마련하기는 쉽지 않다.

특히 자선 기부의 상당 부분은 관대함의 감정에 신속하게 반응하는 충동 기부자에게서 나오는데 충동 기부는 기부 의지가 강한 순간 감정에 따라 이루어지는 쉽고 빠른 방법이지만 문제점도 있다. 첫째, 기부 단체의 실제 성과보다 마케팅에 더 뛰어난 단체가 이런 기부를 더 많이 받을 수 있다. 기부자들은 충동적으로 기부할 때 자선단체에 대한 신중한 선택이나 기부 효과에 대한 평가를 하지 않는다. 둘째, 많은 작은 기부를 장려하는 것은 큰 기부를 대체할 수도 있다. 즉 충동 기부는 더 큰 기부 또는 더 효과적인 자선단체에 기부하는 것을 방해할 수도 있다는 점이다. 이러한 주의 사항을 바탕으로 **충동적인 기부를 위한** 넛지 기법과 다양한 분야에서의 활용 방법, 자선 기부를 늘리기 위해 이를 적용하는 방법을 살펴본다(梶原카지와라, 2021).

충동 기부는 기부 의지가 강한 순간 감정에 따라 이루어지는 쉽고 빠른 방법이지만 문제점도 있다. 첫째, 기부 단체의 실제 성과보다 마케팅에 더 뛰어난 단체가 이런 기부를 더 많이 받을 수 있다. 기부자들은 충동적으로 기부할 때 자선단체에 대한 신중한 선택이나 기부 효과에 대한 평가를 하지 않는다. 둘째, 많은 작은 기부를 장려하는 것은 큰 기부를 대체할 수도 있다. 즉 충동 기부는 더 큰 기부 또는 더 효과적인 자선단체에 기부하는 것을 방해할 수도 있다는 점이다.

이러한 주의 사항을 바탕으로 **충동적인 기부를 위한** 넛지(nudge)[34] 기법과

---

34 넛지(Nudge)라는 말은 팔꿈치로 살짝 찌르는 것처럼, 사람들이 스스로 더 나은 선택을 하도록 부드럽게 유도하는 것을 의미한다. 금전적인 유혹이나 강제가 아닌, 사람들이 스스로 더 나은 선택을 하도록 유도하는 것이다.

다양한 분야에서의 활용 방법, 자선 기부를 늘리기 위해 이를 적용하는 방법을 살펴본다.

1. 기부를 더욱 쉽게 만들어야 한다

사람들은 기부하고 싶어도, 우표를 찾거나 복잡한 양식을 작성해야 하는 등의 번거로움 때문에 쉽게 행동하지 못한다. 마치 아마존의 '원클릭 주문'처럼, 기부도 간편하게 만들면 더 많은 사람이 참여할 수 있다(Karlan 등, 2019). 스마트폰 앱을 활용하거나, 주차 미터기를 기부함으로 바꾸는 것처럼 일상생활 속에서 자연스럽게 기부할 수 있는 환경을 조성해야 한다.

2. 신속하게 기부자를 만족시킨다

기부를 더욱 즐겁게 만들려면, 기부의 효과를 바로 느낄 수 있도록 해야 한다. 사람들은 강아지를 쓰다듬고 기분이 좋아지는 것처럼, 기부를 통해서도 즉각적인 행복을 느끼고 싶어 한다. 기부 단체는 기부자가 기부한 돈이 어떻게 쓰이는지, 누구에게 도움이 되는지 생생하게 보여주면 좋다. 예를 들어, 기부 덕분에 숲이 살아나는 모습을 실시간으로 보여주거나, 도움을 받은 사람들의 감사 메시지를 전달하는 것이다. 이렇게 하면 기부자들은 자신이 한 일이 세상을 더 좋게 만들고 있다는 것을 바로 확인하고, 기부를 계속하고 싶은 마음이 커질 것이다. 즉, 기부 행위와 좋은 감정 사이의 시간 차이를 줄이고 기부의 효과를 생생하게 보여줌으로써 기부자의 행복감을 높이고 기부 지속 의지를 유도하는 것이 핵심이다.

3. 사회적 규범을 활용한 기부 유도

우리는 주변 사람들이 어떤 행동을 하는지 보고 따라 하는 경향이 있다. 마치 친구들이 좋아하는 옷을 따라 입는 것처럼 말이다. 이러한 사회적 현상을 이용하여 기부를 장려할 수 있다. 예를 들어 기업들은 소비자들에게 강한 인상을 심어주기 위해 자사 상품이 현재 가장 인기 있는 히트 상품이며, 시장 점유율 1위를 차지하고 있고, 고객들의 긍정적인 리뷰로 입증된 높은 만족도를 누리고 있다는 점을 강조한다(Karlan 등, 2019). 비영리단체들은 사회 문제를 발굴하고 시민들의 공감대를 형성하여 함께 해결책을 모색하는 활동을 한다. 예를 들어, 코로나19 팬데믹 시기 유학생 지원 활동처럼 시급한 문제에 대한 공동 대응은 물론, 지역사회에서 봉사 활동을 실천하는 개인이나 단체들의 사례를 공유하여 더 많은 사람이 사회 문제 해결에 동참하도록 유도할 수 있다(梶原카지와라, 2021).

4. 정체성을 활용한 기부 유도

정체성은 기부자 자신이 자신을 누구로 파악하고 있는가 하는 점에 관한 것이지만, 인간이 기부할 때는 자신이 어떤 존재이며, 이 기부는 어떤 의미가 있는가 하는 것을 자문자답하게 된다. 기부자에게 새로운 정체성을 부여하는 것은 기부를 단순한 행위를 넘어, 자기 정체성과 연결하는 효과적인 방법이다. 예를 들어, 기부자에게 '파트너'나 '친구'라는 칭호를 부여하면 기부를 통해 자신이 더 큰 공동체의 일원이라는 소속감을 느끼게 하고, 이는 지속적인 기부로 이어질 수 있다. 기부는 단순한 경제적 행위를 넘어, 개인의 정체성 형성에 긍정적인 영향을 미친다. 다양한 소속감과 정체성을 추구하는 현대인들에게 기부는 센(Sen, A.)이 말한 '정체성의 다원성'을[35] 실현하는 하나의 수단이 될 수 있다.

---

35 정체성의 다원성(Identity Pluralism)이란, 한 사람이 단 하나의 정체성만을 가지고 있는 것이 아니라, 다양한 소속감과 역할을 통해 여러 개의 정체성을 동시에 가질 수 있다는 것을 의미한다.

기부를 통해 개인은 사회의 일원으로서 소속감을 느끼고, 새로운 가치관을 형성하며, 삶의 의미를 찾을 수 있다.

5. 다양한 속성을 강조한다

사람들은 많은 정보를 한 번에 처리하기 어렵기 때문에 눈에 띄는 특징만 보고 판단을 내릴 수 있다. 예를 들어 아이를 키우는 부모는 소아 천식에 더 관심이 많을 수 있고, 테크 전문가는 얼굴 인식 소프트웨어에 더 관심이 많을 수 있다. 중요한 점은 익숙한 것보다 새로운 것이 더 눈에 띄고 기억에 남는다는 것이다. 대부분 사람은 에너지 사용이 탄소 배출에 미치는 영향은 잘 모른다. 하지만 에너지 절약을 단순히 환경 문제로만 접근하는 대신, 건강 문제와 연결하여 홍보하면 가구 전체 에너지 사용량은 8% 감소했다. 기부 단체는 기존에 하던 일 외에 새로운 프로젝트를 시작하거나, 기존의 문제를 해결하는 새로운 방법을 제시하여 기부자들의 호기심을 자극할 수 있다.

6. 단기적인 유혹과 장기적인 이점을 결합한다

사람은 장기적인 이점과 함께 단기적인 즐거움을 얻을 수 있다면 하는 일을 더 열심히 하려고 한다. 예를 들어, 커피 한 잔을 마실 때마다 개발도상국 어린이들에게 깨끗한 물 1리터를 제공하는 카페처럼, 소비 행위와 기부를 연결하는 다양한 시도가 이루어지고 있다. 기부 단체는 사람들이 원하는 활동을 일시적으로 제한하는 방식으로 기부를 유도할 수 있다. 예를 들어 술집에서 술을 한 잔 마시면 기부 단체에 일정 금액을 기부하도록 하는 방안을 마련할 수 있다. 즉, 짧은 기간의 유혹(돈을 쓰고 즐기는 것)과 장기적인 이익(기부를 통해 도움)을 함께 제공하여 기부를 유도하는 방법이라고 요약할 수 있다.

사려 깊은 기부를 위한 넛지 기법

Karlan 등(2019)은 기부 행위를 단순한 충동적인 행동이 아닌, 사려 깊고 계획적인 행동으로 유도하기 위한 방법을 제시한다. 이들은 행동경제학적 관점에서 네 가지 넛지(nudges)를 제안하며, 각 넛지가 어떻게 기부를 유도하는지 자세히 제시했다.

1. 헌신의 구조를 만든다(Creating a Commitment Device)

헌신의 구조란 미래의 행동을 현재 약속하는 장치를 의미한다. 일종의 자기 계약(self-contract)으로, 미래의 자신을 구속하여 특정 행동을 하도록 유도하는 것이다. 기부를 예로 들면, 정기 기부와 기부 약정이 있다. 일정 금액을 정기적으로 자동 이체하는 시스템을 구축하면, 매달 기부해야 한다는 의무감이 생겨 꾸준한 기부를 유도한다. 또한 공개적으로 기부를 약속하거나, 주변 사람들에게 기부 사실을 알리면, 사회적 압력으로 인해 기부를 지속하게 된다.

2. 목표를 설정하고 계획을 세운다(Setting Goals & Making Plans)

구체적인 기부 목표를 설정하고, 그 목표를 달성하기 위한 계획을 세우는 것이다. 예로 들면 수치 목표와 시간 계획이 있다. '1년에 100만 원 기부하기'와 같이 구체적인 수치 목표를 설정하면, 기부에 대한 동기부여가 강화된다. 또한 '매달 5만 원씩 기부하기'와 같이 시간 계획을 세우면, 기부를 일상생활 속에 자연스럽게 포함시킬 수 있다.

3. 사회 규범과 정체성을 이용한다(Leveraging Social Norms & Identity)

사람들은 자신이 속한 사회 집단의 규범이나 가치관에 따라 행동하려는 경향이 있다. 이러한 사회적 규범과 개인의 정체성을 활용하여 기부를 유도하는 것이다. 예를 들면 사회적 증거와 정체성 강조가 있다. 많은 사람이 기부하고 있다는 사실을 알려줌으로써, 다른 사람들도 기부해야 한다는 압력을 느끼게 한다. 또한 정체성을 이용하면, 개인의 내적 동기를 자극하여 지속적인 기부를 이끌어낼 수 있다.

4. 선택지에 관심을 돌린다(Focusing on Choice)

다양한 기부 방식이나 대상을 제시하여, 기부자들이 자신에게 가장 적합한 선택을 할 수 있도록 돕는 것이다. 예를 들면 일시불 기부, 정기 기부, 물품 기부 등 다양한 기부 방식을 제공한다. 또한 특정 질병, 환경 보호, 교육 등 다양한 기부 대상을 제시한다. 즉 선택의 폭을 넓힘으로써, 기부에 대한 참여를 높이고, 기부자의 만족도를 향상시킬 수 있다.

신중하고 사려 깊은 기부는 여전히 자선활동에 필수적이다. 그런데 심사숙고한 기부에도 인간의 편견 때문에 논리적으로 행동하기 어려운 점이 있다. 사람들은 미루는 경향이 있고 현재의 유혹에 쉽게 넘어가기 때문에 장래를 위해 저축하거나 기부하는 것이 어려울 수 있다. 퇴직 후 생활비 마련이나 기부 목표 달성에도 영향을 미친다. 또한 사람은 한 번에 많은 정보를 처리하기 어렵기 때문에 기부 목표를 세우고 이를 위해 기부할 금액을 마련하는 것도 쉽지 않다. 효과적인 기관을 선택하는 것도 많은 시간과 노력이 필요하다. 하지만 행동경제학을 활용하여 계획적으로 기부한다면 더 효과적인 기관에 기부할 수 있다. 즉, 기부금이 더 필요한 곳에 전달되고 사회적 문제 해결에 더 큰 도움이 될 수 있다.

8.4. 사전약정과 수량 요청이 기부에 미치는 영향

사전약정(Precommitment)

심리학에서 사전 약속(Precommitment)은 행위자가 미래에 사용할 수 있는 선택의 수를 제한하기 위해 사용할 수 있는 전략 또는 자기 통제 방법을 말한다(Silva, 2016). 존 엘스터(Jon Elster)는 1979년 저서 『율리시스와 사이렌(Ulysses and the Sirens)』에서[36] 인간은 이성적인 계획을 세울 수 있으므로 불완전하게 이성적(합리적)이지만, 의지가 약하기 때문에 이러한 계획에서 벗어나기 쉽다. 따라서 사전 약속이 이런 약한 감정의 문제를 극복하기 위해 사용하는 장치라고 주장한다.

사전약정은 자선 기부를 증가시키는 방법의 하나로, 기부자가 자기 행동을 미리 결정하고 약속하는 전략이다. 노벨 경제학상 수상자 토마스 셸링(Schelling)이 공식화한 이 아이디어는 '미래의 나'가 목표를 포기하는 것을 어렵게 만드는 방법을 제시했다. 예를 들어, 헬스장을 1년 치로 끊어놓는 것은 '미래의 나'가 운동을 하지 않더라도 경제적인 손해를 보게 만들어 행동을 유도하는 것이다. 자선단체에 기부하고자 하는 사람들이 목표를 고수하는 데 사전 약속이 도움이 될 수 있다는 증거가 점점 더 많아지고 있다. 일단 약속을 하면 기부는 더 이상 자선의 문제가 아니라 약속을 지키는 문제이기 때문이다. 기부자가 사전약정을 하는 이유를 살펴보면 다음과 같은 이유가 있다.

---

36 자신의 의지의 약점을 예견한 율리시스는 옛 연인 키르케의 경고에 근거하여, 선원들에게 그를 배의 돛대에 묶어 자신의 귀를 막으라고 지시한 후 매혹적인 노래로 선원들을 난파선으로 이끄는 세이렌의 유혹을 이겨내고 율리시스는 자신의 목표를 달성한다.

- 사전약정과 선택의 역설: 이것은 기부자가 기부할 수 있는 자선단체의 수가 많을수록 기부를 미루거나 포기하는 경향이 있는데, 이를 방지하기 위해, 기부자가 미리 기부할 자선단체를 선택하고, 그 선택을 공개하거나 고정시키는 방법이 유용할 수 있다(Oppenheimer & Olivola, 2011).
- 사전약정과 기부의 가치: 이것은 기부자가 기부할 금액을 미리 결정하고, 그 결정을 실천하는 것이 기부의 가치를 높이고, 기부에 대한 만족감과 행복감을 증가시킨다는 것이다. 이는 기부자가 자신의 행동과 가치관이 일치한다고 느끼기 때문일 수 있다(Meyvis 등, 2011).
- 사전약정과 기증(유증) 효과: 사전약정을 통해 기부를 약속한 사람들은 마치 이미 재산을 기부한 것처럼 행동하는 경향이 있다. 이는 마치 통장에서 돈을 인출하여 다른 계좌로 옮긴 것과 유사한 심리적 효과를 가져오기 때문이다. 이러한 심리적 메커니즘은 기부에 대한 심리적 저항을 줄여, 실제 기부 행위를 더욱 용이하게 만든다.

사전약정에 관한 구체적 사례(기부 챌린지)를 보면 다음과 같다. 이것은 기부자가 자신의 기부액을 미리 공개하고, 다른 사람들이 자신의 기부액과 동일하거나 높은 금액을 기부하도록 도전하는 것이다. 예를 들어, ALS Ice Bucket Challenge는 지명된 참가자들이 머리에 얼음물 한 통을 붓는 모습을 촬영한 다음 다른 사람들을 지명하여 똑같이 하도록 장려한다. 이 도전에 참가하는 사람들은 ALS(루게릭병) 연구를 위해 기부를 선택할지, 도전을 수행할지, 아니면 둘 다 할지 다양하다(Sherman & Wedge, 2017).

한편 이 도전은 사회적 관심을 끌고 기부금을 모으는 데 성공했지만, 그 과정에서 여러 비판도 받고 있다. ALS 환자들을 돕겠다는 진정한 마음보다는 유행을 따라가거나 재미를 위해 참여하는 사람들이 많았다는 것이다. 자금 모금보다는 유명인을 끌어들이는 데 더 집중했으며 자금 조달의 효율성을 떨어뜨리고 도덕적 허가를 부여한다는 비판도 있었다. MacAskill(2014)은 기부금의 효율성을 따져 더 큰 영향을 줄 수 있는 곳에 기부하는 것이 더 낫다고 주장하며, ALS 연구보다는 말라리아 퇴치를 위한 기부를 예시로 들었다.

수량 요청(Quantity Requests)

Moon & Vanepps(2022)의 새로운 연구에 따르면 비영리단체는 기부 금액에 대한 객관식 옵션을 제공함으로써 잠재적인 기부자가 더 쉽게 기부하도록 유도할 수 있다고 주장한다. 실험 참가자들은 주고 싶은 금액을 자신이 마음대로 입력하도록 요청하는 개방형 요청(Open-ended) 또는 각자가 받은 $25 내에서 일부 또는 전부를(예: $5, $10, $15, $20, 또는 $25) 자신이 선택한 자선단체에 기부할 수 있는 수량 요청 방식으로 나누었다(Moon & Vanepps, 2022).

실험 결과를 보면 수량 요청 방식에서는 총 79.4%의 참여자가 기부하였고, 개방형 조건에서는 67.5%가 기부하였다. 수량 요청 방식에서는 기부 금액도 더 높았는데, 참가자들은 개방형 참가자보다 약 2달러 더 많이 기부했다.

이 외에도 여러 형태의 실험을 시행했으나 결과는 기부 금액을 미리 정해진 몇 가지 선택지 중에서 고르도록 하는 수량 요청 방식의 효율성을 일관되게 뒷받침하였다. 첫째, 기부를 하지 않겠다는 선택지를 제공하더라도 기부 금액 선택지의 효과는 사라지지 않았다. 둘째, 인지도가 낮거나 인기가 없는 기부처에 대해서도 기부 금액 선택지는 효과적이었다. 셋째, 처음 제시되는 기부 금액이 적든 많든 기부 금액 선택지의 효과는 유사하게 나타났다. 넷째, 기부 시기나 기부처 지점 등 다른 선택지를 제시하는 방식보다 기부 금액 선택지가 더 효과적이었다. 결론적으로, 기부 금액 선택지를 제공하는 것은 기부자의 결정을 돕고, 기부에 대한 심리적 장벽을 낮춰 더 많은 기부를 유도하는 효과적인 방법이라고 할 수 있다.

　이러한 효과는 기부자가 어느 정도의 금액을 기부하는 것이 적절한지에 대한 암묵적인 기준을 제시해 주기 때문으로 보인다. 이러한 기준이 명확해지면 사람들은 기부를 결정하기 쉬워지고, 그 결과 더 많은 기부금이 모이게 된다.

　수량 요청(Quantity Requests)은 기부 의사결정뿐만 아니라 미래의 기부 행동에도 영향을 미칠 수 있다는 가능성을 제시한다. 예를 들어 한 번 수량 기부 요청에 동의한 사람은 이후 같은 단체의 기부 요청에 더 동의할 가능성이 높아진다. 수량 요청은 기부 금액뿐만 아니라 기부 빈도에도 적용될 수 있다. 예를 들어, "매달 1만 원씩 정기 후원"과 같이 기부 횟수를 제시하는 방식이다. 이는 자선단체 입장에서는 안정적인 수입원을 확보하는 데 도움이 될 수 있다. 결론적으로, 수량 요청은 기부를 유도하는 효과적인 방법일 뿐만 아니라, 지속적인 기부를 이끌어내는 데에도 큰 역할을 할 수 있다. 따라서 앞으로는 기부 금액뿐만 아니라 기부 빈도를 조절하는 수량 요청에 대한 연구가 더욱 필요하다.

Chapter 9

다양한 기금모금 전략

9.1. 소셜 미디어와 기부의 활성화

소셜 미디어는 웹 2.0 시대의 도래와 함께 개인의 생각, 의견, 경험, 정보 등을 공유하고 타인과의 관계를 생성하거나 확장할 수 있는 개방화된 온라인 플랫폼이다. 이는 개방, 참여, 공유의 가치를 기반으로 하며, 사용자들이 콘텐츠를 자발적으로 만들고 공유하는 양방향성을 특징으로 한다. 소셜 미디어 유형 간의 차이점과 사용자가 소셜 미디어와 상호 작용하는 방식을 아는 것은 잠재 고객과 더 효과적으로 소통하는 데 도움이 될 수 있다.

가장 인기 있는 소셜 미디어 유형은 (1) 소셜 네트워크 서비스(SNS): 페이스북, 인스타그램, Twitter(X), 링크드인, 틱톡, 카카오톡, (2) 토론 포럼: 레딧, 디그, (3) 이미지 공유 네트워크: 인스타그램, 플리커, (4) 네트워크 북마크: 피들리, 플립보드, (5) 블로깅 및 게시 네트워크: 워드프레스, 페이스북, (6) 소비자 리뷰 네트워크: 트립어드바이저, (7) 비디오 호스팅 플랫폼: 유튜브, 틱톡, 스냅

챗 등이 있다(Indeed Editorial Team, 2024).

소셜 미디어는 자선단체를 위한 강력한 커뮤니케이션 도구가 될 수 있으며, 인식을 높이고 기금을 모으고 수혜자를 더 잘 참여시킬 수 있다. 자선단체가 전통적인 커뮤니케이션 방법보다 훨씬 더 많은 청중에게 훨씬 더 빨리 다가갈 수 있도록 도울 수 있다. 실제로 온라인 기부자의 29%는 소셜 미디어가 기부에 가장 큰 영감을 주는 커뮤니케이션 도구라고 말한다[이메일 27%, 웹사이트 18%, 인쇄 12%, TV 광고 6%](Global Trends in Giving Report).

자선단체가 소셜 미디어를 효과적으로 활용하는 방법은 다양한 전략과 창의성을 결합하여 구축할 수 있다. 다음은 자선단체가 소셜 미디어를 활용하여 성공적인 마케팅을 할 수 있는 몇 가지 방법이다:

- 브랜드 인지도 향상: 소셜 미디어는 브랜드를 광고하는 데 최소한의 비용으로 효과적인 플랫폼을 제공한다. 브랜드의 시각적 요소를 잘 표현하는 프로필과 표지 사진을 사용하고, 타깃 청중이 선호하는 콘텐츠 유형을 조사하여 적절한 내용을 게시한다(Kerpen, 2011).
- 대화 시작: 소셜 미디어는 양방향 커뮤니케이션을 허용한다. 고객 의견을 청취하고 댓글에 응답하며, 여론 조사나 설문조사를 통해 팔로워 참여를 유도하는 열린 커뮤니케이션 채널을 갖는 것이 목표이다. 세계자연기금(WWF)은 Earth Hour라는 성공적인 대화형 콘텐츠 캠페인을 만들었다. Earth Hour 캠페인은 매년 3월 마지막 주 토요일, 1시간 동안 불을 끄고 지구를 위한 작은 실천을 약속하는 캠페인이다. 이때 #EarthHour 해시태그를 사용하여 팔로워를 활성화하도록 요청한다. 2020년에는 90개국과 지역이 이 이벤트에 참여하여 47억 건 이상의 글로벌 소셜 미디어 노출을 생성했다(Forbes, 2024/05).

〈그림 15〉 세계자연기금(WWF) Earth Hour 캠페인

출처: WWF Mediterranean

- 스토리텔링: 소셜 네트워크에서 스토리텔링은 브랜드가 시각적이고 매력적인 방식으로 스토리를 전달할 수 있게 해주기 때문에 특히 강력할 수 있다. 이를 위한 세 가지 방법에 관해 설명한다. 첫째, 진정성 있는 콘텐츠 만들기이다. 이러한 유형의 콘텐츠를 공유함으로써 브랜드 이미지를 인간화하고 청중과의 신뢰를 구축할 수 있다. 둘째, 이미지와 동영상은 소셜 네트워크에서 스토리를 전달하는 강력한 도구이다. 브랜드는 이미지를 사용하여 비즈니스와 문화의 본질을 포착하는 시각적 스토리를 전달할 수 있다. 셋째, 영감을 주는 스토리는 소셜 네트워크에서 청중의 관심을 끌 수 있는 좋은 방법이다. 영감을 주는 스토리를 공유함으로써 브랜드는 청중과의 신뢰와 명성을 강화할 수 있다(Calameo Blog, 2023).
- 사용자 생성 콘텐츠와 아이디어 크라우드 소싱: 사용자 생성 콘텐츠(UGC: User-Generated Content)는 일반 사용자들이 직접 만들어 공유하는 콘텐츠를 말한다. 예를 들어, 제품 사용 후기, 챌린지 참여 영상, 브랜드 관련 그림 등이 있다. 아이디어 크라우드 소싱은 많은 사람들의 아이디어를 모아서 새로운 아이디어나 해결책을 찾는 방식인데, 예를 들어 인플루언서와 협력하고, 다양한 콘테스트를 진행하여 사용자 참여를 유도하면 브랜드 인지도를 높이고, 기부를 증대시키는 효과를 얻을 수 있다.

- 고객 서비스 제공과 충성도 구축: 소셜 미디어를 통해 고객 문제를 신속하게 처리하고 해결한다. 고객 서비스에 대한 확고한 투자는 의미 있는 관계를 구축할 수 있다. 또한 소셜 미디어를 사용하여 브랜드 충성도를 높인다. 관련 콘텐츠를 게시하고 보상을 제공하여 팔로워와 관계를 유지한다.
- 웹사이트에 직접 추천 트래픽: 내가 작성한 글이나 만든 영상 등의 게시물에 내 웹사이트 주소를 함께 넣어 사람들이 클릭하도록 유도한다. 소셜 미디어를 통해 인바운드 트래픽(내가 직접 사람들을 찾아가는 게 아니라, 사람들이 내 콘텐츠에 관심을 갖고 스스로 내 웹사이트를 찾아오도록 유도하는 방식)을 생성하는 좋은 방법이다.

이상에서 소셜 미디어의 활용은 기부금 모금에 긍정적 영향을 미친다는 것이 확인되었다. 다만 소셜 미디어의 종류에 따라 그 효과가 달라진다는 점을 알아야 한다. Shin(2024)의 연구 결과, 트위터 팔로워 수는 기부금과 긍정적인 상관관계가 있으나, 페이스북 '좋아요' 수와 인스타그램 팔로워 수는 기부금과 부정적인 상관관계를 보였으며, 통계적으로 유의미하지 않았다. 이러한 결과는 소셜 미디어의 종류에 따라 대중의 모금 캠페인 참여도가 다르게 나타난다는 것을 시사한다. 그 이유 중 하나는 페이스북의 '좋아요' 클릭이 단순히 자기만족적인 '슬랙티비즘'을 나타낼 수 있어 기부로 이어지지 않을 수 있기 때문이다. 또한, 인스타그램 팔로워는 비영리단체를 팔로우할 수 있지만, 실제로 기부하는 등의 적극적인 참여는 적을 수 있다. 또 다른 이유는 트위터에 비해 인스타그램이 주로 젊은 세대가 사용하며, 다양한 연령대에서 널리 사용되지 않기 때문일 수 있다(Auxier & Anderson, 2021).

이상에서 우리가 배울 수 있는 것은 다양한 플랫폼에서 캠페인을 진행하는 것을 두려워하지 않는 것이다. 여러 채널에서 기부자와 지지자와 소통하고 해당 채널을 염두에 두고 설계된 전략을 활용한다. Instagram과 Snapchat은 비주

얼에 좋고, Twitter는 빠른 업데이트에 좋고, Facebook은 훌륭한 커뮤니티 센터이다. 또한 새로운 것을 시도하는 것을 꺼리지 말고, 반드시 계획을 세우고, 전문적으로 배치된 전략과 팀 노력으로 비영리단체는 네트워크의 새로운 기능을 일찍 도입할 수 있다. 나아가 캠페인의 힘을 극대화하려면 소셜 미디어에만 국한되지 않는 옴니채널 캠페인을 만드는 것도 필요하다. 이메일과 다른 마케팅 채널도 혼합에 포함되어야 한다(Bowie, 2024).

한편 소셜 미디어 사용에 있어서는 위험이 따를 수 있으므로 이를 관리해야 한다. 소셜 미디어 위험은 온라인 활동이나 상호 작용의 잠재적인 부정적인 결과이다. 여기에는 사이버 공격, 데이터 침해, 트롤, 가짜 뉴스, 부정적인 리뷰 또는 법적 문제가 포함될 수 있다. 위험을 관리하려면 규칙, 역할 및 책임을 설명하는 소셜 미디어 정책이 필요하다. 또한 발생하는 모든 문제에 어떻게 대응하고 해결할 것인지 명시하는 위기 커뮤니케이션 계획도 필요하다. 그리고 직원과 자원봉사자에게 소셜 미디어를 안전하고 책임감 있게 사용하는 방법에 대한 교육을 제공해야 한다(LinkedIn.com, 2023).

소셜 미디어의 함정과 위험을 피하는 가장 좋은 방법 중 하나는 이전에 그런 함정에 직면했던 다른 사람에게서 배우는 것이다. 다양한 목적과 결과를 위해 소셜 미디어를 성공적으로 또는 실패하게 사용한 비영리단체의 사례를 찾아볼 수 있다. 또한 통찰력, 팁, 조언을 공유할 수 있는 비영리 전문가와 전문가의 온라인 커뮤니티와 네트워크에 가입할 수도 있다. 그리고 소셜 미디어 기술과 지식을 향상시키는 데 도움이 될 수 있는 동료와 멘토로부터 피드백과 지원을 구할 수 있다. 끝으로 개인정보 또는 데이터 게시에 대한 지침과 리소스를 제공한다. 개인정보 보호법(개인정보를 오용하거나 개인의 개인정보 보호 권리를 침해하는 행위)을 고려하고 필요한 경우 동의가 있는지 확인해야 하며, 소셜 미디어에서 이미지나 아트워크를 사용하는 경우 저작권법에 저촉되는지도 살피고,

명예훼손 유무도 유의해야 한다.

9.2. MZ세대를 위한 신기술과 SNS의 활용

MZ세대는 밀레니얼세대(1981-1996년 출생)와 Z세대(1997-2012년 출생)를 통칭하는 용어이다. 이들은 태어날 때부터 디지털 환경에 익숙하게 자란 '디지털 네이티브 세대'이며, 스마트폰과 인터넷 없이는 삶을 상상할 수 없는 세대이다. MZ세대의 주요 특징을 살펴보면 다음과 같다.

- 정보 습득 방식: MZ세대는 전통적인 방식의 정보 습득보다는 검색 엔진, 소셜 미디어, 블로그 등을 통해 정보를 얻는 것을 선호한다. 또한 정보의 신뢰성을 높이 평가하며, 다양한 출처의 정보를 비교 분석하는 경향이 있다.
- 소통 방식: MZ세대는 카카오톡, 인스타그램, 틱톡 등의 메신저와 소셜 미디어를 통해 소통하며, 짧고 간결한 메시지와 이미지, 영상을 활용하는 커뮤니케이션 방식을 선호한다. 또한, 온라인 커뮤니티를 통해 공통 관심사를 가진 사람들과 소통하며, 적극적으로 의견을 표현하는 경향이 있다.
- 자유로운 사고: 기존의 권위적인 사고방식보다는 자유롭고 평등한 관계를 선호한다. 직장에서도 상하관계보다는 협력적인 관계를 중시하며, 자신의 의견을 적극적으로 표현한다.
- 소비 방식: MZ세대는 합리적인 소비를 중시하며, 가성비를 높이 평가한다. 또한, 온라인 쇼핑을 선호하며, 가격이나 브랜드보다는 제품의 기능성과 가성비를 중요시한다. 그리고 개인적인 가치에 맞는 제품을 소비하는 경향이 있다. 또한, 경험적인 소비보다는 실용적인 소비를 선호하는 경향이 있다.
- 가치관: MZ세대는 개인의 자유와 평등을 중시하며, 자신만의 개성을 표현하는 것을 중요하게 생각한다. 또한, 사회 문제에 관심이 많고, 사회적 책임을 중요하게 생각하며, 기업의 사회적 책임 경영(ESG)에 관심을 가지는 경향이 있다

(Peter, 2017). 온라인 플랫폼을 통해 사회 문제에 대한 의견을 공유하고, 사회 변화를 이끌어내는 데 기여한다.

- 직업관: MZ세대는 안정적인 직업보다는 자신의 가치관과 맞는 일을 하기를 원하며, 일과 삶의 균형(Work-Life Balance)을 중요하게 생각한다. 개인적인 시간과 취미 활동에 대한 중요성을 강조한다. 또한, 창업에 관한 관심이 높고, 다양한 분야에서 새로운 시도를 하는 경향이 있다.

밀레니얼세대는 스마트폰과 소셜 미디어에 익숙한 세대로, 기부에도 이러한 기술을 적극적으로 활용한다. 특히 친구들의 소셜 미디어 게시글을 보고 기부에 참여하는 경우가 많아, 친구들의 추천이 기부 결정에 큰 영향을 미친다. 즉, 밀레니얼세대는 소셜 미디어를 통해 다양한 기부 정보를 얻고, 친구들의 영향을 받아 기부를 결정하는 경향이 강하다. 따라서 소셜 미디어는 밀레니얼세대의 기부 행동에 큰 영향을 미치는 중요한 매체라고 할 수 있다(Jibril 등, 2019). 따라서 단체들은 밀레니얼세대를 대상으로 한 기부 캠페인을 진행할 때, 소셜 미디어를 적극적으로 활용하여 친구 간의 입소문(WOM: Word of Mouth)을 유발하는 것이 효과적일 것이다.

MZ세대의 기부금 증대를 위한 소셜 미디어 활용 전략

MZ세대는 사회 문제에 관한 관심과 참여 의식이 높지만, 경제적 여건과 시간 제약으로 인해 대규모 기부는 어려울 수 있다. 따라서 MZ세대의 기부 참여를 확대하기 위해서는 소셜 미디어를 효과적으로 활용하는 전략이 필요하다.

- 캠페인 홍보 및 참여 유도: MZ세대가 주로 사용하는 SNS 플랫폼과 인플루언서 협업을 통해 해시태그 챌린지, 공모전 등 다양한 이벤트를 진행하고, 참여자

들에게 인센티브를 제공하여 캠페인 참여를 유도한다.
- 투명한 정보 공개 및 소통: SNS를 활용하여 기부금 사용 내역과 캠페인 활동 결과를 정기적으로 공개하고, 기부자들의 질문이나 의견에 신속하게 답변하여 투명성을 확보한다. 또한, 기부자들의 후기를 공유하여 캠페인의 성과를 알리고 지속적인 참여를 유도한다.
- 소통과 공감 형성: SNS를 통해 기부 기관의 비전을 공유하고, 기부자들과 지속적인 소통을 위한 커뮤니티를 운영하며, 자원봉사 기회를 제공하여 공감대를 형성하고 깊이 있는 참여를 유도한다.
- 소액 기부 활성화: 모바일 기부 플랫폼 구축을 통해 누구나 간편하게 소액으로 기부하고, 이러한 작은 기부가 사회에 미치는 긍정적인 영향을 알려 참여를 독려하며, 기부자들에게 감사와 참여 인정을 제공하여 지속적인 기부를 유도한다.
- MZ세대 감성에 맞는 콘텐츠 제작: 밈, 스토리, 영상 등 MZ세대가 즐겨 소비하는 다양한 형태의 콘텐츠를 제작하고, 유명 유튜버, 스트리머와 협업하여 재미와 감동을 동시에 전달함으로써 기부에 대한 젊은 세대의 관심을 높인다.

특히 비영리단체는 경제가 불확실한 시기에 자금과 지원을 늘리는 것을 목표로 하고 있으므로 인구 분포에서 가장 많은 수를 차지하는 신흥 Z세대에 주의를 기울이는 것이 중요하다. 밀레니얼세대와 마찬가지로 Z세대의 구매 및 기부력은 나이가 들수록 증가한다. Z세대에 대한 자선단체의 모금 방법을 살펴보면 다음과 같다.

- Z세대 기부자를 투자로 취급: 즉각적인 가치에 초점을 맞추는 대신 Z세대 기부자의 장기적인 가치를 고려하는 것이 필요하다. 큰돈을 기부하는 몇몇 사람에게만 의존하지 말고, 젊은 사람들에게도 기부를 부탁하는 것이 중요하다. 젊은 사람들은 앞으로 더 많이 기부할 가능성이 높고, 비영리단체를 지속해서 성장시키는 데 큰 도움이 될 것이다(Philanthropy News Digest). Z세대 기부자

는 단순한 기부 대상이 아니라 비영리단체의 미래를 함께 만들어갈 소중한 파트너이다. 지금부터 Z세대와의 관계를 구축하고 투자하는 노력이 필요하다 (LexisNexis, 2023).

예를 들어, 지금 10달러 기부를 위해 Z세대 기부자를 포착한다고 하자. 시간이 지남에 따라 기부자와 비영리단체의 관계는 소셜 미디어와 같은 다양한 접점을 통해 더욱 발전할 수 있다. 비영리단체가 기부자와 연락을 유지하기 위해 20달러를 투자하더라도 그 기부자는 나중에 $500를 기부하게 될 수 있다. 이는 $470의 투자수익률을 올리는 것이다.

- Z세대와 소통하기 위한 기술 활용: Z세대와의 관계를 유지하고 싶다면 디지털 세상으로 들어가야 한다. 소셜 미디어, 이메일, 모바일 앱 등 Z세대가 즐겨 이용하는 채널을 통해 소통하고, 그들이 관심 있는 방식으로 정보를 제공해야 한다. Z세대는 사회 변화에 적극적으로 참여하고 싶어 하는 세대이다. 우리 단체의 프로그램에 참여하여 직접 변화를 만들어나가는 경험을 제공하면, 이들은 자연스럽게 우리 단체의 지지자가 될 것이다. 또한, 소셜 미디어를 활용하여 우리의 활동을 알리고, 더 많은 친구에게 함께 참여하도록 독려할 수 있다.

9.3. 심리적 회계에 의한 뉴미디어 효과

사람이 돈에 관하여 의사결정할 때 무의식적으로 행하는 행동의 하나가 바로 '심리적(마음) 회계(mental accounting)'라는 것이다. 마음(심리적) 회계는 우리가 돈을 단순히 숫자로만 보는 것이 아니라, 어떤 돈인지에 따라 다르게 생각하고 사용하는 것을 말한다. 마치 회계 장부처럼 우리 마음속에 여러 개의 계좌가 있고, 각 계좌에 들어온 돈은 그 계좌의 용도에 맞게 쓰려고 하는 것이다. 경제적 관점에서 심리적 회계는 프로세스를 단순화하고 좀 더 쉽게 이해하고 처리할 수 있도록 머리를 덜 써도 되고, 스트레스도 줄여 재무적 의사결정의 복잡성에 대처하는 방법으로 볼 수 있다. 이 개념은 행동경제학의 권위자로 노벨상을 수상한 Thaler(1985)가 제창했다.

〈그림 16〉 심리적 회계(mental accounting)의 개념

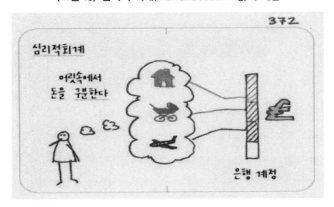

출처: InsideBE

마음(심리적) 회계의 특징을 정리하면 다음과 같다.

- **객관적인 금액보다는 주관적인 의미**: 돈의 실제 가치보다 어디서 얻었는지, 어떻게 사용할 것인지에 따라 가치를 다르게 평가한다. 예를 들어, 용돈으로 산 아이스크림은 더 맛있게 느껴질 수 있다.
- **비합리적인 결정**: 심리적 회계는 종종 합리적인 경제적 판단과 상충된다. 예를 들어, 잃어버린 10만 원은 아프지만, 같은 금액을 여행 경비로 쓰는 것은 아쉽지 않게 느껴질 수 있다.
- **다양한 계좌**: 사람마다, 상황에 따라 다양한 마음 회계가 만들어진다. 용돈, 월급, 저축, 투자, 여행 경비 등 다양한 "계좌"를 만들어 관리할 수 있다.

심리적 회계는 우리의 재정적 결정에 큰 영향을 미친다. 예를 들어, 심리적 회계는 카지노에서도 작용하는데 도박사들은 최근에 딴 돈을 '하우스 머니(house money)'라고 부르며 처음에 가지고 온 돈과는 다르게 취급한다. 즉, 하우스 머니라고 생각하는 돈으로는 보다 기꺼이 도박에 참여할 의사가 있는 것으로 나타났다(Thaler & Johnson, 1990). 일상생활과 재무적 의사결정에 있어 심리적 회계의 역할을 더 자세히 살펴보자.

- **보너스와 선물**: 보너스를 받으면 예상보다 더 많이 쓰는 경향이 있다. 보너스를 "일반적인 소득"과 다른 "특별한 돈"으로 생각하기 때문이다. 선물로 받은 물건은 실제 가치보다 더 높게 평가하고 소중하게 여긴다. 선물에 담긴 감정적 가치 때문이다.

- **심리적 회계와 프레이밍(Framing) 효과**: 심리적 회계는 프레이밍 효과의 영향을 받을 수 있다. 프레이밍 효과는 개인이 정보를 제시하는 다양한 방식에 반응하는 방식을 나타낸다. 심리적 회계의 경우 프레이밍은 의사결정에 큰 영향을 미칠 수 있다. 예를 들어 누군가에게 선물로 100달러를 받거나 500달러 구매 시 100달러 할인을 받는 것 중에서 선택할 수 있는 옵션이 제시되면 두 옵션이 재정적으로 동일하더라도 후자를 선택할 가능성이 더 높을 수 있다. 할인은 이익으로 인식되고, 선물은 손실로 인식되기 때문이다. 이러한 유형의 프레이밍 효과는 개인이 돈을 분류하고 재정적 결정을 내리는 방법에 영향을 미칠 수 있다.

- **매몰 비용(sunk cost) 오류와 심리적 회계**: 이미 지출한 비용은 되돌릴 수 없으므로, 추가적인 비용을 감수하는 경향이 있다. 심리학적인 관점에서 보면 매몰 비용 오류는 후회를 피하려는 방법으로 볼 수 있다. 사람들은 이미 상당한 양의 시간, 돈 또는 노력을 투자한 프로젝트나 활동에 계속 투자할 가능성이 더 높다. 왜냐하면 그들은 그러한 자원을 낭비했다는 느낌을 후회하지 않기를 원하기 때문이다. 이는 사람들이 단지 후회를 느끼지 않기 위해 성공할 것 같지 않은 일에 계속 투자하는 상황으로 이어질 수 있다. 매몰 비용은 예를 들어, 이미 콘서

트 티켓을 구입했으면, 비가 와도 취소하기보다는 젖는 것을 감수하고 갈 가능성이 높은 것과 같다.

- **충동 구매와 심리적 회계**: 꼭 필요하지도 않은 물건을 충동적으로 구입했지만 "세일 중이었어" 또는 "그럴 자격이 있었어"라고 말하며 구매를 정당화한 적이 있는가? 그렇다면 당신은 심리적 회계 현상을 경험한 것이다. 또한 심리적 회계는 비합리적인 지출 행동으로 이어질 수 있다. 예를 들어, 어떤 사람이 횡재(세금 환급 등)를 받으면 그 돈을 빚을 갚거나 생활에 기여하는 데 사용할 수 있는 방법을 고려하기보다는 "추가" 돈으로 여기기 때문에 하찮은 일에 지출할 가능성이 더 높다(FasterCapital, 2024).

심리적 회계는 우리의 재정 관리에 긍정적인 영향과 부정적인 영향을 모두 미칠 수 있다(Wikipedia, 2024). 이를 구체적으로 살펴보면 다음과 같다.

긍정적인 영향:
- **목표 설정(위험 관리)**: 심리적 회계는 우리가 위험을 관리하는 데 도움이 될 수 있다. 예를 들어, 투자 자금을 따로 만들어 놓으면 다른 용도로 사용하지 않고 투자 목표를 달성할 가능성이 높아진다.
- **계획적인 소비**: 심리적 회계는 우리가 목표를 세우고 달성하는 데 도움이 될 수 있다. 예를 들어, 저축 계좌를 따로 만들어 놓으면 장기적인 목표를 위해 돈을 모으는 데 집중할 수 있다.

부정적인 영향:
- **비합리적인 결정**: 돈의 실제 가치를 고려하지 않고 감정적인 판단으로 소비하게 만들 수 있다. 예를 들어, 할인된 상품을 보고 실제로 필요하지 않더라도 구매하게 될 수 있다. 또한 보너스를 예상치 못한 수입으로 여기고 과도하게 지출할 수 있다.

- **과도한 위험 감수**: 특정 "계좌"의 손실을 다른 "계좌"로 보충하려는 생각으로 위험한 투자를 하게 만들 수 있다. 예를 들어, 주식 투자에서 손실을 본 후, 손실을 만회하려고 더욱 공격적인 투자를 하게 될 수 있다.
- **선택의 제약**: 심리적 회계는 우리의 선택을 제약할 수 있다. 예를 들어, 용돈 계좌에 돈이 없다고 해서 필요한 물건을 구매하지 못할 수 있다.

자선 기부에 있어서 심리적 회계의 실제 사례

심리적 회계는 자선 기부에서도 중요한 역할을 한다. 사람들은 돈을 어디에서 얻었는지, 어떻게 사용할 것인지에 따라 자선 기부의 양과 방식을 달리하는 경향이 있다. 다음은 자선 기부에 있어서 심리적 회계의 실제 사례이다(Pervaiz 등, 2015).

- **소득의 출처**: 사람들은 벌어온 돈보다 예상치 못한 돈을 더 기꺼이 기부하는 경향이 있다. 예를 들어, 복권 당첨금이나 보너스는 일반 소득보다 더 높은 비율로 기부되는 경우가 많다. 또한 용돈은 "제한된 돈"으로 인식되기 때문에 덜 아깝게 느껴지지만, 월급은 "자유로운 돈"으로 인식되어 기부에 더 큰 가치를 부여하고 더 큰 만족감을 느낀다.
- **기부 목적**: 특정 목적에 지정된 자선 기부는 일반적인 기부보다 더 많은 기부금을 유도한다. 사람들은 자신의 기부가 실제로 어디에 사용되는지 알고 싶어 하기 때문이다. 예를 들어, "어려운 아동 돕기"보다는 "어려운 아동에게 따뜻한 겨울옷 제공"이라는 목적에 더 기꺼이 기부하게 된다.
- **기부 방식**: 사람들은 직접적인 기부보다 간접적인 기부를 더 선호하는 경향이 있다. 예를 들어, 온라인 기부나 자동 이체 기부는 현금 기부보다 더 쉽게 이루어진다.
- **감정적 요인**: 사람들은 감정적인 호소에 더 쉽게 반응하여 기부하는 경향이 있

다. 예를 들어, 슬픈 이야기나 가슴을 울리는 이미지를 함께 보여주는 기부 요청은 더 높은 성과를 거두는 경우가 많다.

- 손실 회피: 사람들은 손실을 싫어하기 때문에, 기부를 통해 얻을 수 있는 혜택을 강조하는 것보다 기부하지 않을 경우 발생할 수 있는 손실을 강조하는 것이 더 효과적인 경우가 있다. 예를 들어, "기부를 통해 어려운 아동을 도울 수 있다"보다는 "기부하지 않으면 어려운 아동들이 더 큰 어려움을 겪게 된다"라고 호소하는 것이 더 효과적일 수 있다(링크에이스, 2019).

심리적 회계를 이해하는 것은 자선단체가 기부금 모금을 늘리는 데 도움이 될 수 있다. 심리적 회계 이론에 기반하여, 다양한 소득 출처를 고려하고 구체적인 목적을 제시하며, 간편한 기부 방식과 감성적인 호소를 결합한 기부 요청은 자선단체의 모금액 증대에 기여할 수 있다.

9.4. 슬랙티비즘(Slacktivism): 온라인 시대의 기부 참여 방식

사람들 앞에서 긍정적인 이미지를 보여주기 위해 탄원서에 서명하거나 팔찌를 착용하거나 어떤 사회운동에 '좋아요'를 누르는 상징적인 제스처를 취한 사람들은 나중에 유의미한 방식으로 대의(purposes)에 참여할 가능성이 작은 것으로 나타났다.

이런 현상을 잘 보여주는 신조어가 바로 '슬랙티비즘(Slacktivism)'이다. 슬랙티비즘은 "게으른 사람"을 뜻하는 슬래커(Slacker)와 "행동주의"를 뜻하는 액티비즘(Activism)을 합친 신조어이다. 이는 최소한의 노력이나 실질적인 행동 없이 온라인상에서만 사회운동에 참여하는 행위를 의미한다. 네이버 사전에서는 "슬랙티비즘. 최소한의 노력만 요하는 프로젝트나 명분을 위한 운동(소심하고 게으른 저항방식)"이라고 정의하고 있다. 인터넷 사전인 Urban Dictionary

에서는 "문제를 해결하는 데 실제 노력을 들이는 대신, 임시방편 격의 대체제로서 분명하게도 의미 없는 활동에 참여하는 활동"으로 표현하고 있다. 대표적인 예시로는 온라인 청원 서명, 해시태그 공유, '좋아요' 누르기 등이 있다(헤럴드경제, 2018.06.28.).

〈그림 17〉 슬랙티비즘(Slacktivism)의 개념

출처: Base and Superstructure

슬랙티비즘의 특징을 보면 실제 시위나 기부와 같은 직접적인 행동보다는 온라인상에서 간편하게 이루어지는 활동에 참여하는 것을 특징으로 한다(최소한의 노력). 질적인 변화를 이끌어내는 것보다는 참여 자체에 대한 만족감을 얻는 데 초점을 맞추는 경우가 많다(자기만족). 누구나 쉽게 참여할 수 있다는 장점이 있지만, 실질적인 변화를 끌어내는 데에는 한계가 있을 수 있다(낮은 참여 장벽).

이런 특징을 갖는 슬랙티비즘은 자선 기부에 있어서는 다음과 같은 장단점을 가지고 있다. 먼저 장점으로서는 자선활동에 관한 관심을 높이는 데 효과적이다. 소셜 미디어를 통해 캠페인에 대한 정보를 빠르게 전파할 수 있기 때문이다. 또한 캠페인의 인지도를 높이는 데 효과적이다. 많은 사람이 캠페인에 참여

함으로써, 캠페인의 존재를 알리고, 더 많은 사람의 관심을 끌 수 있다.

슬랙티비즘(slacktivism)의 좋은 예가 아이스 버킷 챌린지이다. 아이스 버킷 챌린지(Ice Bucket Challenge)는 근위축성 측삭 경화증(ALS) 연구를 지원하기 위해 참가자들이 얼음물 양동이로 머리를 뒤집어쓰는 운동이다. 이 운동 자체가 직접적인 지원으로 이어지지는 않았지만 근위축성 측삭 경화증(ALS)에 대한 인식을 높이기 위해 수백만 달러의 기부로 이어졌다. 마크 저커버그 페이스북 최고경영자(CEO)와 빌 게이츠 전 마이크로소프트 회장도 이 도전에 나서고 있다. 유명 가수 테일러 스위프트가 젊은이들에게 투표하도록 격려한 것이 투표하는 사람들의 상당한 증가로 이어졌고, 누군가는 식료품점 선반에서 폴 뉴먼의 샐러드드레싱을 찾을 수도 있는데, 구매하면 자선단체를 지원하기 때문이다.

나쁜 예는 재해가 발생했을 때 재난 지역에 1,000마리의 종이학을 보내는 프로젝트를 흔히 볼 수 있다. 물론 학은 장수의 상징이며, 천 마리의 종이학을 보내는 것은 길조로 여겨진다. 하지만 피해 지역이 필요로 하는 것은 식량과 생필품이다. 물론 종이학은 격려의 의미가 있지만 공간을 차지해 재해 지역에 피해를 가중시키는 문제가 있다.

슬랙티비즘의 단점으로서는 실제적인 변화를 끌어내는 데 한계가 있다. 실질적인 기부나 행동으로 이어지지 않을 수 있다. 슬랙티비즘은 참여자가 단순히 좋아요, 댓글, 리트윗 등의 행동을 취하는 것으로 끝날 수 있다. 즉, 온라인에서 '좋아요'를 누르는 것으로 기부를 '했다고 생각'하게 만들어 실제 기부를 하지 않게 되는 것이다. 이는 참여자의 자선활동에 대한 진정성을 떨어뜨리고, 실질적인 기부나 행동으로 이어지지 않을 수 있다. 슬랙티비즘은 단순히 관심을 높이고, 인지도를 높이는 데 초점이 맞추어져 있기 때문이다(Dehdashti 등, 2020). 기부 참여를 유도하기에는 부족할 수 있다. 슬랙티비즘은 기부 참여를 유도하기에는 상대적으로 저렴한 방식이기 때문이다. 나아가 자선단체의 이미지를 훼손할 수 있다. 슬랙티비즘은 자선단체의 이미지를 단순히 "좋아요"나 "리트윗"을 받는 수단으로 전락시킬 수 있다. 이는 자선단체의 활동에 대한 진지함을 떨어뜨리고, 대중의 신뢰를 잃을 수 있다.

이와 같이 슬랙티비즘을 단순한 관심 표시에서 벗어나 이를 통해 자선활동에 관한 관심을 높이고, 인지도를 높이는 데 이바지할 수 있지만, 실제적인 변화를 이끌어내는 데는 한계가 있다는 점을 고려해야 한다. 따라서 기부 참여와 자선활동의 효율성을 높이는 실질적인 행동으로 연결하기 위한 다양한 노력이 필요하다. 슬랙티비즘을 넘어서기 위해서는 온라인 활동을 통해 사회 문제에 관한 관심을 높이고, 정보의 정확성을 확인하며 다양한 의견을 존중하는 자세로 지속적인 참여를 이어나가는 노력을 통해 슬랙티비즘을 넘어 실제 행동으로 변화를 만들어나갈 수 있다.

'슬랙티비즘에서 활동주의로'라는 운동이 크라우드 펀딩을 통해 나타나고 있다. 실제로 Crowdfunder.co.uk에서 자선 모금 행사와 유사한 많은 프로젝트가 등장하고 있다. 예를 들어, 노숙 여성을 위한 월경 건강과 위생에 대한 지역적 관심사를 가진 비미니(Bimini)라는 젊은 여성은 이를 감당할 수 없는 여성에게 절실히 필요한 서비스와 제품을 제공하기 위해 자신의 Crowdfunder 프로젝트를 만들었다. 그녀의 프로젝트는 (지역 및 국가적으로) 엄청난 양의 미디어 보도를 받았고, 많은 돈을 모았으며 인프라 비용이 거의 들지 않으면서도 강력한 사회적 영향을 미쳤다(Crowdfunder, 2019).

결론적으로 슬랙티비즘은 기부 단체에 새로운 도전 과제를 제시하는 동시에, 기부 문화를 확산하고 더 많은 사람의 참여를 유도할 수 있는 기회를 제공한다. 기부 단체는 변화하는 환경에 발맞춰 슬랙티비즘을 전략적으로 활용하고, 기부자들과의 소통을 강화하여 지속적인 기부 참여를 이끌어내야 한다.

구체적으로는 단순히 '좋아요'나 '공유'를 넘어, 실질적인 기부 참여로 이어질 수 있도록 콘텐츠 및 캠페인을 기획해야 한다. 참여자들에게 기부의 중요성을 인지시키고, 기부 행위가 실제로 어떤 변화를 불러오는지 보여주는 스토리텔링 전략이 필요하다. 또한 슬랙티비즘을 비판적으로만 볼 것이 아니라, 이를 통해 기부 문화를 확산하고 새로운 기부 방식을 모색하는 기회로 삼아야 한다. 젊은 세대를 중심으로 확산하는 슬랙티비즘 트렌드를 이해하고, 이들의 참여를 이끌어낼 수 있는 새로운 기부 플랫폼 및 캠페인을 개발해야 한다.

9.5. 기타 다양한 기금모금 전략

9.5.1. 기부 서클: 기부를 성장시키는 좋은 방법

기부 서클의 의의와 현황

NPO 등 비영리 섹터를 자금 면에서 지탱하는 새로운 모금 활동 도구로서 해외에서는 기부 서클(동아리)이 주목받고 있다. 기부에 의한 행위는 일회성이며, 한 방향적인 측면이 있는 반면, 기부 서클은 소액의 자금을 서로 가지고 펀드를 만들어 지원을 하고 싶은 프로젝트에 참여하는 지속성을 갖는 동아리 활동이다. 일부 부유층뿐만 아니라 일반 시민이 참가해 동아리 활동을 통해 NPO를 지지하는 스폰서가 되어 자선활동에 관여하는 것이다. 기부 서클은 일반적으로 회원들의 적극적인 참여를 통해 운영되며, 기부금의 사용처를 직접 결정하고 그 효과를 확인하는 데 중점을 둔다.

〈그림 18〉 기부 서클: 기부를 성장시키는 좋은 방법

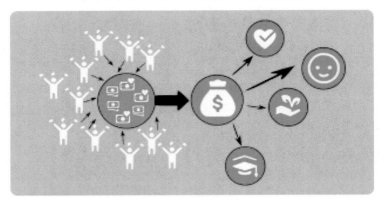

출처: HIPGive Learning Center

사람들은 전 세계에서 모여 세상에서 보고 싶은 변화를 만들고 있다. 기부 서클은 전 세계적으로 2,500개가 넘는 활동적인 서클이 의도적이고 사려 깊게 기부하는 성장하는 글로벌 운동이다(philanthropytogether, 2024). 기부 서클은 수십 년 동안 전 세계 문화에 뿌리를 둔 현대적인 형태의 집단 기부이다.

이 수치는 공식적으로 확인된 동아리일 뿐 비공식 단체의 실태는 밝혀지지 않았다. 커뮤니티 기금이나 정부가 주도로 조직되고 있는 예도 있어, 미래에는 한층 더 성장의 가능성을 내포하고 있다. 개인 단위로 기부하는 것보다 다양성이 생기고, 또 지속적인 활동에 의해서 지원의 담당자로서 안정이 생긴다. 또 개인으로는 포착이 어려운 지원처의 성장 정도 등도 파악할 수 있게 된다.

기부 서클의 장점을 더욱 구체적으로 보면 먼저 기부 서클 회원이 되면 기부자가 더 많이 기부하고 더 광범위한 조직에 기부하는 경향이 있다. 이는 참가자 사이에 생성되는 사회적 자본을 포함하되 이를 넘어서는 공헌을 할 수 있다. 또한 금전적 기여를 넘어 기부자들을 동원하고 참여시켜 자원봉사자가 되고 지역사회 지도자로서의 힘을 기르도록 한다. 즉 기부자로 구성된 생태계의 일부 내

에서 기부 서클은 지역사회 참여, 자선가, 지역사회의 모든 구성원이 무엇을 가져오는지에 대한 생각을 바꾸는 강력한 촉매를 제공한다(Layton, 2021).

대표적 기부 서클 활동(Future Now)

자신들이 공감하는 대표자를 의회에 보내는 활동을 하는 '퓨처 나우(Future Now)'는 미국 수도 워싱턴DC에 거점을 둔 기부 서클이다. 구체적으로는 2030년까지 지속 가능한 개발목표(SDGs)를 달성하기 위한 활동을 약속한 정치인을 주 의회에 보낸다는 것이다. SDGs를 미국판으로 맞추어 보다 구체적인 TODO 리스트를 작성하고 있다. 이 중에는 성평등이나 지속 가능한 에너지의 촉진, 기후 변화 문제에 대한 대응, 교육 기회의 균등, 실업 문제의 해결, 나아가 빈곤 문제에 대처하는 것이 포함되며, 각 과제에 어떻게 구체적인 액션을 취할지가 망라되어 있다. 이 프레임워크는 국제경제학자인 삭스(Jeffrey Sachs)가 만든 것이다.

이들 기부 서클에서 공통되는 것은 기부(기증)를 시행하는 프로세스를 통해서 보다 나은 공헌을 해 나갈 것을 확약하는 동아리(동호회) 활동으로, 멤버끼리의 유대감이 깊다는 것이다. 비록 기부 서클은 자선단체에 기부된 자금의 극히 일부를 차지할 뿐이지만 기부금 총액만으로는 측정할 수 없는 네트워크 형성에 의한 사회관계 자본이 양성되는 것이라고 추론할 수 있다(細海호소미, 2023).

기부 서클과 자선단체의 관계

기부 서클과 자선단체의 관계는 다음과 같이 설명할 수 있다. 먼저 기부 서클이 자선단체에 미치는 영향을 살펴보면 다음과 같다.

- 기부 서클은 자선단체의 중요한 기부자 역할을 한다. 기부 서클의 기부금은 자선단체의 주요 사업 및 프로그램 운영에 필요한 재정을 확보하는 데 사용된다.
- 예상치 못한 재난이나 긴급 상황 발생 시, 기부 서클의 신속한 지원을 통해 피해 복구 및 지원 활동을 효율적으로 수행할 수 있다.
- 기부 서클 구성원들을 통해 새로운 개인 기부자, 기업 후원자, 파트너 기관 등을 소개받아 네트워크를 확장할 수 있다. 기부 서클의 활동과 연계하여 자선단체의 활동을 홍보하고, 사회적 인지도를 높이고 사회적 지지 기반을 확보할 수 있다.

한편 자선단체가 기부 서클에 미치는 영향력은 다음과 같다.

- 자선단체는 기부 서클에 기부 대상 정보를 제공한다. 자선단체는 기부 서클에 자신들의 활동과 성과에 대한 정보를 제공하여 기부 서클의 기부 결정을 돕는다.
- 기부 서클과 자선단체는 협력을 통해 사회적 영향력을 높일 수 있다. 기부 서클은 자선단체와 협력하여 특정 사업을 지원하거나 공동 프로젝트를 진행할 수 있다.

요약하자면, 기부 서클과 자선단체는 서로 다른 구조와 운영 방식을 가지고 있지만, 기부를 통해 사회 변화를 이끌어낸다는 공동의 목표를 가지고 있다. 두 조직은 파트너십을 구축하여 상호 협력을 통해 공동 사업을 추진하고, 정기적인 교류를 통해 정보를 공유하여, 더 큰 사회적 영향력을 창출할 수 있다.

9.5.2. 구독 모델과 멤버십 갱신

구독 모델(subscription models)은 기부자가 정기적으로 기부금을 제공하는 방식이다. 기부자들은 정기적으로 일정 금액을 후원하며, 자선단체는 예측할 수 있는 수익을 바탕으로 활동을 계획하고 운영할 수 있다(Huntsberger, 2024).

구독 모델의 종류를 보면 매월 고정 금액을 후원하는 정액 후원, 후원 금액을 자유롭게 선택하는 다단계 후원, 후원 금액에 따라 다양한 혜택을 제공받는 혜택 제공 후원, 다른 사람에게 후원을 선물할 수 있는 기프트 후원 등 다양한 형태로 구성될 수 있다. 구독 모델의 장점을 살펴보면 다음과 같다.

- 안정적인 수익: 정기적인 후원은 자선단체의 재정 상태를 안정시키고 장기적인 계획을 수립하는 데 도움이 된다. 정기 기부자는 일회성 기부자에 비해 400% 이상 더 가치가 있을 수 있다. 이러한 기부자는 비영리단체에 안정적이고 신뢰할 수 있는 수입을 제공한다(Bishop, 2021).
- 예측 가능성: 예측할 수 있는 수익은 자원 할당 및 예산 계획을 효율적으로 수행할 수 있도록 한다.
- 관계 형성: 정기적인 후원은 자선단체와 후원자 사이에 지속적인 관계를 형성하고 강화하는 데 이바지한다.
- 참여 유도: 후원자들은 자선활동에 지속해서 참여하고 있다는 느낌을 받으며, 이는 더 많은 참여를 유도할 수 있다.

아래에서는 비영리단체에서 구독 기부를 장려하는 사례를 구축하는 데 도움이 될 수 있는 이 세 가지 중요한 사항에 대해 살펴본다.

- 젊은 세대의 구독이 증가하고 있다: 최근 젊은 세대, 특히 밀레니얼(M)세대와 Z세대가 구독 서비스를 통해 기부에 참여하는 비중이 크게 늘고 있다. 조사 결과, 정기 기부자의 절반 이상이 밀레니얼세대와 Z세대였으며, 특히 Z세대는 넷플릭스와 같은 구독 서비스 이용률이 높고 사회적 책임을 중시하는 경향이 강

했다. 이는 젊은 세대의 소비 트렌드가 변화하면서 비영리단체에 새로운 기회가 열리고 있음을 보여준다(Classy, 2021).

- 소비자 행동은 기부자의 행동과 일치할 수 있다: 구독 경제 시대에 살고 있는 우리는 이제 넷플릭스나 음악 스트리밍 서비스처럼 다양한 서비스를 월정액으로 이용하는 데 익숙하다. 이러한 소비 패턴은 기부에도 영향을 미쳐, 많은 사람이 한 번에 큰 금액을 기부하는 대신 매달 적은 금액을 정기적으로 기부하는 방식을 선택하고 있다. 조사 결과, 정기 기부자의 61%가 매달 자동으로 이체되는 소액 기부가 장기적으로 더 큰 영향을 미친다고 생각하며, 비영리단체에 대한 신뢰도를 높이는 데 기여한다고 평가했다.

- 정기 기부는 새로운 구독 선물이다. 정기 기부자의 38%는 정기적으로 기부함으로써 비영리단체와 더 긴밀한 관계를 맺었다고 느꼈다. 정기 기부는 단순한 기부를 넘어 특별한 선물이 될 수 있다. 매달 일정 금액을 기부하는 것은 자신이 지지하는 가치에 대한 지속적인 관심과 참여를 보여주는 의미 있는 행동이다. 또한, 기부자에게는 다양한 혜택이 제공될 수 있다. 예를 들어, 기념품이나 행사 초대 등을 통해 기부자와의 유대감을 강화하고, 기부가 사회에 미치는 긍정적인 영향을 직접적으로 느낄 수 있도록 하는 것이다.

구독 모델을 사용하는 자선단체 중에서 성공적인 사례는 다음과 같다 (Guterman, 2023). PBS는 어린이 교육 프로그램 '세서미 스트리트'를 비롯해 다양한 교육 프로그램을 제작하며, 설립 이래 교육 방송에 주력해 왔다. 다른 네트워크와 마찬가지로 PBS도 변화하는 미디어 환경에 발맞추기 위해 몇 가지 변경을 해야 했고, 비영리단체로서 극복해야 할 더욱 가파른 산이 있었다. 이 공영 방송사는 다른 스트리밍 서비스에서 영감을 얻어 회원 전용 혜택인 PBS 패스포트를 만들었다. 지역 PBS 방송국에 월 기부금(최소 $5)을 기부하는 사람은 누구나 패스포트에 즉시 액세스할 수 있으며 상업 광고 없이 인기 있는 PBS 쇼 1,500개 이상을 스트리밍할 수 있다. 또한 방송 직후 최신 에피소드를 바로 시청할 수 있다. PBS는 반복되는 정기 기부금을 받고, 후원자는 좋아하는 쇼를 시청할 수 있으며, 모든 사람이 고품질의 교육 미디어에 계속 액세스할 수 있다. 이것이 바로 윈-윈-윈이라는 의미이다!

이상과 같이 구독 모델은 자선단체에 꾸준한 수입원을 제공하며, 기부자들에게 편리한 기부 방식을 제공한다. 하지만, 다음과 같은 단점과 한계도 존재한다.

단점(문제점)

- 낮은 참여율(기부자 무관심): 일회성 기부에 비해 구독 모델은 기부자의 참여도가 낮을 수 있다. 정기적인 기부는 기부자의 헌신적인 참여를 요구하기 때문에, 일회성 기부에 비해 참여도가 낮을 수 있다. 또한 구독 모델은 초기 참여율이 높지만, 시간이 지남에 따라 참여율이 떨어질 수 있다. 정기적으로 일정 금액이 자동으로 납부되기 때문에 기부자들이 단체 활동에 적극적으로 참여하지 않을 가능성이 높다. 예를 들어, 구독 모델에 의한 기부자들은 단체의 뉴스레터를 읽거나, 봉사 활동에 참여하는 등의 활동에 참여하지 않을 가능성이 높다.
- 예측 불가능한 수입: 구독 모델은 매달 일정한 금액이 들어오지만, 정확한 수입을 예측하기 어렵다. 이는 기부자들이 언제든지 구독을 취소할 수 있기 때문이다. 예를 들어, 2023년 미국 경기 침체로 인해 자선단체들의 구독 모델을 통한 기부 금액은 평균 10% 감소했다.
- 마케팅 및 관리 비용: 구독 모델은 기부자 관리, 결제 처리 등에 많은 관리 비용이 발생할 수 있다. 회원을 모집하고 유지하기 위해 다양한 마케팅 활동을 진행해야 하기 때문에 많은 마케팅 비용이 소요될 수 있다. 이는 자선단체의 재정에 부담으로 작용할 수 있다.
- 기부금 사용 투명성: 구독 모델은 기부금 사용에 대한 투명성이 떨어질 수 있다. 이는 기부자들이 자신의 기부금이 어떻게 사용되는지 정확히 알 수 없기 때문이다. 예를 들어, 어린이 돕기 단체에 구독 모형을 통해 기부했더라도, 실제로 기부금이 어떤 어린이들을 돕는 데 사용되었는지 알 수 없는 때도 있다.

한계점

- 긴급 상황 대응 어려움: 구독 모델은 긴급 상황 발생 시 빠르게 자금을 모으기 어렵다. 이는 긴급 상황에 필요한 자금을 확보하는 데 시간이 걸릴 수 있기 때문이다.
- 대규모 자금 조달 어려움: 구독 모델은 대규모 자금 조달에 어려움을 겪을 수 있다. 이는 많은 기부자들이 소액의 금액을 기부하기 때문에, 대규모 자금을 확보하기 어렵기 때문이다.
- 특정 프로젝트 지원 어려움: 구독 모델은 특정 프로젝트에 대한 지원이 어렵다. 이는 기부금이 모든 프로젝트에 골고루 분배되기 때문이다.

결론적으로 구독 모델은 자선 기부에 있어서 유용한 도구이지만, 단점과 한계를 고려하여 사용해야 한다. 자선단체는 구독 모델과 함께 다른 기부 방식을 병행하여 다양한 기부자들의 요구를 충족시키는 것이 중요하다.

9.5.3. 멤버십 갱신(membership renewals)

Damgaarde 등(2019)은 자선단체 멤버십 갱신에 대한 리마인더 효과를 분석했다. 즉 기부자들이 멤버십 갱신을 잊는 이유가 무엇인지, 혹은 갱신을 꺼리는 이유가 무엇인지 분석했다. 이들은 덴마크 3개 자선단체의 20만 명 이상의 기부자 데이터를 분석하고 3개월 간격으로 4번의 리마인더 전송했다(이메일, SMS, 우편). 리마인더 내용은 멤버십 만료 알림, 멤버십 갱신의 중요성 강조, 갱신 방법 안내 등이 포함되어 있다.

연구 결과를 보면 리마인더는 멤버십 갱신율을 12%p 증가시켰으며 리마인더 효과는 기부금 규모, 기부 빈도, 기부 기간, 기부자 연령 등에 따라 달랐다. 멤버십 갱신을 잊는 경우가 갱신을 꺼리는 경우보다 훨씬 더 많았다. 멤버십 갱신을 잊는 이유로서는 바쁜 일상, 갱신 시기 인지하지 못함, 갱신 절차 번거로 움 등이 있었다. 멤버십 갱신을 꺼리는 이유로서는 단체 활동 만족도 저하, 재 정적인 어려움, 다른 자선단체에 기부 의향 등이 열거되었다.

먼저 기부자가 잊어버린 경우, 젊은 기부자와 최근 기부한 기부자는 리마인 더에 더 반응했으며 이메일 리마인더가 가장 효과적이었다.[37] 기부자가 주저할 때는 기부금 규모가 큰 기부자와 오랫동안 기부한 기부자는 리마인더에 더 반 응했으며 SMS 리마인더가 가장 효과적이었다.

리마인더 외에도 멤버십 갱신율을 높이는 방법

리마인더는 멤버십 갱신율을 높이는 효과적인 방법이지만, 단독으로 사용하 기에는 부족할 수 있다. 멤버십 갱신율을 높이기 위해 다음과 같은 다양한 방법 들을 함께 사용하는 것이 효과적이다.

첫째, 멤버십 혜택 강화를 위해 전용 콘텐츠, 등급 시스템, 커뮤니티 운영 등 으로 멤버십 가치를 높여 갱신을 유도할 수 있다. 특히 VIP 등급 회원에게 차별 화된 혜택을 제공하고, 온라인/오프라인 모임을 통해 회원 간 교류를 활성화하 는 것이 효과적이다.

둘째, 갱신 절차 간소화를 위해 온라인 결제 시스템, 자동 갱신 시스템 도입 및 문의 채널 마련 등을 통해 회원들이 쉽고 편리하게 갱신할 수 있도록 해야 한다. 복잡한 절차는 갱신을 방해하므로 최대한 간편하게 갱신할 수 있는 환경

---

37 비영리단체에서 이메일은 빠르고 쉽게 실행 가능한 커뮤니케이션 수단으로 활용되지만 평균 오픈율이 28.59%에 그치는 점은 한계이다. 반면, 직접 우편은 77%의 높은 확인율을 보이며 긍정적인 반응을 얻 고 있다. 물리적 우편은 이메일보다 진실하고 개인적인 느낌을 선사하여 회원들에게 더 큰 신뢰감을 주 고 지속적인 관계 유지에 효과적이다. 즉, 멤버십 갱신율을 높이기 위해서는 이메일과 직접 우편의 장 점을 결합하는 전략이 필요하다(Neon One Staff, 2024). 6 Proven Membership Retention Strategies for Your Nonprofit, Neon One.

구축이 중요하다.

셋째, 기부자들에게 진심으로 감사를 표현하는 것은 중요하다. 개인 맞춤형 메시지, 기념품, 감사 이벤트 등을 통해 기부자들의 헌신에 감사를 표현하고 멤버십 만족도를 높여 갱신 의지를 강화할 수 있다.

넷째, 개인 맞춤형 메시지로 갱신을 유도해야 한다. 회원의 기부 패턴, 선호도, 관심사를 분석하여, 자주 이용하는 혜택, 맞춤형 갱신 제안, 관심 분야 콘텐츠 등을 제공하면 갱신율을 높일 수 있다(Radicati Group, 2017).

다섯째, 멤버십 갱신율을 높이기 위한 핵심은 적절한 타이밍과 타겟팅이다. 예를 들어, 회원 가입 1주년 기념일에 지난 1년 동안의 활동을 요약하고 멤버십 혜택을 다시 한번 상기시키는 이메일을 발송하여 갱신을 유도할 수 있다. 이처럼 전략적 메시지는 일반적인 갱신 알림보다 훨씬 효과적이다.

이와 같이 멤버십 갱신율을 높이기 위해서는 혜택 강조, 절차 간소화, 개인 맞춤 메시지 전달 등 다양한 방법을 활용하되, 과장 광고, 선택 제한, 개인정보 침해 등 윤리적 문제에 유의하고 단체의 특성에 맞는 최적의 방법을 찾아야 한다.

9.5.4. 시간 기부와 금전 기부의 상호 보완적 역할

칼릴 지브란(Kahlil Gibran)의 말처럼, 진정한 기부는 단순히 돈을 내는 것이 아니라 자신의 시간과 노력을 함께 나누는 것이 중요하다. 우리는 모두 시간이 부족하다고 느끼고, 시간을 절약하기 위해 돈을 쓰는 경우가 많다. 예를 들어, 식기세척기, 제설기, 전기 칫솔 등은 우리의 시간과 노력을 아껴주는 도구들이다. 만약 시간이 중요하지 않다면, 굳이 이런 제품들을 살 필요가 있을까? 아마도 넷플릭스를 보거나 잠을 자는 데 시간을 더 많이 쓸 것이다. 하지만 우리는 시간을 절약해서 다른 의미 있는 일들을 하고 싶어 하기 때문에 기꺼이 돈을 내는 것이다(Knight, 2024).

사람들은 시간을 내어 자원봉사 하는 것과 더 많이 일하고 자선단체에 추가로 돈을 기부하는 것의 균형을 어떻게 고려해야 할까? 대부분 자선단체는 돈과 시간이 모두 필요하므로 사람들은 두 가지 자원을 기부함으로써 조직에 강력한 영향을 미칠 수 있다.

금전과 시간 간의 상충 관계(trade-off)에 대해 생각하는 한 가지 방법은 자원봉사 시간의 가치를 고려하는 것이다. Independent Sector에 따르면, 자원봉사 1시간의 가치는 29.95달러이다. 어떤 조직도 100달러의 기부를 거부하지 않겠지만, 헌신적인 자원봉사자의 몇 시간은 똑같이 가치가 있을 수 있다(Nesbit, 2022).

그러나 왜 자원봉사(시간 기부)는 그토록 가치가 없는 것으로 여겨지는가? 금전이 전부가 된 건 서구 문화 때문일까? 자원봉사자들이 너무 오랫동안 "무료" 노동으로 여겨져서 그들의 진정한 가치를 간과했기 때문일까? 원인이 무엇이든 우리의 시간은 소중하다. 그리고 대체할 수 없다. 시간 기부는 사람들이 자기 삶의 일부를 기부하고 있다는 것이다. 우리는 항상 더 많은 돈을 벌 수 있지만, 우리가 보낸 시간은 결코 돌려받을 수 없다. 이것을 인정해야 하는 것이 필요하다.

금전과 시간 기부가 서로 보완적인지, 대체적인지에 대한 논쟁은 오랫동안 이어져 왔다. 실제 상황에서 진행된 연구(Yeomans & Al-Ubaydli, 2018)에서는 돈과 시간 기부가 서로 대체 관계가 아닌 것으로 나타났다. 즉, 돈을 기부하는 사람들이 시간 기부도 하는 경향이 있었고, 반대로 시간을 기부하는 사람들이 돈 기부도 하는 경향을 보였다. 실험실 환경에서 진행된 연구(Lilley & Slonim, 2014)에서는 돈과 시간 기부가 서로 대체 관계일 가능성이 높은 것으로 나타났다. 즉, 돈을 기부하면 시간 기부를 덜 하고, 시간을 기부하면 돈 기부를 덜 하는 경향을 보였다.

두 연구 결과가 서로 다른 이유는 연구 방법의 차이 때문일 수 있다. 실제 상황에서는 사람들이 자신의 가치관이나 상황에 따라 돈과 시간 기부를 자유롭게 선택할 수 있지만, 실험실 환경에서는 제한된 선택지만 주어지기 때문에 현실과 다르게 나타날 수 있다. 결론적으로 돈과 시간 기부가 서로 보완적인지, 대체적인지에 대한 명확한 답은 아직 없다(He, 2021). 하지만 이러한 연구를 통해 돈과 시간 기부에 영향을 미치는 다양한 요인들을 이해하고, 더 효과적인 기부 문화를 만들어나가는 데 도움을 얻을 수 있다.

〈그림 19〉 시간 기부와 금전 기부

사람들은 자선활동에 시간과 금전을 기부하는 두 가지 방식으로 참여할 수 있다. Brown & Taylor(2018)의 연구에서는 두 가지 방식의 기부가 서로 보완적인지 또는 대체적인지 분석한다. 즉, 사람들이 시간을 더 많이 기부하면 돈을 덜 기부하는 경향이 있는지, 아니면 두 가지 기부 방식이 서로 독립적인지를 살펴본다.

연구 결과를 보면 시간과 금전 기부는 서로 보완적 관계이다. 즉, 시간 기부를 더 많이 하는 사람들은 금전 기부도 더 많이 하는 경향이 있다. 이는 두 가지 기부 형태 모두 이타주의와 사회 참여에 대한 깊은 헌신을 반영한다고 해석될 수 있다. 즉, 자선활동에 적극적으로 참여하는 사람들은 시간과 돈 모두를 기부할 가능성이 높다. 시간 기부 경험이 사회적 책임감과 공동체 의식을 높여 금전 기부에도 긍정적인 영향을 미칠 수 있음을 시사한다. 그러나 고소득층의 경우 시간 기부가 금전 기부를 대체하는 예도 존재한다. 이는 고소득층이 시간 부족으로 인해 시간 기부 대신 금전 기부를 선택할 가능성이 높기 때문이다.

시간 기부와 금전 기부의 상호 보완성을 구체적으로 보면 시간 기부와 금전 기부는 서로 보완적인 역할을 한다. 시간 기부는 금전 기부로 대체할 수 없는 전문성, 인적 자원, 서비스 품질 향상 효과를 제공한다. 금전 기부는 시간 기부를 효과적으로 활용하고, 자선단체의 지속 가능한 운영을 위한 기반을 마련한다.

- 금전 기부는 시간 기부의 효과를 높일 수 있다. 자선단체는 금전 기부를 통해 자원봉사자들을 위한 교육 프로그램을 제공하고, 자원봉사 활동을 지원하는 기반을 구축할 수 있다.
- 시간 기부는 금전 기부를 유도할 수 있다. 자원봉사 활동은 기부자들이 자선단체의 활동에 직접 참여하고, 그 가치를 확인할 수 있는 기회를 제공한다. 이는 기부자들의 참여를 높이고, 금전 기부를 유도하는 데 도움이 될 수 있다. 금전적 기부와 자원봉사에 든 시간 간의 관계도 분석했으며, 자선단체에 기부되는 금액이 1% 감소하면 무급 자원봉사에 걸리는 시간이 약 7% 감소하는 것으로 추정된다(Brown & Taylor, 2018).

Dittrich & Mey(2023)는 시간만 기부하는 사람, 금전만 기부하는 사람, 그리고 시간과 돈 모두 기부하는 사람들의 특징을 비교 분석했다. 시간 기부와 금전 기부를 결정하는 요인에는 성별, 소득, 교육 수준 등 다양한 사회경제적 특징이 영향을 미치는 것으로 나타났다. 첫째, 순수하게 시간만 기부하는 사람들과 금전만 기부하는 사람들 사이에는 뚜렷한 성별 차이가 존재했다. 남성은 여성보다 금전 기부를 더 많이 하는 경향이 있지만, 여성은 남성보다 자원봉사와 같은 시간 기부를 더 많이 하는 경향이 있다. 둘째, 소득 수준은 기부 유형에 따라 다른 영향을 미치는 것으로 나타났다. 고소득자는 저소득자보다 금전 기부를 더 많이 하는 경향이 있지만, 시간 기부는 소득과 큰 관련이 없는 것으로 나타났다. 셋째, 교육 수준에 따라 시간 기부자와 금전 기부자는 흥미로운 차이를 보였다. 고졸 이하 학력자는 시간 기부를, 대졸 이상 고학력자는 금전 기부를 더 많이 하는 경향이 있다. 시간 기부는 경제적 여유가 부족해도 참여 가능하지만, 고학력자는 시간 부족 및 기회비용 때문에 선호도가 낮다. 이에 비해 고학력자들은 고졸 이하 학력의 사람들보다 금전 기부를 더 많이 하는 경향을 보였다. 이는 고학력자들이 일반적으로 더 높은 소득 수준을 가지고 있기 때문일 수 있다.

다음으로 시간과 돈을 모두 기부하는 사람들은 다음과 같은 특성을 보였다. 시간과 금전을 모두 기부하는 사람들은 일반적으로 높은 소득과 교육 수준을 가진 여성일 가능성이 높았다. 또한 종교적 신념을 가지고 사회적 관계가 활발한 경향을 보였는데, 이는 이들이 경제적, 사회적, 개인적 자원이 풍부하여 다양한 방식으로 사회에 기여할 수 있음을 의미한다.

한편 Dittrich & Mey(2023)는 기부 유형에 따라 기부하는 이유가 왜 다른지를 분석했다. 시간 기부는 자원봉사와 같은 활동을 통해 사회적 관계를 맺거나 개인적인 만족감을 얻으려는 욕구와 관련이 있으며 반면, 금전 기부는 세금 감면 혜택이나 사회적 인정 등 경제적 또는 사회적 보상을 얻으려는 동기와 관련이 있는 것으로 분석되었다. 결론적으로 이 결과는 시간 기부와 금전 기부가 서로 다른 특징과 동기를 가진 사람들에 의해 이루어지며, 두 가지 기부 방식 모두 자선단체에 중요한 역할을 한다는 점을 보여준다.

금전 기부를 시간 기부 의존도로 전환할 때의 문제점

자선단체는 안정적인 기금 조달을 위해 다양한 전략을 모색하고, 예상치 못한 수입 변동에도 흔들리지 않도록 탄력적인 운영 시스템을 구축해야 한다. 자선단체는 이러한 문제를 금전 기부와 시간 기부를 통해 해결할 수 있다. 하지만 시간 기부와 금전 기부가 상호 보완적인 역할을 한다면 금전 기부에 대한 의존도를 시간 기부 의존도로 전환하는 것은 의도치 않은 결과를 가져올 수 있다. 금전 기부에 대한 의존도를 시간 기부 의존도로 전환하는 것은 자선단체의 운영 방식에 큰 변화를 불러올 수 있으며, 다음과 같은 의도치 않은 결과를 초래할 수 있다.

- 자원봉사자 부담 증가: 시간 기부 의존도가 높아지면 자원봉사자들의 부담이 증가할 수 있다. 자원봉사 활동은 개인의 시간과 노력이 있어야 하는 활동이기 때문에, 자원봉사자들의 참여와 지속적인 활동을 위해서는 적절한 지원과 유인책이 필요하다.
- 자선단체 운영 효율성 저하: 시간 기부는 금전 기부에 비해 활동의 효율성이 떨어질 수 있다. 시간 기부는 자원봉사자들의 시간과 노력이 필요한 활동이기 때문에, 동일한 활동을 수행하는 데 금전 기부보다 더 많은 시간과 자원이 필요할 수 있다. 이는 자선단체 운영비용 증가로 이어질 수 있다.
- 서비스 제공 범위 축소: 시간 기부 의존도가 높아지면 자선단체가 제공하는 서비스 범위가 축소될 수 있다. 시간 기부는 특정 분야에 대한 전문 지식이나 기술이 있어야 하는 활동이 많아서, 자선단체는 제공하는 서비스 범위를 제한해야 할 수도 있다.

- 기부자들의 참여 감소: 시간 기부 의존도가 높아지면 기부자들의 참여가 감소할 수 있다. 기부자들은 자선단체에 금전 기부를 통해 간편하게 도움을 줄 수 있지만, 시간 기부는 개인의 시간과 노력이 있어야 하는 활동이기 때문에 참여에 어려움을 느낄 수 있다.
- 자선단체의 지속가능성 위협: 시간 기부 의존도가 높아지면 자선단체의 지속가능성이 위협될 수 있다. 자선단체는 운영비용을 충당하고 프로그램을 운영하기 위해 금전 기부가 필요하며, 시간 기부만으로는 자선단체의 지속적인 활동을 유지하기 어려울 수 있다.

이와 같이 금전 기부를 시간 기부 의존도로 전환하는 것은 자선단체의 운영 방식에 큰 변화를 불러올 수 있으며, 의도치 않은 결과를 초래할 수 있다. 자선단체는 시간 기부 의존도를 높이는 전략을 추진하기 전에 장단점을 신중하게 고려하고, 자원봉사자들의 참여를 유도하고, 활동의 효율성을 높이는 방안을 마련해야 한다.

그런데 재난 상황에서 사람들은 자원봉사와 기부(금전) 중 어떤 방식으로 도움을 줄까? Kawawaki(2023) 연구는 이 질문에 답하기 위해 일본 전역에서 발생한 재난 상황에서 사람들의 행동을 분석했다. 흥미로운 결과는 다음과 같다. 당연하지만 재난 지역과 가까이 사는 사람들은 직접 자원봉사에 참여하는 경향이 높았고, 멀리서 사는 사람들은 시간과 노력, 그리고 이동 거리 등으로 인해 기부를 통해 도움을 주려는 경향이 높았다. 또한 평소에는 보완 관계였던 자원봉사와 기부가 재난 상황에서는 대체 관계로 바뀌었다. 즉, 평소에는 자원봉사와 기부를 함께 하는 사람들이 많았지만, 재난 상황에서는 자원봉사 또는 기부 중 하나만 선택하는 경향을 보였다. 이는 재난 상황이라는 특수한 상황에서 시간적, 경제적 제약, 그리고 심리적 요인 등이 복합적으로 작용한 결과로 볼 수 있다.

　재난 발생 시, 평소 사회활동에 적극적이지 않던 사람들까지도 구호 활동에 참여하려는 모습을 보인다. 이는 단순히 타인을 돕고 싶은 마음 때문만은 아니다. 재난으로 인해 잃어버린 심리적 균형을 회복하고, 자신의 주관적인 행복을 증진하기 위한 노력의 일환으로 볼 수 있다.

　이 연구 결과는 재난 상황에서 사람들의 도움 행동에 대한 중요한 시사점을 제공한다. 재난 지원 정책을 수립할 때, 지역적 특성을 고려하여 자원봉사와 기부를 효과적으로 연계하고, 사람들의 다양한 참여 방식을 지원하는 것이 중요하다.

- 참고문헌 -

링크에이스 (2019), 너지_Nudge: 심리학과 경제학의 기분 좋은 만남. https://blog.naver.com/smspkkb/221561380654

우미향 (2015), "비영리법인 회계제도의 개선이 기부금 활성화에 미치는 영향에 관한 연구", 숭실대학교 박사학위논문.

육근효 (2019), 공익법인 기부금 수입의 영향요인에 관한 탐색적 연구: 회계정보와 온라인 정보의 비교, 경영학연구, 제48권 제4호: 879-904.

육근효 (2020), 공익법인에 대한 제3자 등급평가는 기부금 수입을 변화시키는가?, 경영학연구, 제49권 제2호, pp.365-390.

헤럴드경제 (2018.06.28.), 새로운 기부문화, 퍼네이션일까 슬랙티비즘일까?, http://biz.heraldcorp.com/culture/view.php?ud=20180628040828283265093_1

石田祐 (2018),「寄付を人件費に利用する」ことは理解されるのか？Fundrasing Journal Online. https://jfra.jp/fundraisingjournal/2282/

伊藤公一朗 (2018), データ分析の力, 因果関係に迫る思考法, 光文社

佐々木周作 (2017),「原因と結果」の経済学：ファンドレイジング編, Fundraising journal Online. https://jfra.jp/fundraisingjournal/2000/

坂本治也 (2018), リスクを好む人ほど寄付をする!? ―リスク態度と寄付行動の関係―, Fundraising Journal Online.

坂本治也, 秦正樹, 梶原晶 (2019), NPO・市民活動団体への参加はなぜ増えないのか__ 「政治性忌避」仮説の検証, ノモス 44, 1-20.

善教将大・坂本治也 (2017), 何が寄付行動を促進するのか―Randomized Factorial Survey Experimentによる検討― 公共政策研究/17巻 pp.96-107. https://doi.org/10.32202/publicpolicystudies.17.0_96

中山隼佑, 上向井麻希, 萬田将大 (2022), 寄付行動の促進における三要素間の検討, 日本ファンドレイジング協会.

梶原太一 (2021), 寄附を募る方法に関するティップス, Humanismus 第32号 26-35.

細海真二 (2023), 市民フィランソロピーの新たな潮流:ギビングサークルという考え方, 日本寄付財団.

渡邉文隆 (2023), 寄付市場の成長ドライバー__・断片化・公正性, The Nonprofit Review,

Vol.22, No.1, 33 – 48.

渡邉文隆 (2023),「寄付募集の科学」への招待 "健全な"市場の実現にむけて, De-Silo.

矢野誠. (2009), 現代の金融危機と「市場の質理論」. 学術の動向, 14(6), 44 – 56.

Ajzen, I. (2006), Behavioral Interventions Based on the Theory of Planned Behavior, in 'Social Psychology and Evaluation' The Guilford Press.

Ajzen, Icek (2006), Constructing a TPB Questionnaire: Conceptual and Methodological Considerations.

Aknin L. B., Whillans A. V. (2021), Helping and happiness: a review and guide for public policy. Soc. Issues Policy Rev. 15, 3 – 34.

Aknin, L.B., E. W. Dunn, and M. I. Norton (2012), "Happiness Runs in a Circular Motion: Evidence for a Positive Feedback Loop between Prosocial Spending and Happiness" *J Happiness Stud* 13:347 – 355.

Allen, S. (2018), The Science of Generosity, Greater Good Science Center at UC Berkeley.

André, K., S. Bureau, A. Gautier and O. Rubel (2017), Beyond the Opposition Between Altruism and Self-interest: Reciprocal Giving in Reward-Based Crowdfunding, Journal of Business Ethics, Vol. 146, No.2, pp.313-332.

Andreoni, J. (1989), Giving with Impure Altruism: Applications to Charity and Ricardian Equivalence, *Journal of Political Economy*, Vol. 97, No. 6, pp.1447-1458.

Andreoni, J., Koessler, A.-K., & Serra-Garcia, M. (2018), Who gives? The roles of empathy and impulsiveness. In The economics of philanthropy: Donations and fundraising (pp.49-62). MIT Press.

Anik, L., L. B. Aknin, M. I. Norton, and E. W. Dunn (2009), Harvard Business School Working Paper, No. 10-012. August 2009.

Ariely, D., A. Bracha and S. Meier (2009), Doing Good or Doing Well? Image Motivation and Monetary Incentives in Behaving Pro-Socially, *American Economic Review* 99(1): 544-555.

Ashley E. Martin, Emily E. Martin, and Andrew J. Flanagin (2023). Social Influences on Charitable Giving: A Review and Research Agenda, *Journal of Consumer Psychology*, 2023.

Auxier, B. and Anderson, M. (2021), "Social Media Use in 2021", Pew Research Center, 1, 1-4.

Azhar Z. (2023), How to Choose the Right Charity: Factors to Consider When Donating, Blog Post Transparent Hands.

Baumeister, R. F., Vohs, K. D. DeWall (2007), How emotion shapes behavior: Feedback, anticipation, and reflection. *Personality and Social Psychology Review*, 11(2), 167−203.

Bekkers, R. (2011), "Who Gives? A Literature Review of Predictors of Charitable Giving Part One: Religion, Education, Age and Socialization", *Voluntary Sector Review*, 2(3): 337−365.

Bekkers, R., & Wiepking, P. (2007), Understanding philanthropy: A review of 50 years of theories and research. In 35th Annual Conference of the Association for Research on Nonprofit and Voluntary Action, Chicago.

Bénabou, R. & J. Tirole (2016), Mindful Economics: The Production, Consumption and Value of Beliefs, *Journal of Economic Perspectives*, 30(3), Summer, 0(3), 141−164.

Bicchieri, C., & Muldoon, R. (2011), Social norms.

Bishop, K. (2021), Subscription Donations: 3 Things Your Nonprofit Should Know, Classy Blog.

Body, A., & Breeze, B. (2016), What are 'unpopular causes' and how can they achieve fundraising success? International Journal of Nonprofit and Voluntary Sector Marketing, 21(1), 57−70. https://doi.org/10.1002/nvsm.1547

Bowie, K. (2024), How These Nonprofits Gained Donors Through Social Media. https://donorbox.org/nonprofit-blog/nonprofits-gained-donors-through-social-media

Brown, S. and K. Taylor (2018), Charitable Donations of Time and Money: Complements or Substitutes? Evidence from UK Data.

Bubb, S. (2017), Is there a science of charity and would we want one? Blog ThirdSector.

Calameo Blog (2023), Brand awareness: 3 ways to use storytelling on your social media. https://blog.calameo.com/14279/brand-awareness-3-ways-to-use-storytelling-on-your-social-media/

Carlman, A. (2018), The Psychology of Giving: What Rewards Motivate Donors? GlobalGiving.

Casale, D., & Baumann, A. (2015), Who gives to international causes? A sociodemographic analysis of U.S. donors. *Nonprofit and Voluntary Sector*

Quarterly, 44(1), 98-122.

Caviola, L. & Greene, J. D. (2020), Op-Ed: How to be an effective altruist when giving to charities, Los Angeles Times.

Caviola, L., & Greene, J. D. (2023), Boosting the impact of charitable giving with donation bundling and micromatching. Journal of Behavioral Decision Making. *Science Advances* Vol. 9, No. 3.

Caviola, L., S. Schubert, & Greene, J. D. (2021), The Psychology of (In)Effective Altruism, *Trends in Cognitive Science*, Volume 25, ISSUE 7, pp.596-607.

Chapman, C. M., Louis, W. R., & Masser, B. M. (2018), Identifying (our) donors: Toward a social psychological understanding of charity selection in Australia. *Psychology and Marketing*, 35(12), 980-989.

Chapman, C. M., Louis, W. R., Masser, B. M., & Thomas, E. F. (2022), Charitable Triad Theory: How donors, beneficiaries, and fundraisers influence charitable giving. *Psychology and Marketing*, 39(9), 1826-1848.

Chapman, C. M., Masser, B. M., & Louis, W. R. (2020), Identity motives in charitable giving: Explanations for charity preferences from a global donor survey. *Psychology & marketing*, 37(9), 1277-1291.

Cialdini, R. B. (2021), Influence: The psychology of persuasion. HarperCollins. https://ffl. org/ko/articles/why-your-business-should-support-a-charity-top-5-benefits/

Classy (2021), 2021 Recurring Donor Sentiment Report.

Croson & Shang (2011), "Social Influences in Giving: Field Experiments in Public Radio."

Croson, R., & Shang, J. Y. (2008), The impact of downward social information on contribution decisions. *Experimental Economics*, 11(3), 221-233.

Crowdfunder (2019), From Slacktivism to Activism: Why charity fundraising must address this trend.

Damgaarde, L., Gravert, C., & Villalobos, L. (2019), Forgetful or reluctant? Evidence on reminder response and donor behavior from panel data. *Journal of the European Economic Association*, 17(4), 1011-1041.

Dehdashti, Y., L. Chonko, A. Namin & B. T., Ratchford An Investigation of Slacktivism in Online Donation Campaigns: In book: Marketing Opportunities and Challenges in a Changing Global Marketplace.

Dirichlet, M. and Mey, B. (2023), "Giving time or giving money? On the relationship between charitable contributions" *Journal Of Economic Psychology*, Vol. 85.

Dunn, E. W., Aknin, L. B., & Norton, M. I. (2008), Spending money on others promotes happiness. *Science*, 319, 1687-1688.

Dyck, E. J. & Coldevin, G. (1992), Using positive vs. negative photographs for Third-World fund raising. *Journalism & Mass Communication Quarterly*, 69(3), 572-579.

Elster, Jon. (1979), Ulysses and the Sirens: Studies in Rationality and Irrationality. Cambridge University Press.

FasterCapital 2024, Mental accounting: Understanding Mental Accounting in Prospect Theory, FasterCapital.

Fight the fund (2016), sick is not weak sickkids hospital embraces fierce new ad campaign.

Furnari, S., Crilly, D., Misangyi, V. F., Greckhamer, T., Fiss, P. C., & Aguilera, R. V. (2021), Capturing causal complexity: Heuristics for configurational theorizing. *Academy of Management Review*, 46(4), 778-799.

give.do (2023), How an online charity donation makes giving easier. Blog give.do.

Gold, Jeff (2023), "Nonprofit Fundraising and Social Identity", *Engaged Management Review*: Vol. 6, Iss. 2, Article 1.

Graça, S. S. and H. C. Zwick (2021), Perceived value of charitable involvement: The millennial donor perspective, *Journal of Philanthropy and Marketing*: Volume 26, Issue 4 e1705.

Grimson, D., Knowles, S., & Stahlmann-Brown, P. (2020), How close to home does charity begin? *Applied Economics*, 52(34), 3700-3708.

Guerra, S. (2017), What Gives?: The science behind effective charitable giving, Harvard University.

Gugenishvili, L. (2022), Norm and Behavior: Effects of Social Information on Charitable Giving I give a dime if you do, too! The influence of descriptive norms on perceived impact, personal involvement, and monetary donation intentions.

Gugenishvili, L. (2022), Norms and Behavior: Effects of Social Information on Charitable Giving.

Guterman, D. (2023), Can Your Nonprofit Use a Subscription Model? Funraise blog.

Habib, et al. (2021), Everybody Thinks We Should but Nobody Does: How Combined Injunctive and Descriptive Norms Motivate Organ Donor Registration, *Journal of Consumer Psychology* · January 2021.

Harbaugh, W. T., U. H. Mayr, D. R. Burghart (2007), Neural responses to taxation and voluntary giving reveal motives for charitable donations. *Science*, 316(5831): 1622–5. doi: 10.1126/science.1140738.

Harris , E. E. and D. G. Neely (2016), "Multiple Information Signals in the Market for Charitable Donations." *Contemporary Accounting Research* 33(3): 989–1012.

Harris , E. E. and D. G. Neely (2021), Determinants and Consequences of Nonprofit Transparency, Journal of Accounting Auditing & Finance 36(1): 195–220.

Hauser, O. and M. Norton (2017), How 'Pseudo-Sets' Might Help Your Nonprofit Get Repeat Donations, GlobalGiving.

He, T. (2021), Comparing Money And Time Donation: What Do Experiments Tell Us?.

Hoffman, S. G. (2014), Interpersonal Emotion Regulation Model of Mood and Anxiety Disorders, *Cognitive Therapy and Research* 38(5): 483–492.

Hui, B. (2022), Prosocial behavior and well-being: Shifting from the 'chicken and egg' to positive feedback loop, *Current Opinion in Psychology*, Volume 44: 231–236.

Huntsberger, A. (2024), 60 Nonprofit Fundraising Strategies to Help You Raise More, NeonOne. https://neonone.com/resources/blog/nonprofit-fundraising-strategies/

Hutcherson, C. A., Bushong, B., and Rangel, A. (2015), A neurocomputational model of altruistic choice and its implications. *Neuron*. 87, 451 −462. doi: 10.1016/j.neuron.2015.06.031.

Indeed Editorial Team (2024), What Are The Different Types Of Social Media? 10 Key Types. https://www.indeed.com/career-advice/career-development/types-of-social-media

J. Walter Thompson Canada (2014), SickKids Foundation- Better Tomorrows Campaign, http://www.jwtcanada.ca/en/canada/work/bettertomorrows/

James, R. N., III (2019), Using donor images in marketing complex charitable financial planning instruments: An experimental test with charitable gift annuities. *Journal of Personal Finance*, 18(1), 65 −73.

Jibril, A. B., M. Kwarteng, M. Chovancova & M. Pilik (2019), The impact of social media on consumer-brand loyalty: A mediating role of online based-brand community, *Cogent Business & Management*, Volume 6, Issue 1.

Karen Knight (2024), Donating Time vs Money, Karen Knight Consulting.

Karlan, Dean, Tantia, Piyush and Welch, Sarah (2019), Behavioral economics and donor nudges: Impulse or deliberation?, *Stanford Social Innovation Review.*

Kawawaki, Y. (2023), Giving of time or giving of money? An empirical analysis of nationwide prosocial behavior in times of disaster, *International Journal of Disaster Risk Reduction*, Vol. 96, 103888.

Kedia, G., Harris, L., Lelieveld, G. J., and van Dillen, L. (2017), From the brain to the field: the applications of social neuroscience to economics, health and law. *Brain Sci.* 7, 94. doi: 10.3390/brainsci7080094.

Kerpen, D. (2011), Likeable Social Media: How to Delight Your Customers, Create an Irresistible Brand, and Be Generally Amazing on Facebook (And Other Social Networks. McGraw-Hill, 2011.

Kessler, J. B., & Milkman, K. L. (2018), Identity in charitable giving. *Management Science*, 64(2), 845 – 859.

Lay, S., Zagefka, H., Gonzalez, R., Alvarez, B., & Valdenegro, D. (2020), Don't forget the group! The importance of social norms and empathy for shaping donation behaviour. *International Journal of Psychology*, 55(4), 518 – 531.

Layton, M. (2021), Giving Circles: A Way Forward for Democratizing Philanthropy, Johnson Center.

Leon, A. K. (2023), Get the happiness out – An online experiment on the causal effects of positive emotions on giving, PLoS One. 2023; 18(8): e0290283.

LexisNexis (2023), Why Nonprofits Should Treat Gen-Z Donors as Investments.

Lilley, A., & Slonim, R. (2014), The price of warm glow. *Journal of Public Economics*, 114: 58 – 74.

Lindahl, W. E., & Winship, C. (1992), Predictive models for annual fundraising and major gift fundraising. *Nonprofit Management and Leadership*, 3(1), 43 – 64.

LinkedIn Community (2023), How do you avoid common social media pitfalls and risks for nonprofits?.

List, J. A. (2011), The market for charitable giving. *Journal of Economic Perspectives*,

25(2), 157 – 180. https://doi.org/10.1257/jep.25.2.157

List, J. A., and Lucking-Reiley, D. (2002), The effects of seed money and refunds on charitable giving: Experimental evidence from a university capital campaign. *Journal of Political Economy*, 110(1), 215-233.

Luce, R. D. (2012), Individual choice behavior: A theoretical analysis. Courier Corporation.

Luks A. (1988), Helper's high. Psychology Today. 22(10): 34-42.

Lyons, J. (2023), The Neuroscience of Giving: How Brain Science Can Boost Your Fundraising Efforts, Fundraising Psychology, Pride Philanthropy.

MacAskill, W. (2014), "This week, let's dump a few ice buckets to wipe out malaria too." Quartz.

MacAskill, W. (2015), Doing good better: How effective altruism can help you make a difference. avery.

Maki, A., Dwyer, P. C., Blazek, S., Snyder, M., González, R., & Lay, S. (2019), Responding to natural disasters: Examining identity and prosociality in the context of a major earthquake. *British Journal of Social Psychology*, 58(1), 66 – 87.

Marris, E. (2023), Here's What's Wrong with Effective Altruism, Sierra.

Martin, R., & Randal, J. (2009), How Sunday, price, and social norms influence donation behaviour. The Journal of Socio-Economics, 38(5), 722 – 727.

Mason, D. P. (2016), "Recognition and Cross-Cultural Communications as Motivators for Charitable Giving: A Field Experiment." *Nonprofit and Voluntary Sector Quarterly* 45(1): 192-204.

Mauss, M. (1925), The Gift: Forms and Functions of Exchange in Archaic Societies.

McAuliffe, K., Raihani, N. J., & Dunham, Y. (2017), Children are sensitive to norms of giving. Cognition, 167, 151 – 159.

Meer, J. (2013), "The Habit of Giving", *Economic Inquiry*, 51(4), pp.2002 – 2017.

Meer, J. and H. S. Rosen (2018), Measuring the Motives for Charitable Giving, The Reporter, NBER.

Meyvis, T., Bennett, A., & Oppenheimer, D. M. (2011), Precommitment to charity. In D. M. Oppenheimer & C. Y. Olivola (Eds.), The science of giving (pp.161 – 178). London: PsychologyPress.

Moll, J. et al. (2006), Human Front-Mesolimbic Networks Guide Decisions about Charitable Donation, *Proceedings of the National Academy of Sciences* 103(42): 15623-8.

Moon, A. and E. VanEpps (2022), Giving Suggestions: Using Quantity Requests to Increase Donations, Journal of Consumer Research 50(5): 190-211.

Morese, R., and Palermo, S. (2022), Feelings of loneliness and isolation: social brain and social cognition in the elderly and Alzheimer's disease. Front. Aging *Neurosci.* 14, 896218.

Morvinski, C. (2022), The effect of unavailable donation opportunities on donation choice. *Mark Lett* 33, 45-60.

Nadler, A., & Chernyak-Hai, L. (2014), Helping them stay where they are: Status effects on dependency/autonomy-oriented helping. *Journal of Personality and Social Psychology*, 106(1), 58-72. https://doi.org/10.1037/a0034152

Nesbit, R. (2022), Is it Better to Donate Time or Money? - Charity Calculator, University of Georgia News.

Neumayr, M., & Handy, F. (2019), Charitable giving: What influences donors' choice among different causes? *Voluntas*, 30(4), 783-799.

Nilsson, A., Erlandsson, A., & Vastfjall, D. (2016), The congruency between moral foundations and intentions to donate, self-reported donations, and actual donations to charity. *Journal of Research in Personality*, 65, 22-29.

Obeng, E., Nakhata, C., & Kuo, H. C. (2019), Paying it forward: The reciprocal effect of superior service on charity at checkout. *Journal of Business Research*, 98, 250-260.

Oppenheimer, D. M., & Olivola, C. Y. (Eds.). (2011), The science of giving. London: PsychologyPress.

Palermo, S. (2023), Giving behavior and social decision-making in the age of conscious capitalism: A case for neuroscience, *Front. Psychol.*, Volume 14 - 2023.

Partika, A. C. (2016), Donate, Everybody's Doing It: Social Influences on Charitable Giving.

Pazzanese, C. (2020), Lessons for the season of giving, The Harvard Gazette.

Penagos-Corzo, J. C., Cosio van-Hasselt, M., Escobar, D., Vázquez-Roque, R. A., & Flores, G. (2022), Mirror neurons and empathy-related regions in psychopathy: Systematic review, meta-analysis, and a working model. *Social Neuroscience*,

17(5), 462 – 479.

Pervasive, T., X. Sun, Y. Zhang, R. Tao, J. Zhang, J. Fang (2015), Association between Chloroplast and Mitochondrial DNA sequences in Chinese Prunus genotypes, *BMC Plant Biol*. 16; 15:4.

Peter, S. (2017), Should charities use positive or negative empathy appeal in marketing? Medium.

philanthropytogether (2024). https://philanthropytogether.org/

Pilat, D. and S. Krastev (2023), Why do we support opinions as they become more popular? The Decision Lab. https://thedecisionlab.com/biases/bandwagon-effect.

Radicati Group. (2017), Email Statistics Report, 2017-2021.

Sanders, M. (2017), Social influences on charitable giving in the workplace. *Social Science & Medicine,* 179, 129-136.

Sanders, M. and F. Tamma (2015), The science behind why people give money to charity. *The Guardian*, March 23, 2015.

Sandoval, P. S., & García-Madariaga, J. (2024), Impact of emotional appeal on non-profit advertising: A neurophysiological analysis. *Journal of Consumer Behaviour*, 23(1), 203 – 217.

Santi, J. (2015), The Giving Way to Happiness, PENGUIN; UK ed.

Scharf, K., & Smith, S. (2016), Relational altruism and giving in social groups. *Journal of Public Economics*, 141, 1 – 10.

Schelling, Thomas (1978), "Egonomics, or the Art of Self-Management", *The American Economic Review*, Vol. 68 No. 2, 290.

Schwirplies, Behar, and Bose (2018), Increasing the Social Impact of Giving: An Experiment at Six Universities in The Economics of Philanthropy: Donations and Fundraising, MIT Press.

Sen, A. (2022), Home in the World: A Memoir, (New York: Liveright/W.W. Norton).

Sherman, C. and D. Wedge (2017), Ice Bucket Challenge: Pete Frates and the Fight Against ALS, ForeEdge.

Shin, N. (2024), The Impact of Social Media on Charitable Giving for Nonprofit Organizations, *Journal of International Technology and Information Management*, Vol. 32.

Silva, Sara Graça Da (2016), Morality and Emotion. Oxon: Routledge. p.45.

Small & Verrochi (2009), Facial Emotion expression on charity advertisements. American Marketing Association, *Journal of Marketing Research* December 2009.

Small, D. A. (2011), Sympathy biases and sympathy appeals: Reducing social distance to boost charitable contributions. In D. M. Oppenheimer & C. Y. Olivola (Eds.), The science of giving: Experimental approaches to the study of charity (pp.149 – 160). Psychology Press.

Smith and Kim (2022), "The Identified Victim Effect: A Meta-Analysis."

Stancik, J. (2020), The Bandwagon Effect, and its impact on Direct Mail Fundraising, LinkedIn.

Sutton, J. (2023), Mirror Neurons and the Neuroscience of Empathy, PositivepSychology. https://positivepsychology.com/mirror-neurons/

Team Maanch, (2022), Heart vs. Head: What should prevail when making charitable donations? MAANCH Whitepaper.

Terenzi, D., L. Liu, G. Bellucci and S. Park (2021), Determinants and modulators of human social decisions, *Neuroscience & Biobehavioral Reviews* Volume 128, 383-393.

Tetlock, P. E., Kristel, O. V., Elson, S. B., Green, M. C., & Lerner, J. S. (2000), The psychology of the unthinkable: Taboo trade-offs, forbidden base rates, and heretical counterfactuals. *Journal of Personality and Social Psychology*, 78(5), 853 – 870.

Thaler, R. H. (1985), "Mental Accounting and Consumer Choice." *Marketing Science.* 4 (3): 199 – 214.

Thaler, R. H. and E. J. Johnson, (1990), Gambling With the House Money and Trying to Break Even: The Effects of Prior Outcomes on Risky Choice May, *Management Science* 36(6): 643-660.

Tian & Konrath (2021b), Can too much similarity between donors crowd out charitable donations? an experimental investigation of the role of similarity in social influence on giving behavior.

Tian and Konrath (2021a), The Effects of Similarity on Charitable Giving in Donor – Donor Dyads: A Systematic Literature Review.

Tripp, J. D. (2022), Young donors and FOMO.

Tsipursky, G. (2016), Applying The Scientific Method To Charity, Intentional INSIGHT. https://intentionalinsights.org/applying-the-scientific-method-to-charity/

Tusche, A., Böckler, A., Kanske, P., Trautwein, F. M., and Singer, T. (2016), Decoding the charitable brain: empathy, perspective taking, and attention shifts differentially predict altruistic giving. *J. Neurosci.* 36, 4719–4732.

van Leeuwen, E. (2017), The SOUTH model: On the pros and cons of strategic outgroup helping. In E. van Leeuwen & H. Zagefka (Eds.), Intergroup Helping (pp.131–158): Springer International.

van Teunenbroek C., and Bekkers R. (2020), Follow the crowd: social information and crowdfunding donations in a large field experiment. *Journal of Behavioral Public Administration*, 3, 1–17.

Walters, S. T., & Neighbors, C. (2005), Feedback interventions for college alcohol misuse: What, why and for whom? Addictive Behaviors, 30(6), 1168–1182.

Wang, L., & Graddy, E. (2008), Social capital, volunteering, and charitable giving. *Voluntas*, 19, 23–42.

Weiss-Sidi, M. and H. Riemer (2023), Help others—be happy? The effect of altruistic behavior on happiness across cultures, *Front Psychol.* 14: 1156661.

Whillans, A. V., & Dunn, E. W. (2018), Agentic appeals increase charitable giving in an affluent sample of donors. *PLoS ONE*, 13(12): e0208392.

Whillans, A., T. Gilovich, M. I. Norton (2020), The Impact of Impulsivity on Charitable Giving: The Role of Social Context, *Journal of Personality and Social Psychology*, 118(6), 1058-1073.

Whitby, B. (2018), Social and Demographic Factors That Influence Charitable Giving.

Whittington, J. L. (2017), "Chapter 3: Creating a positive organization through servant leadership", in Servant Leadership and Followership, ed C. Davis (Cham: Palgrave Macmillan), 51–79.

Wikipedia (2024), Mental accounting. https://en.wikipedia.org/wiki/Mental_accounting

Xu et al. (2023), "Voluntary or reluctant? Social influence in charitable giving: an ERP study."

Yeomans, M., & O. Al-Ubaydli (2018), How does fundraising affect volunteering? Evidence from a natural field experiment. Journal of Economic Psychology, 64: 57–72.

Yinon, Y., & Sharon, I. (1985), Similarity in religiousness of the solicitor, the potential helper, and the recipient as determinants of donating behavior. *Journal of Applied Social Psychology*, 15(8), 726–734. https://doi.org/10.1111/j.1559-1816.1985.tb02270

Zagefka, H., & James, T. (2015), The psychology of charitable donations to disaster victims and beyond. *Social Issues and Policy Review*, 9(1), 155-192.

Zagefka, H., Noor, M., Brown, R., Hopthrow, T., & Moura, G. R. (2012), Eliciting donations to disaster victims: Psychological considerations. *Asian Journal of Social Psychology*, 15(4), 221–230. https://doi.org/10.1111/j.1467-839X.2012.01378

첨단과학기술과 기부의 과학적 관리

AI(인공지능)와 같은 혁신은 사치품이 아니라 필수 요소가 되었다.
이러한 혁신은 비영리단체가 수행해야 하는 중요한 업무에 계속해서
활력을 불어넣기 위해 새로운 전략과 파트너십 채택을 촉진한다.

- GoodUnited의 Maria Clark -

Chapter 10

디지털 시대의 과학적 기부 관리

10.1. 디지털 시대의 자선 기부 활동

디지털 시대 자선 및 기부 활동의 변혁

디지털 시대는 자선 및 기부 활동 영역에서 혁신적 변화를 불러왔고 관대함이 표현되고 동원되는 방식을 새롭게 정의했다. 이러한 진화는 기술의 힘을 활용하여 영향력을 확대하고 더 많은 청중을 참여시키는 혁신적인 기금모금 모델의 출현으로 나타났다. 과거에는 기부 행위가 제한적인 수단과 방식으로 이루어졌지만, 디지털 기술 발달에 의한 글로벌 연결성과 디지털 플랫폼의 융합은 자선활동 참여를 민주화했을 뿐만 아니라 이전에는 달성할 수 없었던 수준의 접근성, 효율성, 투명성과 책임성을 크게 향상시켰다(참고: 디지털 시대의 자선 활동 연구: 혁신적인 모금 모델, https://fastercapital.com/ko/content/).

1. 접근성 향상

- 온라인 플랫폼: 다양한 온라인 플랫폼의 등장으로 누구나 쉽게 기부할 수 있게 되었다. 크라우드 펀딩 플랫폼, 모바일 기부 앱, 자선단체 웹사이트 등을 통해 시간과 장소의 제약 없이 원하는 기관에 기부할 수 있다.
- 소셜 미디어: 소셜 미디어는 자선활동의 홍보 및 참여를 확대하는 데 중요한 역할을 한다. 기관들은 소셜 미디어를 통해 활동 내용을 공유하고, 캠페인을 진행하며, 잠재적인 후원자들과 소통할 수 있다.
- 모바일 기기: 모바일 기기의 보급으로 간편한 기부가 가능해졌다. 모바일 앱을 통해 간편하게 결제하거나, 문자 메시지로 소액 기부를 할 수 있다.

2. 효율성 증대

- 온라인 송금: 온라인 송금 시스템의 발달로 안전하고 빠르게 기부금을 전달할 수 있다.
- 데이터 분석: 기관들은 데이터 분석을 통해 기부금 사용 효율을 높이고, 캠페인의 효과를 측정할 수 있다.
- 인공지능: 인공지능 기술은 기부금 사용처 추적, 후원자 관리, 개인 맞춤형 캠페인 진행 등에 활용되고 있다.

3. 투명성 강화(Iqbal & Ahmad, 2022)

- 온라인 플랫폼: 온라인 플랫폼은 기부금 사용 내역을 투명하게 공개하여 후원자들의 신뢰를 높인다.
- 블록체인 기술: 블록체인 기술은 기부금 사용 내역을 투명하게 추적하고 관리할 수 있도록 한다.
- 정보 공개: 인터넷을 통해 기관의 활동 내용, 재정 상황 등을 쉽게 확인할 수

있다.

4. 참여 확대

- 다양한 기부 방식(소액 기부, 크라우드 펀딩, 봉사활동 플랫폼 등)의 등장
  으로 더 많은 사람이 참여할 수 있게 되었다.
- 특히, 젊은 세대는 온라인 플랫폼을 통해 적극적으로 자선 활동에 참여하
  고 있다.

5. 새로운 기부 방식

- 암호화폐 기부, NFT 기부 등 새로운 기부 방식이 등장하고 있다.
- 이러한 새로운 방식은 더 많은 사람이 자선활동에 참여할 수 있도록 기여
  하고 있다.

6. 글로벌 연결 강화

- 국경을 넘어 전 세계 다양한 곳의 자선활동에 참여할 수 있다.
- 글로벌 크라우드 펀딩 플랫폼, 국제 봉사활동 프로그램 등을 통해 국제 협
  력 증진

7. 지속 가능한 기부 문화

- 디지털 기술은 지속 가능한 기부 문화를 조성하는 데 중요한 역할을 한다.
- 온라인 플랫폼은 기부자들이 지속적으로 관심을 가지고 참여할 수 있도
  록 다양한 서비스를 제공한다.

디지털 시대 자선 및 기부 활동의 문제점

디지털 시대의 자선/기부 활동은 긍정적인 변화를 가져오는 동시에 다양한 문제점도 야기한다. 지속 가능하고 효과적인 자선활동을 위해서는 다음과 같은 문제점을 인지하고 해결 방안을 모색해야 한다(McLane, 2024).

1. 사기 및 악용 가능성 증가
- 온라인 플랫폼의 특성상 가짜 기부 단체 또는 프로젝트가 등장할 수 있다.
- 투명성 확보가 어려울 수 있으며, 기부금이 실제로 필요한 곳에 사용되지 않을 수 있다.
- 개인정보 유출 및 금전적 피해 가능성이 존재한다.

2. 충동적 기부 및 지속가능성 부족
- 온라인 기부의 편리함으로 인해 충동적이고 경솔한 기부가 발생할 수 있다.
- 지속적인 관심과 참여가 부족하여 장기적인 효과를 저해할 수 있다.

3. 개인정보 보호 문제
- 온라인 기부 시 개인정보가 안전하게 보호되지 않을 수 있다.
- 정보 누출 및 오남용 가능성이 존재하며, 이는 개인의 피해로 이어질 수 있다.
- 개인정보 보호법 위반 가능성 또한 고려해야 한다.

4. 과도한 경쟁 및 비효율성
- 수많은 기부 단체 및 프로젝트가 존재하며, 이는 기부금 분산 및 비효율성을 초래할 수 있다.
- 유사한 프로젝트 간 불필요한 경쟁이 발생하여 자원 낭비가 발생할 수 있다.

5. 기술적 소외 계층 참여 제한

- 인터넷과 기술 접근성이 제한된 계층은 온라인 기부 활동에 참여하기 어려울 수 있다.
- 디지털 격차가 자선활동 참여 기회 불균형을 야기할 수 있다.
- 특히, 노령층이나 소외 계층의 참여가 제한될 수 있다.

10.2. 비영리조직의 디지털 변환

비영리조직에서의 디지털 변환의 의미와 중요성

비영리단체, 특히 소규모 단체는 자금 부족 및 기타 복잡한 요인으로 인해 디지털 변환 측면에서 영리 기업보다 뒤처져 있다. 또한 일반 기업과 달리 법적인 규제 때문에 최신 기술과 소프트웨어를 도입하기 위한 지원과 자원 확보에 어려움이 있다.

비영리단체의 디지털 전환은 수익 증대보다는 디지털 솔루션을 활용하여 잠재적인 영향력과 서비스를 극대화하는 것을 의미한다. 디지털 변환은 높은 효율성과 효과적 성과를 향한 가장 중대한 조직 변환의 대표적 형태이다(Khan 등, 2021). 구체적으로는 업무를 간소화하는 새로운 소프트웨어 도입, 소셜 미디어를 통한 접근성 증대, 데이터 분석을 통한 의사결정 등 다양한 방법을 통해 이루어질 수 있다. 그러나 비영리조직의 리더 중 74%는 디지털 변환 노력의 중요성을 인식하고 있다고 답했지만, 디지털 성숙도를 달성한 기업은 12%에 불과했다(Gupta, 2023).

디지털 변환은 비영리단체에 어떤 의미가 있을까? 비영리조직은 일반적인 비즈니스와 다르게 작업하고 법적 규정의 제약을 받기 때문에 최신 비즈니스 기술 및 소프트웨어를 따라잡는 데 필요한 지원 및 리소스를 확보하는 것과 관련하여 해결해야 할 추가 장애물이 있다. 비영리단체의 경우 디지털 변환은 디지털 솔루션을 사용하여 수익을 늘리는 것이 아니라 잠재적인 영향과 서비스를 극대화하는 것이다. 이는 운영을 간소화하기 위한 새로운 소프트웨어 구현, 소셜 미디어를 통한 도달 범위 확대, 데이터 분석을 사용하여 의사결정을 내리는 등 다양한 방법으로 수행할 수 있다. 궁극적으로 디지털 변환은 비영리단체가 전반적인 효율성을 높이고, 기부자와 자원봉사자 관계를 촉진하고, 더 많은 청중에게 다가갈 수 있도록 커뮤니케이션을 개선함으로써 성공할 수 있는 경로이다.

비영리단체의 디지털 변환의 장점

비영리단체가 새로운 기술을 도입하면 불필요한 업무를 제거하고, 업무를 자동화하며, 팀 구성원들이 가장 큰 영향을 미치는 업무에 집중할 수 있게 해 직원과 자원봉사자의 생산성을 높이는 등의 이점이 있다. 디지털 전환은 비영리단체에 단순한 기술 도입을 넘어 운영 방식과 사회적 영향력을 혁신적으로 변화시킬 수 있는 기회를 제공한다. 특히, 다음과 같은 주요 이점을 통해 비영리단체는 지속 가능한 성장과 사회적 가치 창출을 이룰 수 있다.

1. 효율성 및 생산성 향상
- 업무 자동화: 반복적인 업무를 자동화하여 인력과 시간을 절약하고, 직원들이 더 중요한 업무에 집중할 수 있도록 한다. 예를 들어, 기부금 처리, 자원봉사자 관리, 데이터 입력 등을 자동화하여 업무 효율성을 높일 수 있다.
- 데이터 기반 의사결정: 데이터 분석 도구를 활용하여 프로그램 성과, 기부자 행동, 자원봉사자 참여 등에 대한 데이터를 수집하고 분석하여 의사결

정의 정확성과 효율성을 높일 수 있다.
- 협업 강화: 클라우드 기반 협업 도구를 활용하여 직원 간의 소통과 협업을 원활하게 하고, 정보 공유를 촉진하여 업무 생산성을 향상시킬 수 있다.

2. 기부 및 후원 증대

- 온라인 기부 플랫폼 구축: 사용자 친화적인 온라인 기부 플랫폼을 구축하여 기부자들이 언제 어디서든 편리하게 기부할 수 있도록 지원한다. 예를 들어, 웹사이트, 모바일 앱, 소셜 미디어 등을 통해 다양한 기부 채널을 제공할 수 있다.
- 맞춤형 기부 경험 제공: 기부자 데이터 분석을 통해 개인별 관심사와 기부 성향에 맞는 맞춤형 기부 제안을 제공하여 기부 참여율을 높일 수 있다.
- 디지털 마케팅 활용: 소셜 미디어, 이메일 마케팅, 콘텐츠 마케팅 등 다양한 디지털 마케팅 채널을 활용하여 단체의 활동과 성과를 홍보하고, 잠재적인 기부자들에게 다가갈 수 있다.
- 크라우드 펀딩 활용: 크라우드 펀딩 플랫폼을 활용하여 특정 프로젝트나 캠페인에 대한 자금을 모금하고, 대중의 참여를 유도할 수 있다.

3. 서비스 접근성 및 품질 향상

- 온라인 서비스 제공: 웹사이트, 모바일 앱 등을 통해 온라인 상담, 교육, 정보 제공 등 다양한 서비스를 제공하여 수혜자들의 접근성을 높이고, 서비스 이용 편의성을 개선할 수 있다.
- 인공지능 챗봇 활용: 인공지능 챗봇을 활용하여 24시간 상담 서비스를 제공하고, 자주 묻는 질문에 대한 답변을 자동으로 제공하여 상담 업무 효율성을 높일 수 있다.

- 맞춤형 서비스 제공: 데이터 분석을 통해 수혜자들의 개별적인 필요와 선호도를 파악하고, 맞춤형 서비스를 제공하여 서비스 만족도를 높일 수 있다.

4. 인지도 및 영향력 확대

- 소셜 미디어 활용: 소셜 미디어를 통해 단체의 활동과 성과를 홍보하고, 대중과 소통하며, 지지자 커뮤니티를 형성하여 인지도를 높일 수 있다.
- 온라인 콘텐츠 제작: 블로그, 유튜브 채널 등을 통해 단체의 활동과 관련된 다양한 콘텐츠를 제작하고 공유하여 대중의 관심과 참여를 유도할 수 있다.
- 온라인 캠페인 진행: 온라인 캠페인을 통해 사회 문제에 대한 인식을 높이고, 행동 변화를 촉구하며, 단체의 영향력을 확대할 수 있다.

5. 혁신적인 프로그램 개발

- 디지털 기술 활용: 가상현실(VR), 증강현실(AR), 인공지능(AI) 등 다양한 디지털 기술을 활용하여 혁신적인 프로그램을 개발하고, 수혜자들에게 새로운 경험을 제공할 수 있다.
- 개방형 혁신: 외부 전문가, 기업, 다른 비영리단체 등과 협력하여 새로운 아이디어를 발굴하고, 혁신적인 프로그램을 공동 개발할 수 있다.

디지털 전환은 비영리단체에 혁신적인 변화와 성장을 이끌어낼 수 있는 강력한 도구이다. 하지만 디지털 전환은 단순히 기술을 도입하는 것이 아니라, 조직 문화, 운영 방식, 서비스 제공 방식 등을 근본적으로 변화시키는 과정임을 인지해야 한다.

비영리조직의 디지털 변환 전략 프레임워크(NDTSF)

    비영리단체는 사회와 사람들을 위해 봉사하는 고귀한 목적(사명)을 가지고 있다. 하지만 최근 변화된 디지털 세상에서 목표를 달성하고 사회적 영향력을 유지하기 위해서는 반드시 데이터와 기술을 활용하는 디지털 전환이 필요하다.

    비영리 디지털 전환 전략 프레임워크는 비영리단체가 디지털 기술을 활용하여 미션을 달성하고 사회적 영향력을 극대화하는 데 도움을 주는 로드맵이다. 이 프레임워크는 조직의 비전, 목표, 역량, 자원 등을 고려하여 맞춤형 전략을 수립하고 실행하는 과정을 제시한다(Sri Mishra, 2020). 다음 〈그림 20〉은 이러한 과정을 달성하는 데 도움이 되는 5단계 전략을 보여준다.

〈그림 20〉 비영리조직을 위한 디지털 변환 프레임워크

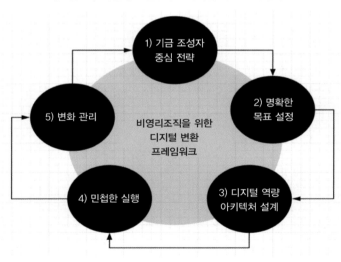

출처: Sri Mishra (2020), Digital Transformation Strategy and Execution Framework for Nonprofits 에서 인용

1. 기금 조성자 중심 전략 수립

기존의 내부 중심 전략 대신 기금 조성자의 니즈를 먼저 충족하는 외부 중심 전략 수립을 강조한다. 젊은 계층 기부자는 간편한 모바일 기부 경험을 원하며, 자원봉사자는 자신의 재능과 시간이 어떻게 활용될지 알기를 원하며, 지역사회는 모바일 기기를 통해 원활하고 개인 맞춤화된 정보를 받기를 원한다.

2. 명확한 목표 설정(디지털 전환 성공 지표)

비영리단체의 사명과 일치하는 주요 디지털 전환 성공 목표(KPI 또는 목표 결과 관리)를 정의한다. 이를 통해 목표 달성에 필요한 역량과 프로젝트를, 우선순위를 정하고, 보유 자원으로 실행할 수 있도록 한다.

3. 디지털 역량 아키텍처 설계

디지털 전환 역량 구축은 마치 새로운 스마트 홈을 만드는 것과 같으며, 개발, 기술, 마케팅, 홍보, 재무 등 비영리단체의 모든 팀이 함께 참여해야 한다. 전체 아키텍처는 디지털 전환 로드맵에 포함되어야 하는 프로젝트를 정의한다.

4. 민첩한 실행

디자인 사고 및 민첩한 개발 프로세스를 활용하여 디지털 전환 역량을 더 빠르고 효과적으로 구축한다. 디지털 전환 실패율이 높은 근본 원인은 전략 자체가 아니라 실행의 미흡함에 있다. 민첩한 개발 방법론은 혁신, 속도, 실패 시 빠른 학습 문화를 보장한다.

5. 변화 관리

디지털 전환과 함께 변화가 필요하다. 변화를 수용하는 비영리단체는 성공할 것이며, 변화에 저항하는 단체는 실패할 것이다. 맥킨지 7S 프레임워크는[38] 비영리단체가 변화 관리를 효과적으로 실행하는 데 도움이 되는 모델이다.

비영리 디지털 성숙도 모델(NDMM)

비영리 디지털 성숙도 모델(NDMM: Nonprofit Digital Maturity Model)은 비영리단체가 디지털 기술을 얼마나 효과적으로 활용하고 있는지를 평가하는 틀이다. 마치 건강검진처럼, NDMM을 통해 단체의 디지털 역량을 진단하고, 어떤 부분을 개선해야 할지 파악할 수 있다(GorgianKhanzad Z., 2023).

왜 NDMM이 중요한가?

디지털 시대에 비영리단체도 디지털 기술을 잘 활용해야만 효율적으로 운영하고, 더 많은 사람에게 도움을 줄 수 있다. NDMM은 다음과 같은 이점을 제공한다.

- 강점과 약점 파악: 단체의 디지털 역량을 객관적으로 평가하여 강점과 약점을 파악할 수 있다.
- 맞춤형 개선 전략 수립: 진단 결과를 바탕으로 단체에 꼭 맞는 디지털 전략을 수립할 수 있다.
- 효율성 증대: 디지털 기술을 효과적으로 활용하여 업무 효율성을 높이고, 더 많

---

38 맥킨지 7S 모델(mckinsey-7s-model)은 조직의 성공적인 운영을 위해 핵심적인 7가지 요소를 제시하는 경영 프레임워크이다. 여기서 전략(Strategy), 구조(Structure), 시스템(Systems), 공유가치(Shared Values), 직원(Staff), 리더십 스타일(Style), 기술(Skills)의 7가지 요소는 서로 밀접하게 연결되어 있으며, 조직의 성공을 위해서는 모든 요소가 조화롭게 발전해야 한다. 이 7S 모델은 조직의 강점과 약점을 파악하고, 전략적 목표를 달성하기 위한 변화 방향을 제시하는 데 도움이 된다.

은 자원을 확보할 수 있다.

- 사회적 영향력 확대: 디지털 채널을 통해 더 많은 사람과 소통하고, 사회적 영향력을 확대할 수 있다.

NDMM은 어떻게 구성되어 있나?

NDMM은 크게 디지털 기술 활용의 기본적인 요소들을 평가하는 기반 영역 (Foundational), 디지털 기술을 조직 구조 및 운영에 적용하는 방식을 평가하는 구조적 영역(Structural), 외부 이해관계자들과 소통하고 참여를 유도하는 방식을 평가하는 참여 영역(Engagement)의 세 가지 영역으로 구분된다. 다음 〈그림 21〉은 비영리조직의 디지털 성숙도를 평가하는 NDMM 모델의 파라미터 들이 어떻게 계층적으로 구성되어 있는지를 보여준다(Gooyabadi 등, 2024).

〈그림 21〉 비영리 디지털 성숙도 모델(NDMM)의 계층적 구조

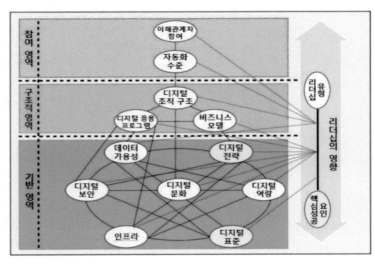

출처: Gooyabadi 등 (2024)

1. Foundational(기반 영역)

디지털 성숙도의 기초가 되는 요소들로 구성되어 있다.

- **Infra-structure**(인프라): 하드웨어, 소프트웨어, 네트워크 등 디지털 기술을 활용하기 위한 기반 시설이다.
- **Digital Security**(디지털 보안): 데이터 및 시스템을 보호하기 위한 보안 체계이다.
- **Digital Standard**(디지털 표준): 디지털 기술 활용에 대한 표준화된 절차 및 규칙이다.
- **Digital Skills**(디지털 역량): 조직 구성원들의 디지털 기술 활용 능력이다.
- **Digital Culture**(디지털 문화): 디지털 기술을 수용하고 활용하는 조직 문화이다.
- **Data Availability**(데이터 가용성): 데이터 수집, 저장, 분석 및 활용 능력이다.
- **Digital Strategy**(디지털 전략): 조직의 목표 달성을 위한 디지털 기술 활용 전략이다.

이 요소들은 서로 긴밀하게 연결되어 있으며, 각 요소의 성숙도는 다른 요소에도 영향을 미친다. 예를 들어, 디지털 역량이 부족하면 디지털 전략을 효과적으로 실행하기 어려울 수 있다.

2. Structural(구조적 영역)

디지털 기술을 조직 구조 및 운영에 적용하는 방식과 관련된 요소들이다.

- **Digital Applications**(디지털 응용 프로그램): 조직의 업무 프로세스를 지원하는 디지털 도구와 시스템이다.
- **Business Model**(비즈니스 모델): 디지털 기술을 활용하여 가치를 창출하고 전달하는 방식이다.

- Digital Org Structure(디지털 조직 구조): 디지털 기술 활용을 지원하는 조직 구조 및 역할 분담이다.

이 영역의 요소들은 조직의 효율성 및 생산성 향상에 기여하며, 기반 영역의 요소들과 상호 작용한다. 예를 들어, 디지털 응용 프로그램의 효과적인 활용은 디지털 역량 및 디지털 문화에 영향을 받는다.

3. Engagement(참여 영역)

디지털 기술을 활용하여 외부 이해관계자들과 소통하고 참여를 유도하는 방식과 관련된 요소이다.

- Stakeholder Engagement(이해관계자 참여): 디지털 채널을 통해 후원자, 자원봉사자, 수혜자 등 이해관계자들과 소통하고 참여를 유도하는 활동이다.
- Level of Automation(자동화 수준): 업무 프로세스에 자동화 기술을 적용하는 정도이다.

이 영역은 조직의 사회적 영향력 확대에 기여하며, 다른 영역의 요소들과 상호 작용한다. 예를 들어, 이해관계자 참여를 효과적으로 끌어내기 위해서는 디지털 응용 프로그램 및 디지털 전략의 뒷받침이 필요하다.

리더십의 영향:

〈그림 21〉의 오른쪽에 표시된 "The Leadership Influence(리더십의 영향)"는 모든 영역에 걸쳐 리더십이 미치는 영향을 강조한다. 리더의 디지털 비전, 지원, 의사결정은 조직의 디지털 성숙도를 높이는 데 중요한 역할을 한다.

이 〈그림 21〉은 NDMM 모델의 파라미터들이 유기적으로 연결되어 있으며, 각 영역의 요소들이 상호 작용하면서 조직의 디지털 성숙도를 결정한다는 것을 보여준다. 이러한 이해를 바탕으로 조직은 자신의 강점과 약점을 파악하고, 디지털 성숙도를 향상시키기 위한 효과적인 전략을 수립할 수 있다.

NDMM은 어떻게 활용하는가?

NDMM은 다양한 방식으로 활용될 수 있다.

- 자가 진단: 온라인 설문 등을 통해 단체 스스로 디지털 성숙도를 진단할 수 있다.
- 전문가 컨설팅: 전문가의 도움을 받아 심층적인 진단과 맞춤형 컨설팅을 받을 수 있다.
- 벤치마킹: 다른 단체와의 비교를 통해 개선점을 찾고, 모범 사례를 학습할 수 있다.

NDMM은 만능 해결책이 아니다.

NDMM은 디지털 성숙도를 평가하는 유용한 도구이지만, 만능 해결책은 아니다. 단체의 특성과 상황에 맞는 디지털 전략을 수립하고 실행하는 것이 중요하다.

비영리단체 디지털 전환 전략적 프레임워크(NDTSF)

비영리단체의 성공적인 디지털 변환 전략 프레임워크

디지털 변환은 비영리단체가 성공적인 성장을 이루는 데 중요한 역할을 한다. 하지만 무작정 도입하기보다는 다음과 같은 전략적인 실행을 통해 효과를 높일 수 있다(Boyle, 2024).

비영리단체의 디지털 변환 전략적 프레임워크(NDTSF: Nonprofit Digital Transformation Strategic Framework)는 비영리단체가 디지털 기술을 활용하여 목표를 달성하도록 돕는 프레임워크이다. 이것은 구야바디(Gooyabadi 등, 2024)가 제시한 모델로, 비영리단체가 디지털 기술을 활용하여 목표를 달성하고 조직의 지속가능성을 확보하는 데 도움이 되는 전략적 틀이다. 이 틀은 5가지 핵심 요소로 구성되어 있으며, 각 요소는 상호 연결되어 비영리단체의 디지털 전환을 지원한다.

1. 전략

NDTSF의 첫 번째 핵심 요소는 전략이다. 비영리단체는 디지털 기술을 활용하여 달성하고자 하는 목표를 명확히 정의하고, 이를 달성하기 위한 전략을 수립해야 한다. 전략은 비영리단체의 비전, 사명, 가치관과 일관되게 만들어야 하며, 조직의 지원과 역량을 고려해야 한다.

디지털 변환은 비영리단체가 성공적인 성장을 이루는 데 중요한 역할을 한다. 하지만 무작정 도입하기보다는 다음과 같은 전략적인 실행을 통해 효과를 높일 수 있다(Boyle, 2024).

- 단계적 실행: 한 번에 모든 것을 바꾸기보다는 현재 단체의 상황을 파악하여 필요한 부분부터 디지털 도구를 도입하는 것이 좋다.
- 디지털 학습 플랫폼 활용: 왓픽스와 같은 디지털 학습 플랫폼을 활용하면 상호작용식 안내, 동영상, 셀프 도움 메뉴 등을 통해 자동화되고 개인 맞춤형 교육을 제공할 수 있다.
- 변화 관리 수용: 변화는 이익을 가져다주지만 도입 과정에서 여러 어려움이 따

를 수 있다. 변화를 단계별로 진행하여 직원들의 부담감을 덜어주는 것이 중요하다.

2. 리더십

디지털 전환을 성공적으로 이끌기 위해서는 강력한 리더십이 필수적이다. NDTSF는 비영리단체 리더가 디지털 기술에 대한 이해를 높이고, 변화를 주도하며, 조직 구성원을 동기 부여할 수 있도록 지원한다.

3. 역량

비영리단체는 디지털 기술을 활용하기 위해, 필요한 역량을 갖추어야 한다. NDTSF는 조직 구성원에게 디지털 기술 교육을 제공하고, 데이터 분석, 소셜 미디어, 웹 개발 등과 같은 핵심 기술에 대한 전문성을 개발하도록 지원한다.

4. 문화

비영리단체는 디지털 기술을 수용하고 활용하는 데 유리한 문화를 조성해야 한다. NDTSF는 조직 구성원들이 변화를 긍정적으로 받아들이고, 새로운 기술을 배우고 사용하는 데 대한 두려움을 극복하도록 지원한다(GorjianKhanzad & Gooyabadi, 2022).

5. 기술

NDTSF는 비영리단체가 목표를 달성하는 데 필요한 적절한 기술을 선택하고 활용하도록 지원한다. 이 틀은 다양한 디지털 기술을 소개하고, 비영리단체에 적합한 기술을 선택하는 데 도움을 줄 수 있는 평가 도구를 제공한다.

NDTSF는 비영리단체의 규모, 유형, 목표에 관계없이 다양한 비영리단체에 적용될 수 있는 유연한 틀이다. 비영리단체는 NDTSF를 활용하여 디지털 전환을 위한 전략을 수립하고, 조직의 역량을 강화하며, 디지털 기술을 활용하여 목표를 달성할 수 있다.

비영리단체의 디지털 변환 과제

비영리단체가 디지털 변환을 추진하는 과정에는 몇 가지 어려움이 있다 (Gupta, 2023).

- 예산 제약: 비영리단체는 일반적으로 예산이 부족하므로 새로운 기술 도입에 필요한 자금을 마련하기 어렵다. 이 과제를 극복하기 위해서는 전략적인 계획이 필요하다. 먼저 현재 운영 방식을 점검하여 디지털 변환을 통해 가장 개선효과가 클 것으로 생각되는 부분을 파악하고, 리소스 여건을 고려하여 단계적으로 변화를 도입하는 계획을 수립하는 것이 좋다.
- 부실한 기술 기반 시설: 기존에 오래된 도구를 사용해 왔던 단체의 경우 특정 소프트웨어 한 가지에 투자하기보다는 전체적인 기술 기반 시설을 먼저 튼튼하게 하는 것이 중요하다. 범용적으로 여러 부서에서 활용할 수 있는 업무 소프트웨어를 도입하거나, 단순히 파일을 디지털화하는 것부터 시작하는 전략적인 접근이 필요하다. 견고한 기반을 구축하는 것은 디지털 변환 성공의 중요한 요소이다.
- 리더십의 부적절한 지원: 예산 문제 때문에 리더들이 변화의 장기적인 이익을 인식하기 어려울 수 있다. 따라서 디지털 변환을 추진하는 팀은 투자수익률 (ROI)을 명확하게 설명할 수 있는 계획을 마련해야 한다. 궁극적으로 리더들은 디지털 변환이 단체의 사명 달성과 변화 창출에 어떻게 기여할지 인식할 수 있어야 투자를 승인할 수 있다.

- 파트 타임 및 정규 자원봉사자 교육 동기 유발: 변화가 실행되면 모든 직책의 담당자들에게 새로운 기술에 대한 교육을 제공해야 한다. 따라서 학습 관리시스템(LMS), 디지털 도입 플랫폼, 지식 관리 시스템 등과 같은 직원 교육 소프트웨어를 디지털 변환 로드맵에 포함하는 것이 중요하다.

비영리단체의 디지털 변환 사례: Feeding America

비영리단체도 단번에 완벽한 변화를 이루기 어려운 경우가 많다. 하지만 리더들이 계획을 세워 단계적으로 조직을 디지털 시대에 맞게 변화시킬 수는 있다. 디지털 변환 분야에서 비영리단체가 크게 성공한 사례를 살펴보자.

'Feeding America'는 미국에서 가장 큰 규모의 기아 퇴치 자선단체로, 2022년과 2023년 Forbes 선정 미국 100대 자선단체 1위를 차지했다. 이 단체는 전국적으로 200개 이상의 푸드 뱅크 네트워크를 운영하며, 6만 개 이상의 식료품 저장소 및 식사 프로그램을 통해 매년 40억 끼 이상의 식사를 제공한다.

'Feeding America'는 코로나19 팬데믹으로 인한 경제적 어려움 속에서 식량 불안정 문제가 심화하면서 식량 지원에 대한 필요성이 증가했고, 이에 따라 디지털 기술을 활용하여 식량 불안정 문제에 대한 인식을 높이고, 기부자들과 소통하며, 효율적인 식량 지원 서비스를 제공하는 데 성공했다. 이러한 노력은 'Feeding America'가 미국 최대 자선단체로서의 입지를 더욱 공고히 하는 데 이바지했다.

Feeding America의 디지털 변환 과정과 도입 문제점

'Feeding America'는 미국 최대 규모의 기아 퇴치 자선단체로서, 디지털 변환을 통해 식량 지원 시스템을 혁신하고 더 많은 사람에게 도움을 주기 위해 노력하고 있다. 하지만 이러한 과정에서 몇 가지 문제점과 과제에 직면하기도 했다.

디지털 변환 과정:

- CIO 영입: 2016년 'Feeding America'는 최초의 CIO(최고 정보 책임자)로 Maryann Byrdak을 영입하여 디지털 전환을 위한 전략을 수립하고 실행하기 시작했다.
- 클라우드 기반 시스템 구축: 'Feeding America'는 Microsoft Azure 클라우드 플랫폼을 기반으로 데이터 분석, 재고 관리, 기부 관리 등 다양한 시스템을 구축했다. 이를 통해 전국 푸드 뱅크 네트워크의 운영 효율성을 높이고, 실시간 데이터 분석을 통해 식량 수요와 공급을 효과적으로 관리할 수 있게 되었다.
- 온라인 기부 플랫폼 강화: 'Feeding America'는 웹사이트 및 모바일 앱을 통해 기부 절차를 간소화하고, 정기 기부를 유도하는 등 온라인 기부를 활성화했다. 또한, Google과의 파트너십을 통해 5천만 끼니를 제공하는 등 디지털 플랫폼을 활용한 기부 캠페인을 성공적으로 진행했다.
- 데이터 분석 활용: 'Feeding America'는 기부자 데이터, 식량 수요 데이터 등을 분석하여 효율적인 자원 배분 및 맞춤형 지원 서비스 제공에 활용하고 있다. 예를 들어, MealConnect 플랫폼을 통해 푸드 뱅크와 지역 식료품점을 연결하여 남는 식품을 효율적으로 배분하고 있다.
- 소셜 미디어 활용: 'Feeding America'는 소셜 미디어를 통해 식량 불안정 문제에 대한 인식을 높이고, 기부 참여를 독려하는 캠페인을 진행하고 있다. 또한, 소셜 미디어를 통해 지역사회와 소통하고, 푸드 뱅크 이용 방법 등 유용한 정보를 제공하고 있다.

도입 문제점:

- 기술 격차: 'Feeding America' 네트워크에는 200개 이상의 푸드 뱅크가 있으며, 각 푸드 뱅크마다 기술 인프라 및 역량 수준이 다르다. 따라서 디지털 전환 과정에서 기술 격차를 해소하고, 모든 푸드 뱅크가 새로운 기술을 효과적으로 활용할 수 있도록 지원하는 것이 중요한 과제이다.
- 데이터 보안: 'Feeding America'는 기부자와 수혜자의 개인정보를 다량으로 보유하고 있다. 따라서 데이터 보안 시스템을 강화하고, 개인정보 유출 사고를 방지하는 것이 중요하다.
- 디지털 문맹: 일부 수혜자들은 디지털 기술에 대한 접근성이 낮거나, 디지털 기술 사용에 어려움을 겪을 수 있다. 따라서 디지털 기술을 활용한 서비스 제공 시 디지털 문맹 문제를 해결하기 위한 노력이 필요하다.
- 변화 관리: 디지털 전환은 단순히 기술 도입을 넘어 조직 문화, 업무 방식 등의 변화를 수반한다. 따라서 변화에 대한 저항을 최소화하고, 직원들의 참여와 협력을 이끌어내는 변화 관리 전략이 필요하다.

문제점 극복 노력:

'Feeding America'는 이러한 문제점을 극복하기 위해 다음과 같은 노력을 기울였다.

- 레거시 시스템[39] 교체: 단계적으로 기존 시스템(legacy system)을 클라우드 기반 시스템으로 전환하여 데이터 통합 및 분석을 쉽게 하고, 새로운 기술 도입을 위한 기반을 마련했다.

---

39 컴퓨터 분야에서 과거로부터 물려 내려온 구식 기술, 방법, 컴퓨터 시스템 및 응용 프로그램을 의미하며, 새로이 대체할 수 있는 기존의 기술을 말한다.

- 데이터 표준화: 데이터 수집 및 관리 표준을 마련하여 데이터 품질을 향상시키고, 데이터 분석 결과의 신뢰성을 높였다.
- 디지털 교육 프로그램: 직원들을 위한 디지털 교육 프로그램을 제공하여 디지털 역량을 강화하고, 변화하는 환경에 적응할 수 있도록 지원했다.
- 보안 강화: 강력한 보안 시스템을 구축하고, 정기적인 보안 교육을 실시하여 사이버 공격으로부터 데이터를 안전하게 보호하고 있다.

'Feeding America'는 이러한 문제점들을 인식하고 해결하기 위해 노력하고 있다. 기술 교육 프로그램 제공, 데이터 보안 강화, 디지털 접근성 개선 등 다양한 방안을 통해 디지털 변환을 성공적으로 이끌어나가고 있다.

10.3. 비영리단체의 기술 트렌드와 혁신

아래의 기술 혁신 지도에서는 2023년 기준 전 세계 739개 비영리단체에 영향을 미치는 상위 9개 기술 동향 및 혁신에 대한 개요를 보여주고 있다. 이 지도는 포용적 마케팅 및 디지털 기금모금에서 사이버 보안 및 클라우드 컴퓨팅에 이르기까지 비영리단체 기술 동향에 대한 개요를 제공한다. 이를 통해 비영리단체는 삶의 질을 향상시킬 수 있다.

이 그림(지도)은 2023년 비영리단체에서 가장 큰 영향을 미칠 것으로 예상되는 9가지 기술 트렌드와 혁신을 보여준다(StartUs, 2023). 각 트렌드와 혁신은 비영리단체가 어떻게 기술을 활용하여 임무를 수행하고 목표를 달성하는 데 도움이 될지에 대한 설명과 함께 나와 있다. 이 그림(지도)에서 각 트렌드와 혁신은 비영리단체가 어떻게 활용할 수 있는지에 대한 간략한 설명과 함께 100점 만점에 대한 잠재적 영향 점수가 포함되어 있다. 예를 들면 포용적 마케팅(잠재적 영향 점수: 19%)이 가장 높은 영향력을 보여주며 다음으로 디지털 모금(잠

〈그림 22〉 비영리단체의 상위 9개 기술 동향 및 혁신 (2023년)

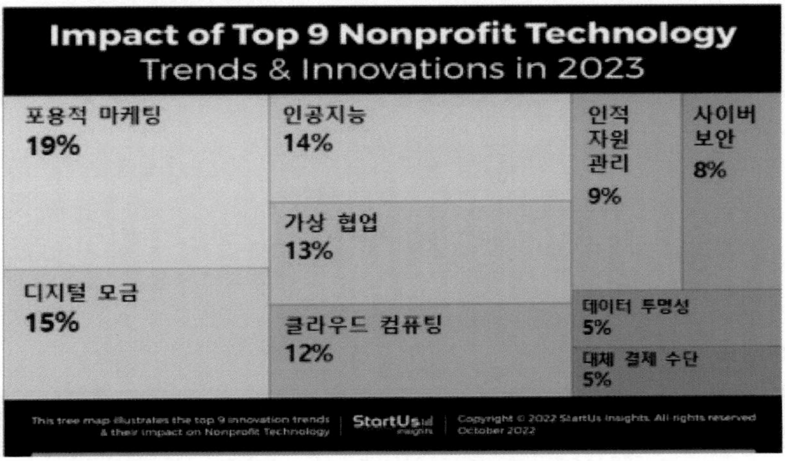

Impact of Top 9 Nonprofit Technology
Trends & Innovations in 2023

포용적 마케팅 **19%**	인공지능 **14%**	인적 자원 관리 **9%**	사이버 보안 **8%**
	가상 협업 **13%**		
디지털 모금 **15%**	클라우드 컴퓨팅 **12%**	데이터 투명성 **5%**	
		대체 결제 수단 **5%**	

This tree map illustrates the top 9 innovation trends & their impact on Nonprofit Technology | StartUs insights | Copyright © 2022 StartUs Insights. All rights reserved October 2022

출처: StartUs (2023)에서 인용

재적 영향 점수: 15%)과 인공지능(잠재적 영향 점수: 14%)이 중요한 위치를 차지하고 있다. 이 도표에 나와있는 비영리 기술 트렌드는 데이터 기반 혁신 과정에서 파악한 트렌드의 피상적 일부분에 불과하다. 그중에서도 오픈 소스 데이터 공유, 디지털 펀드 모금, AI 기반 패턴 인식 및 요구사항 식별 기술은 앞으로 비영리 분야를 크게 변화시킬 것이다. 새로운 기회와 신흥기술을 파악하여 비즈니스에 구현하면 경쟁우위를 확보하는 데 큰 도움이 될 것이다.

1. 인공지능(AI)

인공지능(AI)은 비영리단체가 데이터를 분석하고, 작업을 자동화하고, 더 나은 의사결정을 내리는 데 도움을 줄 수 있다. 예를 들어, AI는 다음과 같은 작업에 사용될 수 있다.

- 기부자 데이터를 분석하여 기부 유지율을 높이는 방법을 파악한다.
- 고객 서비스 티켓을 분류하고 우선순위를 지정한다.
- 위험을 식별하고 사기를 방지한다.

2. 사이버 보안(Cyber Security)

비영리단체는 사이버 공격의 주요 표적이 될 수 있다. 강력한 사이버 보안 시스템을 구축하고 유지하는 것은 비영리단체의 중요한 작업이다. 사이버 보안을 개선하는 데 도움이 되는 몇 가지 방법은 다음과 같다.

- 강력한 암호를 사용하고 정기적으로 변경한다.
- 중요한 데이터를 암호화한다.
- 직원들에게 사이버 보안 인식 교육을 제공한다.
- 최신 보안 패치를 설치한다.

3. 클라우드 컴퓨팅(Cloud Computing)

클라우드 컴퓨팅은 비영리단체가 비용을 절감하고 효율성을 높이는 데 도움이 될 수 있다. 클라우드 기반 솔루션을 사용하면 비영리단체가 하드웨어 및 소프트웨어를 구매하고 유지 관리할 필요가 없다. 또한 클라우드는 비영리단체가 전 세계 어디에서나 데이터와 응용 프로그램에 액세스할 수 있도록 한다.

4. 가상 협업

가상 협업 도구를 사용하면 비영리단체가 직원, 자원봉사자 및 클라이언트와 연결될 수 있다. 이러한 도구를 사용하면 비영리단체가 다음과 같은 작업을 수행할 수 있다.

- 온라인 회의 및 교육을 개최한다.
- 파일을 공유한다.
- 프로젝트에서 협업한다.

5. 디지털 모금

디지털 모금 플랫폼을 사용하면 비영리단체가 더 많은 기부금을 모금할 수 있다. 이러한 플랫폼을 사용하면 비영리단체가 다음과 같은 작업을 수행할 수 있다.

- 온라인에서 기부금을 수락한다.
- 기부 캠페인을 실행한다.
- 기부자와 소통한다.

6. 포괄적인 마케팅

포괄적인 마케팅은 모든 배경과 능력의 사람들을 포함하는 마케팅이다. 포괄적인 마케팅을 사용하면 비영리단체가 더 많은 사람에게 도달하고 더 많은 지지를 얻을 수 있다. 포괄적인 마케팅을 위한 몇 가지 팁은 다음과 같다.

- 다양한 채널을 통해 메시지를 전달한다.
- 다양한 언어와 문화를 사용한다.

- 장애가 있는 사람들을 위한 액세스 가능한 콘텐츠를 만든다.

7. 인적자원관리(HRM)

인적자원관리(HRM) 시스템을 사용하면 비영리단체가 직원을 채용하고 유지 관리하는 데 도움이 될 수 있다. HRM 시스템을 사용하면 비영리단체가 다음과 같은 작업을 수행할 수 있다.

- 채용 공고를 게시하고 지원서를 관리한다.
- 온보딩 및 교육을 제공한다.
- 성과를 추적하고 피드백을 제공한다.

8. 데이터 분석

데이터 분석은 비영리단체가 프로그램의 효과를 측정하고 데이터 기반 의사결정을 내리는 데 도움이 될 수 있다. 데이터 분석 도구에는 스프레드시트, 데이터 시각화 및 보고 도구가 포함된다.

9. 대체 결제 수단

간단히 말해서, 현금이나 카드 외에 다양한 방식으로 결제할 수 있는 방법을 의미한다. 예를 들어, 스마트폰 결제, 온라인 결제, 암호화폐 결제, QR 코드 결제, 무선 결제, 생체 인식 결제, 소셜 결제 등이 있다. 대체 결제 수단의 장점은 다음과 같다.

- 편리함: 현금이나 카드를 보유하지 않아도 되고, 시간이나 장소에 제약 없이 결제할 수 있다.
- 효율성: 결제 처리 속도가 빠르고, 결제 내역을 쉽게 확인할 수 있다.

- 다양성: 다양한 결제 방법을 선택할 수 있어 소비자 선택의 폭이 넓어진다.
- 비용 절감: 현금 처리 비용을 줄일 수 있다.

디지털 기술은 빠르게 진화하고 있으며, 우리 삶의 모든 측면에 영향을 미치고 있다. 미래에는 지금은 상상도 못 하는 놀라운 디지털/스마트 기술과 혁신들이 등장할 것이다. 비영리단체에서도 자선 기부에 있어 활용이 가능한 몇 가지 흥미로운 아이디어가 있다.

1. 뇌-컴퓨터 인터페이스(BCI: brain-computer interface)

자선과 기부 활동을 장려하는 뇌 또는 신경과학 분야의 발전이 이루어질 것이다.

- 생각으로 기기를 제어: 뇌파를 이용하여 컴퓨터, 스마트폰, 기타 기기를 제어
- 장애인을 위한 새로운 소통 방식: 말을 할 수 없는 사람들이 생각으로 소통하도록 돕는 기술(Becher, 2023).
- 가상현실 및 증강현실 경험 향상: BCI 기술을 활용한 더욱 몰입감 넘치는 VR/AR 경험 제공

2. 분산형 자율 조직(DAO: Decentralized Autonomous Organization)

- 중앙 조직 없이 운영되는 조직: 블록체인 기술을 기반으로 운영되는 조직으로, 투명성과 민주성을 보장
- 새로운 형태의 조직 및 커뮤니티 운영: DAO 모델을 활용한 새로운 형태의 조직 및 커뮤니티 운영 방식 등장. 자선 DAO의 주목할 만한 예로는 VitaDAO, DreamDAO, ClimateDAO가 있다.

- 개인의 권한 강화: 개인이 조직 운영에 참여하고 의사결정에 기여할 수 있는 기회 제공(Geregey, 2023)

이 외에도 양자 컴퓨팅의 발전에 따라 현재 컴퓨터보다 훨씬 빠른 계산 능력을 갖추게 되어 복잡한 과학적 문제 해결, 신약 개발, 인공지능 기술 발전에 기여할 것이다. 또한 양자 컴퓨팅 기술이 사회 전반에 걸쳐 큰 변화를 불러올 수 있을 것이다. 나아가 증강 지능(AI)의 발전으로 인간과 컴퓨터가 더욱 자연스럽고 효율적으로 상호 작용할 수 있도록 돕는 기술이 나타나 기부의 과학적 관리가 정교해지고, 개인의 특성에 맞춘 맞춤형 기부 전략과 기부 서비스를 제공할 수 있을 것이다.

10.4. 비영리조직에서 블록체인과 클라우드 컴퓨팅의 역할

재무 데이터 투명성은 비영리단체가 법률 준수를 보장하는 데 매우 중요하다. 기부자는 또한 자신의 기부가 올바른 대의를 지원하고 있는지 확인하기 위해 거래 투명성에 의존한다. 그러나 데이터 투명성을 보장하는 것은 중개인과 거래가 증가하고 프로세스 비용이 증가함에 따라 힘든 작업이 된다. 블록체인 기반 시스템은 데이터 관리와 관련된 시간, 노력 및 비용을 절약한다. 또한 이러한 책임과 추적성은 비영리단체와 기부자 간의 신뢰를 구축하여 금융 거래를 추적할 수 있도록 한다(Thakkar 등, 2022).

(https://www.startus-insights.com/innovators-guide/nonprofit-technology-trends/참조)

비영리단체와 블록체인 기술의 배경

블록체인이란 여러 컴퓨터에 분산되어 저장되는 안전하고 투명한 데이터베이스 기술이다. 가상화폐 비트코인을 비롯한 많은 가상화폐가 블록체인 기술을 기반으로 만들어졌다. 간단히 말해 블록체인은 데이터와 정보를 안전하고 투명하게 추적하는 데 사용되는 기술이다.

예를 들어, IBM은 식품 유통 경로를 추적하기 위해 식품 신뢰 블록체인 (Food Trust Blockchain)을 만들었다. 이를 통해 기업들은 식품이 원산지에서 최종 목적지까지 이동하는 경로를 파악할 수 있다. 만약 대장균 같은 식중독균 사건이 발생하면, 블록체인을 이용하여 해당 식품의 이동 경로를 추적하고 다른 오염된 식품을 파악할 수 있다.

블록체인의 특징은 모든 거래 기록과 정보가 블록 단위로 저장되고, 각 블록은 서로 연결되어 변조 또는 삭제가 불가능하다는 점이다. 이를 통해 실수나 해킹으로부터 안전한 변하지 않는 장부(immutable ledger)를 만들 수 있다.

〈그림 23〉 블록체인의 개념

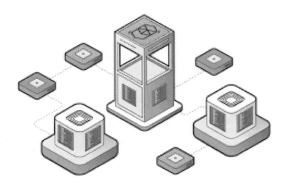

출처: Tangem Walle

비영리단체가 블록체인 기술을 활용하는 방법

다음은 비영리단체가 블록체인 기술을 활용하여 기금 마련 및 운영 효율성을 높일 수 있는 방법에 대해 설명한다(Notomoro, 2024).

- 기금 마련: 블록체인을 사용하면 빠르고 안전하게 기부금을 받을 수 있다. 기존 온라인 기부 플랫폼의 수수료를 피하고 더 저렴하게 기금을 모집할 수 있다. 또한, 모든 기록이 변조되지 않기 때문에 기부자 정보가 안전하고 투명하게 보호된다.
- 투명성 및 책임: 블록체인은 모든 재무 거래 기록을 변조할 수 없게 만들어 투명성을 높인다. 이를 통해 기부금 사용 내역을 투명하게 공개하고 기부자의 신뢰를 높일 수 있다. 2022년 설문조사 결과, 기부 동기로 가장 중요한 요소는 신뢰라고 나타났다.
- 글로벌 효율성 및 효과성 증대: 특히 해외에 있는 비영리단체의 경우, 블록체인을 사용하여 더욱 안전하고 빠르게 기금을 전달할 수 있다. 예를 들어, 국경없는의사회는 콩고 민주 공화국과 같은 지역에서 현금 대신 암호화폐를 사용하여 안전하게 기금을 전달했다.
- 비용 절감: 블록체인은 기존 기금 처리 플랫폼의 수수료를 피할 수 있게 해주어 비용을 절약할 수 있다. 또한 스마트 컨트랙트 기능을 통해 실시간으로 재무 거래 감사를 진행할 수 있어 별도의 감사 작업이 필요하지 않다.
- 비영리단체에 힘을 부여: 비영리단체 블록체인 기술은 비영리단체에 힘을 실어준다. 기금 조달부터 일상 업무에 이르기까지 비영리단체들이 겪는 여러 어려움을 해결하는 데 중요한 역할을 하며, 전 세계적인 비영리단체들이 더 큰 성과를 이루도록 돕고 있다.
- 긴급 구호 활동: 블록체인은 기금 전달 속도를 빠르게 하여 위급 상황에 있는 사람들에게 즉각적인 지원을 제공한다. 이는 빠른 대응이 필요한 상황에서 큰 도움이 된다.

비영리조직에서 블록체인 기술 도입 시의 과제

블록체인 기술 도입에는 분명히 많은 장점이 있으나 비영리단체들이 이 기술을 도입할 때 다음과 같은 몇 가지 어려움과 장벽이 있음을 인지해야 한다 (Instrumentl team, 2024).

- 익명 기부: 블록체인을 통한 기부는 익명으로 이루어질 수 있어 기부자와의 관계 형성, 기금 관리, 재무 투명성 확보에 어려움이 있다. 만약 기부금 출처가 불법적인 경우(money laundering) 명성 실추나 법적 문제에 처할 수도 있다.
- 암호화폐 변동성: 암호화폐 가치는 변동성이 크기 때문에 언제든지 달러로 환전해야 할 경우 기부 당시 예상 금액을 받지 못할 수 있다. 또한 암호화폐 시장 붕괴는 암호화폐를 보유한 비영리단체에 큰 타격을 입힐 수 있으며, 이 시장에 대한 세법 및 규제도 미흡하여 재정적 위험이 있다.
- 개인정보 보호: 블록체인은 모든 거래 내역이 투명하게 기록되지만 기부자나 수혜자 개인정보 보호에 대한 우려가 있다. 투명성을 유지하면서도 데이터 개인정보를 보호하는 적절한 균형을 찾는 것이 중요하다.
- 규제 및 법적 문제: 아직 명확한 규제가 없어 비영리단체들이 블록체인 도입 시 어려움을 겪을 수 있다. 기부자 정보와 기관 데이터 보안을 유지하면서 법규를 준수하는 것은 쉽지 않은 일이다.
- 부정부패 및 책임 문제: 블록체인은 모든 거래 내역을 투명하고 변조할 수 없게 기록하여 기금 남용을 방지한다. 기부금의 사용 내역을 모든 사람이 확인할 수 있도록 투명성을 높이고 책임을 강화한다.

비영리단체에 있어서 블록체인 기술의 미래

블록체인 기술은 비영리단체 운영의 일상 거래, 기금 조달, 관계 관리, 필수 기능의 간소화 등 모든 분야를 재편할 수 있는 잠재력을 지니고 있다(Gong & Navimipour, 2022).

- 투명성 및 신뢰 강화: 블록체인의 변하지 않는 장부 시스템은 재무 보고에 투명성을 더해 기부자와 비영리단체 간의 신뢰를 높이다. 많은 재력가는 블록체인을 활용하여 투명하게 자선활동을 지원하고 있다.
- 기금 조달 효율성: 블록체인 기술이 등장함에 따라 미래에는 기금 제공자가 전통적인 현금 대신 암호화폐를 통해 보조금 및 기타 기부금을 제공할 가능성이 매우 높다(Instrumentl Team, 2024).
- 효율적인 기금 관리: 블록체인을 활용하면 관리 비용을 줄이고 송금 속도를 높여 더 많은 예산을 실제 필요한 분야에 투입할 수 있다. 조직의 프로그램 효율성도 향상되고 새로운 프로그램이 시작되고 실행될 때까지 기다리는 시간이 줄어들 것이다.
- 기부자와의 강력한 관계: 기부자들은 기부금 사용 내역을 더 투명하게 확인할 수 있어 지속적인 기금 지원 의사를 높일 수 있다.

블록체인은 기부자, 비영리단체, 은행, 기업 간의 거래 내역을 한 곳에 저장하고 수정할 수 없는 장부처럼 작동한다. 높은 보안을 자랑하는 이 기술은 최근 비영리단체에서 기금모금, 프로세스 간소화, 기부자 안전 강화, 비용 절감 등 여러 목적으로 활용되고 있다. 블록체인 기술은 앞으로 비영리 분야에 큰 변화를 불러올 것이며, 비영리단체에서는 이러한 변화에 앞서 이 기술의 이점을 적극 활용하는 것이 중요하다.

비영리조직에서 클라우드 컴퓨팅의 역할

비영리단체에 있어서 클라우드 컴퓨팅의 이해

클라우드 컴퓨팅은 비영리단체의 판도를 바꿀 수 있으며, 이를 통해 비영리단체는 훨씬 적은 비용으로 대기업에서 사용하는 것과 동일한 강력한 기술에 액세스할 수 있다. 일반적으로는 인터넷 기반 컴퓨팅의 일종으로 정보를 자신의 컴퓨터가 아닌 클라우드에 연결된 다른 컴퓨터로 처리하는 기술을 의미한다. 간단히 말해서, 클라우드 컴퓨팅은 컴퓨터 리소스를 소유하는 대신 임대하는 것이다. 여기에는 저장 공간, 소프트웨어 애플리케이션, 심지어 서버 등이 포함될 수 있다.

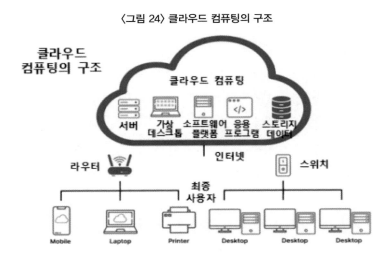

〈그림 24〉 클라우드 컴퓨팅의 구조

출처: https://www.wallarm.com/what/what-is-cloud-computing

클라우드 컴퓨팅 서비스에는 세 가지 주요 유형이 있다.

① SaaS(Software as a Service): 비영리단체를 위한 가장 일반적인 유형의 클라우드 컴퓨팅이다. SaaS를 사용하면 고객 관계 관리(CRM) 또는 기부자 관리 소프트웨어와 같은 웹 기반 소프트웨어 애플리케이션을 컴퓨터에 설치하거나 유지 관리할 필요 없이 사용할 수 있다.

② PaaS(Platform as a Service): 이 유형의 클라우드 서비스는 자체 애플리케이션을 개발하고 배포하기 위한 플랫폼을 제공한다.

③ IaaS(Infrastructure as a Service): 이는 가장 복잡한 유형의 클라우드 컴퓨팅이며 IT 인프라를 최대한 제어할 수 있다. IaaS를 사용하면 가상 서버, 스토리지, 네트워킹 리소스를 임대할 수 있다.

비영리단체를 위한 클라우드 컴퓨팅의 이점

다음은 클라우드 컴퓨팅에 대한 분석과 비영리단체를 위한 이점이다.

- 비용 절감: 클라우드 컴퓨팅은 비영리단체의 하드웨어, 소프트웨어 및 IT 직원 비용을 절약할 수 있다. 사용한 리소스에 대해서만 비용을 지급하므로 값비싼 초기 비용을 투자할 필요가 없다.
- 확장성: 클라우드 컴퓨팅을 사용하면 요구 사항 변화에 따라 IT 리소스를 쉽게 확장하거나 축소할 수 있다. 이는 기부나 프로그램 활동에 변동이 있을 수 있는 비영리단체에 중요하다.
- 협업 증가: 클라우드 기반 도구를 사용하면 직원과 자원봉사자가 위치와 관계 없이 프로젝트에 대해 더 쉽게 협업할 수 있다.
- 향상된 보안: 클라우드 제공업체는 비영리단체의 주요 관심사가 될 수 있는 높은 수준의 데이터 보안을 제공한다.
- 재해 복구: 클라우드 컴퓨팅을 사용하면 재해로부터 빠르고 쉽게 복구할 수 있

다. 데이터는 외부에 안전하게 저장되므로 사무실이 손상되어도 데이터가 손실되지 않는다.

비영리단체에서 클라우드 서비스 이용 시의 문제점

클라우드 서비스를 이용하는 비영리단체들은 몇 가지 문제점을 지적한다 (Bruce, 2020).

- 첫 번째 문제는 데이터 보안과 통제이다. 정부 기관이 기부자나 수혜자에 대한 민감한 정보에 액세스할 수 있다는 점을 걱정한다. 클라우드 서비스 제공업체의 서비스 약관이나 특별 공지 사항은 이 부분에 대해 완전히 투명하지 않을 수 있다.
- 두 번째 문제는 클라우드 서비스가 특정 비영리단체의 사명에 맞게 맞춤 설정하기 어렵다는 점이다. 클라우드 서비스는 일반적으로 광범위한 사용자를 대상으로 하므로 특정 비영리단체의 독특한 사명을 지원하기 위해 맞춤 설정하기가 어려울 수 있다.
- 마지막으로 비영리단체들은 클라우드 서비스 제공업체의 기부 프로그램에 의존하는 경우가 많다. 이 기부 프로그램이 없어지면 비영리단체는 다른 서비스 제공업체로 이동하는 데 상당한 비용을 지출하거나 중요한 서비스를 이용하지 못하게 될 수 있다.

클라우드로의 전환이 미치는 영향

클라우드 서비스에 가입하는 것은 매우 간단한 프로세스일 수 있지만 조직의 운영을 클라우드로 전환하는 것은 전혀 간단하지 않다. 기존 소프트웨어와 서비스를 선택하려면 신중한 프로세스가 필요한 것처럼, 클라우드로 이동하고 일반적 클라우드 컴퓨팅 사용을 확대하려면 기술 전략과 계획도 필요하다. 또한 다음과 같은 비영리단체를 비롯한 조직들이 클라우드 서비스 도입 과정에서 빠지기 쉬운 실수도 주의해야 한다.

- 충분한 검토 절차 거치기: 흥분해서 1, 2명의 직원만 검토하고 도입하는 것은 위험하다. 비즈니스 니즈에 맞는지, 안정적인 운영 실적이 있는지, 그리고 보안 기준을 충족하는지(ISO 27001, SOC 2, CSA STAR 등) 확인하는 절차가 필요하다.
- 쉐도우 IT(Shadow IT) 방지: 직원들이 IT 부서와 상의하지 않고 마음대로 클라우드 서비스를 사용하는 것을 '쉐도우 IT'라고 한다. 직원들이 IT 도입 과정에 참여할 수 있는 환경을 만들어야 한다. 그렇지 않으면 데이터 유출이나 관리 문제가 발생할 수 있다.
- 쉐도우 IT 문제를 최소화하기 위해서는 조직에서 사용하는 데이터 서비스나 클라우드 서비스를 목록화하는 작업이 중요하다. 직원들이 과거 잘못된 선택을 했더라도 처벌받지 않고 문제를 보고하고 해결하는 문화를 만들어야 한다.
- 데이터 보안: 직원들이 중요한 데이터를 회사에 알리지 않고 업로드할 수 있다. 규제에 따라 특정 데이터를 공유하면 조직에 위험을 초래할 수 있으니 주의가 필요하다.
- 편의성과 프로세스 변경: 클라우드 서비스를 많이 사용하면서 로그인 번거로움이나 업무 프로세스 변경 등도 고려해야 한다. 단일 로그인 시스템 도입이나 다중 인증 요구 사항 등을 검토해야 한다.

클라우드 서비스 도입 전에 고려해야 할 사항

비영리단체가 클라우드 서비스로 옮기기 위해서는 몇 가지 중요한 단계를 거쳐야 한다(RSM Guide, 2023).

1. 현재 인프라 및 니즈 평가

현재 조직에서 필요한 기능을 파악하고(이메일, CRM, 고객 관리, 커뮤니케이션, 프로젝트 관리 등), 향후 수요 변화에 따라 필요한 기능 확장/축소 여부와 내부 IT 부서가 관리하기 어려운 기능을 파악한다(외부 클라우드 서비스가 더 효율적인지 평가한다).

2. 서비스 선택

필요한 기능에 따라 서비스 종류를 먼저 좁히고, 조직의 요구사항과 비교하여 평가해야 한다. 비슷한 기능을 제공하는 서비스 간에는 호환성과 IT 부서 편의성을 고려하여 선택한다. 비영리단체 IT 컨퍼런스 참여나 다른 비영리단체와의 의견 교환을 통해 정보 수집하는 것도 좋다.

3. 데이터 이동(옮기기) 과정

데이터 정리, 사용자 권한 설정, 정책 설정, 서비스 배포 및 테스트 등 준비 작업이 필요하다. 클라우드 서비스 제공업체 선택과 서비스 레벨 설정도 진행해야 한다. 이동 과정은 기존 시스템 도입과 유사하다. 정확한 데이터와 프로세스만 옮기는 것이 중요하다. 클라우드 서비스는 업무 프로세스 개선이나 데이터 문제 해결을 보완하지 않는다. 데이터 접근 권한 설정을 신중하게 해야 하며, 정기적인 업데이트와 패치 설치도 필요하다.

4. 지속적 관리

클라우드 서비스 사용 정책과 업데이트 정책을 명확하게 설정해야 한다. 사용량에 따라 계정과 저장 용량을 유동적으로 조정해야 한다. 사용자의 안전한 인터넷 접속을 위해 정기적인 업데이트 관리가 필요하다.

5. 프로젝트 관리

클라우드 서비스 이동은 시간 투자가 필요하며, 조직 전체와의 의사소통이 중요하다. 내부 IT 직원이 프로젝트를 주도하거나 외부 컨설턴트를 고용하는 방법이 있다.

클라우드 컴퓨팅의 미래

이미 상당한 진전을 이루었음에도 불구하고 아직 초기 단계에 불과하다. 처리 능력의 양자 및 인공지능 기반의 기하급수적인 성장과 클라우드 사용을 촉진하는 기타 신기술은 미래의 일부가 될 가능성이 높다(Beschokov, 2024).

다음은 가까운 클라우드 네이티브 생태계에서 곧 볼 수 있는 몇 가지 변경 사항이다.

- 기업은 여러 공급업체의 서비스를 통합하기 위해 멀티 클라우드 방법을 더 자주 채택하게 될 것이다.
- IoT와 웨어러블 기술은 계속해서 빠르게 성장할 것이다. 의류, 주택 및 커뮤니티에 곧 출시될 센서는 초기에 클라우드에 연결된 피트니스 추적기, 온도 조절기 및 보안 시스템을 기반으로 개발될 것이다.
- 기업은 3D 프린팅과 클라우드를 사용하여 맞춤형 상품을 제공할 것이다.
- 크고 작은 조직 모두 더 많은 하이브리드 클라우드를 개발할 것이다.
- 프로그래밍이 거의 또는 전혀 없는 플랫폼은 기술을 계속 분산화할 것이다. 그들은 코더와 앱 개발자의 도움 없이 문제를 해결하는 자체 애플리케이션을 만

드는 데 필요한 도구를 개발자에게 제공할 것이다.

클라우드 서비스는 비영리단체의 IT 부서 업무량을 줄이고, 직원들이 서비스와 기능을 더 쉽게 이용할 수 있게 해 준다. 또한 사용량에 따라 유연한 비용 청구 시스템을 제공한다. 하지만 클라우드 서비스 도입 전 장단점을 충분히 이해해야 한다. 특히 비영리단체의 경우 데이터 제3자 공유에 대한 불확실성과 장기적인 비용 변동에 대한 우려가 클 수 있다. 하지만 면밀한 검토와 신중한 계획을 통해 클라우드 서비스로의 전환 과정을 순조롭게 진행할 수 있으며, 여러 이점을 누릴 수 있다.

Chapter 11

가상화폐 기부와 모금 활동

11.1. 비영리단체를 위한 암호화폐 시장의 전망

암호화폐 자선활동의 새로운 물결

역사는 우리가 암호화폐 자선활동의 또 다른 큰 물결의 정점에 있음을 시사한다. 암호화폐 시장은 최근까지 부침이 심했지만, 우상향하는 추세에 있으며 앞으로 큰 발전이 예상된다. 이러한 추세는 비영리단체에 새로운 기회가 될 수 있다.

그리 머지않은 과거에는 비영리조직에서는 소셜 미디어 계정, 디지털 광고, 웹사이트, 신용카드 결제 처리 등을 전혀 사용하지 않았을 것이다. 그러나 오늘날 이러한 도구는 필수 불가결하다. 암호화폐 기부는 기존 수익원 이외의 새로운 기금 조성, 대규모 기부 유치, 젊은 신규 기부자 확보, 새로운 기금 조성 방법 모색, 자선 파트너십 구축, 미래 준비 등 여러 면에서 비영리단체의 성장을 도울 수 있다.

반면에 암호화폐를 통한 기부금이 명백히 증가했음에도 불구하고 암호화폐에 대한 비판은 나날이 커지고 있다. 암호화폐 채굴 및 거래는 많은 유명 조직이 비트코인 기부를 거부하게 만든 기후 위기와 직접적으로 연관되어 있다(Cohen et al., 2022). 또한 비영리단체들은 암호화폐 시장 변동성을 불안정성과 혼동하여 이를 도입하는 데 주저하고 있는 경우가 많지만, 암호화폐 시장은 앞으로 성장할 기미를 보인다. 미래 모금 성공의 핵심은 혁신을 수용하는 데 있다. 지금부터 암호화폐 기금 조달 전략을 세우는 비영리단체에는 좋은 기회가 될 것이다.

암호화폐 기금모금은 비영리단체의 표준이 되고 있다. 2024년 현재 암호화폐를 통한 비영리단체의 기금모금 현황은 다음과 같다.

〈그림 25〉 암호화폐를 통한 비영리단체의 기금모금 현황(2024년 기준)

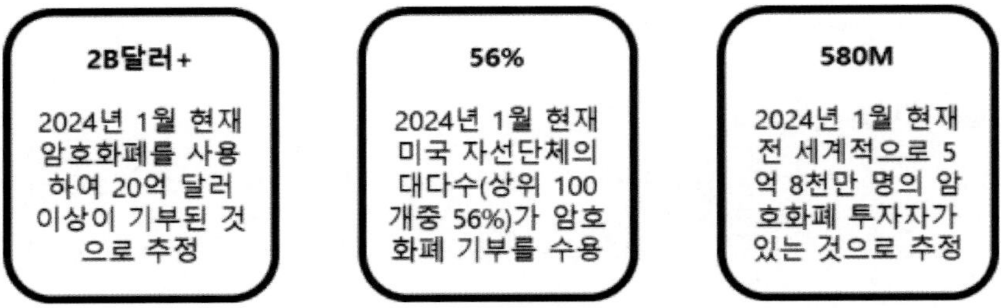

2B달러+	56%	580M
2024년 1월 현재 암호화폐를 사용하여 20억 달러 이상이 기부된 것으로 추정	2024년 1월 현재 미국 자선단체의 대다수(상위 100개 중 56%)가 암호화폐 기부를 수용	2024년 1월 현재 전 세계적으로 5억 8천만 명의 암호화폐 투자자가 있는 것으로 추정

출처: The Giving Block 2024년 보고서

암호화폐 기부의 명확한 동인(발생 요인)

암호화폐를 기부하게 하는 요인을 살펴보면 다음과 같다.

쉽게 찾을 수 있도록 설정

암호화폐 기부의 가장 큰 동인은 기부자가 암호화폐 기부 옵션을 볼 수 있는 장소, 시기, 빈도이다. 선도적인 암호화폐 자선 프로그램은 기부자가 웹사이트, 이벤트 및 기금모금 호소에서 암호화폐 기부 옵션을 볼 수 있도록 한다.

기부하기 쉽게 만들기

암호화폐 기부에 특별히 최적화된 기부 양식은 모든 기부자 청중을 위한 기부 방법을 열었다. 지난 20년 동안 모바일 친화적이지 않은 웹사이트를 운영하는 자선단체들은 Google 검색 순위 하락과 치솟는 이탈률의 파괴적인 결과를 경험했다. 디지털 기부 경험이 부족한 비영리단체도 전환 및 유지 문제를 겪었다. 이제 모든 비영리단체가 주식, DAF 보조금 및 은행 송금을 받기 위해 디지털 기부 양식에 의존하는 것처럼 사용자 친화적인 암호화폐 기부 경험을 제공하는 비영리단체만이 결과를 보는 경향이 있다.

쉽게 받아들이기

자동화 및 규제 명확성을 통해 비영리단체는 가격 변동성, 지갑 관리 또는 관리 연속성과 관련된 문제를 처리하지 않고도 암호화폐를 쉽게 수용할 수 있다. 비영리단체가 수동으로 주식 기부를 수락하고 수동으로 판매한 다음 수동으로 기부 세부 정보를 추적하여 CRM(고객관계관리)에 입력하는 것과 마찬가지로, 이러한 기존의 수락 문제는 비영리단체가 암호화폐 기부 옵션을 설정하고 마케팅하는 데 방해가 되었다. 오늘날 암호화폐를 수락하는 것은 온라인 신용카드 기부를 받는 것만큼 쉽다. 기부된 암호화폐는 자동으로 미국 달러로 변환되어 은행 계좌에 입금된다. 세금 영수증이 자동으로 전송되고 기부자 데이터도 CRM(고객관계관리)과 자동으로 동기화된다. 이러한 발전은 기금 모금자들이 암호화폐 기부 옵션을 자신 있게 홍보할 수 있도록 했다.

암호화폐 시장 성장: 비영리단체를 위한 모금 기회

암호화폐 시장이 새로운 성장기에 접어들면서 기업과 투자자만이 혜택을 받을 수 있는 것은 아니다. 비영리 모금 활동가들은 유리한 시장 상황이 주식과 같은 가치 있는 자산을 기부하려는 관심을 불러일으킨다는 사실을 알고 있다. 암호화폐에도 동일한 원칙이 적용된다.

주식 기부와 마찬가지로 미국 납세자는 501(c)3 자선단체에 직접 기부한 암호화폐 자산에 대해 양도소득세를 납부할 필요가 없다. 시세가 오른 암호화폐(appreciated crypto)를 기부하는 것과 먼저 이것을 판매하고 세후 남은 금액을 기부하는 것 사이의 가치 차이는 30%까지 벌어질 수 있다.

두 명의 기부자가 자선단체에 100만 달러를 기부하고 싶어 한다고 가정해 보자. 기부자 A는 시세가 오른 자산을 기부하고 기부자 B는 소유하고 있는 자산을 판매해서 현금을 제공한다고 가정한다.

〈표 4〉 암호화폐 기부의 세금효과

수혜(효과) 의사결정	기부자 A가 시세가 오른 자산(암호화폐)을 기부	기부자 B는 자산을 판매해서 현금을 제공
기부자가 납부하는 자본 이득세	$0	$276,900
자선단체가 받는 것	$1,000,000	$723,100

이 예에서 기부자 A는 2년 동안 보유했던 비현금 자산으로 100만 달러를 기부했다. 이 자산(예를 들면 주식 또는 비트코인)은 $77,000의 비용 기준(Cost-Basis)으로 구매되었는데 가치가 높아져 100만 달러가 된 것이다. 기부자 B는

자산을 판매해서 현금을 자선단체에 제공하는데 이 경우 연방 자본이득세율은 23.8%이고 주 자본이득세율은 최고 13.3%이며, 특정 주에서 기부자의 자본이득세율은 30%로 추정된다.

암호화폐 기부는 2024년에 20억 달러를 넘어서 역대 최고점에 도달했는데 전년 대비 30% 이상 대폭 증가했다. 포브스 선정 100대 자선단체 중 최신 명단에 오른 56개 단체가 암호화폐로 기부금을 받고 있으며, 이는 전년 대비 12% 증가한 수치이다. 이 중 67.8%(38개 기관)가 The Giving Block을 암호화폐 모금 솔루션으로 사용하고 있다(the Cryptonomist, 2024).

2025년이 다가오고 있는 지금, 모든 규모의 비영리단체는 주요 기부금을 확보하고 오늘날의 평균 기부자보다 더 젊고 관대한 인구 집단과 소통하기 위해 오늘 암호화폐 모금 프로그램을 만들거나 다시 약속할 수 있는 드문 기회를 갖게 되었다.

11.2. 가상화폐의 비영리 모금 활동 지원 방식

비영리단체가 암호화폐를 기부받는 방법

비영리단체에 암호화폐 기부가 중요한 이유는 비영리단체는 정부가 서비스를 제공하지 못하는 분야에서 중요한 서비스와 지원 시스템을 제공하며, 비영리단체는 개인, 기업, 정부 기관 등 다양한 곳으로부터 기금을 마련하기 때문이다. 최근에는 새로운 기금 마련 전략들이 등장하고 있으며, 비영리단체들도 새로운 기금 유치 방법을 적극적으로 도입하고 있다(Ahiabenu, 2023). "The Giving Block" 보고서에 따르면 향후 10년 안에 암호화폐 기부금은 100억 달러를 넘을 것으로 예상된다.

비영리단체가 암호화폐 기부를 받기 전에 고려해야 할 사항이 있다. 비영리단체는 법적 및 기타 위험을 고려하여 암호화폐 기부를 받을지 결정할 수 있다. 일반적으로 비영리단체는 기부 수용 정책을 작성하여 암호화폐를 기부 수단으로 활용하는 방법에 대한 지침을 제공하는 것이 좋다. 이 작업이 완료되면 신뢰할 수 있는 제3자 처리업체를 선택하기 위해 강력한 실사 프로세스를 수행해야 한다.

비영리단체가 암호화폐 기부를 받는 방법에는 몇 가지가 있다. 첫째, 코인베이스와 같은 플랫폼에서 자체 지갑을 설정하여 암호화폐를 받고 은행을 통해 법정 화폐로 전환하는 방법이다. 둘째, "The Giving Block(https://thegivingblock.com)"이나 "Freewill(https://nonprofits.freewill.com/products/crypto)"과 같은 전문적인 암호화폐 기부 처리업체를 이용하는 방법이다. 이러한 업체들은 유료 또는 무료 서비스를 제공한다.

먼저 비영리단체가 암호화폐 기부를 직접 받을 경우 고려해야 할 사항이다 (Frangley & Brush, 2023).

- 개인 지갑 개설의 어려움: 대부분의 암호화폐 지갑은 개인 사용을 위해 설계되었으며 비영리단체 등 기관 법인을 위한 절차가 복잡하다. 이는 개인정보(사회보험번호 등) 입력 요구사항과 고객 서비스 부족으로 인해 보안상의 위험이 높다.
- 변동성 관리(직접 보관의 이점과 단점): 암호화폐 가격은 변동성이 크기 때문에 기부받은 암호화폐를 현금(fiat)으로 빠르게 변환하는 것이 중요하다. 하지만 지갑에 따라서는(일부 지갑의 경우에는) 자동 판매 기능이 없거나 은행 입금 한도가 있어 빠른 처리에 어려움이 있다. 코인베이스의 경우처럼 일일 출금 한도가 있어 큰 금액(large sum) 기부 수용 시 시간이 오래 걸릴 수 있다.

- 고객 서비스 부족: 대부분의 개인 지갑 제공업체는 전화 상담 등 고객 서비스를 제공하지 않기 때문에 문제 발생 시 해결까지 시간이 소요될 수 있다.

이와 같이 비영리단체가 암호화폐 기부를 직접 받는 것은 빠르고 저렴하지만, 보안 및 관리의 어려움이 따른다는 점을 알아야 한다. 다음 단락에서는 이러한 문제를 해결하는 대안 방법에 관해 설명한다.

비영리단체가 직접 지갑을 관리하는 번거로움을 덜어주는 방법으로 암호화폐 결제 서비스(게이트웨이) 이용이 있다. 대표적인 서비스 두 가지는 기빙블록(Giving Block)과 비트페이(BitPay)이다.

- 비트페이: 디지털 자산을 위한 일종의 페이팔 서비스로, 비트페이를 통해 판매자는 암호화폐 결제를 받고 법정화폐로 출금받을 수 있다. 비영리단체 입장에서는 비트페이에 암호화폐 보관 및 판매 등의 모든 위험과 업무를 위임하는 것이다.
- 기빙 블록: 보다 친절한 서비스를 제공하는 컨시어지(concierge) 형태이다. 비영리단체는 여전히 지갑을 마련해야 하지만, 기빙 블록은 지갑 설정 과정 전반에 걸쳐 고객 지원을 제공하며, 지갑 제공업체와의 관계로 인해 개인정보나 중요한 은행 계좌 정보 제공을 최소화할 수 있다. 또한, 단방향으로만 자금 이동이 가능하다.
- 기부자 자문 기금(Donor Advised Fund): 이것도 또한 암호화폐 기부를 받는 방법 중 하나이다. 피델리티 자선(Fidelity Charitable)이나 슈왑(Schwab)과 같은 대형 기부자 자문 기금 관리 기관은 이미 자체 지갑을 보유하고 있으며 암호화폐 기부를 받아 즉시 현금으로 변환하는 시스템을 갖추고 있다. 이 돈은 나중에 기부자 자문기금으로부터 비영리단체에 기금(grant)으로 지원될 수 있다.

비영리단체는 마지막으로 기부 수용 정책을 개정하여 암호화폐 기부를 허용하는 것을 고려해야 한다. 웨이크 포레스트(wake-forest) 대학교의 암호화폐 기부 수용 정책과 같은 몇 가지 좋은 예시를 구글 검색을 통해 찾을 수 있다.[40]

이 정책은 간단하고 포괄적이어야 하며, 기술 변화에 따라 조정할 수 있도록 여유를 두어야 한다. 또한, 특히 중개 기관을 이용할 때는 사전 승인을 요구하지 않아야 한다. 왜냐하면 중개 기관을 통한 기부는 매우 빠르게 이루어지기 때문에 사전 승인은 실용적이지 않기 때문이다. 암호화폐 분야는 끊임없이 변화하고 있으므로 이러한 유연성이 필요하다.

기부자가 비영리단체에 암호화폐를 기부하는 방법

기부자가 자선단체에 직접 암호화폐를 기부하는 방법

암호화폐는 빠르게 성장하는 기부 형태이며, 비영리단체 및 자선단체를 지원하는 새로운 방법을 제공한다. 암호화폐 기부 방법은 다음과 같이 정리할 수 있다:

암호화폐 직접 기부 방법

- 지원하는 암호화폐를 확인한다. 모든 비영리단체가 모든 암호화폐를 수락하는 것은 아니다. 기부하려는 단체의 웹사이트에서 수락하는 암호화폐 종류를 확인한다.
- 암호화폐 지갑을 만든다. 아직 암호화폐 지갑이 없는 경우, 안전하고 사용하기

---

40 https://thegivingblock.com/donate/wake-forest-university/ 페이지를 참고할 수 있다.

쉬운 지갑을 선택한다.

- 암호화폐를 구매한다. 암호화폐 거래소에서 원하는 암호화폐를 구매할 수 있다.
- 기부를 실행한다. 비영리단체의 웹사이트에서 기부 페이지를 찾아 암호화폐 지갑 주소를 입력한다. 기부 금액을 입력하고 기부를 완료한다.

직접 기부 시의 세제 혜택

여러분이 1년 전에 비트코인으로 2,000달러를 샀다고 가정해 보자. 2021년 4월 현재 공정 시장 가치는 $5,500이다. 만일 여러분이 선호하는 미국국세청 인정 자선단체에 전액을 기부하기로 결정했다고 하자. 여러분의 기여가 실행될 수 있는 두 가지 방법은 다음과 같다.

1) 비트코인을 판매하고 달러로 기부: 비트코인을 먼저 판매한 다음 달러를 기부하면 최대 20%의 장기 자본 이득세가 부과될 수 있다(추가 메디케어 부가세 또는 주 및 지방세는 제외). 700달러쯤 될 것이다. 〈최종 기부금: 약 $4,800〉

2) 비트코인 직접 기부: 비트코인을 직접 기부한다면 세금 공제 금액이 훨씬 더 커질 수 있다. 직접 기부를 하면 비트코인에 대한 양도소득세를 내지 않아도 된다. 〈최종 기부금: 약 $5,500〉

암호화폐 기부는 조직이 처리하는 데 더 저렴할 수 있다

2020년 글로벌 기부 동향 보고서에 따르면 전 세계 기부자의 63%가 직불카드나 신용카드를 통한 온라인 기부를 선호한다. 그러나 카드를 사용하면 실제 기부 조직이 받는 금액이 줄어들 수 있다. 처리 수수료는 2.2-7.5%에 달할 수 있기 때문이다(온라인 기부 처리자를 평가하는 비영리단체인 Charity Navigator에 따르면). 그것이 얼마나 큰 차이를 만들 수 있을까? 당신이 1,000달러를 기부하고 싶다고 가정해 보자.

- 신용카드를 통한 기부: 조직에서 발생하는 처리 수수료는 최대 $75까지 가능하다.
  최종 기부금 수령: $925
- 암호화폐를 통해 기부: 비트코인으로 동일한 기부를 하면 약 $8.70의 거래 수수료가 발생한다(CoinMetrics.io에 따르면 2021년 4월 6일의 중간 거래 수수료를 사용하여 계산).
  최종 기부금 수령: $991.28

암호화폐 기부 시 주의 사항

- 기부하려는 단체가 합법적이고 신뢰할 수 있는지 확인한다.
- 기부하기 전에 암호화폐 주소를 꼼꼼히 확인한다. 잘못된 주소로 보내면 돈을 돌려받을 수 없다.
- 기부 금액은 신중하게 선택한다. 암호화폐 시장은 변동성이 크므로 기부 금액이 시간이 지남에 따라 가치가 변할 수 있다.
- 기부 영수증을 받는다. 세금 목적으로 기부 영수증을 보관한다.

기부자 자문기금(DAF)을 통해 암호화폐를 기부하는 방법

기부자 자문기금(DAF: Donor-Advised Fund)은 개인 또는 기관이 세금 혜택을 받으면서 자선단체에 기부할 수 있도록 설계된 기부 프로그램이다.[41] 기부자가 자신의 현금 및 비현금 자산을 기금에 투자하고 관리자 역할을 하는 후원 조직에 기부할 수 있도록 하는 자선 투자 수단이다(Indiana University Lilly

---

41 기부자 자문 기금에 대한 자세한 내용은 다음 웹사이트를 참조하시오: https://en.wikipedia.org/wiki/Donor-advised_fund

Family School of Philanthropy, 2021). 사회복지공동모금회의 한국 기부자 조언 기금(KDAF)은 기부자들이 기금 사용 방법에 대한 의견을 공유할 수 있는 한국 최대 규모의 DAF 기부 프로그램이다. 10억 원(2021년 기준 84만 달러 상당) 이상 기부하는 분들은 각자의 목적에 맞게 DAF를 설립할 수 있다. KDAF 프로그램에는 12명의 개인 및/또는 기업 기부자가 있다(한국사회복지공동모금회, 2023a).

기부자 자문기금에 참여하려면 기부하는 개인 또는 조직이 기금에 계좌를 개설하고 현금, 증권 또는 기타 금융 상품을 예치한다. 그들은 펀드에 넣는 모든 것에 대한 소유권을 포기하지만 자신의 계정이 어떻게 투자되고 자선단체에 돈을 분배하는지에 대한 자문을 하는 특권은 유지한다. DAF는 기부자가 자선단체에 돈을 전달할 수 있는 유연한 방법, 즉 직접 기부에 대한 대안을 제공한다(Internal Revenue Service, 2019). 기부자는 기금을 통해 보조금을 지급함으로써 행정적 편리함(후원 단체가 최초 기부 후 서류 작업을 수행함),[42] 비용 절감(재단을 운영하기 위해 매년 자산의 약 2.5%에서 4%가 필요함) 및 세금 혜택(개인 기부에 비해)을 누릴 수 있다(Olk & Richards, 2013). 즉 DAF에 기부한 다음 기금에 여러 자선단체에 기부하도록 조언(자문)하면 비현금 자산을 여러 조직으로 이전하는 번거로움과 서류 작업 없이 이러한 세금 혜택을 얻을 수 있다.

최근 몇 년 동안 DAF는 암호화폐 기부를 수용하는 데 점점 더 적극적으로 되어 왔다. 이는 암호화폐가 점점 더 인기를 얻고 있으며 많은 사람이 암호화폐를 통해 자선단체에 기부하고 싶어 하기 때문이다. 비트코인 기부를 수용하는

---

42 기부자가 자선단체에 기부하고자 하는 금액은 소액이거나 적은 수의 주식일 수 있다. 예를 들어, 20개의 자선단체에 각각 5주를 기부하는 것은 행정적으로 복잡할 수 있지만 기부자 자문기금(DAF)에 100주를 기부한 다음 20개의 별도 보조금 추천을 하는 것은 쉽다.

기부자 자문 자금(Donor-Advised Fund)에 기부하는 절차를 살펴보면 다음과 같다(Convoy of Hope, 2023).

1. 적합한 DAF 선택

- 암호화폐 기부를 허용하는 DAF를 선택한다. 모든 DAF가 암호화폐를 허용하는 것은 아니므로 DAF 선택 시 이를 확인하는 것이 중요하다.
- 귀하의 필요와 목표에 맞는 DAF를 선택한다. DAF에는 다양한 유형이 있으며 각 유형에는 고유한 특징과 이점이 있다.
- DAF의 수수료 및 제한 사항을 검토한다. DAF는 다양한 수수료와 제한 사항을 부과할 수 있으므로 DAF 선택 전에 이를 이해하는 것이 중요하다.

2. 암호화폐 기부 준비

- 기부할 암호화폐 유형을 선택한다. DAF는 다양한 유형의 암호화폐를 허용할 수 있다.
- 암호화폐 기부를 위한 세금 혜택을 이해하시오. 암호화폐 기부는 일반적으로 공제할 수 있는 기부로 간주한다.
- 암호화폐 기부를 위한 보안 조처를 한다. 암호화폐는 도난에 취약할 수 있으므로 기부하기 전에 보안 조치를 취하는 것이 중요하다.

3. DAF에 암호화폐 기부

- DAF에 암호화폐 기부 방법에 대한 지침을 따른다. DAF마다 암호화폐 기부 프로세스가 다를 수 있다.

- 기부 영수증을 보관한다. 기부 영수증은 세금 공제를 신청하는 데 필요하다.

4. 보조금 신청

- DAF 웹사이트 또는 기부자 서비스 센터를 통해 보조금을 신청한다.
- 보조금 신청서에 모든 필수 정보를 포함한다.
- 보조금 승인 후 자금 사용 방법에 대한 지침을 따른다.

추가 고려 사항:

암호화폐 가격 변동성을 인식해야 한다. 암호화폐 가치는 변동성이 크므로 DAF에 기부하기 전에 이를 고려하는 것이 중요하다. 암호화폐 기부와 관련된 법적 및 규제 요구 사항을 이해해야 한다. 암호화폐 기부와 관련된 법적 및 규제 요구 사항이 다를 수 있으므로 기부하기 전에 이를 이해하는 것이 중요하다.

영향지수펀드(Impact Index Fund)를 통한 암호화폐 기부

영향지수펀드(Impact Index Fund)는 유사한 사회적, 환경적 영향을 유발하는 비영리단체들의 모음으로 구성된 투자 상품이다. 투자자들은 영향지수펀드에 투자함으로써 자신의 투자가 특정 사회적, 환경적 목표 달성에 기여하도록 할 수 있다. 최근 암호화폐 시장의 성장과 더불어, 영향지수펀드를 통한 암호화폐 기부라는 새로운 트렌드가 등장하고 있다.

영향지수펀드의 작동 방식

- 펀드 관리자는 긍정적인 사회적 및 환경적 영향을 미치는 기업으로 구성된 포트폴리오를 만든다. 이러한 기업은 지속가능성, 환경 보호, 사회 정의, 교육 등 다양한 분야에 속할 수 있다.
- 기부자는 펀드에 암호화폐를 기부한다. 기부된 암호화폐는 펀드 관리자가 선정한 기업에 투자된다.
- 기업은 투자금을 사용하여 사회적 및 환경적 영향을 창출한다. 예를 들어, 재생에너지 프로젝트에 투자하거나 교육 및 의료 서비스를 제공할 수 있다.
- 기부자는 펀드의 성과를 추적하고 자신의 기부가 어떤 영향을 미쳤는지 확인할 수 있다. 펀드 관리자는 투자 성과뿐만 아니라 사회적 및 환경적 영향 보고서도 제공한다.

영향지수펀드를 통한 암호화폐 기부의 장점

- 투자와 기부의 결합: 암호화폐에 투자하면서 동시에 사회적, 환경적 변화를 이끌어낼 수 있다.
- 다양한 투자 옵션: 다양한 영향 지수 펀드를 선택하여 관심 있는 분야에 투자할 수 있다.
- 투명성: 암호화폐 거래는 블록체인에 기록되어 투명하게 추적될 수 있다.
- 세금 이점: 일부 국가에서는 암호화폐 기부에 대한 세금 이점을 제공한다.

영향지수펀드를 통한 암호화폐 기부 방법

- 투자 목표 정의: 영향 지수 펀드에 투자하기 전에 투자 목표를 명확히 정의하십시오. 어떤 사회적, 환경적 영향을 유발하고 싶습니까? 투자수익률 목표는 무엇

입니까?

- 적절한 영향 지수 펀드 선택: 모든 영향 지수 펀드가 동일하게 만들어지는 것은 아니다. 투자 목표와 일치하는 영향 지수 펀드를 선택한다. 영향 지수 펀드를 선택할 때 다음 요소를 고려한다.
  i. 투자 전략: 영향 지수 펀드는 다양한 투자 전략을 사용한다. 일부 펀드는 기존 기업에 투자하는 반면, 다른 펀드는 신생 기업에 투자한다.
  ii. 지역: 일부 영향 지수 펀드는 특정 지역에 집중적으로 투자한다.
  iii. 수수료: 영향 지수 펀드는 다양한 수수료를 부과한다.
- 투자 금액 결정: 영향 지수 펀드에 투자할 금액을 결정한다. 투자 금액은 투자 목표, 위험 감수 능력 및 기타 재정적 상황에 따라 달라진다.
- 암호화폐 거래소 계정 개설: 암호화폐 거래소에서 계정을 개설하고 원하는 암호화폐를 구매한다.
- 영향지수펀드 투자: 암호화폐를 영향 지수 펀드에 투자한다.
- 기부 선택: 영향지수펀드에서 발생하는 수익금을 기부하고 싶은 자선단체를 선택한다.
- 투자 성과 모니터링: 영향지수펀드의 투자 성과를 정기적으로 모니터링한다. 투자 목표를 달성하고 있는지 확인한다. 필요한 경우 투자 포트폴리오를 재조정한다.

영향지수펀드를 통한 암호화폐 기부 시 주의 사항

- 투자 위험: 암호화폐 시장은 변동성이 크므로 투자 손실 가능성이 있다.
- 수수료: 암호화폐 거래 및 영향지수펀드 투자와 관련된 수수료가 발생할 수 있다.
- 세금: 암호화폐 기부 및 투자와 관련된 세금 규정을 이해해야 한다.

영향지수펀드를 통한 암호화폐 기부는 긍정적인 변화를 이끌어내는 혁신적인 방법이다. 투자와 기부를 동시에 원하는 개인들에게 매력적인 옵션이 될 수 있다.

영향지수펀드 예시:

- Global Impact Fund: 지속 가능한 개발 목표(SDGs) 달성에 기여하는 기업에 투자하는 펀드이다.
- Algorand Foundation: 탈중앙화 및 투명한 사회를 구축하는 데 기여하는 프로젝트에 투자하는 펀드이다.
- UNICEF Cryptocurrency Fund: 유엔 아동 기금(UNICEF)의 프로그램을 지원하는 데 사용되는 암호화폐 펀드이다.

영향지수펀드는 암호화폐를 기부하면서 동시에 사회적 및 환경적 변화를 만들고 싶은 기부자에게 매력적인 옵션이다. 기부하기 전에 펀드를 신중하게 조사하고 투자 목표와 위험 감수 수준에 맞는지 확인하는 것이 중요하다.

* 영향지수펀드에 대한 자세한 내용은 다음 웹사이트를 참조 바람.

https://impactassets.org/ https://thegivingblock.com/impact-index-funds/

11.3. 가상화폐 기부의 장점과 위험

전 세계 수천 개의 자선단체들이 암호화폐 기부를 받기 시작했고, 암호화폐가 전 세계적으로 더 널리 사용됨에 따라 더 많은 단체가 기부받을지를 고려하고 있다. 비영리단체들은 암호화폐 기부를 받기 전에 이 혁신적인 기금 조달의 장점과 위험을 신중하게 평가해야 한다. 이 장에서는 암호화폐를 기부로 받는 장점과 잠재적 위험, 그리고 이 옵션을 고려하고 있는 비영리단체를 위한 권장 사례를 다루고자 한다.

암호화폐 기부 받는 장점: 비영리단체의 새로운 기회

암호화폐 기부에는 비영리단체에 여러 가지 이점이 있다. 또한 암호화폐 기부는 비영리단체에 다음과 같은 새로운 기회를 제공한다(Crypto Altruism Blog, 2023).

- 기부자 기반 확대: 암호화폐를 받으면 디지털 자산 기부를 선호하는 젊고 기술에 밝은 새로운 기부자층에 다가갈 수 있다. 해외 기부자들로부터도 쉽게 기부를 받을 수 있다. 이는 기존 기부자층에 국한되지 않고 더 많은 사람에게 조직의 목표를 알리고 지원을 받을 수 있는 기회를 의미한다. 이를 통해 기금 조달원을 다양화하고 전체 기부 수익을 늘릴 수 있다.
- 낮은 거래 수수료: 예를 들어 가상 통화를 팔려고 할 때 발생하는 암호화폐 거래 수수료는 일반적인 은행 송금이나 신용카드보다 저렴하다. 해외 송금 수수료가 발생하지 않는다. 이를 통해 비영리단체는 비용을 절약하고 더 많은 기금을 단체 목표 달성에 직접 사용할 수 있다.
- 빠른 거래: 암호화폐 거래는 기존의 결제 방식보다 빠르게 이루어진다. 즉시 기금이 필요하거나 긴급 상황에 있는 비영리단체에 유리한다. 기부자들이 기부 결과를 빨리 확인할 수 있어 만족도를 높일 수 있다.
- 익명성 및 개인정보 보호 강화: 일부 기부자는 기부를 익명으로 하고 싶어 할 수 있다. 암호화폐는 기존 결제 방식보다 더 높은 익명성을 제공하여 더 많은 사람이 기부하도록 유도할 수 있다.
- 세금 이점 가능성: 일부 국가에서는 암호화폐 기부 시 기부자에게 세금 이점이 있을 수 있다. 이는 사람들이 자선단체에 디지털 자산을 기부하도록 동기를 부여할 수 있다.

암호화폐 기부는 개인과 비영리단체 모두에게 세금 이점을 제공할 수 있다. 하지만 이는 한국에서의 암호화폐 관련 법규와 세금 시스템에 따라 다르게 적용될 수 있다.

1. 개인의 경우

- 자본 이득세 감면: 많은 국가에서 장기간(보유 기간은 국가마다 다름) 보유한 암호화폐를 기부하면 자본 이득세를 면제받거나 공제받을 수 있다. 예를 들어, 미국에서는 1년 이상 보유한 암호화폐를 기부하면 자본 이득세를 면제받을 수 있다.
- 소득세 공제: 일부 국가에서는 암호화폐를 소득으로 보고 소득세를 납부하도록 한다. 이 경우, 기부한 암호화폐의 가치를 소득에서 공제할 수 있다. 예를 들어, 캐나다에서는 암호화폐를 소득으로 보고, 기부한 암호화폐의 가치를 소득에서 50% 공제받을 수 있다. 우리나라의 경우는 1년 이상 보유한 암호화폐를 기부한 경우, 기부 당시 시가의 25%를 소득세에서 공제받을 수 있으며 기부 한도는 연소득의 30%까지이다.
- 상속세(증여세) 감면: 일부 국가에서는 상속 또는 증여되는 암호화폐에 대해 상속세를 부과한다. 하지만, 암호화폐를 자선단체에 기부하면 상속세를 면제받거나 공제받을 수 있다. 예를 들어, 영국에서는 상속 또는 증여되는 암호화폐에 대해 상속세를 부과하지만, 자선단체에 기부되는 암호화폐는 상속세 면제 대상이다. 우리나라의 경우는 증여세 면제는 2024년 기준, 1인당 5천만 원까지 암호화폐를 자녀에게 기부하는 경우 증여세가 면제된다.

2. 비영리단체의 경우

대부분 국가에서 비영리단체는 암호화폐 기부를 비과세 소득으로 인정한다. 즉, 암호화폐 기부로 인한 수입에 대해 세금을 납부할 필요가 없다. 우리나라에서는 비영리단체가 1년 이상 보유한 암호화폐를 기부받은 경우, 기부 당시 시가의 100%를 법인세에서 공제받을 수 있다. 또한 지방자치단체에서 지정하는 비영리단체가 암호화폐를 기부받은 경우, 기부금에 대한 지방세가 면제될 수 있다.

단 주의 사항으로서는 암호화폐 시장 변동성이 매우 높아 기부 당시와 실제 지급 시점의 가치가 다를 수 있다. 암호화폐 기부 시, 기부 당시 시가를 증빙할 수 있어야 하므로 암호화폐 거래 내역을 정확히 기록하고 보관하는 것이 중요하다.

암호화폐 기부의 위험과 과제

암호화폐 기부는 비영리단체에 새로운 기회를 제공하지만, 동시에 몇 가지 어려움과 위험도 있다.

- 가격 변동성: 암호화폐 가격은 매우 불안정하다. 기부받은 금액의 가치가 급격히 변동할 수 있어 예산 계획과 활용에 어려움을 겪을 수 있다. 따라서 많은 비영리단체는 암호화폐를 기부받으면 즉시 안정적인 가치의 통화(예: 달러, 원)로 환전하는 서비스를 이용한다.
- 규제 준수: 암호화폐 기부를 받는 단체는 고객 확인(KYC) 및 자금세탁 방지(AML) 규정을 포함하여 모든 관련 법규를 준수해야 한다. 이 복잡한 규제 환경을 따라가기 위해서는 추가적인 지식과 리소스가 필요할 수 있다.
- 보안 및 저장: 암호화폐 기부를 안전하게 보관하고 관리하는 것은 쉽지 않다. 비영리단체는 디지털 자산의 손실, 해킹, 도난으로부터 디지털 자산을 보호하기 위해 견고한 보안 시스템을 구축해야 한다.
- 대중 인지도 및 사용률 저하: 암호화폐의 인기는 높아지고 있지만, 아직은 전체

사회적으로 널리 사용되지는 않고 있다. 이는 잠재적인 기부자층을 제한하고 암호화폐 기금모금 캠페인의 성공을 저해할 수 있다.

1. 파인애플 기금(The Pineapple Fund)

- 파인애플 기금은 2017년에 익명의 기부자가 비트코인으로 5,500만 달러 상당을 기부하여 설립된 자선단체이다.
- 빈곤 퇴치, 교육, 보건, 환경 등 다양한 분야의 자선단체를 지원하며 기부금 사용 내역을 투명하게 공개하여 신뢰를 얻고 있다.

2. 미국 암협회(The American Cancer Society)

- 2021년 기빙 블록(The Giving Block)과 파트너십을 맺고 암 연구 지원을 위한 암호화폐 기금(Crypto Fund)을 설립했다.
- 2022년 6월 암호화폐 기부 100만 달러 목표를 달성하였다.

3. 미국 적십자사(The American Red Cross)

- 2014년 암호화폐 결제 서비스 제공업체인 비트페이(BitPay)와 파트너십을 맺고 비트코인 기부를 받기 시작했다.
- 이 프로그램을 통해 지지자들은 인도적 및 재난 구호 활동을 지원하기 위해 비트코인을 직접 적십자사에 기부할 수 있다.

암호화폐 기부: 비영리단체의 새로운 기회와 과제

암호화폐 기부는 비영리단체에 새로운 기금 조달 방법을 제공한다. 암호화폐 기부를 통해 기부자 기반을 확대하고, 거래 수수료를 절약하며, 빠르게 기금을 확보할 수 있다. 하지만 암호화폐 가격 변동성, 법규 준수, 보안 문제 등의 어려움도 있다. 비영리단체는 이러한 어려움을 극복하고 암호화폐 기금 조달의 장점을 최대한 활용하기 위해 다음과 같은 방법을 고려할 수 있다.

- 명확한 암호화폐 기부 정책 수립: 기부 유형, 기부 처리 절차, 내부 관리 방법 등을 명확하게 정의한다.
- 전문 처리 서비스 파트너십: 암호화폐 관련 지식과 기술이 있는 전문 업체와 함께 안전하고 효율적인 기부 처리를 진행한다.
- 직원과 자원봉사자 교육: 암호화폐 기부에 대한 이해를 높이고 기부 처리 업무 능력을 강화한다.
- 암호화폐 기부 홍보 활동: 암호화폐 기부 채널을 적극적으로 홍보하여 기부 참여를 유도한다.

앞으로 암호화폐 사용이 증가함에 따라 더 많은 비영리단체가 암호화폐 기부를 받을 것으로 예상된다. 비영리단체는 신중하게 위험과 이익을 평가하고 모범 사례를 실행함으로써 이 새로운 기금 조달 방식을 통해 더 많은 기금을 마련하여 목적 달성에 활용할 수 있다.

11.4. 가상화폐 기부의 전략

여기에서는 비영리단체가 가상화폐 기부를 받기로 결정했을 때 필요한 중요한 결정 사항에 관해 설명한다. 핵심은 두 가지이다. 첫째, 직접 받을지, 아니면 중개 기관을 통해 받을지이다. 비영리단체는 가상화폐를 직접 보관하고 관리할 수도 있지만, 전문적인 업체를 통해 안전하게 받을 수도 있다. 둘째, 안전하게 받는 방법이다. 만약 직접 받기로 결정했다면, 안전하게 보관 및 관리하는 방법을 마련해야 한다(Searing & MacLeod, 2019). 또한 이러한 가상화폐 기부를 받기 위해 준비해야 할 4가지 단계(기부 수락 정책 검토 및 업데이트, 가상화폐 받기 및 관리시스템 구축, 회계 기준 설정, 보고 요구사항 준수)를 제시한다.

암호화폐 기부를 받을지 여부를 결정

- 암호화폐 기부를 받는다는 것은 기부받은 암호화폐 가치의 변동성 때문에 단체의 재무적 책임이 커질 수 있음을 의미한다.
- 이사회가 암호화폐 기부를 받지 않기로 결정했다면 기부 유치를 위해 기부 촉진 기관을 활용할 수 있다. 기부 유치 기관은 기부자와 비영리단체 중간에서 기부를 쉽게 처리해 주는 역할을 한다. 기부 유치 기관에는 기부자 자문 기금(DAF) 스폰서와 같은 종류가 있다. 하지만 암호화폐를 현금으로 변환하는 과정이 있어 기부가 실제로 비영리단체에 전달되는 데까지 시간이 걸릴 수 있다. 또한 이 과정에서 암호화폐 가치의 변동으로 인해 기부 금액이 달라질 수도 있다.
- 또 다른 방법으로는 비영리단체 대신 암호화폐 기부를 받고 현금으로 변환한 후 수수료를 제외한 나머지 금액을 비영리단체에 전달해 주는 기관과 계약을 맺을 수 있다.

안전하게 보관하기

비영리단체가 암호화폐 기부를 받기로 결정했다면 안전하게 보관하는 것이 중요하다. 암호화폐는 전자적으로만 존재하며 기부는 이메일이나 QR 코드 형태로 받게 된다.

- 암호화폐 지갑 설정: 암호화폐를 받기 위해서는 디지털 지갑(wallet)이 필요하다. 지갑은 스마트폰이나 컴퓨터에 설치하는 프로그램 또는 어플리케이션이며, 암호화폐를 보내고 받는 데 필요한 개인 키와 공개 키를 저장한다. 개인 키는 비밀번호와 같은 역할을 하며, 반드시 안전하게 보관해야 한다.
- 보안 유지: 암호화폐 거래 시 안전한 컴퓨터와 2단계 인증을 사용하는 것이 좋다. 또한 이메일 주소, 휴대폰 번호, 은행 계좌 정보, 신용카드 번호 등 중요한 정보를 공유해야 하므로 데이터 분류 정책을 마련하여 데이터 유출을 방지해야 한다.
- 암호화폐 현금화: 암호화폐 가치 변동성 때문에 기부를 받으면 최대한 빨리 현금으로 변환하는 것이 좋다.
- 암호화폐 보관: 만약 암호화폐를 장기간 보관하고 싶다면 투자 정책, 보관 방법, 보안 절차 등을 별도로 마련해야 한다. 온라인 지갑 대신 콜드 스토리지(오프라인 저장소)를 사용하는 것이 안전하다. 콜드 스토리지는 하드웨어 지갑, USB 드라이브, 종이 지갑 등을 이용하여 암호화폐를 오프라인으로 보관하는 방식이다.
- 사용자 교육: 암호화폐 거래와 관련된 피싱 이메일이나 스미싱 문자 메시지 등에 주의하고, 2단계 인증 절차를 잘 따르도록 직원 교육을 시행하는 것이 중요하다.

가상화폐 기부를 받기 위해 준비해야 할 4가지 단계

비영리단체는 주로 다음과 같은 4가지 절차를 통해 암호화폐 기부를 받을 준비를 할 수 있다.

- 기부 수락 정책 검토 및 업데이트: 현재의 기부 수락 정책이 암호화폐 기부를 허용하는지 확인하고, 필요한 경우 수정한다.
- 시스템 및 계정 설정: 암호화폐를 안전하게 받을 수 있는 시스템과 계정을 설정하고, 이를 관리하기 위한 정책과 절차를 마련한다.
- 회계 정책 적용: 암호화폐를 쉽게 현금으로 변환할 수 없는 경우, 이를 적절하게 계상하기 위해 회계 정책을 수정하고 필요에 따라 계정 차트를 조정한다. (이것은 우리나라에서는 현재 암호화폐 관련 회계기준을 평가하고 있으므로 구체적인 회계 처리 방법에 대해서는 다루지 않는다.)
- 보고 요구 사항 준수: 암호화폐 기부를 받을 때 관련 법규에 따라 보고해야 하는 내용을 수집하기 위한 시스템을 도입하고 실행한다(CPA Insider, 2018).

암호화폐 기부를 고려할 때 유의할 사항(장단점)

암호화폐 기부는 현대적인 자선활동 방법으로, 효율성과 투명성을 강조하며 사회적 변화를 위한 새로운 길을 열어주고 있다. 하지만 암호화폐가 매우 변동성이 커서 가치가 빠르게 변동될 수 있으며, 사기꾼들은 암호화폐 기부를 요청하기 위해 가짜 자선단체를 설립하기도 한다(Aggarwal, 2023). 따라서 암호화폐 기부를 고려할 때 다음 장단점을 고려해 보아야 한다.

비영리단체가 암호화폐 기부를 받는 것에 대한 찬성 의견은 다음과 같다.

- 암호화폐는 앞으로도 가치가 유지될 가능성이 높은 새로운 기부 형태이다. 따라서 비영리단체는 기부 유치 기관을 통해 간접적으로 받거나 직접 받을지 고려해야 한다.
- 기부자들은 자산 가치 상승에 대한 이익 실현 없이 기부를 하고 싶어 한다. 암

호화폐는 이러한 기부 유형에 해당된다.
- 기본적인 내용만 이해한다면 암호화폐는 다른 기부 형태와 크게 다르지 않다. 중요한 것은 기부받은 암호화폐를 현금으로 빠르게 변환하여 실제로 활용할 수 있는 시스템을 갖추는 것이다.
- 암호화폐 기부를 받을 수 있는 시스템을 갖추고 있다면 최신 기부 트렌드에 민감한 기부자들에게 매력적인 기관이 될 수 있다.

암호화폐 기부를 받는 것에 대한 반대 의견(단점)도 있다.

- 너무 많은 종류의 암호화폐가 존재하며, 가치 변동성이 크기 때문에 보관하는 것이 위험하다.
- 일부 암호화폐는 쉽게 현금으로 변환되지 않을 수도 있다. 따라서 단체는 암호화폐를 받아도 실제로 활용하기 어려울 수도 있다.
- 암호화폐 가치 변동 위험을 줄이기 위해 전체 기부 재산 중 일부만 암호화폐로 받도록 할 수 있다.
- 암호화폐는 익명 거래가 가능하기 때문에 기부자 정보를 확인하기 어렵다. 익명 기부를 원하지 않는 단체의 경우 문제가 될 수 있다. 특히 암호화폐는 불법적인 거래에 사용되기도 하므로 기부금 출처를 파악하기 어려울 수 있다. 암호화폐 기부를 받을 경우 익명 기부에 대한 정책을 마련하는 것이 좋다.

자선단체의 암호화폐 기부 전략

암호화폐는 새로운 기부 형태로 등장하면서 자선단체들에 기회와 과제를 동시에 제시한다. 암호화폐 기부를 받는 것을 고려하고 있다면, 다음과 같은 전략을 세우는 것이 중요하다. 먼저 암호화폐 기부의 장단점을 분석한다. 위의 장단점을 면밀히 분석한 후 단체는 암호화폐 기부를 받을지 여부를 결정해야 한다. 결정을 내리는 데 도움이 되는 몇 가지 질문은 다음과 같다. 암호화폐 기부를 통해 얻을 수 있는 잠재적 이점이 위험보다 큰지, 기부를 받고 관리할 수 있는 기술적 역량과 자원이 충분한지, 암호화폐 기부와 관련된 규제를 준수할 수 있는지를 살펴야 한다. 암호화폐 기부를 받기로 결정했다면 암호화폐 기부와 관련된 정책 및 절차를 마련해야 한다. 정책에는 어떤 종류의 암호화폐를 받을 것인지, 암호화폐 기부를 어떻게 보관하고 관리할 것인지, 암호화폐 기부를 현금으로 변환하고 관련된 회계 처리 방법, 익명 기부에 대한 정책과 같은 내용이 포함되어야 한다. 단체 직원들은 암호화폐 기부와 관련된 정책 및 절차에 대해 교육받아야 하며 암호화폐 관련 사기 및 피싱 공격에 대한 인식을 높여야 한다. 끝으로 단체는 암호화폐 기부와 관련된 정책 및 절차를 지속해서 모니터링하고 평가해야 하며 필요에 따라 정책 및 절차를 업데이트해야 한다.

암호화폐 기부는 비영리단체들에 새로운 기회를 제공하지만, 동시에 위험도 존재한다. 암호화폐 기부를 받는 것을 고려하고 있다면, 위의 전략을 참고하여 신중하게 결정하고, 안전하게 운영할 수 있는 시스템을 구축해야 한다.

Chapter 12

AI(인공지능)와 과학적 기부 관리

12.1. 비영리단체에 있어서 AI(인공지능)의 활용

인공지능(AI: artificial intelligence)은 자동화된 소프트웨어를 사용하여 수행하는 방법을 제공한다. 민간 산업, 정부 및 금융, 의료에서 소매 및 방위산업에 이르기까지 다양한 분야에서 이러한 도구의 사용이 급격히 확대되고 있다. 그러나 비영리단체는 기술을 통해 혁신할 수 있는 재정적 자원이나 조직 역량이 부족한 경우가 많다. 대부분의 비영리단체는 적은 예산과 부적절한 인력으로 어려움을 겪고 있으며 최첨단 신기술에 뒤처져 있다. 이는 그룹의 효율성과 효과를 제한하고 원하는 종류의 영향을 미치기 어렵게 만든다.

비영리단체는 사회 문제를 해결하고 사람들의 삶을 개선하기 위해 노력한다. 비영리단체는 자신들의 사명과 목표에 부합하는 인공지능을 이용하여 자선단체나 기부자들이 기부 활동을 효율적이고 효과적으로 수행할 수 있도록 돕는다. 자선단체들은 기금 조달과 활동 운영 효율을 높이기 위해 인공지능을 도입하고 있다. AI for Good Foundation의 CEO인 James Hodson과 같은 전문가들은 인공지능이 기금 조달 및 운영 효율성을 개선하여 기부금 1달러당 더 큰 성과를 창출할 수 있다고 말한다. Humanitarian Aid(인도적 지원) 2.0 이니셔티브인 Lifeforce는 이러한 예시 중 하나이다.[43] 인공지능(AI) 혁신을 활용하여 자신들의 커뮤니티에 더 책임감 있고 공정하게 대응하며, 동료 단체와 데이터를 공유하여 영향력을 확대할 수 있도록 한다. 자선 기부를 위한 인공지능(AI)에는 다음과 같은 예시들이 있다.

1. 온라인 챗봇과 Chat GPT를 통해 자선단체와 대중 간의 대화형 인터페이스를 제공

챗봇과 Chat GPT는 모두 사용자와 대화를 나누는 데 사용되지만, 그들의 기능과 능력에는 몇 가지 중요한 차이점이 있다. 챗봇은 특정한 작업을 수행하는 데 효과적이며, Chat GPT는 다양한 주제에 대해 유연하고 자연스러운 대화를 제공하는 데 뛰어나다. 이 두 가지는 각각의 장점을 가지고 있으며, 사용자의 요구에 따라 적절하게 선택될 수 있다(Nishchit, 2024).

〈표 5〉 챗봇(Chatbot)과 Chat GPT의 개념 비교

기능	챗봇(Chatbot)	Chat GPT
정의	특정 작업 수행을 위해 프로그래밍 된 소프트웨어	인공지능 기반 대화형 모델, 다양한 주제에 대해 자연스럽고 유연하게 대화

---

43 Lifeforce는 'AI for Good Foundation'에 의해 시작된 인도적 지원의 패러다임을 혁신하고자 하는 야심 찬 이니셔티브이다. 기존의 인도적 지원이 재난 발생 후 단기적인 구호에 초점을 맞추었다면, Lifeforce는 지속 가능한 발전과 예방을 강조하며 더욱 포괄적인 접근 방식을 제시한다.

기능	챗봇(Chatbot)	Chat GPT
기능	고객 서비스, 온라인 마케팅, 정보 제공 등의 업무수행	자연스러운 대화, 창의적인 답변 생성, 정보 학습 및 검색
장점	사전 정의된 규칙에 따라 사용자의 질문이나 명령에 대해 특정한 답변을 제공	자연스러운 대화, 다양한 주제 지원, 최신 정보 제공
단점	특정 주제나 분야에 대한 지식을 가지고 있지만, 그 범위는 제한적	사용자의 언어 설정에 따라 대화 가능하나 개발 및 유지 관리 비용 높음
사용 사례	고객센터, 온라인 쇼핑몰, 정보 웹사이트	고객 지원, 교육, 엔터테인먼트 등
예시	은행 고객센터 챗봇, 온라인 쇼핑몰 상품 추천 챗봇, 날씨 정보 제공 챗봇	Chat GPT, Bard, LaMDA 등

먼저 온라인 챗봇이 비영리단체를 위해 할 수 있는 일을 살펴본다. 온라인 챗봇의 역할은 다양하지만 다음 몇 가지 예시를 들어본다:

〈그림 26〉 최신 인공지능 채팅봇의 기능

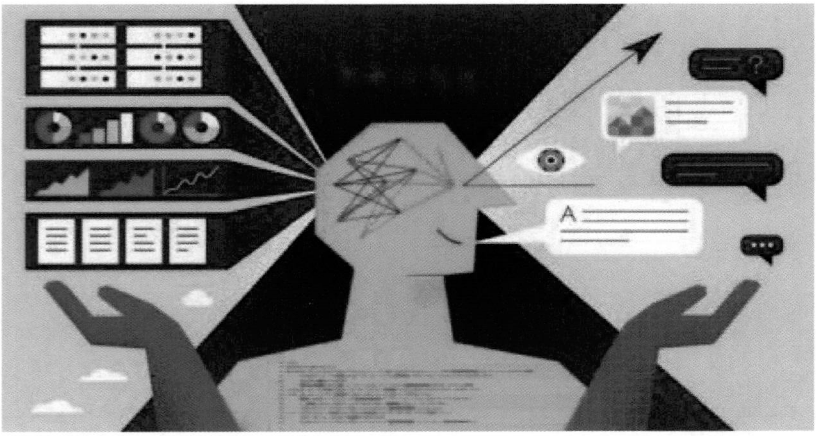

출처: Lauren Leffer (2023)
최신 인공지능 채팅봇은 과거처럼 텍스트만 이해하는 것이 아니라 이미지 분석, 음성 대화 기능까지 하는 훨씬 더 발전된 시스템이다. 쉽게 말해, 지금까지는 글로만 대화를 했던 채팅봇이 그림 보고 이해하고, 목소리로 대화도 할 수 있게 되었다는 뜻이다.

- 정보 제공: 챗봇은 특정 주제에 대한 정보를 제공하거나, 자주 묻는 질문에 대한 답변을 제공하는 데 사용될 수 있다. 이는 단체의 웹사이트 방문자들이 필요한 정보를 쉽게 찾을 수 있도록 도와준다.
- 후원 모집: 챗봇은 후원자들에게 후원 방법을 안내하거나, 후원에 관한 질문에 답변하는 데 사용될 수 있다. 이는 단체의 자금 모집 노력을 지원한다.
- 이벤트 관리: 챗봇은 이벤트 등록, 이벤트 정보 제공, 그리고 이벤트에 관한 질문에 답변하는 데 사용될 수 있다.
- 자원봉사자 모집: 챗봇은 자원봉사자들에게 봉사 기회를 안내하거나, 봉사에 관한 질문에 답변하는 데 사용될 수 있다.
- 커뮤니티 관리: 챗봇은 커뮤니티 멤버와의 소통을 돕고, 커뮤니티 규칙을 유지하며, 멤버들의 질문에 답변하는 데 사용될 수 있다.

이러한 방법들은 비영리단체가 그들의 목표를 달성하는 데 도움이 될 수 있다. 하지만, 챗봇을 사용할 때는 항상 사용자의 개인정보 보호와 데이터 보안을 고려해야 한다. 이러한 고려 사항을 잘 관리하면, 챗봇은 비영리단체에 큰 도움이 될 수 있다.

비영리단체를 위한 챗봇의 성공 사례는 여러 가지가 있다. 아래에 몇 가지를 소개한다:

- Action Against Hunger: 이 단체는 Google 도구를 사용하여 전 세계 어디에서나 간편하게 협업하고 소중한 기부금을 모금한다.
- Anaheim Ballet: 이 단체는 YouTube의 전 세계적 커뮤니티 덕분에 무대를 떠날 필요 없이 수백만 명의 시청자들에게 다가갈 수 있다.
- Charity Water: 이 단체는 Google에서 제공하는 소셜, 분석, 최적화 도구를 사용하여 지지자를 교육하고 메시지를 전달하고 있다.

이 외에도 다양한 비영리단체들이 챗봇을 활용하여 커뮤니케이션을 개선하고, 효율성을 높이며, 더 많은 사람에게 도움을 제공하는 데 성공하였다. 이러한 사례들은 비영리단체가 챗봇을 통해 어떻게 자신들의 목표를 달성할 수 있는지에 대한 좋은 예시를 제공한다.

비영리단체가 Chat GPT를 활용할 수 있는 방법

다음으로 Chat GPT가 비영리단체를 위해 할 수 있는 일을 살펴본다. 최근 몇 년 동안 AI 기술의 발전으로 Chat GPT와 같은 자연어 처리 기술에 관심이 쏠리고 있다. 아래에서는 NPO가 Chat GPT를 활용할 수 있는 방법을 제안한다(CauseVox, 2023).

- 기부 권유에 대한 자동 응답: NPO는 소셜 네트워킹 사이트와 웹사이트를 사용하여 기부를 권유한다. Chat GPT를 도입하여 자동 응답 시스템을 구축할 수 있다. 예를 들어 Chat GPT는 기부 금액, 지급 방법 및 기부금 사용 방법에 관한 질문에 자동으로 답변할 수 있다. 이를 통해 비영리단체 직원의 부담을 줄일 수 있다.
- 상담 지원의 충실: 비영리단체는 사회 문제에 대한 상담 지원을 제공할 수 있다. Chat GPT를 도입하여 24시간 365일 상담 서비스를 실현할 수 있다. Chat GPT는 인공지능으로 구동되는 자연어 처리 기술을 사용하여 상담자와 대화한다. 상담자의 말을 경청하고 적절한 조언과 정보를 제공함으로써 내담자가 문제를 해결하도록 도울 수 있다.
- 활동 발신: 비영리단체는 자신이 임하고 있는 사회 문제에 대한 정보를 발신한다. Chat GPT를 활용하면 더 많은 사람에게 다가갈 수 있다. 예를 들어, Chat GPT로 LINE 계정을 만들어 비영리단체가 진행하고 있는 사회 문제에 대한 정

보를 전달할 수 있다. Chat GPT는 보다 친근한 방식으로 대화를 나누고 정보를 전파할 수 있다.

- 자원봉사 모집의 효율 향상: 비영리단체가 자원봉사자를 모집하고 있다. Chat GPT를 구현하면 자원봉사 신청 및 활동에 관한 질문에 자동으로 응답할 수 있다. 이를 통해 비영리단체 직원의 부담을 줄일 수 있다. 또한 Chat GPT의 응답은 더 많은 사람이 자원봉사 활동에 참여하도록 동기를 부여할 수 있다.

- 기부금 사용에 대한 보고: 비영리단체는 기부금이 어떻게 사용되는지 보고함으로써 기부자에게 투명성을 보여준다. Chat GPT를 활용하면 기부금 사용 현황을 보다 원활하고 실시간으로 보고할 수 있다. 예를 들어, Chat GPT로 웹사이트를 만들고 기부자가 기부한 금액과 사용 방법에 대한 정보를 입력하면 Chat GPT는 기부자가 기부한 금액을 자동으로 보고할 수 있다. 이를 통해 기부자의 신뢰를 더욱 공고히 할 수 있다.

- 새로운 모금 방법 개척: 비영리단체는 기부금, 보조금 및 이벤트를 사용하여 기금을 모금한다. Chat GPT를 활용하면 새로운 모금 방법을 열 수 있다. 예를 들어 Chat GPT를 사용하는 크라우드 펀딩 프로젝트를 시작하여 더 많은 사람으로부터 자금을 모을 수 있다. Chat GPT는 자연어 처리 기술을 사용하여 프로젝트 설명, 목표, 보상 등을 설명하여 더 많은 사람이 구매하고 성공적인 모금으로 이어질 수 있도록 한다.

위에서 언급했듯이 비영리단체는 Chat GPT를 사용하여 보다 효율적이고 효과적인 활동을 수행할 수 있다. Chat GPT는 자연어 처리 기술을 활용하여 사람들과 소통할 수 있도록 도와주는 AI이다. 비영리단체는 Chat GPT를 사용하여 더 많은 사람에게 도달하고 사회 문제 해결에 기여할 수 있다.

2. 내부 데이터 세트에서 잠재적인 기부자를 식별하는 소프트웨어를 사용하는 것

내부 데이터 세트에서 잠재적인 기부자를 식별하는 소프트웨어는 기부자 관리시스템(DMS: Donor Management System)이라고 한다. DMS는 기부자 프로필을 만들고 추적하고 기부를 기록하는 데 사용할 수 있는 종합적인 소프트웨어 솔루션이다. 또한 기부자 캠페인을 관리하고 기부자 데이터를 분석하는 데 사용할 수도 있다.

DMS의 주요 기능은 다음과 같다.

- 기부자 프로필 만들기 및 추적: DMS는 이름, 주소, 연락처 정보, 기부 기록과 같은 기부자에 대한 정보를 저장하는 데 사용할 수 있다. 이 정보는 기부자와의 관계를 추적하고 기부 요청을 개인화하는 데 사용할 수 있다.
- 기부 기록: DMS는 기부 유형, 금액, 날짜와 같은 기부에 대한 정보를 저장하는 데 사용할 수 있다. 이 정보는 기부 트렌드를 추적하고 기부자 감사를 관리하는 데 사용할 수 있다.
- 기부 캠페인 관리: DMS는 기부 캠페인을 만들고 추적하고 관리하는 데 사용할 수 있다. 여기에는 캠페인 목표 설정, 기부자 유치, 캠페인 진행 상황 추적이 포함된다.
- 기부자 데이터 분석: DMS는 기부자 데이터를 분석하여 기부 트렌드를 식별하고 기부 노력을 개선하는 데 사용할 수 있다. 여기에는 기부자 인구 통계 분석, 기부 유형 및 금액 분석, 기부 캠페인 효과 분석이 포함된다.

DMS는 비영리단체의 기부 활동을 관리하는 데 필수적인 도구가 될 수 있다. 올바른 DMS를 선택하면 기부자와의 관계를 강화하고 기부를 늘리는 데 도움이 될 수 있다.

다음은 인기 있는 DMS 몇 가지이다(Duda, 2024).

- Blackbaud Raiser's Edge: Blackbaud Raiser's Edge는 비영리단체를 위한 포괄적인 DMS이다. 기부 관리, 기부 캠페인 관리, 이벤트 관리, 보고서 작성 등 다양한 기능을 제공한다.
- DonorPerfect: DonorPerfect는 또 다른 인기 있는 DMS이다. Raiser's Edge와 유사한 기능을 제공하지만 일반적으로 저렴하다. https://www.donorperfect.com/
- CharityEngine: CharityEngine은 클라우드 기반 DMS이다. 설치 및 유지 관리가 쉽고 저렴하다. https://www.charityengine.com/

3. 소셜 미디어 플랫폼이나 다른 공개된 정보 소스에서 잠재적인 기부자를 찾아내는 AI 기반 도구를 사용하는 것

인공지능(AI) 기반 도구는 비영리단체들이 소셜 미디어 플랫폼 및 기타 공개 정보 소스에서 잠재적인 기부자를 효과적으로 식별하고 연결하는 데 큰 도움을 줄 수 있다.

- 사회적 지표 분석: AI는 소셜 미디어 활동, 관심 분야, 인구통계학적 정보 등을 분석하여 비영리단체의 사명과 가치관에 공감할 가능성이 높은 개인을 식별한다.
- 기부 패턴 분석: AI는 과거 기부 기록을 분석하여 비슷한 기부 특성을 가진 잠재 기부자를 찾아낸다.
- 키워드 및 해시태그 추적: AI는 관련 키워드와 해시태그를 추적하여 소셜 미디어에서 비영리단체와 관련된 대화에 참여하는 사용자를 식별한다.

또한 AI는 과거 캠페인 데이터를 분석하여 가장 효과적인 타겟팅 전략을 개발하고, 광고 지출을 최적화하는 데 활용될 수 있다. 이를 통해 비영리단체는 제한된 예산 내에서 최대한 많은 잠재적 기부자에게 도달할 수 있다.

AI를 활용하여 잠재적 기부자를 효과적으로 식별하고 연결하는 데 성공한 사례가 있다. 미국 암 협회는 AI 기반 도구를 사용하여 소셜 미디어에서 암 환우나 암 환우 가족을 찾아내고, 이들에게 개인 맞춤형 메시지와 지원 정보를 제공한다. '세이브 더 칠드런'은 AI 기반 도구를 사용하여 온라인 기사와 소셜 미디어 게시물에서 어려움을 겪는 어린이들을 식별하고, 이들에게 교육 및 의료 지원을 제공한다.

다만 AI 기반 도구는 비영리단체들이 더 많은 잠재적 기부자를 찾아내고, 이들과의 관계를 구축하며, 기부를 유도하는 데 매우 효과적인 방법이다. 하지만, AI 도구를 사용할 때는 윤리적 문제와 데이터 보안 문제에 유의해야 한다.

4. 비영리단체가 소셜 미디어를 효과적으로 활용하는 방법

소셜 미디어는 비영리단체가 목소리를 더 많이 전달하고 더 많은 사람에게 도움을 요청하는 데 큰 도움이 된다. 인공지능(AI)은 다음과 같은 방법으로 소셜 미디어 활동을 향상시킬 수 있다(Good360, 2023).

- 콘텐츠 게시물 스케줄 자동화: 인공지능은 언제 게시물을 올리는 것이 좋은가 알아서 자동으로 스케줄을 짜 설정해 준다.
- 참여 지표 분석: 좋아요, 댓글 등 사람들이 게시물에 어떻게 반응하는지 분석하여 무엇이 효과적인지 알려준다.
- 해시태그 및 키워드 제안: 더 많은 사람에게 발견 받을 수 있는 해시태그와 검색 키워드를 추천해 준다.

- 소셜 미디어 모니터링: 사람들이 어떤 이야기를 하고 있는지, 어떤 반응을 보이고 있는지 감시하여 중요한 이슈를 파악하고 빠르게 대응할 수 있도록 도와준다.

5. 기부자의 관심사, 선호도, 기부 가능성 등을 예측하고 맞춤형 커뮤니케이션을 제공하는 것

새로운 AI 기술은 단순히 기부를 늘리는 도구가 아니라, 기부자와 단체, 그리고 사회 전체를 연결하는 '다리' 역할을 한다. 개인 맞춤형 메시지를 전달하고, 관심사 기반 정보를 제공하고 기부자의 행동 패턴을 분석하여 가장 효과적인 시기에 메시지를 전달한다. 예를 들면 환경 보호 단체가 AI(기계 학습) 기법을 사용하여 과거 멸종 위기 동물 보호에 기부한 이력이 있는 기부자에게 해당 동물의 최근 소식과 함께 후원 요청 메시지를 보내는 것이다.

6. 자선단체의 웹사이트에서 들어오는 질문들을 AI 챗 모듈을 통해 스크리닝하고 간단한 답변을 제공하는 것

각 질문은 자연어 처리 기술을 사용하여 분석되며, 적절한 답변을 생성하기 위해 내부 지식과 검색 결과를 활용한다. 기부자들이 어떻게 기부할 수 있는지, 어떤 절차를 거쳐야 하는지, 자선단체가 진행하는 프로그램, 프로젝트, 사업에 관한 질문에 대응할 수 있다(CauseVox, 2023).

7. 비영리단체가 기부자 및 자원봉사자 유지율을 높이는 방법

인공지능(AI)은 기부자와 자원봉사자와의 소통을 개인 맞춤화하여 관계를 강화하는 데 도움이 된다. 예를 들어, 기부자의 선호 사항, 기념일, 과거 기록 등을 토대로 개인 맞춤 메일을 자동으로 발송할 수 있다(Rudolph, 2023). 또한 인공지능 기반 추천 시스템을 통해 개인의 관심 분야 및 기술과 일치하는 자원봉사 기회와 행사를 제안하여 참여를 유도하고 조직 내 소속감을 높일 수 있다. 마지막으로, 실시간 채팅봇을 활용하여 질문에 답변하고 자원봉사자의 참여 과정을 안내함으로써 실시간 지원을 제공할 수 있다(Team Golden, 2023).

8. 비영리단체가 데이터를 기반으로 더 나은 의사결정을 내리는 방법

인공지능(AI)은 엄청난 양의 정보를 분석하여 트렌드 파악, 결과 예측, 실행 가능한 제안을 제공함으로써 비영리단체의 의사결정을 뒷받침한다. 이를 통해 비영리단체는 프로그램의 영향을 이해하고, 주요 성과 지표를 측정하며, 마케팅 및 기금모금 활동의 효과를 평가할 수 있다. 이러한 통찰력은 전략 계획 수립, 자원 배분 개선, 그리고 전체 조직 성장을 이끌 수 있다. 예를 들어, 많은 비영리단체는 메일링 리스트와 뉴스레터 관리를 위해 Mailchimp와 같은 이메일 서비스를 사용한다. Mailchimp는 이메일 마케팅을 위한 콘텐츠 생성기 등 다양한 인공지능 기반 기능을 제공하여 단체들이 더 관련성이 높고 더 효과적인 이메일 캠페인을 실시할 수 있도록 지원한다(INTUIT Mailchimp, 2023).

12.2. AI를 활용한 감정적 친밀함 생성

감정적 친밀감을 형성하는 새로운 방법

전통적인 기금 마련 방법은 여러 가지가 있지만, 가장 효과적인 방법 중 하나는 기부자와 개인적인 연결을 만드는 것이다. 하지만 이런 방법은 소수의 기부자를 대상으로 할 때만 효과적이고, 규모가 큰 기부자 집단을 겨냥할 때는 개별적인 관계 유지가 어렵다.

소셜 미디어의 등장은 기부자와 비영리단체가 서로 연결할 수 있는 새로운 기회를 제공했다. 기부자들은 왜 기부를 결정했는지, 어떤 자선단체가 자신의 삶에 긍정적인 영향을 미쳤는지 등의 이야기를 소셜 미디어를 통해 공유한다. 이러한 이야기는 비영리단체가 노력의 방향을 측정하고 집중하는 데 중요한 데이터가 되지만, 모든 이야기를 읽고 관련 정보를 추출한 다음 후속 조치를 취해 개인적인 경험을 만들어내는 것은 불가능하다(Berman, 2021).

따라서 비영리단체들은 최근 인공지능(AI) 분야의 외부 전문 기업과 파트너십을 맺고 있다. 이러한 기업들은 기부자들의 이야기나 '구조화되지 않은 데이터'를 수집하여 구조화된 형태로 만들어주고, 이를 통해 비영리단체 직원들이 더 많은 기부자 또는 기금 마련자와 효과적으로 연결을 만들 수 있도록 도와준다.

하지만 많은 비영리단체들은 인원과 예산의 제약으로 어려움을 겪고 있다. 코로나 바이러스(코로나19) 사태의 여파로 비영리단체들은 최대한 많은 자금을 본래 목적에 투입하기 위해 매우 효율적으로 운영되어야 한다. 하지만 전문 인력을 채용할 여력이 없으며, 인원 감소로 인해 활동 능력에도 제약이 있다. 대부분의 기업이 대규모로 감정적 친밀감을 형성하는 가장 좋은 방법은 소셜 미디어 채널을 통해 AI 기반 대화를 제공하는 외부 기관과 파트너십을 맺는 것이다(Clark, 2021, GoodUnited).

새로운 소통 채널의 적극적 활용

현재 비영리단체들은 기금모금 방식의 중요한 변화를 맞고 있다. 몇십 년 전에는 우편을 통한 직접 기부가 주요 방식이었고, 그 이후에는 인터넷과 이메일 등 디지털 기부가 주를 이루었다. 이제 또 다른 변화가 일어나고 있다.

소셜 미디어를 통한 기부는 지난 1년 만에 20억 달러에 이르렀고, 전체 기부 금액 중 50억 달러 이상을 차지한다. 이러한 변화는 비영리단체들이 기존의 기금 마련 방법을 벗어나 새로운 소통 채널을 적극적으로 활용해야 한다는 것을 의미한다.

더 많은 사람이 페이스북 메신저, 인스타그램 등 소셜 미디어 플랫폼을 이용하여 기부하고 있다. 이러한 플랫폼의 특징은 실시간 대화가 가능하다는 점이다. 예를 들어, 암 환우의 가족이 암 퇴치 운동에 기부했다는 이야기를 공유하면, 비영리단체는 이 정보를 바탕으로 기부자와 더 효과적으로 소통하고 관계를 맺을 수 있다.

따라서 인공지능과 데이터 분석을 활용하여 기금 유치 전략을 세우는 것은 현재 비영리단체들에 매우 중요하다. 비영리단체는 막대한 비용을 들이지 않고도 새로운 소통 채널을 테스트하고 실험해 볼 수 있으며, 이를 통해 더 많은 기부자와 유의미한 관계를 형성할 수 있다.

기부자와 효과적으로 소통하는 새로운 방법

비영리단체가 소셜 미디어를 통해 효과적으로 기부를 유치하는 방법을 살펴보면 다음과 같다(Berman, 2021).

1. 소셜 채널을 활용한다

현재 많은 기부자가 페이스북 메신저, 인스타그램 등 소셜 미디어 플랫폼을 이용하여 기부하고 있다. 이러한 플랫폼의 특징은 실시간 대화가 가능하다는 점이다. 비영리단체들은 AI를 활용하여 기부자들과의 개인적인 연결을 만들어 낸다. 이는 기부자들이 자신의 이야기를 공유하고, 어떻게 기부 결정을 내렸는지, 또는 자선단체가 어떻게 그들의 삶에 긍정적인 영향을 미쳤는지에 대한 이야기를 소셜 미디어 플랫폼에서 공유하는 것을 통해 이루어진다.

2. 로봇처럼 말하지 않는다

인공지능을 사용하여 기부자와 대화할 때, 로봇처럼 딱딱한 말투를 사용하지 않는다. 몇몇 단체들은 기부자에게 자신들이 로봇과 대화하고 있다는 사실을 알려줘 오히려 거리감을 만들고 있다. 기부자와의 소통 시, 인공지능은 "미국 암 협회 로봇 신디입니다"라고 자기소개하는 대신 "미국 암 협회를 대신하여 감사드립니다"와 같이 단체의 목소리를 빌려야 한다. 따뜻한 이미지를 전달하기 위해서는 인공지능에게 사람처럼 친절한 말투를 사용하도록 프로그램해야 한다. 이렇게 하기 위해서는 과거에 어떤 메시지가 기부자에게 더 효과적이었는지 연구하는 시간을 가져야 한다.

3. 기부자의 입장을 이해한다

기부자와 소통할 때, 그들의 입장을 이해하고 공감하는 것이 중요하다. 암 연구 기금을 모으는 단체라면 암 환우, 암 환우 가족, 사회단체 등과 이야기할 수 있다. 따라서 인공지능 대화의 목소리는 상대방에 따라 바뀌어야 한다. 이러한 맞춤화를 통해 더욱 의미 있는 소통이 가능해진다. GoodUnited의 창업자 Jeremy Berman(2021)은 지지자들과 진정한 유대감을 만들어 우리의 동정심과 그들의 여정에 대한 지원을 반영하는 것이 중요하며, 인공지능 기반 대화와 연결을 통해 같은 감정을 재현할 수 있다는 것을 강조했다.

4. 데이터를 활용하여 메시지를 개선한다

인공지능과 데이터 과학을 활용하여 기부자 데이터를 분석하고, 이를 바탕으로 더 효과적인 메시지를 만들 수 있다. 비영리단체에서는 많은 가치 있는 정보가 있지만, 데이터를 사용하여 메시지를 개선하는 데 중점을 둔 단체는 많지 않다. 다행히도 현재 비영리 업계는 큰 변화의 시작점에 있으며, 많은 기관이 데이터를 활용하여 사용자 경험을 개선하고 더 효과적으로 소통하는 새로운 방법을 모색하고 있다.

5. 진정성을 유지한다

기부자와의 소통에서 가장 중요한 것은 진정성이다. 단체의 가치관과 목표를 명확하게 전달하고, 기부자들과의 관계를 돈독하게 만들어나간다.

이러한 방법들을 통해 비영리단체들은 소셜 미디어를 활용하여 더 많은 기부를 유치하고, 기부자들과의 관계를 더욱 돈독하게 만들 수 있다. 현재까지는 비영리단체에서 개인이 기부자와 직접 소통하는 방식이 주로 사용됐지만 한 사람이 만들 수 있는 좋은 경험에는 한계가 있다. 하지만 이제 인공지능(AI)을 활용하면 기부자들의 이야기를 더 효과적으로 활용할 수 있다. 이것은 감정적인 친밀감을 형성할 수 있는 기회를 만들 수 있다.

올바른 질문, 데이터 활용법, 메시지 전달 방식은 모두 비영리단체가 대규모 기부자와 감정적 친밀감을 구축하는 데 중요하다. 인공지능을 효과적으로 활용하면 기부 방식에 또 다른 혁신을 가져올 수 있다. 모든 기부자와 개별적으로 소통하여 훌륭한 경험을 제공하는 것은 사실상 불가능하다. 하지만 인공지능을 활용한다면 개인과의 직접적인 대화 이상의 효과를 낼 수 있다.

AI를 활용하여 감정적 친밀감을 조성한 사례

AI를 활용하여 감정적 친밀감을 조성하는 데 성공한 비영리단체의 사례들이 있다. GoodUnited는 비영리단체들이 AI를 활용하여 기부자와의 감정적 친밀감을 대규모로 조성하는 데 도움을 주는 외부 조직이다. GoodUnited는 비구조화된 데이터를 구조화하여, 단체 직원들이 더 큰 기부자 또는 모금자 풀과 연결을 맺을 수 있도록 돕는다. 이를 통해, 단체들은 스태프와 예산의 한계를 극복하고, 대규모로 감정적 친밀감을 조성할 수 있다.

일반 사람들이 다양한 작업을 자동화할 수 있도록 도와주는 인공지능 도구인 Chat GPT는 비영리단체들이 마케팅 노력을 강화하고, 소셜 미디어 콘텐츠를 최적화하고, 모금 활동을 간소화하고, 기부자와 자원봉사자와 더 깊은 연결을 형성하는 데 도움을 준다. 예를 들어, 비영리단체들은 AI 기반 챗봇을 활용하여 웹사이트 방문자와 상호 작용하고, 실시간 지원을 제공하며 잠재적 지원자를 육성할 수 있다(Good360, 2023).

이러한 사례들은 AI가 비영리단체들이 기부자와의 감정적 친밀감을 조성하고, 그들의 참여를 깊게 하며, 결과적으로 그들의 영향력을 높일 수 있게 돕는 방법을 보여준다.

12.3. AI와 MZ세대: 자선활동의 새로운 시대 개척

자선활동 Philanthropy(박애주의) 2.0에서 AI의 부상

자선단체 및 비영리단체(NGO) 시장은 2023년 3,052억 달러로 놀라운 성장을 보였다. 그리고 2027년 시장 규모는 3,692억 1천만 달러에 이를 것으로 예상되어 더욱 전망이 밝다. 1997년부터 2012년 사이에 태어난 Z세대는 이러한 자선활동의 급증에 점점 더 기여해 왔다. 최근 데이터에 따르면 Z세대는 비록 젊고 상대적으로 자산이 적음에도 불구하고 이러한 추세에 크게 기여하고 있다. 약화되는 세계 경제, 가격 상승, 지정학적 변동 속에서도 이러한 성장은 긍정적인 영향에 대한 공동의 의지를 강조한다.

이러한 비영리 시장 확대와 AI 기술이라는 두 가지 추세의 융합은 자선활동이 AI의 혁신적인 기능을 적극적으로 활용함에 따라 엄청난 잠재력을 가지고 있다. "Philanthropy 2.0"은 기존의 자선 활동 방식을 혁신하는 새로운 접근법을 의미한다. 이는 기술과 디지털 기술을 활용하여 더 효과적이고 영향력 있는 기부를 가능하게 한다(D'Alessandro, 2023).

> Philanthropy 2.0은 다음과 같은 특징을 가지고 있다:
> - 측정할 수 있는 결과: 기부의 효과를 측정하고, 특정 영역(예: CO_2 배출량 감소, 교육 접근성 향상 등)에서 기부의 영향을 측정하는 지표 시스템을 개발한다.
> - 전략적 초점: 특정 문제를 해결하기 위해 전략적으로 집중하고, 그 결과를 측정한다(Scharme, 2024).
> - 기술 활용: 인공지능과 디지털 기술을 활용하여 기부를 더 효과적으로 만든다. 예를 들어, 스탠퍼드 대학교에서 제공하는 'Giving 2.0: The MOOC' 코스는 비영리단체를 평가하고, 높은 영향력의 기부 전략을 만들고, 더 효과적으로 자원봉사하고, 기존의 무료 기술을 좋은 목적으로 사용하는 방법 등을 가르친다.

이러한 접근법은 기부자들이 자신의 시간, 돈, 전문 지식을 더 효과적이고 의미 있는 방식으로 기부할 수 있도록 돕는다. 이는 기부자들이 세상을 더 나은 곳으로 만드는 데 도움이 된다.

자선 기부(Philanthropy)의 4가지 유형

기존의 자선 기부(Philanthropy 1.0)는 문제가 발생하면 기부자가 해결해 주는 형태였다. 도서관이나 학교 건물 기증, 식량이나 쉼터 제공 등이 이에 해당한다. 하지만 이러한 방식은 일시적인 해결책일 뿐 근본적인 문제를 해결하지 못한다. 빈곤, 불평등, 기회 상실, 인종 차별, 기후 변화 등이 근본 원인이 되기 때문이다.

효과적 기부(Philanthropy 2.0)는 기부 효과를 측정하여 투자 효율성을 높이는 데 중점을 둔다. 이는 이산화탄소 배출 감소, 학급 규모 축소, 의료 서비스 접근성 향상과 같은 전략적 목표를 세우고 이를 달성하기 위한 지표 시스템을 개발한다. 하지만 이러한 방식은 기부자가 문제를 정확히 파악하고 해결 방법을 알고 있다는 가정을 전제하며, 단기적으로 측정하기 쉬운 영역에만 기금을 지원한다는 비판을 받는다.

참여 기부(Philanthropy 3.0)는 더욱 협력적이고 실험적이며 장기적인 기부 형태이다. 지역사회와 기부자가 함께 문제를 해결하며 기금 지급 대상도 공동으로 결정한다. 이러한 방식은 기존의 권력 불균형 문제를 완화하고 지역사회의 실제 상황을 고려한 기부를 가능하게 한다.

변환 기부(Philanthropy 4.0)는 시스템 전체를 변화시켜 근본적인 문제를 해결하는 데 초점을 맞춘다. 예를 들어 구조적 폭력, 인종 차별 제도, 환경 파괴 등을 줄이기 위해 전체 시스템의 참여를 통해 해결 방법을 모색한다. 이러한 방식은 성과 측정이 어렵지만 장기적인 개입을 필요로 하는 근본적인 문제를 해결하는 데 효과적이다. 상호 신뢰 기반의 관계, 장기 다년간 기금 지원, 파트너 전체 생태계 참여를 통한 역량 강화 등이 변환 기부(Philanthropy 4.0)의 특징이다.

브리지스팬 그룹은 최근 변환 기부(Philanthropy 4.0)로의 전환 과정에 대한 연구에서 불평등과 싸우는 데 있어 필드 촉매제(Field Catalysts) 지원을 주요 지렛대 중 하나로 꼽았다. 여기서 필드 촉매제는 자신의 조직 성장보다는 전체 파트너 및 이해관계자들의 생태계가 형평성을 향해 나아가는 데 도움이 되는 모든 것을 하길 원하는 사람이나 활동을 말한다.

이상을 요약하면

- 기존의 자선 방식(2.0)은 알려진 문제에 대한 해결책이 명확하고 복잡성이 낮은 경우 효과적이지만, 빠르게 변화하는 상황과 새로운 복잡성이 끊임없이 등장하는 환경에는 적합하지 않다.

- 최신 자선 방식(3.0과 4.0)은 기금을 받는 단체(수혜 단체)에 더 많은 자유와 유연성을 제공한다. 이를 통해 수혜 단체는 상황 변화에 신속하게 적응하고 혁신적인 해결 방법을 찾을 수 있다.

- 더 효과적인 자선 활동을 위해서는 기존의 단기적인 지표에 초점을 맞춘 방식(downstream)에서 벗어나야 한다. 4.0 단계의 자선 활동은 장기적인 변화와 전체 시스템 개선(upstream)에 더 중점을 두어야 한다. 지금까지의 역사를 통해 성공적인 사회 변혁은 두 가지 요소에 의해 이루어졌음을 알 수 있다. 첫째는 시스템을 운영하는 사람들의 사고방식 전환이고, 둘째는 이러한 변화 주도자들의 여정을 지원하는 인프라이다. 현재 우리가 직면하고 있는 복합 위기와 시스템적 붕괴는 이를 만들어낸 사고방식으로는 해결할 수 없다. 자선 활동의 주요 변화 지점을 단순히 단기 성과(downstream)만 아니라 근본 원인 해결(upstream)에도 옮김으로써 전체 시스템 수준에서 의도와 행동을 일치시키는 변화 추진 이니셔티브에 큰 힘을 실어줄 수 있다.

Z세대에 의한 자선활동의 변화와 기부 동향

Z세대는 1997년과 2012년 사이에 태어난 디지털 기술에 익숙한 세대이다. 다른 세대와 달리 디지털 세계에 완전히 익숙한 최초의 세대라서 자선활동에도 새로운 기술을 도입하는 데 앞장설 수 있다.

인공지능(AI)과 함께 Z세대는 자선 기부 방식에 혁신을 가져올 잠재력이 있다. 연구에 따르면 Z세대 기부자들은 기금 기부를 위해 디지털 플랫폼을 선호하며, 자신들의 가치와 일치하는 목적을 더 많이 지원하는 경향이 있다 (Minevich, 2023). 맥킨지(McKinsey) 연구에 따르면 Z세대의 70%는 지출과 기금 기부 시 사회적 영향을 중요하게 생각하여 더욱 사회 의식적인 소비 형태로 변화하고 있다고 한다.

인터넷에서 성장한 Z세대는 기술의 힘을 사용하여 자신이 좋아하는 대의 목적에 혁신적인 방식으로 기부하고 있다. Z세대 기부 동향을 보면 이들은 한 번의 큰 기부보다 소액의 기부를 더 자주 할 가능성이 높으며 앱과 웹사이트를 통해 기부금을 온라인으로 관리하는 것을 선호한다. 게다가 차세대 기증자는 다음과 같은 이유로 독특하다(LexisNexis, 2023).

- 기부금이 전년 대비 4배 증가할 가능성이 높다.
- 기존 기부자보다 영향력 있는 사람과 유명인으로부터 대의에 대해 배울 가능성이 4배 더 높다.
- 기존 기증자보다 미디어를 통해 대의을 알게 될 가능성이 7배 더 높다.
- 갑작스러운 뉴스 사건이나 위기 상황 이후 기부에 대한 동기가 기존 기부자보다 6배 더 높다.
- 기존 기부자에 비해 조직을 대신하여 옹호할 가능성이 3배 더 높다.
- 자신이 지원하는 조직을 대신하여 개별 모금 페이지를 호스팅할 가능성이 7배 높다.
- 차세대 기증자는 기존 기증자보다 동료를 통해 대의를 알게 될 가능성이 1.5배 더 높다.

행동하는 Z세대: The Hot Meal Challenge

Z세대가 기존의 기부 이미지를 깨고 선두 기수로 나서 활동하는 모습을 보

여준다. 과거 Z세대는 자기만 생각하고 쉽게 흥미를 잃는다고 단순하게 평가받곤 했다. 하지만 실제로는 사회 문제에 깊은 관심을 가지고 기존 세대보다 더 적극적으로 기금 활동에 참여하고 있다. 이런 열정은 그들의 확고한 신념에서 비롯된다(Perna, 2022).

Z세대는 기존 기부 방식과 차별화된다. 디지털 기술에 능숙한 그들은 온라인 기반의 자선 활동을 주도하고 있다. 대표적인 사례가 영국에서 진행된 '핫밀 챌린지(Hot Meal Challenge)'이다. 이 캠페인은 영국 내 심각한 생활비 상승으로 인한 식량 부족 문제를 해결하기 위해 시작되었다. '핫밀 챌린지'는 앱을 활용하여 서로를 지명하며 따뜻한 식사비용을 기부하는 릴레이 형식의 캠페인이다.

캠페인 창립자인 파비오 리히터(Fabio Richter)는 기술과 자선활동을 결합하면 사회 변화를 이끌어낼 수 있다고 믿는다. 그는 전략적인 기부와 투자를 통해 자선활동이 긍정적인 사회 변화를 촉진할 수 있다고 말한다. 또한 리히터는 Z세대가 기금 단체들이 간과하기 쉬운 중요한 잠재 기부 시장이라고 지적한다. 그는 "비영리단체들은 종종 젊은 세대의 기부 잠재력을 과소평가한다"라고 말한다. 밀레니얼(M)세대와 Z세대는 구매력은 낮을지 모르지만, 가처분 가능 소득 대비 기부 비율은 더 높을 수 있다는 점을 강조한다. 그는 효과적인 젊은 세대 기부 유치를 위해서는 인구통계학적, 행동, 심리학적 특징을 고려해야 한다고 조언한다. '핫밀 챌린지'의 성공은 소셜 미디어가 사회 변화를 이끌어내는 힘을 보여주는 사례이기도 한다. Z세대는 기존의 편견을 깨고 자선활동에 적극적으로 참여하고 있다. 뛰어난 디지털 기술과 사회 문제에 대한 열정으로 그들은 앞으로도 기금 분야에서 중요한 세대가 될 것이다.

자선 혁신의 새로운 시대와 앞으로 나아갈 길

AI와 Z세대의 교차점은 자선활동의 미래를 형성할 수 있는 독특한 기회를 제공한다. AI, Z세대 가치, 자선활동의 융합은 인도주의적 노력을 재편할 수 있는 잠재력과 강력한 결합이다. 이러한 보완적인 힘이 추진력을 얻으면서 윤리적 무결성을 유지하고 위험을 관리하는 것이 혁신 잠재력을 발휘하는 데 가장 중요해졌다. 이러한 추세를 수용함으로써 NGO는 영향력과 효율성에 대한 새로운 잠재력을 발휘할 수 있다.

〈그림 27〉 생성형 AI 혁명: Z세대의 성공을 향한 길

출처: Dr. Ramesh Babu Chellappan (2023)
가장 최근에 노동 인구에 진입한 Z세대는 이 시대에 적응할 뿐만 아니라 번창할 수 있는 고유한 위치에 있다. Z세대의 특성, 생성형 AI의 기능,[44] 그리고 이 둘이 어떻게 시너지 효과를 낼 수 있는지 이해하면 미래에 대한 희망적인 전망을 얻을 수 있다.

---

44   생성형 AI는 텍스트와 이미지에서 전략과 솔루션에 이르기까지 새로운 콘텐츠를 생성할 수 있는 인공지능을 말한다. 여기에는 자연어 처리, 딥 러닝 등과 같은 기술이 포함된다. 기존 콘텐츠를 최적화하고, 문법 및 철자 오류를 수정하고, 기부자에게 완벽한 감사 메시지를 작성하는 방법을 분석 및 제안하는 데 사용할 수 있다(Millicent Skiles, 2023). AI for Nonprofits: How to Use Artificial Intelligence for Good. https://donorbox.org/nonprofit-blog/ai-for-nonprofits

이러한 접근 방식은 기술 발전과 보다 자비롭고 효율적인 자선 부문을 약속한다(Chellappan, 2024).

- 비영리단체의 경우 AI를 신중하게 수용하고 Z세대의 디지털 습관과 사회적 의식에 참여하는 것이 중요한 단계이다. 비영리조직은 알고리즘과 데이터 흐름을 감사하기 위한 포괄적인 프로토콜을 구현하여 새로운 기술을 신중하게 채택해야 한다. 이를 통해 악화되는 사회적 편견으로부터 보호받을 수 있다. 설명 가능하고 투명한 AI의 우선순위를 정하는 것은 책임 있는 영향을 미치는 데 중요하다.
- 정책 입안자들은 윤리적 기준을 보장하면서 혁신을 촉진하는 지침을 통해 이러한 통합을 지원해야 한다. 확장 가능한 정책 프레임워크와 추가 학술 연구는 기술 기반 자선 모델의 구현 과제를 연구하고 모범 사례를 전파하면서 이러한 교차점을 책임감 있게 발전시켜야 한다.
- Z세대를 참여시키려면 그들의 다양성과 활동에 대한 집단적 열정을 인식하는 미묘한 접근 방식이 필요하다. 진정한 P2P 채널은 기술 접근을 제공하고 풀뿌리 동원을 촉진함으로써 발전을 가속화할 수 있다.
- AI 도구와 Z세대 창의성의 통합을 허용하는 학제간 협업 공간은 새로운 패러다임을 열 수 있다. 시스템 설계 및 적용에 영향을 미치는 청소년 고문이 있는 인큐베이터는 혁신을 주도할 수 있다.
- 사회 정의, 형평성, 인간 복지의 핵심 지도 원칙은 흔들림 없이 유지되어야 한다. 새로운 기능을 현명하게 활용함으로써 우리는 이러한 원칙을 크게 향상시킬 수 있다. 이는 개인의 이익보다는 긍정적인 사회 변화에 대한 공유된 비전을 약속한다.

앞으로 자선단체는 이러한 기술 발전과 세대 변화에 계속 적응하여 진화하는 자선 활동 환경에서 전략이 관련성과 효율성을 유지하도록 보장하는 것이 중요하다. Z세대와 생성형 AI의 이러한 시너지 효과는 개인의 성공뿐만 아니라 기술과 인간의 통찰력이 결합되어 복잡한 문제를 해결하고 일상생활을 향상시키는 인류의 더 밝은 미래를 의미한다(Chellappan, 2023). 이러한 접근 방식은 기술 발전과 보다 자비롭고 효율적인 자선 부문을 약속한다. AI와 Z세대는 용기, 배려, 신념을 바탕으로 미래를 위한 자선활동과 인류의 지속적인 발전을 이룰 기회를 얻었다.

12.4. 모금 활동에 AI 적용의 장점과 고려 사항

비영리의 경영과 기금모금에 AI 사용의 장점

AI 기술은 비영리단체에서도 다양한 응용이 가능하다. 특히 마케팅과 커뮤니케이션, 소셜 미디어 분석, 입력 통신 관리 등의 영역에서의 활용이 주목받고 있다. 이러한 기술을 활용함으로써 비영리단체는 더욱 효과적인 활동을 실현할 수 있다.

비영리조직의 경영에서 인공지능(AI)을 도입하면 다음과 같은 효과를 기대할 수 있다:

- 효율성 향상: AI는 일정한 작업과 프로세스를 자동화하여, 제한된 자원을 가진 소규모 직원들이 더 중요하고 가치 있는 활동에 집중할 수 있게 돕는다 (Christopher Washington, 2023).
- 자금 조달(기금모금)을 위한 AI의 파워: 인공지능(AI)은 데이터를 분석하고, 데이터를 통해 학습하고, 정보에 입각한 결정을 내릴 수 있는 기계에서 인간 지능을 시뮬레이션하는 것을 말한다. 비영리 부문에서 AI는 기금모금 활동을 최적화하고 더 큰 영향력을 발휘할 수 있는 강력한 도구로 부상했다.

AI가 비영리 기금모금을 혁신하는 방법

AI가 비영리 기금모금에 혁명을 일으키고 있는 몇 가지 주요 방법을 살펴본다(Mission Bridges Blog, 2023).

• 데이터 분석 및 기부자 프로파일링:

AI는 기부자 데이터를 분석하여 기부 가능성이 높은 개인을 식별하고 그들의 기부 성향을 예측하는 데 도움을 줄 수 있다. 이를 통해 비영리단체는 맞춤형 기금모금 캠페인을 개발하고 적절한 시기에 적절한 메시지를 적절한 사람에게 전달할 수 있다. 즉 모금 캠페인의 다양한 측면을 자동화할 수 있다는 것이다.

예를 들어, AI는 기부자의 과거 기부 기록, 인구통계학적 정보 및 소셜 미디어 활동과 같은 데이터를 분석하여 미래 기부 가능성이 높은 개인을 식별할 수 있다. 이러한 정보를 활용하여 비영리단체는 이러한 개인에게 맞춤형 이메일, 소셜 미디어 광고 또는 직접 우편을 보낼 수 있다.

• 개인화된 참여:

AI는 개인화된 경험을 제공하여 기부자와의 관계를 구축하고 강화하는 데 도움을 줄 수 있다. 챗봇, 가상 비서 및 권장 시스템과 같은 AI 도구를 사용하여 비영리단체는 기부자와 실시간으로 소통하고 질문에 답변하고 지원을 제공할 수 있다.

예를 들어, AI 기반 챗봇을 사용하여 기부자들이 웹사이트에서 쉽게 질문에 답변을 얻거나 기부를 하거나 자원봉사 개인의 관심사와 과거 기부 기록에 따라 맞춤형 기금모금 캠페인 및 콘텐츠를 추천하는 데 사용할 수 있다.

또한 기부자 데이터를 분석하여 개인화된 이메일 마케팅 캠페인을 만들 수 있다. 이 캠페인은 개인 기부자의 기부 이력과 관심사에 맞는 메시지를 전달하기 위해 개별 기부자를 대상으로 한다. 개인화는 더 높은 기부자 참여와 기부 기회 증가로 이어진다.

• 효율성 및 생산성 향상:

AI는 반복적인 업무를 자동화하여 비영리단체 직원의 시간과 노력을 절약하는 데 도움을 줄 수 있다. 이를 통해 직원들은 기부자와 관계를 구축하고 기금 모금 캠페인을 개발하는 데 더 많은 시간을 할애할 수 있다.

예를 들어, AI는 이메일 전송, 데이터 입력 및 보고서 작성과 같은 작업을 자동화하는 데 사용할 수 있다. 또한 AI는 기부 영수증 발급, 환급 처리 및 사기 감지와 같은 작업을 자동화하는 데 사용할 수 있다.

• 새로운 기금모금 채널 확대:

AI는 소셜 미디어, 모바일 기기 및 온라인 광고와 같은 새로운 기금모금 채널을 활용하는 데 도움을 줄 수 있다. 이를 통해 비영리단체는 더 넓은 잠재 기부자층에 도달하고 더 많은 돈을 모금할 수 있다.

예를 들어, AI는 소셜 미디어 플랫폼과 크라우드 펀딩 사이트를 분석하여 새로운 기금모금 기회를 발굴하고 캠페인을 효과적으로 진행하는 데 도움을 줄 수 있다. 또한 AI 기반 기술 플랫폼 및 앱을 활용하여 새로운 기부 채널을 확보하고 잠재 기부자들과의 참여를 유도할 수 있다. 그리고 AI는 개인의 관심사와 가치관에 맞춘 맞춤형 기금모금 캠페인을 제작하여 참여를 유도하고 더 많은 기부를 유치하는 데 도움을 줄 수 있다.

• 캠페인 성과 측정 및 최적화:

AI는 기금모금 캠페인의 성과를 추적하고 어떤 것이 가장 효과적인지 파악하는 데 도움을 줄 수 있다. 이를 통해 비영리단체는 미래 캠페인을 개선하고 투자수익률(ROI)을 극대화할 수 있다. 예를 들어, AI는 웹사이트 트래픽, 소셜미디어 참여 및 기부율과 같은 데이터를 분석하는 데 사용할 수 있다. 이러한 데이터를 활용하여 비영리단체는 어떤 캠페인 메시지, 채널 및 전략이 가장 효과적인지 파악할 수 있다.

• 데이터 기반 의사결정 강조:

AI는 비영리조직이 대량의 데이터를 분석하고 이해력을 추출하는 데 도움을 줄 수 있다. 이를 통해 의사결정을 더 잘할 수 있다. 예측 분석을 활용하여 필요를 예측하는 조직은 커뮤니티에 대한 더 많은 통찰력을 얻고, 후원자 커뮤니케이션을 개선할 수 있다(Lopate, 2024).

비영리단체들은 최근 데이터 기반 의사결정을 위한 노력을 강화하고 있다. 핵심 내용은 다음과 같다.

 i. 예측 분석 활용: 과거 기부 기록을 바탕으로 미래 기부자 행동을 예측하는 분석을 통해 더 정확한 기금 유치 대상 선정이 가능해진다.

 ii. 기부 효과 증명: 기부자들은 기금 사용 효과에 대한 투명성을 요구하고 있으며, 비영리단체는 실적과 효율적인 자원 활용을 증명해야 한다.

 iii. 데이터 활용 과제: 비영리단체는 과거 기록, 데이터베이스, 신청 정보 등 많은 자료를 보유하고 있지만, 이를 효과적으로 찾아 활용하는 데 어려움이 있다.

 iv. 인공지능 활용: 최근에는 이러한 과제를 해결하기 위해 인공지능 기술인 RAG(검색-증강 생성: Retrieval-Augmented Generation)가 활용되고 있다. 이 것은 대규모 언어 모델의 출력을 최적화하여 모든 자료를 하나의 큰 언어 모델에 색인화하여 채팅 방식으로 정보 검색, 종합, 분석을 가능하게 한다.

- 기부자 참여 강화: AI는 비영리단체가 기부자와 소통하는 방식을 크게 개선할 수 있다. AI는 데이터를 분석하고 예측 분석을 사용하여 기증자의 요구와 선호도를 예측하여 보다 의미 있는 상호 작용을 유도할 수 있다. 기부자의 관심사를 더 잘 충족할 수 있도록 봉사 활동 및 모금 활동을 맞춤화하는 데 도움이 될 수 있다.

    i. 예측 분석: AI로 구동되는 예측 분석은 기부자의 행동을 예측할 수 있다. 비영리단체는 이러한 통찰력을 사용하여 잠재적 기부자를 보다 효과적으로 타겟팅하고 그에 따라 모금 전략을 조정할 수 있다.
    ii. 실시간 지원을 위한 챗봇: AI 기반 챗봇은 비영리단체의 웹사이트를 방문하는 기부자에게 실시간 지원을 제공할 수 있다. 이러한 챗봇은 질문에 답하고, 기부 프로세스를 지원하고, 기부자를 대화에 참여시켜 기부자가 더 원활하고 개인화된 경험을 할 수 있도록 한다.

- 커뮤니케이션 및 홍보 개선: AI는 다양한 채널과 메시지의 효과에 대한 데이터를 분석하여 효과가 있는 것과 그렇지 않은 것을 더 잘 이해하고 커뮤니케이션 전략을 최적화할 수 있다.

이러한 이점을 활용하기 위해서는, 비영리조직이 AI를 책임감 있게 도입하고, AI 사용에 대한 가이드라인을 개발하며, 데이터를 중요시하는 조직 문화를 구축해야 한다. 이는 AI가 제공하는 효과를 최대화하고, 동시에 잠재적인 위험을 관리하는 데 도움이 된다. AI는 비영리조직이 그들의 주요 목표에 더 집중할 수 있게 돕는 중요한 도구가 될 수 있다.

AI 도입에 있어서 변화 관리의 역할

AI는 비영리단체의 중추적인 도구로 빠르게 자리 잡고 있다. 특히 생성형 AI의 발전은 조직의 운영, 혁신 및 커뮤니티 서비스 방식을 재편하고 있다. 중요한 것은 조직이 AI를 사용하기 시작하느냐 마느냐가 아니라 언제, 어떻게 사용하느냐의 문제이다. AI는 "기다려 보자"는 태도를 취할 수 있는 것이 아니다. 생성형 AI 도구는 이미 도입되고 있으며 무시하기에는 너무 빠르게 진화하고 있다.

변화 관리(change management)가 비영리단체의 AI 채택을 촉진하기 위해서는 변화의 영향을 받는 사람들의 동의가 형성되어야 하고, 조직 구성원들이 새로운 패러다임을 이해하고 적응하는 데 도움이 되는 정보를 제공하고 성공에 필요한 행동을 강화해야 한다.

AI에 대한 변화 관리 계획을 개발함으로써 조직은 AI 채택에 대한 직원의 불안을 최소화하고, 조직 전체에서 AI에 대한 저항을 줄이고, 위험을 최소화하고, AI 채택의 다른 영향을 해결하고, 조직이 AI 도구의 이점을 극대화할 수 있도록 준비할 수 있다(Moore, 2024).

비영리단체에서 AI를 지원하기 위해 변화 관리를 적용하는 실용적인 방법을 살펴보면 다음과 같다.

1. AI 변화 리더십 팀을 구축한다

이상적으로는 조직 전체의 각 부서의 담당자를 포함하는 그룹을 구성한다. 이 그룹은 아이디어를 생성 및 구성하고 비영리단체의 AI 채택을 위한 계획을 수립하는 일을 담당한다. 이 팀은 다음을 수행해야 한다.

i. 조직에서 AI 사용에 대한 지침 개발 – 조직 전체의 모든 사용자는 조직의 기술, 보안 및 개인정보 보호 정책과 일치하는 방식으로 AI를 사용해야 한다.

ii. 데이터를 소중히 여기는 조직 문화 구축 – 데이터는 AI를 공급하기 때문에 조직은 AI가 제대로 작동하려면 완전하고 정확하며 업데이트된 데이터의 중요성을 이해해야 한다.

iii. 직원 직무 변화에 대비 – AI 변화 리더십 그룹은 인사 및 기타 부서 리더와 협력하여 AI 채택이 가져올 변화에 발맞추기 위해 직무 설명 및 기대치를 업데이트해야 하는 방법에 대해 지금 대화를 시작할 수 있다.

2. AI 파일럿 프로젝트를 시작한다[45]

AI 변화 리더십 팀에 AI 도구를 사용하여 초기 프로젝트를 시작하도록 요청한다. 이에 대한 좋은 예는 Microsoft 365용 Copilot 사용을 시작하는 것이다. 이 프로젝트는 다음과 같은 변화 관리 프레임워크를 염두에 두고 완료해야 한다(Mitchell, 2022).

i. AI 프로젝트에 대한 명확한 목표 및 성공 지표 설정

ii. 소규모 파일럿을 실행하고 이러한 도구 사용의 영향을 측정한다. 예를 들어 Microsoft Copilot을 구현하고 직원의 시간을 얼마나 절약할 수 있는지 측정한다.

iii. 학습 프로세스를 수용하고 파일럿에서 얻은 내용을 사용하여 비영리단체가 강력한 AI 계획을 개발할 수 있도록 지원한다.

iv. 프로젝트의 성공을 평가하는 데 도움이 되는 명확한 목표와 조치를 마련한다.

---

45 AI 파일럿 프로젝트는 통상 AI(인공지능) 시스템이나 기술의 프로토타입 또는 시범사업을 나타내는 용어이다. 제품 또는 서비스를 출시하기 전에 AI 기술을 테스트하고 개발하는 실험적 단계를 의미한다.

자선단체의 AI 활용 한계점과 고려 사항

그러나 자선단체의 AI 도입에는 이해 부족, 데이터 품질 문제, 윤리적 우려, 초기 투자비용, 변화에 대한 조직의 저항 등 몇 가지 과제와 한계도 있다. 이러한 한계를 극복하기 위해 비영리단체는 직원과 이해관계자에게 AI에 대해 교육하고, 데이터 품질과 가용성을 개선하고, AI 개발 및 사용에 대한 윤리적 원칙과 실무를 채택하고, 기부자 또는 파트너로부터 외부 자금이나 지원을 구하고, AI 채택 프로세스에 있어서 직원과 이해관계자 참여를 유도할 수 있다.

자선단체에서 AI를 사용할 때의 한계점은 다음과 같다:

- AI는 인간의 윤리적 판단이나 가치관을 완벽하게 반영할 수 없기 때문에, 사회적 또는 도덕적 문제를 야기할 수 있다. 예를 들어, AI가 기부자의 성향이나 기부 가능성을 분석하고 맞춤형 커뮤니케이션을 제공할 때, 편견이나 차별을 유발할 수 있다(Millicent Skiles, 2023).
- AI는 데이터의 품질과 양에 따라 성능이 달라질 수 있기 때문에, 정확하고 신뢰할 수 있는 데이터를 확보하는 것이 중요하다. 하지만 자선단체에서는 데이터 부족이나 데이터 활용에 대한 엄격한 규제 등으로 인해 데이터 관리에 어려움을 겪을 수 있다(Van Vlack, 2024).
- AI는 복잡하고 어려운 알고리즘을 사용하기 때문에, AI의 결정 과정이나 결과를 설명하기 어렵거나 불투명할 수 있다. 이는 AI의 신뢰성을 저하시키고, 사고 책임이나 법적 문제를 야기할 수 있다.
- AI는 도입비용이나 유지비용이 많이 들기 때문에, 자선단체에서는 AI를 도입하기 어렵거나 비효율적일 수 있다. 또한 AI 기술 지식을 갖춘 인력을 채용하거나 교육하는 것도 쉽지 않은 과제이다(Hossain, 2024).

- AI와 그 이점, 그리고 AI를 효과적이고 윤리적으로 구현하는 방법에 대한 이해 부족.
- 문화적 장벽, 신뢰 부족, 일자리 상실 또는 AI 시스템 통제에 대한 두려움 등 변화에 대한 조직의 저항이 나타난다.

이러한 한계를 극복할 수 있는 몇 가지 방법은 다음과 같다.

- 교육(Educating): 직원과 이해관계자에게 AI와 AI의 적용, 이점 및 위험에 대해 교육한다.
- 개선(Improving): 데이터를 수집, 정리, 공유하거나 다른 조직 또는 전문가와의 협력을 통해 데이터 품질 및 가용성을 향상한다.
- 채택(Adopting): 공정성, 책임성, 투명성, 인간 중심 등 AI 개발 및 사용에 대한 윤리적 원칙과 관행을 채택한다.
- 추구(Seeking): AI 채택에 따른 재정적 부담을 줄이기 위해 기부자, 파트너 또는 정부 기관으로부터 외부 자금이나 지원을 구하는 것이다.
- 참여(Engaging): 피드백 요청, 교육 제공, 인센티브 생성 등 AI 도입 프로세스에 직원과 이해관계자가 참여한다.

오늘날의 디지털 시대에 인공지능(AI) 도구는 기부 모금을 포함한 다양한 업계에서 점점 보편화되고 있다. 그러나 AI 도구를 이용하려면 윤리적 실천과 목적, 팀, 관계자에 대한 약속의 정합성을 확보하기 위해 이점과 고려 사항을 평가하는 것이 중요하다.

AI 도구의 신뢰성을 판단하기 위해서는 다음 세 가지 핵심 포인트를 검증해야 한다. 인간 중심의 AI 접근법, 프라이버시 원칙과 투명한 데이터 사용, 그리고 AI 도구를 조직의 가치관에 맞추는 것이다(Vitiello, 2023).

1. 인간 중심 접근

책임 있는 AI 도구는 인간 복지를 우선시하며 인권과 다양성을 존중한다. 인간이 컨트롤을 유지하고 AI의 능력을 활용하면서 정보를 바탕으로 한 의사결정을 내릴 수 있도록 한다. 이 접근법을 통해 사용자와 AI 시스템 사이에 신뢰가 생기고 인간의 가치관과 윤리적 고려 사항이 우선시된다.

2. 프라이버시 원칙과 투명한 데이터 사용

신뢰성 있는 AI 도구는 사용자의 프라이버시를 우선시하며 데이터 사용에 있어 투명성을 유지한다. 기부 모금 조직은 AI 도구가 어떻게 데이터를 수집하고, 사용하고, 보호하고 있는지 신중하게 평가해야 한다. 기부자의 기밀 정보를 보호하고 신뢰를 유지하기 위해 데이터 취급의 명확한 방침과 절차가 필요하다.

3. 조직 가치관과의 정합성

기부 모금 조직의 가치관과 미션에 부합하는 AI 도구를 선택하는 것은 중요하다. AI는 조직의 목표를 보다 효율적이고 효과적으로 달성하기 위한 지원 도구로 기능해야 한다. AI 도구의 기능과 능력이 조직의 가치관과 어떻게 일치하는지 평가함으로써 원활한 통합이 이루어진다.

새로운 AI 툴을 도입할 때는 팀에 지식과 자원을 주는 것이 중요하다. 치트시트(CheatSheet)는[46] 책임 있는 AI 도구를 신속하게 식별하고 기부 모금 활동에 새로운 가능성을 열기 위한 귀중한 정보를 제공할 수 있다. 신뢰성 있는 AI 도

---

46   치트시트(CheatSheet)는 커닝 페이퍼처럼 필요한 정보를 한눈에 파악할 수 있도록 핵심만 간추려 놓은 메모라 할 수 있다. 텍스트 생성, 요약, 번역 등 다양한 기능을 갖춘 AI 도구들은 복잡한 정보를 간결하고 명확하게 정리하는 데 큰 도움을 준다.

구를 선택함으로써 기부 모금 조직은 기술을 활용하여 영향력을 높일 수 있다. 동시에 윤리적 실천을 지키고 이해관계자와의 신뢰를 유지할 수 있다.

비영리단체에 있어서 인공지능(AI)의 비전과 미래

비영리단체는 몇 가지 어려움에도 불구하고 창의적인 방식으로 AI를 활용하여 사회적 목적 달성을 추진할 수 있다(Surana, 2024).

- 커뮤니티 참여 강화: AI 채팅봇을 활용하여 단체가 지원하는 커뮤니티와의 소통 및 상호 작용을 개선할 수 있다.
- 효과적인 사회적 지원: 가상 지원자를 통해 실시간 자원, 지원 및 정보 제공을 강화하여 자선활동의 도달 범위와 영향력을 높일 수 있다.
- 사회적 문제 해결: AI 기반 예측 모델을 활용하여 다양한 데이터 세트를 분석하고 사회 문제의 근본 원인을 더 깊이 이해함으로써 사회적 영향 캠페인의 효과를 높일 수 있다.
- 데이터 기반 의사결정: 실시간 데이터 분석을 통해 프로그램을 지속해서 조정 및 개선하여 지역사회에 미치는 영향력을 높일 수 있다.

AI는 단순히 데이터 분석이나 기금 조달 활동만 지원하는 것이 아니라, 커뮤니티 참여 및 프로그램 개발 전반에 걸쳐 비영리단체의 운영 방식을 완전히 혁신할 수 있는 잠재력을 가지고 있다. 즉 자선단체 부문을 혁신하여 반복적인 작업 자동화, 잠재적 기부자 식별 지원, 개인화된 기금 모금 캠페인 개발, 챗봇을 통한 고객 서비스 향상, 운영 최적화, 영향 개선 및 요구 사항 식별과 같은 이점을 제공한다. 제한된 자원을 극대화하려는 비영리단체의 경우 AI는 시간과 비용을 절약할 수 있는 무한한 옵션을 제공한다. 어떤 작업이 가장 많은 시간이 걸리는지, 어떤 분야에서 자원이 부족한지, 잠재적 기부자를 잃고 있는 곳은 어디인지, AI가 도움이 될 수 있다.

하지만 비영리단체들은 AI 활용 시 윤리적 문제를 신중하게 고려하고, 이러한 기술 사용이 사회적 영향과 핵심 가치와 일치하도록 해야 한다.

AI는 많은 기회를 제공하지만 인간의 존재에 위협이 될 수 있는 초지능 AI의 위험을 포함하여 상당한 과제도 제시한다. 또한 AI는 허위 정보, 개인정보 보호 감소, 일자리 상실과 같은 위험을 초래한다. 미래에는 챗봇과 같은 AI 기술이 자선단체 부문에서 인간의 개입 없이 고객 상호 작용의 85% 이상을 관리할 가능성이 높다(Efthymiou 등, 2023). 자선단체는 이러한 가능한 문제를 인식하고 이를 해결하기 위한 조치를 취해야 한다. 관계와 신뢰의 진정성을 보존하는 것은 비영리단체의 최우선 과제임을 인식하고 비영리단체 사명의 핵심에 있는 연결을 강화시키는 방식으로 AI를 수용하는 것이 중요하다. 이를 AI 도입의 도덕적 나침반으로 삼으면 비영리단체는 혁신과 영향력을 향해 더 나은 위치에 있게 될 것이다(Van Vlack, 2024).

미래에는 AI가 더욱 발전하여 기금 모금 활동을 비롯한 모든 비영리 경영을 지원할 것으로 기대된다. 비영리단체에 AI를 적용하는 것은 선택의 문제가 아니라 필수의 시대가 되었다. 다른 비영리단체가 이미 AI를 사용하여 기부자의 관심을 끌 수 있는 모든 기회를 최적화하고 있다는 사실을 기억하고 오늘을, AI를 업무에 적용하는 날로 만드는 것이 중요하다. 다만 무엇보다 중요한 사실은 AI는 여전히 인간의 창의력과 판단력을 대체할 수 없으므로, 인간의 역할과 함께 조화를 이루며 활용되어야 한다는 것이다.

- 참고문헌 -

Aggarwal, K. (2023), Crypto-Philanthropy: the Good and Flip Side of Charitable Giving.

Ahiabenu, K. (2023), How can cryptocurrency support nonprofits fundraising strategies, Knowledge Innovations.

Becher, B. (2023), Brain Computer Interfaces (BCI) Explained Charity Decentralized Autonomous Organizations ecosystem with NFT governance.

Berman, J. (2021), How Nonprofits Can Use AI To Create Emotional Intimacy At Scale, UNITE.AI.

Beschokov, M. (2024), What Is Cloud Computing? Guide By Wallarm.

Boyle, C. (2024), successful-nonprofit-digital-transformation-journey, the groove.

Bruce, A. (2020), Cloud Computing for Nonprofits: A Guide.

CauseVox, T. (2023), ChatGPT for Nonprofits: How to Leverage Artificial Intelligence.

Chellappan, R. B. (2023), Generative AI Revolution: Generation Z's Path to Success.

Chellappan, R. B. (2024), The Evolving Landscape of Responsible AI: Key Trends and Insights from Research.

Clark, M. (2021), Behind the Scenes on P2P Fundraising, GoodUnited.

Cohen, L., G. Strong, F. Lewis, S. Chen (2022), The Ineluctable Modality Of Securities Law: Why Fungible Crypto Assets Are Not Securities, DISCUSSON DRAFT.

Convoy of Hope (2023), "What Is a Donor-Advised Fund. https://convoyofhope.org/articles/donor-advised-fund/

CPA Insider (2018), "CPAs' Top 5 Questions About Blockchain, Cryptocurrencies", *CPA Insider*, July 23, 2018.

Crypts Altruism Blog (2023), Accepting Cryptocurrency Donations: Benefits and Risks for Non-Profits. https://www.cryptoaltruism.org/blog/accepting-cryptocurrency-donations-benefits-and-risks-for-non-profits

D'Alessandro, P. (2023), Philanthropy 2.0: Why Nonprofits Need a Bold Vision.

Duda, D. (2024), Best Donor Management Software, G2.

Efthymiou, I. P., Efthymiou Egleton, T. W., Chatzivasileiou, S., Emmanouil-Kalos, A.

(2023), Artificial Intelligence and the Future for Charities. *International Journal of Non-Profit Sector Empowerment*, 2(1), e35345.

Frangley, K. C. and G. R. Brush (2023), Considerations for Nonprofits in Accepting Crypto Donations. https://actecfoundation.org/podcasts/crypto-donations-to-nonprofits-cryptocurrency/

Gong, J., Navimipour, N. J. (2022), An in-depth and systematic literature review on the blockchain-based approaches for cloud computing. *Cluster Comput* 25, 383–400.

Good360 (2023), How Nonprofits Can Use AI to Increase Fundraising and Engagement 2023 Good360 Blog Posts.

Gooyabadi, A., Z. GorjianKhanzad, N. Lee (2024), "Nonprofit Digital Maturity Model (NDMM)", Springer Books, in: Nonprofit Digital Transformation Demystified, chapter 0, pages 125-151, Springer.

Gooyabadi, M., Wilson, M., & Kamal, M. (2024), A non-profit digital transformation strategic framework (NDTSF). *International Journal of Non-Profit and Voluntary Sector Marketing*, 29(1), 1-22.

GorgianKhanzad Z. (2023), Nonprofit digital maturity model: case study of San Diego diplomacy council.

GorjianKhanzad, Z. and A. GooyabadiAli (2022), Digital Strategizing: The Role of the Corporate Culture, *Open Journal of Business and Management* 10(06): 2974-2995.

Gupta, D. (2023), The Impact of Digital Transformation on Nonprofits (+Examples). https://whatfix.com/blog/digital-transformation-in-nonprofits/

Gupta, D. (2023), "The Impact of Digital Transformation on Nonprofits." https://whatfix.com/blog/digital-transformation-in-nonprofits/

Hossain, M. (2024), 6 Limitations of Artificial Intelligence.

Indiana University Lilly Family School of Philanthropy, (2021), News Nov 11, 2021. Education, religious, and public-society benefit organizations attracted the most dollars from donor-advised fund grants, new study finds.

Instrumentl team (2024), The Role of Blockchain for Nonprofits in 2024.

Internal Revenue Service (2019), "Donor-Advised Funds." IRS Website.

Intuit Mailchimp (2023), Intuit MailchimpAnnounces Email Content Generator, a Generative AI Tool for Email Marketing.

Iqbal, T. and Ahmad S. (2022), Transparency in humanitarian logistics and supply chain.

Leffer, L. (2023), The Latest AI Chatbots Can Handle Text, Images and Sound. Here's How, SCIAM(scientificamerican).

LexisNexis (2023), How to Attract and Engage Gen-Z Donors With Social Media.

Lopate, L. (2024), 2024 Tech Trends: Nonprofits Use Ai And Analytics Greater Impact.

M. KHAN, M., S. IMTIAZ, G. S. PARVAIZ, A. HUSSAIN AND J. BAE (2021), Integration of Internet-of-Things With Blockchain Technology to Enhance Humanitarian Logistics Performance, *IEEE Access* 9:25422-436.

McKinsey 7S model. https://www.lucidchart.com/blog/mckinsey-7s-model#5f67cfec-763b-4ac0-b14a-f9055339eaed

McLane, M. (2024), Overcoming The Challenges In Non-Profit Digital Fundraising.

Minevich, M. (2023), AI And Generation Z: Pioneering A New Era Of Philanthropy, Forbes.

Mission Bridges Blog (2023), The Role of AI in Nonprofit Fundraising.

Mitchell R. (2022), How to launch—and scale—a successful AI pilot project.

Moore, C. (2024), How to Prepare for the Changes AI Will Bring to Your Nonprofit. https://teamheller.com/resources/blog/how-to-prepare-for-the-changes-ai-will-bring-to-your-nonprofit

Nishchit (2024), ChatGPT vs Traditional Chatbots: Core Differences, AICamp.

Notomoro (2024), Blockchain for Nonprofits: Revolutionizing Charitable Work. https://webisoft.com/articles/blockchain-for-nonprofits/

Olk, Jennifer M., Richards, Wendy (2013), "Choosing the Right Charitable Vehicle: A Comparison of Private Foundations, Supporting Organizations, and Donor Advised Funds." *The National Law Review*.

Perna, M. (2022), Why Gen Z Might Become One Of The Most Charitable Generations Yet, Forbes.

RSM Guide (2023), Cloud adoption strategy guide.

Rudolph, S. (2023), "How Nonprofits Can Use AI to Increase Fundraising and

Engagement." Good360.

Scharme, O. (2024), Philanthropy 4.0: What Form of Giving Enables Transformative Change?.

Searing, M. and D. MacLeod (2019), "Cryptocurrency Gift Strategies for Not-for-Profits: Here's What Organizations Should Consider as They Ponder Whether and How to Accept Donations of Virtual Currency", journal of accountancy feb 2019. https://www.journalofaccountancy.com/issues/2019/feb/cryptocurrency-gift-strategies-for-nfp.html

StartUs (2023), Impact of Top 9 Nonprofit Technology.

Surana, R. (2024), The transformative role of AI in the nonprofit sector.

Team Golden (2023), Creative Ways You Can Use AI for Volunteer Management Tasks, blog.goldenvolunteer.

Thakkar, H. K., K. Zala, N. Dholakia, and R. Jadeja (2022), The Role of Blockchain in Cloud Computing, in Predictive Analytics in Cloud, Fog, and Edge Computing pp.37−60.

the Cryptonomist (2024), The growth of crypto charity: analysis of The Giving Block's 2024 annual report.

Van Vlack, T. (2024), The Unique Challenges of Implementing AI in Nonprofit Organizations.

Vitiello, M. (2023), Positive Impact of AI in Nonprofit Organizations.

사회적 가치 지향의 내비게이션 경영

기부의 과학적 관리

초판인쇄 2025년 01월 24일
초판발행 2025년 01월 24일

지은이 육근효
펴낸이 채종준
펴낸곳 한국학술정보(주)
주 소 경기도 파주시 회동길 230(문발동)
전 화 031-908-3181(대표)
팩 스 031-908-3189
홈페이지 http://ebook.kstudy.com
E-mail 출판사업부 publish@kstudy.com
등 록 제일산-115호(2000. 6. 19)

ISBN   979-11-7318-170-2 93320